BUCHNERS KOLLEG POLITIK

Unterrichtswerk für die Oberstufe

Das politische System der Bundesrepublik Deutschland – neu

Nationale Politik in sich weitenden Räumen

Bearbeitet von Peter Brügel
Manfred Handwerger
Jochen Hümmrich-Welt
Friedrich Wölfl

C.C. Buchner · Bamberg

Buchners Kolleg Politik
Herausgegeben von Manfred Handwerger

Band 1
Das politische System der Bundesrepublik Deutschland.
Nationale Politik in sich weitenden Räumen.
Bearbeitet von Peter Brügel
Manfred Handwerger
Jochen Hümmrich-Welt
Friedrich Wölfl

RECHTSCHREIBREFORM 2006

Dieses Werk folgt der reformierten Rechtschreibung und Zeichensetzung. Ausnahmen bilden Texte, bei denen künstlerische, philosophische oder lizenzrechtliche Gründe einer Änderung entgegenstehen.

4. Auflage 4 6 5 4 3 2 1 2010 2009 2008 2007 2006
Die letzte Zahl bedeutet das Jahr des Druckes.
Alle Drucke dieser Auflage sind, weil untereinander unverändert, nebeneinander benutzbar.

www.ccbuchner.de

Grafische Gestaltung und Herstellung: creo Druck & Medienservice GmbH, Bamberg

Umschlaggestaltung: creo Druck & Medienservice GmbH, Ines Müller

ISBN 3 7661 **6821** 5

Vorwort

Die Reihe *Buchners Kolleg Politik* ist für den Unterricht in der gymnasialen Oberstufe konzipiert. Ziel der Themenhefte ist es, der Lehrerin/dem Lehrer Hilfen für einen methoden- und handlungsorientierten Unterricht anzubieten und der Schülerin/dem Schüler Anregungen zur selbstständigen Arbeit zu geben.

Zur Benutzung der Lehr- und Arbeitsbücher:
Die einzelnen Kapitel sind übersichtlich jeweils in fünf Lern- bzw. Arbeitsschritte gegliedert.

1. Am Beginn jedes Kapitels steht ein kurzer *einführender* Text, der auf Gliederung und Zielsetzung des folgenden Materialienteils eingeht; er bringt somit eine didaktische Begründung für die Auswahl und die Anordnung der Materialien.
2. Es folgen *Methoden · Anregungen · Tipps.* Hier finden sich Hinweise zur Arbeit mit dem Kapitel, etwa zum Einsatz von breiter angelegten Unterrichtsmethoden oder zum fachübergreifenden bzw. Fächer verbindenden Arbeiten.
   Die hervorgehobene Platzierung dieses Arbeitsteils will signalisieren, dass die Neukonzeption von *Buchners Kolleg Politik* der Verbesserung der Methodenkompetenz einen hohen Stellenwert im Unterricht einräumt. Es werden ferner Referatthemen angeboten und Lektürehinweise gegeben, die auch für junge Erwachsene einen Anreiz zum Weiterlesen bieten sollen. Ausgewählte Internet-Adressen verweisen auf besonders ergiebige Fundstellen.
3. Der *Materialienteil* nimmt einen breiten Raum ein. Er bietet repräsentatives und altersgerechtes Text- und Bildmaterial, das Interesse an politischen bzw. soziologischen Themen wecken soll.
   Die Fülle der Materialien stellt ein Angebot dar, eigene Schwerpunkte zu setzen. Sie ermöglicht andererseits der Schülerin/dem Schüler ein quellenorientiertes Lernen, will sie/ihn zum selbstständigen Arbeiten anleiten und somit die Studierfähigkeit fördern. Wo es sich anbietet, werden Themen „kontrovers diskutiert". Hier nehmen Politiker, Wissenschaftler oder Leserbriefschreiber pointiert Stellung und fordern die Schülerinnen und Schüler zur Auseinandersetzung auf.
   Durch Worterklärungen zu den Texten bzw. durch Lesehilfen zu komplexeren Tabellen oder Grafiken wird die Arbeit mit den Materialien erleichert.
4. Nach jedem Unterkapitel stehen im Anschluss an den Materialienteil *Aufgaben*, die nicht die Inhalte einzelner Texte/Materialien abfragen, sondern gezielt auf die Probleme und Zusammenhänge der vorausgegangenen Lernsequenz eingehen.
5. *Zusammenfassungen* schließen die einzelnen Kapitel ab. Sie ermöglichen der Schülerin/dem Schüler eine gezielte Wiederholung und Überprüfung des Grundwissens und sind deshalb übersichtlich angelegt:
   – die Gliederung am Textrand ermöglicht eine schnelle inhaltliche Orientierung,
   – auf das notwendige vorausgehende Basismaterial wird in der Randspalte konkret verwiesen,
   – wichtige Begriffe sind im Textteil kursiv gesetzt.

Exkurse in jedem Band der Reihe führen in politische und soziologische Forschungsmethoden und Arbeitsweisen ein; sie sollen zu einer quellenkritischen Haltung erziehen.
Im vorliegenden Band 1, *Das politische System der Bundesrepublik Deutschland,* werden eine Anleitung zur Arbeit mit Strukturmodellen an die Hand gegeben und ausgewählte Probleme von Demoskopie und Wahlforschung angesprochen.

Jeder Band wird abgeschlossen durch

- ein *Register*, das der raschen Erschließung von Grundbegriffen dient und Querverbindungen ermöglicht,
- eine *Literaturliste*, die bei Referaten und bei der Vorbereitung zum Abitur hilft.

Der Herausgeber

Inhalt

1 Nationale Politik im internationalen Rahmen

Viele Menschen empfinden politische Vorgänge und Zusammenhänge als wenig transparent. Es ist ihnen vor allem unverständlich, warum manche Probleme nicht von den Politikern „endlich“ mit einem Federstrich gelöst werden können. Erschwert wird der Blick auf die Politik noch dadurch, dass sich die Verflechtungen mit inter- oder supranationalen Gremien und Organisationen ständig verstärken. In welchem Maße kann z. B. die Europäische Union unseren Alltag mitbestimmen? Was bedeuten Entscheidungen des Internationalen Währungsfonds oder Ergebnisse eines „Weltwirtschaftsgipfels“ der führenden Industriestaaten für Deutschland? Wie stark ist unsere Politik insgesamt in das globale Geschehen eingebunden?

Grafik: Janusz Kapusta

Hier schließen sich schnell weitere Fragen an: Gibt es denn Werte, Grundsätze oder Leitlinien, an die sich alle „entscheidenden“ Gremien halten müssen oder sollen? Wer könnte solche Werte definieren? Und wer achtet auf ihre Einhaltung?

Um die Vielschichtigkeit des politischen Prozesses auf allen Ebenen, seine Bedingungen und Verfahren zu verstehen, sich gegen Manipulationen wehren oder Fehlentwicklungen mit verhindern zu können, sind Grundkenntnisse und das Wissen um Zusammenhänge unbedingt nötig. Die folgenden Materialien liefern dafür Voraussetzungen und Verständnishilfen:

Zunächst werden in M 1 bis M 4 die wichtigsten Akteure und Phasen des politischen Prozesses, ihre grundlegenden Beziehungen untereinander und ihre Funktion im Gesamtprozess vorgestellt. Dass sich im Laufe der letzten Jahre der Raum für politische Prozesse und Entscheidungen deutlich ausgeweitet hat, zeigen M 5 bis M 8.

M 9 bis M 12 greifen die Fragen nach universellen Werten auf. Sie versuchen, die Bedeutung der Menschenrechte als Grundlage für jede Politik deutlich zu machen, zeigen aber auch die Schwierigkeiten auf, alle Staaten auf universelle Menschenrechte zu verpflichten und ihre Durchsetzung sicherzustellen.

M 13 bis M 16 behandeln die Frage, ob und wie man Werte und Verfahren als Grundlage für alle politischen Entscheidungen über Verfassungen verbindlich machen kann.

In einem Exkurs werden abschließend Hilfen angeboten, um Stukturmodelle zur Organisation und den Akteuren des politischen Prozesses leichter erschließen und den Aussagewert von Modellen einschätzen zu können.

METHODEN – ANREGUNGEN – TIPPS

Internet-Recherche mittels Suchmaschinen und Web-Katalogen

Schüler und Schülerinnen der Kollegstufe stehen immer wieder vor der Notwendigkeit, sich für ein Referat, eine Facharbeit o. Ä. in ein fremdes Themengebiet einarbeiten zu müssen. Mithilfe des Internets scheint die Materialsuche heute auch kein Problem mehr zu sein. Doch für eine effiziente Informationssuche sollte man schon einiges über Internet-Suchstrategien bzw. über die sogenannten Suchmaschinen und Web-Kataloge wissen.

1. Web-Kataloge

Web-Kataloge sind Dienste, die andere Internet-Angebote in einem Katalog zusammenfassen und thematisch ordnen. Die meisten Verzeichnisse sind, wie Yahoo, hierarchisch geordnet und erlauben über Links das Springen zwischen den Hierarchien und Kategorien. Fast alle Kataloge bieten zudem die Möglichkeit einer Stichwortsuche. Der Unterschied zu der Stichwortsuche bei Suchmaschinen besteht darin, dass Kataloge nur die Einträge und Beschreibungen durchsuchen, die in den Verzeichnissen selbst erfasst sind, während Suchmaschinen den Volltext der Dokumente absuchen. In nachfolgender Tabelle sind einige wichtige Web-Kataloge mit der jeweiligen URL und einer kurzen Beschreibung dargestellt:

Name	URL	Beschreibung
Yahoo	www.yahoo.com	Erfassung aller Themen, amerikanische Inhalte dominieren
Yahoo Deutschland	www.yahoo.de	Verzeichnis von deutschen Angeboten
WWW Virtual Library	vlib.org	Verzeichnis vor allem von wissenschaftlichen Themen
Web.de	www.web.de	Verzeichnis von deutschen Angeboten mit allen Themen, Schwerpunkte bei Nachrichten und Medien

2. Suchmaschinen

Leistungsfähige Suchmaschinen können schnell Tausende von Querverweisen liefern. Ein einziger Begriff reicht zur Eingrenzung des gesuchten Themas in der Regel nicht aus. Will man zu hohe Treffermengen und mangelnden Zusammenhang zur gesuchten Information vermeiden, sollte man sich einiger nützlicher Suchoptionen bedienen.

Suchoptionen von Internet-Suchmaschinen

AND

Alle Suchbegriffe, die mit AND verbunden sind, müssen im Ergebnisdokument vorhanden sein. Dieser Operator sorgt für eine stärkere Eingrenzung des Suchkriteriums, schränkt eine Suche und damit die Treffermenge also ein. ...

OR

Von den mit OR verknüpften Suchbegriffen muss mindestens einer im Zieldokument vorhanden sein. Das heißt auch, dass das Dokument alle Suchbegriffe enthalten könnte, aber nicht zwingend muss („einschließendes" ODER). In der Praxis wird dieser Operator angewendet, um verschiedene Schreibweisen oder Synonyme eines Begriffs zu erfassen. Er erweitert eine Suchanfrage und in der Regel damit auch die Treffermenge.

NOT
Dieser Operator schließt den Suchbegriff, vor dem er steht, explizit aus, d. h. dieser darf auf keinen Fall im Ergebnisdokument enthalten sein. Manche Suchbegriffe produzieren Treffer, die mit dem eigentlich gesuchten Thema nichts zu tun haben. Diesem Effekt kann man mit dem NOT-Operator entgegenwirken.

NEAR
Man geht davon aus, dass inhaltlich Zusammengehöriges vor allem von der räumlichen Nähe der entsprechenden Begriffe zueinander gekennzeichnet wird. ... Findet man anhand einer normalen AND-Verknüpfung nur Dokumente, die beide Begriffe irgendwo im Inhalt enthalten, kann durch den Einsatz des NEAR-Operators nach nahe beieinanderstehenden Wörtern unabhängig von ihrer Reihenfolge gesucht werden. Mit „Buch NEAR Internet" hat man z. B. bessere Chancen, Bücher zum Thema Internet zu finden als mit „Buch AND Internet".

KLAMMERN
Mit dem Verwenden von Klammern kann die Auswertungsreihenfolge des Suchkriteriums verändert werden. Normalerweise wird der AND-Operator dem OR-Operator vorgezogen. Durch das Klammersetzen werden zuerst die Begriffe und Operatoren in den Klammern ausgewertet, d. h. z. B. dass einem OR-Operator dadurch ein Vorrang gegenüber einem AND-Operator eingeräumt werden kann.

Beispiel:
In einer Adressdatenbank haben wir nach einer Hannelore Kohl und einem Helmut Kohl gesucht. Die Suchanfrage „Hannelore OR Helmut AND Kohl" würde Personen ermitteln, die entweder „Hannelore" (allein!) ODER „Helmut Kohl" heißen. Die Ergebnismenge entspricht also nicht der gesuchten Information. Es hätte vermutlich mit folgender Abfrage besser geklappt: „(Hannelore OR Helmut) AND Kohl"

TRUNKIERUNG „*"
Mit einer Trunkierung (auch „Joker") kann man eine beliebig lange Folge von beliebigen Buchstaben ersetzen. Am gängigsten ist die sogenannte Rechtstrunkierung, bei der das Trunkierungszeichen für ein beliebiges Wortende steht. Die Anwendung dieses Sonderzeichens ist vor allem geeignet, wenn vielfältige Variationen eines Wortes wie Plural oder Beugungsformen in die Suche mit einbezogen werden sollen.
Mit „Politik*" wird z. B. nach „Politiker" genauso gesucht wie nach „Politikansatz" oder „Politikverdrossenheit".

PHRASENFORMULIERUNG
Feststehende Begriffe und Bezeichnungen, die aus mehreren zusammenhängenden Wörtern bestehen, können mit den oben beschriebenen Methoden kaum gefunden werden. Mit der Formulierung einer Phrase, d. h. durch die Eingabe einer Wortfolge in Anführungszeichen, kann vorgegeben werden, in welcher Reihenfolge Begriffe in Dokumenten vorkommen sollen. Besonders Personennamen und Produktnamen lassen sich damit gut aufstöbern.
Beispiel: „Marilyn Monroe", „Auswärtiges Amt", „Hewlett Packard"

Die nachfolgende Tabelle stellt einige wichtige Suchmaschinen vor:

Name	URL	Beschreibung
Altavista	www.altavista.com	Effektive Suche in Millionen Web-Seiten mittels spezieller Suchfilter
Google	www.google.com	Laut Stiftung Warentest zzt. die beste Suchmaschine
Lycos	www.lycos.com	Index-System, in das auch noch Verzeichnisse integriert sind.
MetaCrawler	www.metacrawler.com	System, das gleichzeitig bei mehreren anderen Suchmaschinen nachfragt und die Ergebnisse zurücksendet.
Fireball	www.fireball.de	Suchmaschine für deutschsprachige Informationen im Internet. Ein spezielles Spracherkennungsmodul ermöglicht den Aufbau eines rein deutschsprachigen Index.

Der Text basiert auf dem Unterrichtmaterial „Medien in Deutschland" zu dem Projekt „DIE ZEIT für die Schule" (www.zeit.de/schule/), die Ausführungen zu den Suchoptionen entstammen der Homepage von Bärbel Köhne (www.see-seiten.de/user/baerbel/).

Internetprojekt: Vorstellung und Klassifikation internationaler Organisationen

Bei aufmerksamer Lektüre der Tageszeitung wird Ihnen auffallen, wie viele unterschiedliche internationale Organisationen versuchen, Einfluss auf die Politik zu nehmen. Viele wichtige Entscheidungen werden heute in Abstimmung mit oder auf Druck von internationalen Organisationen getroffen. Bilden Sie Gruppen und stellen Sie verschiedene Organisationen vor. Informationen finden Sie im Internet, aber ziehen Sie auch andere Quellen heran.
Um nicht der Gefahr zu unterliegen, Informationen unverbunden aneinanderzureihen, braucht man ein Raster von Kriterien, nach denen die Organisationen beurteilt, eingeordnet und sinnvoll verglichen werden können. Am besten präsentieren Sie Ihr Ergebnis auf einer selbst entworfenen Internetseite oder Wandtafel, wo Sie eine Sammlung von Steckbriefen internationaler Organisationen anlegen können.

Ein Kriterienraster für eine Klassifikation könnte folgendermaßen aussehen:

- Welches **Hauptziel**/Hauptanliegen hat die Organisation?
- Auf welcher **Ebene** ist die Organisation angesiedelt (zwischenstaatlich oder nichtstaatlich)?
- Ist die **Mitgliedschaft** universal oder beschränkt auf einige Staaten?
- Welche **Kompetenzen** hat die internationale Organisation? Gehen Sie aus von der Beschreibung des Politikprozesses in M 4. Ist die Organisation eher zuständig für die Artikulation von Interessen, das Treffen von Entscheidungen oder das Umsetzen von Entscheidungen?
- Wie ist die Organisation, bzw. wie sind ihre Mitglieder **legitimiert**?
- Wie und wo werden die **Entscheidungen** getroffen? Zentral durch Organe der interna-

tionalen Organisation oder dezentral durch Abstimmung der Mitglieder?
- Wie steht es um die **Verbindlichkeit** der Entscheidungen? Welcher Verwaltungsapparat, welche Sanktionsmittel stehen der Organisation zur Verfügung?
- Ausgehend vom Exkurs in Kap. 1 (S. 26–28) können Sie zur Veranschaulichung auch ein **Strukturmodell** einer internationalen Organisation entwerfen.
- Dokumentieren Sie an einem **Beispiel**, wie diese Institution arbeitet und welchen Einfluss sie auf die nationale und internationale Politik hat!

Referatthemen

1. Die enge Verflechtung von nationaler Politik und internationaler Politik führt dazu, dass Themen oft auf mehreren Politikebenen diskutiert und behandelt werden. Versuchen Sie, über eine Presseauswertung (in Anlehnung an M 1 und M 6) zu einem geeigneten aktuellen Thema die verschiedenen Ebenen, Akteure und Positionen darzustellen!
2. Die Entstehung der Vereinten Nationen oder einer anderen internationalen Organisation
3. Entstehung und Bedeutung der Allgemeinen Menschenrechtserklärung
4. Erkunden Sie die Positionen der Parteien zur geplanten europäischen Verfassung! Erläutern Sie Ihren Mitschülerinnen und Mitschülern umstrittene und unstrittige Positionen!

Zum Weiterlesen

Jahrbuch Menschenrechte 1999 (2000, 2001), Frankfurt a. M. 1998 (1999, 2000)

Anlässlich des 50. Jahrestages der Verabschiedung der Allgemeinen Menschenrechte durch die Generalversammlung der Vereinten Nationen 1948 erschien erstmals das „Jahrbuch der Menschenrechte“ (seither jährlich). Es informiert über die aktuelle politische Diskussion und den Stand der Durchsetzung in ausgewählten Ländern und Regionen.

Thomas L. Friedmann, Globalisierung verstehen: Zwischen Marktplatz und Weltmarkt. Berlin 1999

In diesem gut lesbaren Buch beschreibt Friedmann, wie die Globalisierung den Spielraum von Staaten und Unternehmen verändert hat und wie sie den Alltag von uns allen beeinflusst.

Internet-Adressen

www.amnesty.de .... Amnesty International
www.attac-netzwerk.de .... Attac (Vereinigung von Globalisierungsgegnern)
europa.eu.int .... Europäische Union
www.greenpeace.de .... Greenpeace
www.iaea.org .... Internationale Atom-Energie-Behörde
www.imf.org .... Internationaler Währungsfond
www.osce.org .... OSZE (Organisation für Sicherheit und Zusammenarbeit in Europa)
www.uno.de .... Vereinte Nationen
www.wto.org .... World Trade Organization

1.1 Nationale und internationale Akteure im politischen Prozess

M1 Beispiel „Tierschutz": Aktionen und Positionen

Seit Jahren ist der Tierschutz in der öffentlichen Diskussion. Dabei geht es meist um Regelungen zu Massentierhaltung, Artenschutz oder Tiertransporten, aber auch um Bemühungen, den Tierschutz generell als Staatsziel im Grundgesetz zu verankern. Dies könnte dem Gesetzgeber und den Gerichten bei Zielkonflikten – z. B. zwischen dem Tierschutz und der Ermöglichung medizinischer Forschung – Prioritäten vorschreiben.

Europäischer Gerichtshof entscheidet:
Nationales Recht darf EU-Tiertransportrichtlinie nicht widersprechen

Presseerklärung der Deutschen Forschungsgemeinschaft:
Verankerung des Tierschutzes im Grundgesetz gefährdet Grundrecht der Forschungsfreiheit

Verfassungsänderung
CDU/CSU lenkt beim Tierschutz ein

Bundesverfassungsgericht fällt Urteil:
Verordnung des Landwirtschaftsministeriums zum Schutz von Legehennen ist verfassungswidrig

Initiative „Vier Pfoten" stoppt erneut Tiertransporte

SPD und B 90/DIE GRÜNEN einigen sich bei Koalitionsverhandlungen:
Aufnahme des Tierschutzes ins Grundgesetz befürwortet

Leitartikel: Wird Massentierhaltung endlich juristisch angreifbar?

Presseerklärung des Bundesverbands der Tierversuchsgegner:
Gegenwärtige Rechtslage völkerrechtswidrig – Tierschutzgesetz allein unzureichend

Vertreter der biomedizinischen Forschung gehen an die Öffentlichkeit:
Bei Verankerung im Grundgesetz sind Verlagerungen von Labors ins Ausland absehbar

Bundesrat fordert in einer Entschließung Bundesregierung auf:
Herkömmliche Käfighaltung EU-weit verbieten

Wort der Kirchenleitung der Nordelbischen Evangelisch-Lutherischen Kirche zum Welttierschutztag: Intensivhaltung von Tieren ist Verletzung der Mitgeschöpflichkeit

Präsident des Deutschen Bauernverbandes bezieht Stellung:
„Ja zum Staatsziel Tierschutz."

Resolution der Hochschulrektorenkonferenz:
Tierschutz im GG gefährdet medizinische und biologische Forschung

GA

Politik als ständiger Prozess der Problemlösung

M 2

Paul Ackermann u. a., Politikdidaktik kurzgefasst. Bonn 1994, S. 41

Kategorien und Schlüsselfragen zur Analyse des politischen Prozesses[1]

M 3

Problem	Auseinandersetzung	Entscheidung
z. B. - Worin besteht das Problem? - Welche Aufgabe ist zu lösen? - Ist es ein lokales, nationales, internationales, globales Problem? - Welche internationalen bzw. globalen Entwicklungen sind zu berücksichtigen?	z. B. - Wer sind die Akteure? - Welche Interessenkonflikte und Machtverhältnisse bestehen? - Welche Strategien und Ziele verfolgen die Akteure? - Welche Mittel setzen sie ein?	z. B. - Zu welchen Ergebnissen hat die Auseinandersetzung geführt? - Hat sich eine Position durchgesetzt oder ist ein Kompromiss erkennbar? - Welche Positionen sind stärker/schwächer vertreten?
Vollzug der Entscheidung	**Bewertung der Entscheidung**	**Reaktionen auf die Entscheidung**
z. B. - Welche Hindernisse oder Konflikte erschweren die Durchsetzung? - Entspricht die Umsetzung den Intentionen der Entscheidung?	z. B. - Wer bewertet die Entscheidung negativ bzw. positiv? - Welche Motive begründen die jeweilige Bewertung?	z. B. - Zu welchen individuellen oder kollektiven Reaktionen führt die Entscheidung? - Welche neuen Probleme können sich aus den Reaktionen ergeben?

nach: Paul Ackermann u. a., Politikdidaktik kurzgefasst. Bonn 1994, S. 38-40

[1] vgl. dazu auch das Fallbeispiel „Buchpreisbindung" in Kapitel 4.1

M 4 Der politische Prozess – ein Strukturmodell

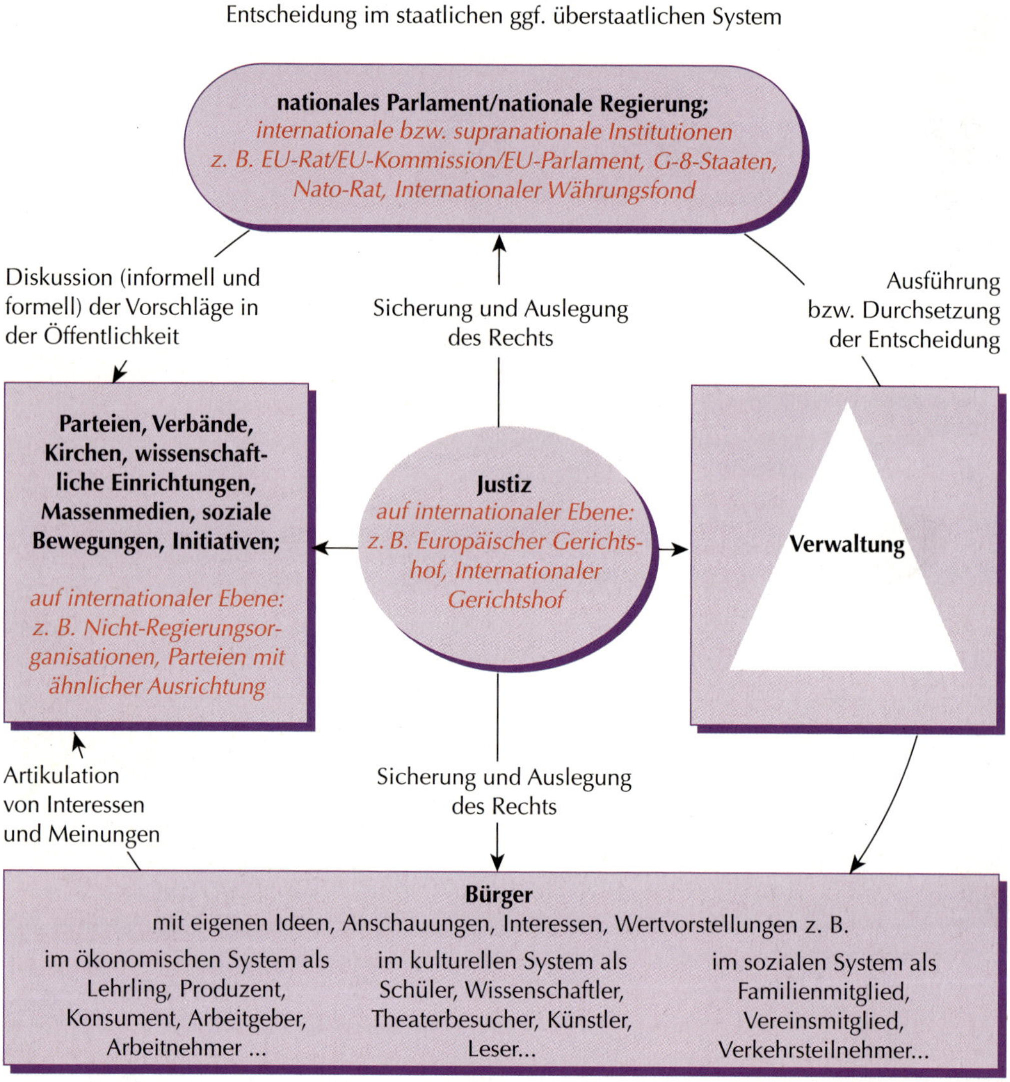

nach: Peter Massing, Politisches System, politische Willensbildung, Innenpolitik, in: Lernfeld Politik, hrsg. v. d. Bundeszentrale für politische Bildung, Bonn 1992, S. 88–89

Aufgaben

Zu 1.1 Nationale und internationale Akteure im politischen Prozess

1. Verfolgen Sie über einige Tage hinweg in einer überregionalen Tageszeitung, zu welchen Themen und mit welchen Methoden Akteure aus Politik und Gesellschaft Stellungnahmen in den politischen Prozess einbringen! Wählen Sie ein Thema aus und stellen Sie dem Kurs die unterschiedlichen Positionen dar!
2. Wenden Sie die in M 3 vorgeschlagenen Kategorien auf ein Thema an, das aktuell in der Öffentlichkeit diskutiert und wahrscheinlich politisch entschieden wird!
   Welchen Weg könnte das Thema im politischen Prozess weiter gehen?
   Welche Akteure werden beteiligt sein?

1.2 Die Ausweitung des politischen Raums

One world?

Abtauender Gletscher bei Spitzbergen

Ein deutsches Autounternehmen in Brasilien

Dauerregen und Wirbelstürme auf Sumatra

Hungersnot im Sudan

Aktienhandel an der New Yorker Wall Street

Blausäure aus einer rumänischen Mine vergiftet Flüsse in Südosteuropa (2000)

M 6 Der Verlust der Übersichtlichkeit ...

Zur üblichen Vorstellung von Demokratie gehört eine klare Abgrenzung in geografischem und sozialem Sinn, die einen gemeinsamen politischen Raum begründet. Alle Probleme, Konflikte und politischen Tagesordnungen sind in Bezug auf den unverändert bleibenden politischen Raum definiert.

Betrachtet man den politischen Prozess von unten nach oben, so besteht die Gemeinsamkeit darin, dass alle Einflussnahmen nur von den zum politischen Raum gehörenden Menschen kommen können und dass jeder eine Einflusschance hat. In der umgekehrten Richtung äußert sich Gemeinsamkeit in der Wirksamkeit von politischen Entscheidungen, Gesetzen und Verordnungen. Die gelten für alle und enden an den Grenzen des definierten politischen Raums. Zwar steht der Staat auch in Außenbeziehungen, doch wird dadurch das Prinzip der Einheitlichkeit nur bestätigt, denn der Staat repräsentiert nach außen hin immer dieselbe Gesamtheit von Staatsbürgern.

... Die allmähliche und unumkehrbare Auflösung des gemeinsamen politischen Raums vollzieht sich in drei Teilprozessen:

- Zum einen sind Menschen und Organisationen zunehmend besser in der Lage, sich einer für sie unbequemen Politik zu entziehen und sich den politischen Raum auszusuchen, dem sie angehören wollen. Dies gilt nicht nur für „Steuertouristen" auf der globalen Suche nach günstigen Residenzen, für kriminelle, für Schlepperorganisationen, sondern auch für juristisch einwandfreie, bestens beleumundete Akteure, für Anbieter auf dem Medienmarkt und internationale Konzerne. Bei global handelnden Wirtschaftsorganisationen ist die Politik einzelner Nationen zunehmend machtlos. Die Akteure wechseln zwischen den politischen Räumen hin und her und spielen sie gegeneinander aus, nicht etwa aus Infamie, sondern gezwungen durch die Logik des Marktes.
- Unter Drohung des Exports von Kapital und Arbeit wird die Politik verstärkt entdemokratisiert. Sozialpolitik, Umweltpolitik und Subventionsvergabe etwa werden immer weniger auf demokratisch kontrollierte Weise innerhalb des gemeinsamen politischen Raumes reguliert, vielmehr unterliegen sie dem diffusen Einfluss anderer politischer Räume.
  Hinzu kommt die zunehmende Verlagerung politischer Kompetenz auf übergeordnete internationale Instanzen. Man könnte zunächst meinen, dies sei nichts weiter als eine Neuordnung politischer Räume im Zuge der Globalisierung, bei der wieder einheitliche politische Räume entstehen. Aus zwei Gründen trifft dies nicht zu. Zum einen handelt es sich um Räume, die nicht deckungsgleich sind. ... Zum anderen sind die übergeordneten politischen Räume nur indirekt demokratisiert, und das bedeutet: so gut wie gar nicht. ...
- Schließlich sehen wir uns vermehrt Problemen gegenüber, die sich nicht mehr innerhalb einzelner Staatsgebiete politisch bearbeiten lassen. Das deutlichste Beispiel ist die Umweltproblematik. Sinnlos erscheinen alle Versuche, die hierbei aufeinanderprallenden Interessen lediglich im nationalen Rahmen demokratisch zum Ausgleich zu bringen. Jedem ist inzwischen klar, dass das Problem globale Dimensionen hat und es die Grenzen aller politischen Räume überschreitet. Ähnliches gilt für politische Problemlagen, die den Arbeitsmarkt, die Sozialpolitik oder die Geldpolitik betreffen. Ein weiteres Beispiel sind die mit der wachsenden informationstechnischen Vernetzung des Globus zusammenhängenden Fragen – etwa der Fusionskontrolle, des Jugendschutzes, der Abwehr politischer Agitation, des Urheberrechts. ...

Zusammenfassend lässt sich hier feststellen, dass viel von der ursprünglichen, fast monolithischen Geschlossenheit politischer Räume verloren gegangen ist. Die Betroffenen können sich teilweise entziehen; andere Staaten regieren indirekt mit; mehr und mehr nicht deckungsgleiche politische Superräume ohne demokratische Kontrolle entstehen; Konflikte, die nur noch im globalen Zusammenhang definierbar sind, werden auf anarchische, unpolitische Weise entschieden; nationale Lösungsversuche müssen scheitern.

Gerhard Schulze, Die Wahrnehmungsblockade – Vom Verlust der Spürbarkeit der Demokratie, S. 42–44, in: Werner Weidenfeld (Hrsg.), Demokratie am Wendepunkt, Berlin 1996

M 7

... und die Reaktion der Akteure: Einflussnahme auf verschiedenen Politikebenen

Akteure

Parlamente
Parteien Regierungen
Gerichte Medien
Verbände Unternehmen
Interessengruppen
Verwaltung
Initiativen Forschungseinrichtungen

Ebenen	Beispiele für Adressaten	Aufgaben/Themen z. B.
Supranationale/ Internationale Organisationen (global, regional)	WTO UNO EU NATO	Frieden Menschenrechtschutz Umwelt
Nationalstaaten	Deutschland Frankreich	Soziales Recht Verkehr
Regionen/ Bundesländer	Bayern Schleswig-Holstein	regionale Förderung Kultur/Bildung
Kommunen	Dortmund Dresden	Ortsplanung Grundversorgung

Internationale/Supranationale Organisationen

Eine *internationale Organisation* ist eine aufgrund völkerrechtlicher Verträge zwischen Staaten errichtete ständige Einrichtung mit eigenen Organen zur Wahrnehmung gemeinsamer Aufgaben. Die Befugnisse der i.O. bestimmen sich allein nach dem Willen der Mitgliedstaaten. (Beispiel: UN)
Eine *supranationale Organisation* hat die Befugnis zu Entscheidungen, die ihre Mitglieder binden oder unmittelbar für die Staatsangehörigen der Mitgliedstaaten gelten. (Beispiel: EU)

M 8

„Global Governance": Utopie oder realistisches Modell?

Global Governance[1] geht davon aus, dass modernes Regieren möglichst umfassend legitimiert sein muss, um erfolgreich sein zu können. Umgekehrt gilt aber auch, dass auf Dauer nur erfolgreiches Regieren als legitim anerkannt wird. Die Beachtung der beiden Normen Territorialität und Souveränität macht jedoch erfolgreiches Regieren angesichts von Globalisierungsprozessen immer schwieriger. Das Konzept Global Governance versucht, mit diesem Widerspruch kreativ umzugehen. Im Einzelnen zeichnet es sich durch folgende Merkmale aus:

- **Einbezug unterschiedlicher politischer Ebenen**

Akteure auf unterschiedlichen politischen Ebenen werden in den Regierungsprozess einbezogen. Damit ist gemeint, dass die Regierungsleistungen möglichst immer auf der Ebene erbracht werden sollen, die optimal dafür geeignet ist. Wenn es also um die Ausweisung eines Naturschutzgebietes in Hessen geht, dann soll vor Ort darüber entschieden werden und nicht etwa in Brüssel.
Wenn hingegen internationale Finanzströme reguliert werden sollen, macht es wenig Sinn, dass sich nur die nationale Ebene mit diesem Fall befasst. Dieses Prinzip lässt sich dahingehend erweitern, dass der Kreis der an der Entscheidung Beteiligten möglichst groß sein soll, um eine umfassende Legitimation der beschlossenen Politik zu erreichen. Die Formulierung und Legitimierung von Politikzielen wird also häufig jenseits des Nationalstaates erfolgen, die konkrete Durchführung der beschlossenen Politik hingegen vor Ort stattfinden, um die Effektivität der Umsetzung zu sichern. Beispielsweise können die Ziele einer global wirksamen Klimapolitik nur auf einer globalen Konferenz formuliert werden. Dabei geht es vor allem darum, regionale und nationale Akteure in die Beschlussfassung einzubeziehen.

- **Einbezug staatlicher und nichtstaatlicher Organisationen**

Akteure mit verschiedenem politischen Status werden in den Regierungsprozess einbezogen. Sowohl souveränitätsgebundene Akteure, also die Nationalstaaten, als auch souveränitätsfreie Akteure, etwa supranationale Mehrebenensysteme wie die Europäische Union (EU), Nichtregierungsorganisationen (NROs) wie Greenpeace, internationale (Regierungs-) Organisationen (IROs) wie die Welthandelsorganisation (WTO) oder politikfeldspezifische internationale Regime[2] wie das Ozonregime, tragen dazu bei, die Global Governance-Architektur in effektives und legitimes Regieren zu übersetzen. Auf der einen Seite bringen die souveränitätsgebundenen Akteure ihre Autorität und materiellen Ressourcen in den Willensbildungs- und Entscheidungsprozess ein, auf der anderen Seite stellen souveränitätsfreie Akteure häufig das zur erfolgreichen Umsetzung nötige Wissen über die Verhältnisse vor Ort und andere nicht materielle Ressourcen zur Verfügung. Oft wird überhaupt erst durch das Zusammenwirken von staatlichen mit nichtstaatlichen Akteuren die effektive und legitime Problemregelung jenseits des Nationalstaates möglich. Beispielsweise ist eine wirksame Menschenrechtspolitik ohne die internationalen und regionalen Menschenrechtskonventionen, die von nationalen Regierungen unterzeichnet und von nationalen Parlamenten ratifiziert werden, nicht denkbar.

- **Vernetzung der Akteure**

Die Vernetzung der Akteure muss sowohl ober- als auch unterhalb der nationalen Ebene vorangetrieben werden. Das heißt, dass einerseits internationale Institutionen viel stärker als bisher in politisches Entscheiden und Handeln einbezogen werden müssen. Hier gibt es mittlerweile etliche NROs wie Greenpeace oder den World Wildlife Fund (WWF), die aufgrund ihrer transnationalen Vernetzung in der Lage sind, ökologische Problemlagen frühzeitig zu erkennen und auf die globale Tagesordnung zu setzen. Auch im Bereich des Menschenrechtsschutzes gibt es vielversprechende Ansätze gesellschaftlicher Zusammenarbeit über Grenzen hinweg, wie das bereits angeführte Beispiel amnesty international zeigt. Alle diese gesellschaftlichen Akteure bauen bereits heute an einer tragfähigen Global Governance-Architektur mit. Dazu tragen auch moderne Kommunikationsmedien wie das Internet bei, die eine schnelle und kaum zu kontrollierende Informationsübermittlung und Akteursvernetzung ermöglichen.

- **Stärkung des Rechtsstaatsprinzips**

Weiterhin sollten die vor allem in der allgemeinen Anerkennung menschenrechtlicher Mindeststandards wurzelnden Elemente globaler Rechtsstaatlichkeit gestärkt und ausgebaut werden. In Ansätzen geschieht dies bereits, wie einige Präzedenzfälle zeigen, indem nationalstaatlich begangene Menschenrechtsverletzungen international verfolgt und geahndet werden. Beispiele hierfür sind die Gerichtsverfahren im Gefolge der Genozide im ehemaligen Jugoslawien und in Ruanda.

Lars Brozus/Michael Zürn, Globalisierung – Herausforderung des Regierens, S. 64–65, in: Globalisierung, Informationen zur politischen Bildung Nr. 263, Bonn Neudruck 2000

1) Global Governance: im Sinne von Weltordnungspolitik

2) internationale Regime: Verträge oder Absprachen zu Prinzipien, Regeln und Verfahrensweisen internationaler Kooperation

Aufgaben

Zu 1.2 Die Ausweitung des politischen Raums

1. Die Bilder in M 5 zeigen einige Probleme, die auf nationaler Ebene schwer zu lösen sind.

1.1 Auf welcher Ebene (vgl. M 7) können Beiträge zur Problemlösung geleistet werden?

1.2 Sammeln Sie weitere Beispiele, die internationale bzw. weltweit geltende Regelungen erfordern!

2. Erschließen Sie aus M 6 die Ursachen für den „Verlust der Übersichtlichkeit"! Welche Folgen können sich für das Verhältnis des Bürgers zu politischen Einrichtungen und Entscheidungen ergeben?

3. Umreißen Sie die sogenannte Global Governance-Architektur in M 8! Ziehen Sie das Modell für den politischen Prozess in M 4 heran und arbeiten Sie Gemeinsamkeiten und Unterscheide heraus!

1.3 Zur universalen Bedeutung der Menschenrechte

Einsatz für die Menschenrechte

M 9

M 10 Kontrovers diskutiert: Sollen die Menschenrechte weltweit gelten?

Die Argumente der Gegner ...

Es ist einerseits China, das sich abseits hält, andererseits haben auch bis zur Gegenwart vor allem die islamischen Staaten der arabischen Halbinsel eine ablehnende Haltung an den Tag gelegt. ... Chinas bisherige Abneigung ... rührt wohl in erster Linie von der Befürchtung der Pekinger Machthaber her, die Einheit nicht aufrechterhalten zu können, wenn die politischen Freiheiten des Internationalen Paktes über bürgerliche und politische Rechte massiv in Anspruch genommen würden. Niemand kann derzeit mit Verlässlichkeit prognostizieren, welche Folgen der Übergang zu einem Regierungssystem westlichen Typs in China haben würde. Hinter dieser Besorgnis um politische Stabilität steckt im Übrigen auch die traditionelle kulturelle Vorstellung eines in erster Linie durch gegenseitige Pflichten geordneten Staatswesens. Wenn, so lässt sich dieses Konzept zusammenfassen, sowohl die Regierung ihren Pflichten gegenüber dem Bürger/Untertanen nachkomme und gleichzeitig auch der Einzelne die ihm dem Gemeinwesen gegenüber obliegenden Verpflichtungen erfülle, werde ein Zustand ausgewogener Harmonie erreicht.

Viel ernster zu nehmen sind die Einwände der konservativen und der fundamentalistischen islamischen Länder, die unter dem bestimmenden Einfluss der islamischen Scharia weder den Gedanken religiöser Selbstbestimmung des Menschen noch das Prinzip einer „schematischen" Gleichheit von Mann und Frau akzeptieren. Diese fundamentalen Wertdivergenzen in zwei Grundfragen des modernen Menschenrechtsverständnisses lassen sich nicht hinwegleugnen. In der Frage, wie diesem sichtbaren Ausdruck eines Zusammenpralls unterschiedlicher Zivilisationen zu begegnen sei, sind die Meinungen geteilt. Während eine Richtung Respekt vor überkommenen Werten und Praktiken anempfiehlt, sind insbesondere die Gremien der Vereinten Nationen nicht bereit, auf Kritik von Zuständen zu verzichten, die sie als Rückstände von illegitimen Herrschaftsstrukturen der Vergangenheit betrachten.

Christian Tomuschat, Menschenrechte für alle? In: Informationen zur politischen Bildung Nr. 263, 1999, S. 52–53

... und die Position der Befürworter

Ein Schlagwort unserer Zeit ist das „globale Dorf". Jeden Tag werde die Welt kleiner, sagt man. Nationale Grenzen würden eingerissen, wir vereinigten uns immer mehr zu einer globalen Gesellschaft. Stimmt das tatsächlich? Das Konzept des „globalen Dorfes" verlangt von jedem Einzelnen, Verantwortung für unsere gemeinsame Zukunft zu übernehmen. Wo aber ist der Sinn dieser Globalisierungsidee, wenn wir uns nicht um unsere Nachbarn kümmern, wenn wir nichts tun, um ihnen zu helfen, wenn sie leiden?

Die Allgemeine Erklärung der Menschenrechte fordert „jeden Einzelnen und alle Organe der Gesellschaft" auf, ihren Teil dazu beizutragen, dass die Menschenrechte eingehalten werden. Also liegt die Wahrung dieser Rechte nicht allein in der Verantwortung der Regierungen. Angesichts der veränderten Rolle des Nationalstaates haben die Regierungen nicht mehr das Monopol auf politische Macht. ...

Können wir darauf hoffen, „eine Welt frei von Furcht und Not" zu schaffen – ein Versprechen der Allgemeinen Erklärung der Menschenrechte–, wenn Brautverbrennungen, Kindersklaverei, weibliche Geschlechtsverstümmelung, häusliche Gewalt und Angriffe gegen Angehörige von Minderheiten straflos bleiben? Die in jüngster Zeit entwickelten Grundsätze sprechen eine deutliche Sprache: Es liegt in der Verantwortung der Regierungen, solche Verstöße zu verhindern und zu bestrafen, wenn sie von Privatpersonen im privaten Bereich oder im nahen Umfeld verübt werden. Wenn es dem Staat nicht gelingt, seine Bewohner vor Schaden durch andere zu bewahren, trägt er ebenso die Verantwortung für das Geschehen wie der Täter selbst. Die Verantwortung für den Schutz der Menschenrechte auszudehnen, bedeutet, den Schwerpunkt nicht nur auf die Verstöße der Regierungen gegen Menschenrechte zu legen. Wir müssen darauf achten, was sie darüber hinaus tun, um die Menschenrechte zu schützen.

Pierre Sané, Menschenrechte im globalen Dorf, in: ai-Journal 1/2000, S. 7–8

Schutz der Menschenrechte durch internationale Einrichtungen

M 11

Menschenrechtskommission beruft Sondertagung zur Krise im Nahen Osten ein

NEW YORK/GENF, 10. Oktober – Die Menschenrechtskommission der Vereinten Nationen hat beschlossen, eine Sondertagung zur Lage im Nahen Osten einzuberufen.

www.uno.de/schlagzeilen/2000/00okt10.htm

Türkei wegen Folter vor Gericht

STRASSBURG afp Wegen Foltervorwürfen und des Todes eines Kurden hat sich die Türkei gestern erneut vor dem Europäischen Gerichtshof für Menschenrechte verantworten müssen. Die Straßburger Richter prüften die Beschwerde einer 47 Jahre alten ehemaligen türkischen Lehrerin, deren kurdischstämmiger Mann im Januar 1993 von Unbekannten ermordet wurde. Die Frau behauptet, dass die türkische Justiz nicht ernsthaft nach den Tätern gesucht habe. Der Mord ist bis heute ungesühnt. Außerdem soll sie selbst gefoltert worden sein.

© contrapress media GmbH
T000621.63 TAZ Nr. 6172 S. 10, 21.6.2000

Internationaler Strafgerichtshof wird in Den Haag errichtet

„In the prospect of an international criminal court lies the promise of universal justice. ... We ask you ... to do yours in our struggle to ensure that no ruler, no State, no junta and no army anywhere can abuse human rights with impunity. Only then will the innocents of distant wars and conflicts know that they, too, may sleep under the cover of justice; that they, too, have rights, and that those who violate those rights will be punished."

Kofi Annan, United Nations Secretary-General
www.un.org/law/icc/general/overview.htm
(18.1.2002)

Die Sicht des Karikaturisten

M 12

Karikatur: Mester, CCC

Aufgaben

Zu 1.3 Zur universalen Bedeutung von Menschenrechten

1. Machen Sie Art. 1 und Art. 2 sowie Art. 41 und 42 der Charta der Vereinten Nationen ausfindig! Diskutieren Sie – davon ausgehend – die in M 12 karikierte Möglichkeit, den Menschenrechten Geltung zu verschaffen!
2. Wird die Universalität der Menschenrechte diskutiert, stehen häufig Diktaturen in der Kritik. Sie weisen dann oft auf das Völkerrecht und die eigene staatliche Souveränität hin und wehren Vorwürfe als „Einmischung in innere Angelegenheiten" ab.
   Versuchen Sie, unter Einbeziehung von M 10 – ggf. in Form eines Streitgesprächs – die Position von Menschenrechtsorganisationen dazu zu formulieren!
3. Für Fragen der Menschenrechtspolitik und der humanitären Hilfe setzt die Bundesregierung einen Beauftragten im Auswärtigen Amt ein.
   Geben Sie Mitschülern einen Überblick über seine Aufgaben und Ziele, seine Tätigkeit und die Ergebnisse seiner Arbeit! (www.auswaertiges-amt.de/b-mrhh)

1.4 Verfassungen als Ordnungsrahmen für Politik

M 13 Zum Begriff „Verfassung"

Jeder Staat zu jeder Zeit besitzt eine Verfassung im weitesten Sinne, soweit man unter Verfassung den Zustand eines Staates versteht. In diesem Sinne ist auch Anarchie ein Verfassungszustand. Verfassung im engeren, eigentlichen Sinne meint jedoch gerade das Gegenteil von Anarchie: Verfassung eines Staates ist die Gesamtheit der – geschriebenen und ungeschriebenen – Rechtsnormen, welche die Grundordnung des Staates festlegen und insbesondere die Staatsform, Einrichtung und Aufgaben der obersten Staatsorgane (Verfassungsorgane), die Grundsätze des wirtschaftlichen und gesellschaftlichen Lebens und die Rechtsstellung seiner Bürger in ihren maßgeblichen – nicht allen! – Punkten beschreiben, sodass der tatsächliche Zustand als die gewollte Folge dieser Rechtsnormen erscheint.

Dieter Hesselberger, Das Grundgesetz, 11. Aufl., Neuwied 1999, S. 6

M 14 Was soll eine Verfassung leisten?

- Die Verfassung soll eine Ordnungsfunktion erfüllen.
- Die Verfassung soll eine Stabilisierungsfunktion wahrnehmen.
- Die Verfassung soll auf das Grundsätzliche gerichtet sein.
- Die Verfassung soll einheitsstiftend (integrierend) wirken.
- Die Verfassung soll Macht begrenzen und kontrollieren.
- Die Verfassung soll Freiheit, Selbstbestimmung und Rechtsschutz des Individuums gewährleisten.
- Die Verfassung soll die grundlegende Organisationsstruktur des Staates festlegen.
- Die Verfassung soll Leitgrundsätze über die materialen Staatsziele und die Rechtsstellung des Bürgers im und zum Staate enthalten.

Klaus Stern, Das Staatsrecht der Bundesrepublik Deutschland, Band I, 2. Aufl., München 1984, S. 78, S. 82

M 15 Eine Verfassung für die Europäische Union?

Die EU-Staats- und Regierungschefs haben im Dezember 2001 bei ihrem Gipfeltreffen auf Schloss Laeken bei Brüssel eine Erklärung zur Zukunft der Europäischen Union verabschiedet:

Fünfzig Jahre nach ihrer Gründung befindet sich die Union ... an einem Scheideweg, einem entscheidenden Moment ihrer Geschichte. Die Einigung Europas ist nahe. Die Union schickt sich an, sich um mehr als zehn neue, vor allem mittel- und osteuropäische Mitgliedstaaten zu erweitern und so eine der dunkelsten Seiten der europäischen Geschichte endgültig umzuschlagen...

Gleichzeitig muss sich Europa einer ... Herausforderung stellen... In der Union müssen die europäischen Organe dem Bürger nähergebracht werden. Die Bürger stehen zweifellos hinter den großen Zielen der Union, sie sehen jedoch nicht immer einen Zusammenhang zwischen diesen Zielen und dem täglichen Wirken der Union. Sie verlangen von den europäischen Organen weniger Schwerfälligkeit und Starrheit und fordern vor allem mehr Effizienz und Transparenz. Viele finden auch, dass die Union ... sich nicht bis in alle Einzelheiten in Dinge einmischen sollte, die eigentlich besser den gewählten Vertretern der Mitgliedstaaten und der Regionen überlassen werden sollten. Manche erleben dies sogar als Bedrohung ihrer Identität. Was aber vielleicht noch wichtiger ist: Die Bürger finden, dass alles viel zu sehr über ihren Kopf hinweg geregelt wird, und wünschen eine bessere demokratische Kontrolle. ...

Ein erstes Bündel von Fragen, die gestellt werden müssen, bezieht sich darauf, wie wir die Aufteilung der Zuständigkeiten transparenter gestalten können. Können wir zu diesem Zweck eine deutlichere Unterscheidung zwischen drei Arten von Zuständigkeiten vornehmen, nämlich den ausschließlichen Zuständigkeiten der Union, den Zuständigkeiten der Mitgliedstaaten und den von der Union und den Mitgliedstaaten geteilten Zuständigkeiten? Auf welcher Ebene werden die Zuständigkeiten am effizientesten wahrgenommen? ...

[Es] stellt sich gleichwohl die Frage, wie wir die demokratische Legitimation und die Transparenz der jetzigen Organe stärken können – eine Frage, die für die drei Organe gilt.
Wie lassen sich die Autorität und die Effizienz der Europäischen Kommission stärken? Wie soll der Präsident der Kommission bestimmt werden: vom Europäischen Rat, vom Europäischen Parlament oder – im Wege direkter Wahlen – vom Bürger? Soll die Rolle des Europäischen Parlaments gestärkt werden? Sollen wir das Mitentscheidungsrecht ausweiten oder nicht? ... Soll die Rolle des Rates gestärkt werden? Soll der Rat als Gesetzgeber in derselben Weise handeln wie in seiner Exekutivfunktion? Sollen im Hinblick auf eine größere Transparenz die Tagungen des Rates – jedenfalls in seiner gesetzgeberischen Rolle – öffentlich werden? ...

Die dritte Frage ist die, wie wir die Effizienz der Beschlussfassung und die Arbeitsweise der Organe in einer Union von etwa 30 Mitgliedstaaten verbessern können. Wie könnte die Union ihre Ziele und Prioritäten besser festlegen und besser für deren Umsetzung sorgen? Brauchen wir mehr Beschlüsse mit qualifizierter Mehrheit? Wie lässt sich das Mitentscheidungsverfahren zwischen Rat und Europäischem Parlament vereinfachen und beschleunigen? Ist der halbjährliche Turnus des Vorsitzes der Union aufrechtzuerhalten? Welches ist die künftige Rolle des Europäischen Parlaments? ...

Schließlich stellt sich die Frage, ob diese Vereinfachung und Neuordnung nicht letztlich dazu führen sollte, dass in der Union ein Verfassungstext angenommen wird. Welches sollten die Kernbestandteile einer solchen Verfassung sein? Die Werte, für die die Union eintritt, die Grundrechte und -pflichten der Bürger, das Verhältnis zwischen den Mitgliedstaaten in der Union?

Im Hinblick auf eine möglichst umfassende und möglichst transparente Vorbereitung der nächsten Regierungskonferenz hat der Europäische Rat beschlossen, einen Konvent einzuberufen, dem die Hauptakteure der Debatte über die Zukunft der Union angehören. ...
Neben seinem Vorsitzenden und seinen beiden stellvertretenden Vorsitzenden gehören dem Konvent 15 Vertreter der Staats- und Regierungschefs der Mitgliedstaaten (ein Vertreter pro Mitgliedstaat), 30 Mitglieder der nationalen Parlamente (2 pro Mitgliedstaat), 16 Mitglieder des Europäischen Parlaments und zwei Vertreter der Kommission an. Die Bewerberländer werden in vollem Umfang an den Beratungen des Konvents beteiligt. ...

europa.eu.int/futurum/documents/offtext/doc151201_de.htm

Aufgaben

Zu 1.4 Verfassungen als Ordnungsrahmen für Politik

1. In der deutschen Verfassungsgeschichte des 19. und 20. Jahrhunderts finden sich unterschiedliche Begriffe für die jeweils geltende Verfassung. Stellen Sie – ggf. arbeitsteilig – mithilfe von Geschichtsbüchern und Lexika die verschiedenen Bezeichnungen zusammen!
   Inwiefern verbirgt sich dahinter jeweils auch eine programmatische Aussage?
2. Die Erklärung von Laeken greift eine Reihe von Problemen der Europäischen Union auf.

2.1 Formulieren Sie für die genannten Fragenbündel jeweils eine griffige verständliche Überschrift!

2.2 Werden mit den genannten Themen und Fragen die Forderungen an eine Verfassung erfüllt, wie sie in M 14 gestellt werden?

2.3 Ermitteln Sie den aktuellen Stand der Beratungen zur Europäischen Verfassung (http://european-convention.eu.int _ Dokumente)! Fassen Sie für den Kurs zusammen, welche Themen zur Beratung anstehen.

Zusammenfassen – Ordnen – Wiederholen

In jedem politischen System müssen zur Lösung oder Regelung von Problemen Entscheidungen getroffen werden. In Demokratien ist an diesem politischen Prozess, in dem Meinungen gebildet werden und Entscheidungen fallen, eine Vielzahl von Akteuren beteiligt, die sich um größtmöglichen Einfluss bemühen.

Der politische Prozess – Träger und Interaktionen
M 4

Der Ablauf des politischen Prozesses gliedert sich in drei Phasen:
1. die *Diskussion* in der Öffentlichkeit, die teilweise informell, teilweise formell abläuft und an der sich prinzipiell jeder beteiligen kann;
2. die *Entscheidung* durch die dafür vorgesehenen politischen Institutionen; dies können die von der Verfassung vorgesehenen Organe, aber auch international oder supranational organisierte Gremien sein, auf die die Entscheidungsgewalt übertragen wurde;
3. die *Ausführung und Durchsetzung* der politischen Entscheidung durch die Verwaltung.

Schlüsselfragen zur Analyse politischer Prozesse
M 3

Zur Analyse eines politischen Prozesses eignen sich Fragen nach dem Problem, den Akteuren und dem Kern der Auseinandersetzung, der getroffenen Entscheidung, dem Vollzug und der Bewertung der Entscheidung sowie den Reaktionen darauf.

(vgl. Modell B im Exkurs, S. 27)

Die unterschiedlichen, oft auch wechselseitigen Einflussmöglichkeiten der Akteure des politischen Prozesses reichen unter anderem von Öffentlichkeitsarbeit über Kontakte und personelle Verflechtung bis hin zu formellen Wahl- oder Kontrollverfahren, insbesondere zwischen verschiedenen Verfassungsorganen.

Ausweitung des politischen Raums
M 5

Da politisch zu entscheidende Probleme zunehmend nicht nur im nationalen Rahmen entstehen und sich auch nicht allein auf nationalstaatlicher Ebene lösen lassen, verändern sich die Struktur des politischen Prozesses, Anzahl und Art der Akteure wie auch ihre Einflussmöglichkeiten und die Entscheidungsgremien. Internationale oder supranationale Organisationen wie Europäische Union, NATO und UNO sind in den Prozess eingebunden oder steuern ihn mit, oft fallen Entscheidungen auf internationalen Gipfeltreffen.
Frühere Grundsätze für politisches Handeln wie etwa *Territorialität* und *Souveränität* müssen deswegen überdacht und weiterentwickelt werden. Der neuen Entwicklung tragen bereits viele staatliche und nichtstaatliche Akteure Rechnung, indem sie versuchen, auf mehreren Politikebenen tätig zu sein. Dabei entstehen neue – über den nationalstaatlichen Rahmen hinausgehende – Konflikte, Interessenkoalitionen und Legitimitätsprobleme. Auch kann die Transparenz politischer Entscheidungen leiden, da wechselseitige Einflüsse, Abhängigkeiten und Rücksichtnahmen zunehmen.
Die Akteure bewegen sich jedoch nicht in einem rechtsfreien Raum, sondern sind an *völkerrechtliche Grundsätze* gebunden, so an das allgemeine Gewaltverbot bzw. die allgemeine Friedenspflicht oder an das *internationale Vertragsrecht.*

Menschenrechte als Grundlage jeder Politik
M 10

Als Grundlage jeder Politik – sei es im nationalen Rahmen oder darüber hinaus – müssen vor allem die Menschenrechte gelten. Ihrer weltweiten Anerkennung, Kodifizierung, Einhaltung und Durchsetzung ging ein jahrhundertelanger Prozess voraus mit vielen Schwierigkeiten und Rückschlägen. Die Ansicht, sie müssten unabhängig von politischen Systemen und kulturellen Besonderheiten

für jeden Menschen gelten, scheint sich trotz mancher Widerstände durchzusetzen. Auch eine Vielzahl von Nicht-Regierungsorganisationen hat sich des Schutzes der Menschenrechte angenommen.
In der politischen Praxis stößt das Anliegen jedoch immer wieder auf Hindernisse. Sie reichen vom Beharren auf Souveränitätsrechten und dem Grundsatz der Nichteinmischung in die inneren Angelegenheiten anderer Staaten über Kosten-Nutzen-Abwägungen bis hin zu wirtschaftlicher und kultureller Rücksichtnahme.

Zur Funktion von Verfassungen
M 14

Politisches Handeln muss sich in legitimierten, geordneten Verfahren abspielen. Als „Norm der Normen" gilt die – meist kodifizierte – Verfassung, welche die *politische Struktur* eines Staates, *Rechte und Pflichten* im Verhältnis zwischen Bürger und Staat sowie grundsätzliche *Wertevorstellungen* verbindlich festlegt. Ein Denken, das über nationale Räume und Grenzen hinausgeht, verlangt bei der Organisation des politischen Lebens supranationale Regelungen. Für Europa würde dies bedeuten, dass die Mitgliedstaaten eine europäische Verfassung anstreben, die einen Wertekonsens, das Verhältnis zwischen den Nationalstaaten und europäischen Institutionen sowie deren Struktur und Legitimation regelt. Ein Anfang dazu könnte die EU-Grundrechte-Charta sein.

Exkurs: Strukturmodelle – Wie liest man sie? Was leisten sie?

Unser soziales und politisches Leben ist zu komplex, als dass es mit einfachen Mitteln abgebildet werden könnte: Fotografien oder Experimente sind kaum geeignet, um in diesen Bereichen Zusammenhänge, Wechselwirkungen und Abläufe darstellen zu können. So hilft man sich häufig mit besonderen Strukturmodellen, die zwar die Wirklichkeit nicht im Detail wiedergeben können, dennoch aber wesentliche Elemente und die Wechselbeziehungen zwischen ihnen verdeutlichen sollen.

An drei Beispielen soll gezeigt werden, wie man Strukturmodelle lesen sollte, was sie aussagen und wo ihre Eigenheiten, Vorzüge und Grenzen liegen.

Zunächst also muss man ein Modell richtig auswerten können. Dazu sind besondere Sorgfalt und ein Blick für Zusammenhänge und Einzelheiten nötig. Beides lässt sich schulen, die folgenden drei für diesen Zweck aufbereiteten Strukturmodelle und der sich anschließende Fragenkatalog dienen vor allem diesem Ziel. Erst in einem zweiten Schritt und unter Einbeziehung des Vorwissens wird man aussagekräftige von weniger aussagekräftigen Modellen unterscheiden lernen.

Der Fragenkatalog von S. 28 kann prinzipiell bei jedem Strukturmodell angewendet werden. In die folgenden Beispiele sind nummerierte Kreise (z. B. ②) eingearbeitet. Sie kennzeichnen Stellen, an denen die entsprechend nummerierte Frage des Katalogs besonders ergiebig ist und das Modell besonders aufschlussreich mit einem anderen Modell verglichen werden kann. Natürlich können mit diesen Fragen auch viele andere Punkte in den Beispielen überprüft werden.

Beispiel A: Beziehungen zwischen den Gewalten

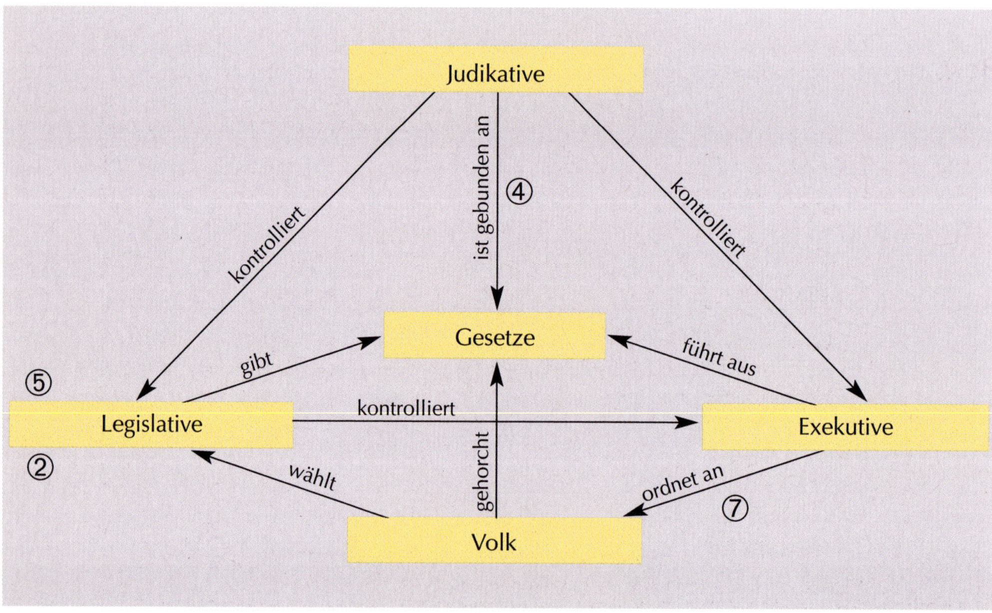

Politik und Unterricht, 1/89, S. 25

Beispiel B: Der Staat – ein Strukturmodell

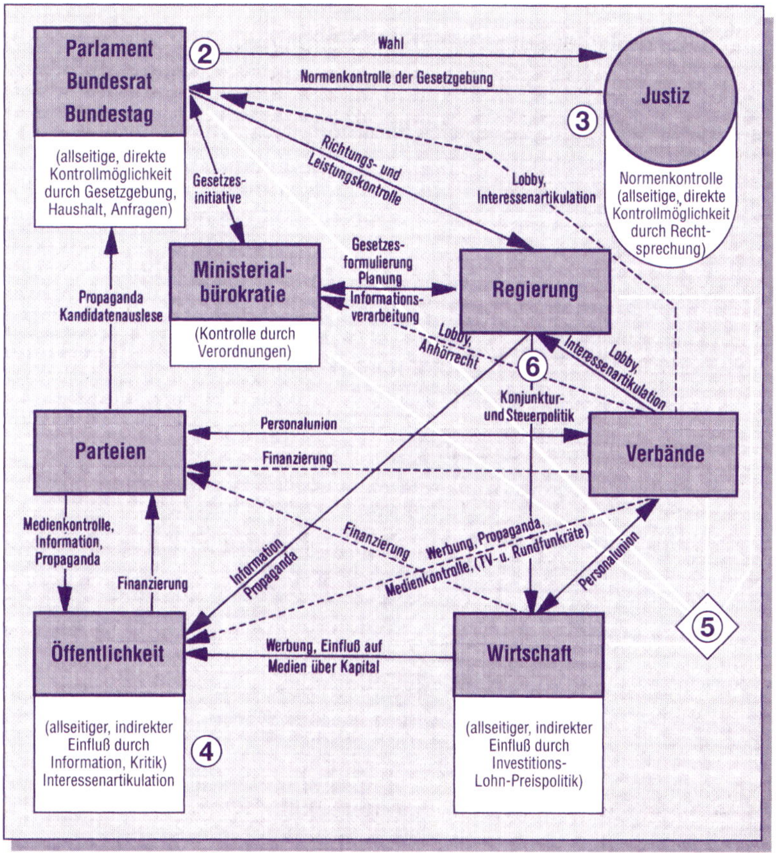

Paul Noack, Was ist Politik? München, Zürich 1976, S. 150

Beispiel C: Input-Output-Modell

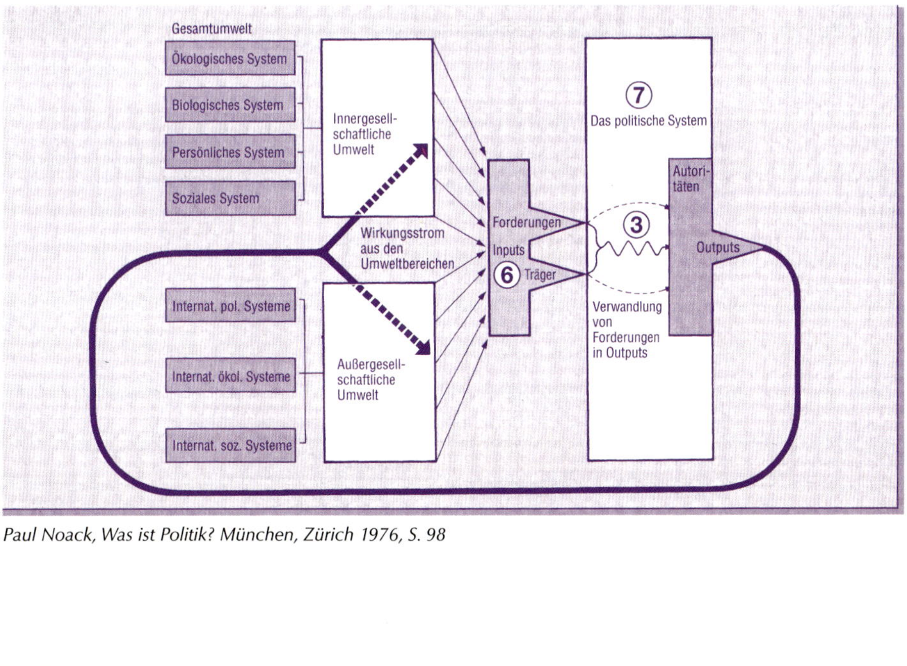

Paul Noack, Was ist Politik? München, Zürich 1976, S. 98

Fragen an das Modell	Tipps und Überlegungen	Vergleichen Sie dazu die Modelle
① Was will das Strukturmodell erfassen?	Sehen Sie sich das Inhaltsverzeichnis, die Überschrift und den hinführenden Text genau an! In welchem Kontext steht das Modell? Warum steht es gerade an dieser Stelle?	A und C
② Welche einzelnen Elemente sind abgebildet?	Beachten Sie die – meist grafisch hervorgehobenen – Schlüsselstellen des Modells! Wo sind die Ausgangs- bzw. Zielpunkte für die dargestellten Beziehungen? Findet sich eine Legende?	A und B
③ Was bedeuten Symbole und grafische Besonderheiten?	Verbalisieren Sie die dargestellten Beziehungen und Zusammenhänge! Entschlüsseln Sie die grafischen Elemente (z. B. Kreise, Kästchen, Pfeile, Farben, Linien, Wellen u. .)! Warum sind z. B. unterschiedliche Schriftgrößen verwendet?	B und C
④ Welche Informationen werden zusätzlich vermittelt?	Beziehen Sie Beschriftungen, Randbemerkungen, Erklärungen, Fußnoten ein! Lassen sich eventuell aus der Quellenangabe Schlüsse ziehen (Autor? Jahresangabe?)?	A und B
⑤ Ist das Modell vollständig?	Überlegen Sie – unter Einbeziehung Ihres Vorwissens –, ob die Subsysteme vollständig dargestellt sind! Sind Zusammenhänge nur pauschal und wenig differenziert wiedergegeben? Gibt es zusätzliche Beziehungen evtl. auch nach außen, die das System beeinflussen? Welche? Ist – bei Abläufen – evtl. der Zeitfaktor berücksichtigt?	A und B
⑥ Ist das Modell verständlich?	Sind Zusammenhänge übersichtlich genug dargestellt? Lassen sich Prozessabläufe nachvollziehen? Können Sie jetzt dargestellte Zusammenhänge und Abläufe ohne Schwierigkeiten verbal wiedergeben?	B und C
⑦ Ist die Realität mit dem Modell zutreffend erfasst?	Überlegen Sie, inwieweit das Modell Zusammenhänge oder Abläufe insgesamt zu abstrakt, zu ungenau oder auch zu kleinschrittig darstellt! Überprüfen Sie einen Aussagewert, indem Sie reale Abläufe mit dem Modell vergleichen!	A und C

2 Das Grundgesetz

Das Grundgesetz für die Westentasche

Die tägliche Berichterstattung in den Medien könnte zu dem Schluss führen, Demokratie bedeute nur Streit, Politik sei nichts anderes als ständige Auseinandersetzung.
Wer nicht bei einer oberflächlichen Betrachtungsweise stehen bleibt, erkennt, dass dieser Streit legitim und sogar gewollt ist. Es ist eben das Konzept einer pluralistischen Demokratie, dass unterschiedliche Interessen und Ansichten zu Wort kommen, und es darf dabei nicht verkannt werden, dass Auseinandersetzungen in einer Demokratie nach genau festgelegten Regeln und auf dem Fundament eines allgemein akzeptierten Wertekanons ablaufen.
Wer legt nun aber fest, was von allen anzuerkennen ist und worüber andererseits gestritten werden kann? Wer bestimmt, nach welchen Regeln die Auseinandersetzungen stattfinden, und wer welche Kompetenzen für sich beanspruchen darf.
Das Grundgesetz beantwortet solche grundlegenden Fragen für die Bundesrepublik Deutschland. Es sichert die pluralistische Demokratie, setzt den Rahmen für die politische Auseinandersetzung und gibt grundlegende Werte und Prinzipien vor.
Mithilfe der Materialien lassen sich die Grundzüge dieses Ordnungsrahmens erkennen und es werden auch aktuelle Probleme aufgegriffen.

- M 1 bis M 8 gehen auf Entstehung, Menschenbild und Kerngedanken unserer Verfassung ein.
- M 9 bis M 38 stellen dar, wie das Grundgesetz einen unveränderlichen Verfassungskern definiert, indem es die Menschenwürde als unantastbaren Grundwert festlegt sowie Demokratie, Rechtsstaatlichkeit, Sozialstaatlichkeit und Bundesstaatlichkeit als Strukturprinzipien der staatlichen Ordnung festschreibt.
- Anschließend werden die Grundrechte und ihre Absicherung dargestellt. Dabei wird gezeigt, wie die Grundrechte einerseits das Individuum vor möglichen Zugriffen durch den Staat schützen und ihm andererseits Möglichkeiten der Mitwirkung eröffnen. (M 39 – M 52)
- M 56 bis M 67 informieren über den Bundespräsidenten und zeigen das Bundesverfassungsgericht als „Hüter des Grundgesetzes".
- Dass das Grundgesetz nicht abgeschlossen ist, vielmehr Spielräume lässt und vor allem die Anpassung an den sozialen Wandel, an neue Bedingungen und Probleme ermöglicht, erschließen M 65 bis M 66.

METHODEN – ANREGUNGEN – TIPPS

Gedenkstättenarbeit am Ort bzw. in der Region

Gedenkstätten wollen Geschichte am authentischen Ort dokumentieren. Sie erinnern an Verbrechen gegen die Menschenwürde, an die Missachtung von Grundrechten oder an antidemokratische oder rassistische Ereignisse und Vorgänge. Dabei sind historischer Gesamtzusammenhang sowie Vor- und Nachgeschichte zu bedenken oder herauszuarbeiten. Gedenkstätten eignen sich, um Erinnern, Trauern und Lernen miteinander zu verknüpfen. Es gibt sie zur Geschichte des nationalsozialistischen Deutschlands, zu Ereignissen in der früheren DDR, zur Teilung Deutschlands oder vereinzelt auch zu Vorfällen aus der jüngsten Geschichte der Bundesrepublik. Den jeweiligen Besonderheiten ist dabei Rechnung zu tragen. Folgende Aspekte können untersucht werden:

- Einordnung des erinnerten Ereignisses in den historischen Gesamtzusammenhang (politisches System, Ideologie, staatliche Strukturen, gesellschaftliche Bedingungen)
- die Situation der Menschenrechte zum Zeitpunkt der Ereignisse (verfassungsrechtliche Verankerung, Interpretation, Einklagbarkeit, Alltagsbedingungen)
- Erstellen einer Chronologie des Geschehens (Beteiligte? Örtliche Bedingungen? Reaktionen im Umfeld?)
- juristische und politische Aufarbeitung des Unrechts
- Folgen und Folgerungen für den Nachfolgestaat
- Umgang mit der Gedenkstätte in der Nachfolgezeit
- Gestaltung der Gedenkstätte und ihre Bedeutung für die Region
- Stellenwert historischen Lernens für die politische Bildung

Die Auseinandersetzungen mit Gedenkstätten und den erinnerten Ereignissen lässt sich über Besichtigungen und Vorträge hinaus ausweiten. So sind vielfältige Formen der „Spurensuche" denkbar, z. B.:

- von Schülern gestaltete Ausstellungen und Dokumentationen zur Gedenkstätte
- Arbeit an lokal- und alltagsgeschichtlichen Quellen, ggf. aus Gedenkstättenarchiven
- Zeitzeugenbefragung (ggf. auch Spurensuche in der Familiengeschichte)
- erinnerndes „Nachgehen" von Unrechtsstationen (z. B. „Todesmärsche")
- Entwickeln eines Konzepts für „alternative Stadtrundfahrten"
- Gestaltung des Gedenktags für die Opfer des Nationalsozialismus (27. Januar)
- ggf. Kontakte und Gespräche mit der Leitung der Gedenkstätte (z. B. zu Selbstverständnis, Organisation, Aufgaben, Konzeption, Erfahrungen)

Straßenschild in Hamburg zur Erinnerung an die jüdische Gewerbe-Lehrerin Gertrud Pardo, die 1941 in Lodz ermordet wurde.

Deutsch-deutsches Museum in Töpen-Mödlareuth, einem bis 1990 geteilten Dorf, das als „little Berlin" galt, mit Betonsperrmauer und Grenzanlagen

Gedenktafel für den algerischen Asylbewerber Farid Guendoul, Opfer einer rassistischen Hetzjagd, verblutet am 13.2.1999; Tafel wegen Diebstahls inzwischen von der Stadt Guben ersetzt

Referatthemen

1. Diktaturen verweigern meist – anders als Demokratien – den geregelten Austrag von gesellschaftlichen Konflikten. Zeigen Sie an einem selbst gewählten aktuellen oder historischen Beispiel, wie Diktaturen über ihre Ideologie, ihre Staatsorgane oder ihre Handlungsweise mit solchen Konflikten umgehen!

2. Die Biomedizin entwickelt zunehmend Verfahren, die auch Grundrechte des Individuums berühren (z. B. pränatale Medizin, genetische Diagnostik, Menschen als Organressourcen). Stellen Sie ein Verfahren vor und erörtern Sie die damit zusammenhängenden Probleme unter dem Aspekt des Grundrechtsschutzes!

3. Aus historischen Erfahrungen heraus wurde in unserem Grundgesetz der Gedanke „Keine Freiheit für die Feinde der Freiheit" verankert. Referieren Sie, welche Ereignisse und Entwicklungen in der deutschen Geschichte des 20. Jahrhunderts dafür prägend waren!

4. Informieren Sie Ihre Mitschülerinnen und Mitschüler über eine jüngst vorgenommene oder angestrebte Änderung des Grundgesetzes! Recherchieren Sie die Positionen und Argumente, die von verschiedenen Seiten dazu vorgebracht wurden bzw. werden!

Internet-Adressen

dejure.org/gesetze/GG . . . . .Aktuelle Fassung des Grundgesetzes; von den einzelnen Artikeln aus werden Querverweise zu weiteren Gesetzeswerken sowie zur diesbezüglichen Rechtsprechung gegeben.

www.bundespräsident.de
www.bundesregierung.de
www.bundestag.de
www.bundesverfassungsgericht.de

Zum Weiterlesen

Dieter Grimm, Die Verfassung und die Politik. Einsprüche in Störfällen. München 2001

Der ehemalige Richter am Bundesverfassungsgericht hält das Grundgesetz für eine der erfolgreichen Verfassungen der Welt. Dennoch sieht er auch Gefahren, die der Verfassung aus dem politischen Bereich drohen. Eines der Kapitel heißt dementsprechend auch „Wie man eine Verfassung verderben kann." Parteiverbote, die Frage, wie viel Toleranz das Grundgesetz gegenüber fremder Lebensart verlangt, oder die Diskussion um eine Verfassung für Europa sind weitere aktuelle Themen des Buches.

2.1 Grundgesetz und pluralistische Gesellschaft

2.1.1 Dem Volke oder der Bevölkerung?

M 1

Die Entstehung des Grundgesetzes

Am 1. September 1948 trat in Bonn der Parlamentarische Rat zusammen, gebildet aus 65 Abgeordneten aller politischen Parteien, die von den Landtagen der elf westdeutschen Länder gewählt worden waren, hinzu kamen fünf Vertreter Berlins als Gäste (27 CDU/CSU; 27 SPD; 5 FDP; 2 Zentrum; 2 DP; 2 KPD). Zum Präsidenten des Parlamentarischen Rates wurde Konrad Adenauer (CDU), zum Vorsitzenden des Hauptausschusses, in dem die wesentliche gesetzesformende Tätigkeit entfaltet wurde, Carlo Schmid (SPD) gewählt. Der Parlamentarische Rat tagte von September 1948 bis Mai 1949 in einer gefahrdrohenden Zeit der Berliner Blockade und der noch ungefestigten neuen Währung und Wirtschaft.
Am 8.5.1949 stimmte der Parlamentarische Rat über das Grundgesetz ab; es wurde mit 53 gegen 12 Stimmen angenommen. Bereits am 12.5.1949 wurde mit Vorbehalten zu einigen Artikeln die Genehmigung der Besatzungsmächte erteilt. In zehn von elf Landtagen wurde das Grundgesetz ebenfalls angenommen. In Bayern wurde es mit 101 gegen 63 Stimmen bei 9 Enthaltungen abgelehnt. Der bayerische Landtag bejahte jedoch die Zugehörigkeit Bayerns zum Bund mit 97 gegen 6 Stimmen bei 70 Enthaltungen.
Das Grundgesetz wurde am 23.5.1949 in der Nr. 1 des Bundesgesetzblattes veröffentlicht und trat am 24.5.1949 in Kraft.

Der Präsident des Parlamentarischen Rates Dr. Konrad Adenauer während der Stimmzählung am 8. 5. 1949; vorne die Abgeordnete Helene Weber, eine der vier „Mütter" des Grundgesetzes.

Dieter Hesselberger, Das Grundgesetz. Kommentar für die politische Bildung. 11. Aufl., Neuwied 1999, S. 29–30

M 2

Die Präambel des Grundgesetzes

Im Bewusstsein seiner Verantwortung vor Gott und den Menschen, von dem Willen beseelt, als gleichberechtigtes Glied in einem vereinten Europa dem Frieden der Welt zu dienen, hat sich das Deutsche Volk kraft seiner verfassungsgebenden Gewalt dieses Grundgesetz gegeben.
Die Deutschen in den Ländern Baden-Württemberg, Bayern, Berlin, Brandenburg, Bremen, Hamburg, Hessen, Mecklenburg-Vorpommern, Niedersachsen, Nordrhein-Westfalen, Rheinland-Pfalz, Saarland, Sachsen, Sachsen-Anhalt, Schleswig-Holstein und Thüringen haben in freier Selbstbestimmung die Einheit und Freiheit Deutschlands vollendet. Damit gilt dieses Grundgesetz für das gesamte Deutsche Volk.

Grundgesetz für die Bundesrepublik Deutschland, Textausgabe, Stand: Dezember 2000

M 3 Politik – für wen?

Inschrift am Reichstag in Berlin, Sitz des Deutschen Bundestags

Kunstwerk von Hans Haacke im Reichstag

Der Künstler Hans Haacke hatte alle Bundestagsabgeordneten eingeladen, Erde aus ihren Wahlkreisen in die 21 mal sieben Meter große Holzeinfassung am Boden des Nordhofes zu bringen. Mit der Inschrift „Der Bevölkerung" möchte Haacke einen Kontrapunkt zu der Widmung „Dem Deutschen Volk" über dem westlichen Reichstagsportal setzen. Nach seinen Vorstellungen soll deutlich werden, dass das Grundgesetz und die im Bundestag beschlossenen Gesetze alle in Deutschland lebenden Menschen schützen. Die Entscheidung des Bundestages für das Kunstwerk im April dieses Jahres war denkbar knapp ausgefallen. Über 200 Abgeordnete haben angekündigt, den Trog mit Erde aus ihren Wahlkreisen zu füllen. Viele Parlamentarier sehen das Projekt allerdings sehr kritisch und wollen sich nicht beteiligen.
Der Künstler Haacke setzt keinen Endtermin für die Fertigstellung des Projekts: „Solange Abgeordnete demokratisch in das Parlament gewählt werden, bleibt die Einladung, Erde aus dem Wahlkreis nach Berlin zu bringen, bestehen."

Blickpunkt Bundestag 8/2000, S. 79

2.1.2 Grundidee und Intention: die Absicherung einer pluralistischen Gesellschaft

Grundannahmen der pluralistischen Gesellschaft

M 4

Die Grundannahmen dieses Konzepts lauten zusammengefasst:

- Es existieren unterschiedliche Interessen in der Gesellschaft, und es ist legitim und sogar erwünscht, dass diese artikuliert und vertreten werden;
- die Interessen der autonomen gesellschaftlichen Gruppen können am wirkungsvollsten organisiert, also in Verbänden, vertreten werden;
- der Ausgleich der verschiedenen Interessen erfolgt als konfliktreicher Prozess, wobei am Ende ein Kompromiss der beteiligten Gruppen steht;
- Voraussetzung ist, dass Konsens über die Spielregeln besteht, unter denen der Konflikt der verschiedenen Interessen ausgetragen wird.

Diese Regeln müssen von allen Beteiligten akzeptiert werden; und es ist wichtig, dass kein relevantes Interesse vom „Markt des Ausgleichs“ ausgeschlossen ist.

Carl Böhret/Werner Jann/Eva Kronenwett, Innenpolitik und politische Theorie, 3. Aufl., Opladen 1988, S. 42–43

Konflikte gehören zur Demokratie

M 5

Konflikte sind gerade nach demokratischem Staatsverständnis eine Grundtatsache des sozialen und politischen Lebens, und es ist gerade ein Kennzeichen der pluralitären Demokratie, dass sie Konflikte in ihrer Struktur anerkennt und nicht etwa konfliktlose Gesellschaften für erstrebenswert hält. Eine lebendige Gesellschaft ist eine solche mit Konflikten, und ein Volk, das sich im absoluten Konsens befindet, wäre ein Volk, dem das Grab bereits bereitet wird.
Mit der Bejahung des Konflikts als einer Grundtatsache des gesellschaftlichen und politischen Lebens ist allerdings noch nichts darüber gesagt, wie Konflikte zu behandeln sind. Diktaturen tendieren dahin, Konflikte zu unterdrücken (zum Beispiel mit der Methode des Kriegs- oder Ausnahmezustandes...). Einem freiheitlichen System ist dagegen nicht die Unterdrückung, sondern die Regelung von Konflikten angemessen. Die Regelung bringt Konflikte nicht zum Verschwinden, sie hegt und kanalisiert sie jedoch. Von ihrer Intensität wird den Konflikten durch die Regelung nichts genommen. Sie verlieren jedoch ihren gewaltsamen Charakter und werden kontrollierbar, ja mehr noch: Ihre schöpferische Kraft wird ... in den Dienst einer allmählichen Entwicklung gestellt.
Gerade der politische Streit bedarf der Regeln, die das Erlaubte vom Unerlaubten abgrenzen. Dabei war Gewaltsamkeit früher an der Tagesordnung. Man mag meinen, dass der Kampf der Vater aller Dinge ist; doch braucht er weder Krieg noch Bürgerkrieg zu sein, sondern kann und muss sich in friedlichen Formen abspielen. Eine Ordnung für den politischen Kampf ist daher unumgänglich, wenn verhindert werden soll, dass der Kampf um die Macht im Staat reißende Aggressivität entfesselt.

Rudolf Wassermann, Die Zuschauerdemokratie, München 1989, S. 71–72

M 6 Pluralismus braucht Institutionen

Pluralismus in modernen hoch industrialisierten Gesellschaften kann sich nicht ausschließlich individuell widerspiegeln, sondern bedarf der Institutionen, die das breit geprägte Bild unterschiedlicher Vorstellungen bündeln. Wichtigste Kräfte dabei sind Parteien und Verbände. Ein funktionsfähiges Mehrparteiensystem, die effektive Möglichkeit zur Bildung von Parteien auf rechtsstaatlicher Basis, verfassungsmäßig garantierter Minderheitenschutz sowie der Wechsel von Regierung und Opposition sind weitere bedeutsame Kennzeichen für einen funktionierenden Pluralismus. Durch die Vielzahl ökonomischer, sozialer, kultureller und weltanschaulicher Gruppen und Organisationen ist eine Differenzierung und Erweiterung der politischen Ordnung und damit auch des Pluralismus erfolgt. Entsprechend den Vorstellungen des Bundesverfassungsgerichts soll sich Pluralismus in Deutschland wie folgt vollziehen: „... Die staatliche Ordnung der freiheitlichen Demokratie muss demgemäß systematisch auf die Aufgabe der Anpassung und Verbesserung des sozialen Kompromisses angelegt sein; sie muss insbesondere Missbräuche der Macht hemmen. Ihre Aufgabe besteht wesentlich darin, die Wege für alle denkbaren Lösungen offen zu halten, und zwar jeweils dem Willen der tatsächlichen Mehrheit des Volkes für die einzelne Entscheidung Geltung zu verschaffen, aber diese Mehrheit auch zur Rechtfertigung ihrer Entscheidung vor dem ganzen Volke, auch vor der Minderheit, zu zwingen. Dem dienen die leitenden Prinzipien dieser Ordnung wie auch ihre einzelnen Institutionen. Was die Mehrheit will, wird jeweils in einem sorgfältig geregelten Verfahren ermittelt. Aber der Mehrheitsentscheidung geht die Anmeldung der Forderungen der Minderheit und freie Diskussion voraus, zu der die freiheitliche demokratische Ordnung vielfältige Möglichkeiten gibt, die sie selbst wünscht und fordert, und deshalb auch für den Vertreter von Minderheitsmeinungen möglichst risikolos gestaltet. Da die Mehrheit immer wechseln kann, haben auch Minderheitsmeinungen die reale Chance, zur Geltung zu kommen. So kann im weiten Maße Kritik am Bestehenden, Unzufriedenheit an Personen, Institutionen und konkreten Entscheidungen im Rahmen dieser Ordnung positiv verarbeitet werden. In die schließlich erreichte Mehrheitsentscheidung ist immer auch die geistige Arbeit und die Kritik der oppositionellen Minderheit eingegangen. Weil Unzufriedenheit und Kritik mannigfache, selbst drastische Ausdrucksmöglichkeiten besitzen, zwingt die Einsicht in die Labilität ihrer Position die Mehrheit selbst, die Interessen der Minderheit grundsätzlich zu berücksichtigen". (BVerGE 5; 85, 197f.).

Wichard Woyke, Stichwort „Politik, soziale Grundlage", in: Bernhard Schäfers/Wolfgang Zapf, Handwörterbuch zur Gesellschaft Deutschlands, Opladen 1998, S. 498–499

M 7 Engagement sichert Einflussnahme

Der Pluralismus stellt gleichsam einen Transformator dar, in dem gesellschaftliche in politische Energie umgewandelt wird. In ihm werden die diffusen Elemente der heterogenen Massengesellschaft in kompakte Gebilde umgeformt, denen in einer parlamentarischen Demokratie der Zugang zu Parlament, Regierung und Verwaltung jederzeit offenstehen sollte. Die pluralistischen Verbände sind dazu berufen, dem Einzelnen die Möglichkeit zu eröffnen, einen Ausweg aus der Isolierung und Vereinsamung zu finden, die ihn im Industriezeitalter ständig bedroht. Denn die Mitwirkung des Bürgers an öffentlichen Angelegenheiten darf sich nicht darauf beschränken, alle vier Jahre zur Wahlurne zu gehen und durch seine Stimmabgabe Einfluss darauf auszuüben, welches Team im Bereich der hohen Politik regieren soll – so wichtig dies auch ist. Die Mitwirkung des Bürgers muss die Möglichkeit einschließen, durch Mitgliedschaft und Mitarbeit in den Interessenorganisationen an der Regelung der Alltagsfragen teilzunehmen, die ihn unmittelbar berühren. Letzten Endes ist der Sinn der kollektiven Demokratie darin zu suchen, ohne den utopischen Versuch zu unternehmen, die Wirkungen der Entfremdung völlig abzustellen und aufzuheben, sie doch so weit wie möglich abzuschwächen und erträglich zu machen. Durch aktive Mitarbeit in den Verbänden und Parteien soll das Gefühl der passiven Hilflosigkeit überwunden werden, das den Einzelnen befallen muss, wenn er keinen Ausweg aus dem Prozess der Vermassung sieht, die uns alle tagtäglich bedroht.

Ernst Fraenkel, Deutschland und die westlichen Demokratien, Frankfurt a. Main 1990, S. 275

Pluralismus als Unterscheidungsmerkmal zwischen offenen und geschlossenen Gesellschaften

M 8

Ein Gesellschaftssystem, in dem offener Zugang zur Herrschaftsstruktur und Willensbildung sowie eine offene Diskussion über alle der Politik anzuvertrauenden Gestaltungsansprüche möglich sind, nennt man eine „offene Gesellschaft". Demgegenüber bezeichnet „geschlossene Gesellschaft" ein Gesellschaftssystem, in dem der Zugang zur Herrschaftsstruktur und Willensbildung beschränkt sowie die mit allgemeiner Verbindlichkeit zu versehenden Gestaltungsansprüche der Auseinandersetzung entzogen sind.

Geschlossene Gestaltungsansprüche sind gegeben, wenn eine freie Diskussion über die Inhalte und Grenzen dessen, was das politische System allgemein verbindlich gestalten soll, nicht zulässig oder möglich ist. Der Bereich dessen, was dem politischen Streit entzogen ist („nichtstreitiger Sektor"), wird dabei durch Tabus bzw. Argumentations- und Denkverbote gesichert. Demgegenüber kennzeichnen sich offene Gestaltungsansprüche dadurch, dass Inhalte staatlicher Gestaltung sowie die Grenzen dessen, was man vom Staat verbindlich geregelt wünscht, frei und kontrovers erörtert werden können. Dergestalt liegt ein äußerst großer „streitiger Sektor" vor. Nur ein eng umgrenzter Konsens über grundlegende gemeinsame Werte, über jeweils geltende Spielregeln der Konfliktaustragung und über die beim Streit zu nutzenden Arenen sorgt dabei dafür, dass der Streit über staatliche Gestaltungsansprüche am Ende der Herstellung allgemeiner Verbindlichkeit, nicht aber zur Blockierung des politischen Systems führt. Derartiger Konsens wird „Minimalkonsens" genannt; er besteht aus Wert-, Verfahrens- und Ordnungskonsens und stellt den nichtstreitigen Sektor des jeweiligen politischen Systems dar. Die oben dargestellten Prinzipien freiheitlicher demokratischer Grundordnung sind ein Beispiel für einen derartigen nichtstreitigen Sektor. Die im Einzelfall mehr oder minder schwierig festzustellende Proportion zwischen streitigem und nichtstreitigem Sektor ist ein sehr aussagekräftiger und ungemein verlässlicher Indikator für den freiheitlichen oder autoritären Charakter eines politischen Systems.

Werner J. Patzelt, Einführung in die Politikwissenschaft, Passau 1997, S. 149–150

Aufgaben

Zu 2.1 Grundgesetz und pluralistische Gesellschaft

1. Das Funktionieren einer pluralistischen Gesellschaft setzt bei Individuen und Gruppen die Bereitschaft zum Kompromiss voraus. Überprüfen Sie an einer politischen Entscheidung der letzten Zeit, zu welchen Zugeständnissen die Akteure des politischen Prozesses bereit waren!
2. Welche Folgen sind zu erwarten, wenn ein bestimmtes Thema aus dem politischen Entscheidungsprozess herausgehalten wird? (M 5 – M 8)
3. Entwerfen Sie Grundsätze für einen „nichtstreitigen Sektor" (vgl. M 8), der das Zusammenleben in einem Gemeinwesen regeln könnte! Überlegen Sie, wie dessen Einhaltung sichergestellt werden könnte!

2.2 Der unveränderliche Verfassungskern

2.2.1 Der Art. 79 Abs. 3 GG

M 9 Die besondere Aufgabe des Art. 79 Abs. 3 GG

Politik und Unterricht Nr. 1/1989, S. 20

M 10 Die „Gespenster von Weimar" an der Wiege des Grundgesetzes

Neben den fundamentalen Grundrechtsverletzungen des Nationalsozialismus und der Furcht vor dem in der sowjetischen Besatzungszone immer manifester werdenden Totalitarismus kommunistischer Prägung hat der Parlamentarische Rat vor allem unter dem Eindruck des Scheiterns der Weimarer Republik gestanden. Ziel war die Konstituierung einer freiheitlich-demokratischen, wertgebundenen und gegenüber extremistischen Angriffen geschützten Verfassungsordnung.
In Art. 20 Abs. 1 und 2 des Grundgesetzes wird die Bundesrepublik als ein demokratischer und sozialer Bundesstaat definiert, in dem alle Staatsgewalt vom Volk ausgeht und Legislative, Exekutive und Judikative an Verfassung und Gesetze gebunden sind. Diese Generalnorm definiert Demokratie, Föderalismus und Sozialstaatlichkeit, Wahl und Repräsentation, Verfassungs- und Gesetzestreue der staatlichen Gewalt als tragende Grundsätze des Staatsaufbaus der Bundesrepublik, die gemäß Art. 79 Abs. 3 auch durch eine Verfassungsänderung nicht angetastet werden dürfen.

Jürgen Maruhn, Gefährdungen und Sicherungen des demokratischen Konsenses, in: Eckhard Jesse/Steffen Kailitz, Prägekräfte des 20. Jahrhunderts, München 1997, S. 72

2.2.2 Die Unantastbarkeit der Menschenwürde

Die Menschenwürde: geachtet – bedroht – verletzt?

M 11

Ein Asylbewerberheim in Hoyerswerda nach den Übergriffen im September 1991

Konzept der Fernsehsendung „Big Brother": In den Containeranlagen hielten sich auf engem Raum freiwillig zehn Menschen auf, deren Zusammenleben und Privatsphäre ständig durch Kameras beobachtet wurden. Wer – mit Zustimmung der Zuschauer – am längsten (maximal 100 Tage) durchhielt, gewann.

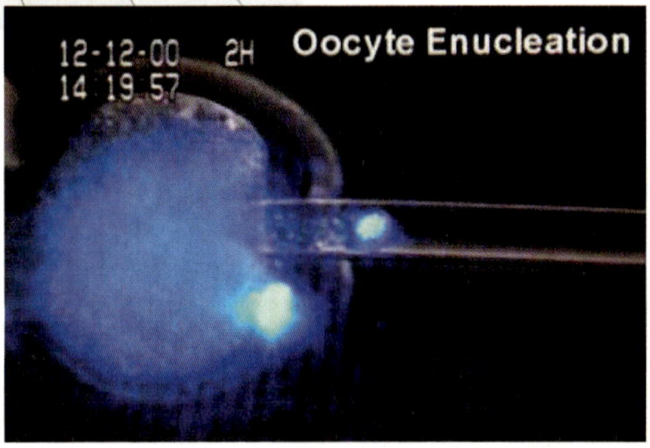

Entkernung einer Eizelle:
Der US-Mediziner Panayiotis Zavos will im März 2002 mit dem Klonen von Menschen beginnen.

M 12 Die grundlegende Bedeutung der Menschenwürde

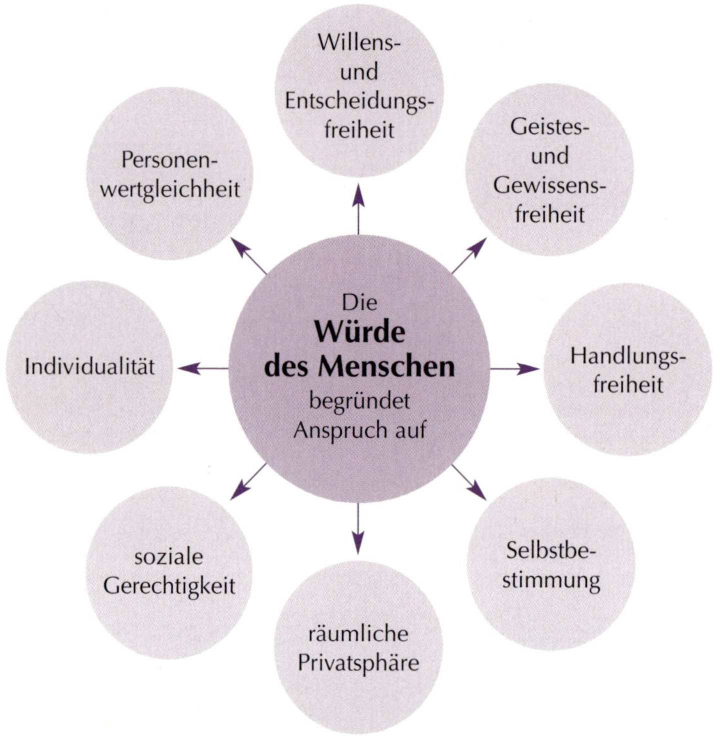

Hans-Joachim Hitschold, Staatskunde. Grundlagen für die politische Bildung. 11. Aufl., Stuttgart u. a. 2000, S. 140

M 13 Menschenwürde und Staat

Das Grundgesetz:

Die Würde des Menschen ist unantastbar. Sie zu achten und zu schützen ist Verpflichtung aller staatlichen Gewalt.
Art. 1 Abs. 1 GG

Das Bundesverwaltungsgericht:

„Das Verfassungsrecht besteht nicht nur aus den einzelnen Sätzen der geschriebenen Verfassung, sondern auch aus gewissen, sie verbindenden, innerlich zusammenhaltenden allgemeinen Grundsätzen und Leitideen, die der Verfassungsgeber, weil sie das vorverfassungsmäßige Gesamtbild geprägt haben, von dem er ausgegangen ist, nicht in einem besonderen Rechtssatz konkretisiert hat.“ (Entscheidung des Bundesverfassungsgerichts vom 1. Juli 1953 – Samml. Bd. 2 S. 380 –). Eine solche Leitidee ist die Auffassung über das Verhältnis des Menschen zum Staat: Der Einzelne ist zwar der öffentlichen Gewalt unterworfen, aber nicht Untertan, sondern Bürger. Darum darf er in der Regel nicht lediglich Gegenstand staatlichen Handelns sein. Er wird vielmehr als selbstständige sittlich verantwortliche Persönlichkeit und deshalb als Träger von Rechten und Pflichten anerkannt. ...
Die unantastbare, von der staatlichen Gewalt zu schützende Würde des Menschen (Art. 1) verbietet es, ihn lediglich als Gegenstand staatlichen Handelns zu betrachten...
BVerwGE 1, 159

Ein Verfassungsrechtler:

- Die Würde des Menschen ist in unserer Rechts- und Wertordnung *oberster Verfassungsgrundsatz,* an dem sich alles staatliche Handeln zu orientieren hat. Folglich hat der Mensch im Mittelpunkt staatlichen Geschehens zu stehen. ...
- Träger der Menschenwürde ist *jeder Mensch* von der Geburt bis zum Tode, wobei es unerheblich ist, ob sich der Einzelne seiner Würde bewusst ist oder dieses Bewusstsein nicht hat (etwa der Geisteskranke).
- Die Würde kommt dem Menschen deshalb zu, weil er als einziges Wesen die Fähigkeit besitzt, sich *in Freiheit zu entscheiden* und sich *selbst zu bestimmen.*
- Die Menschenwürde ist *Ursprung* und *Quelle aller weiteren Freiheits-, Gleichheits- und Unverletzlichkeitsrechte.* Demnach sind es *Ansprüche* und *Berechtigungen,* die die Einmaligkeit des Mensch-Seins kennzeichnen und die Würde des Menschen verkörpern.

Aus der absoluten Verpflichtung der gesamten Staatsgewalt, die Würde des Menschen zu achten und zu schützen, folgt,

- dass jeder Träger staatlicher Gewalt bei der Begegnung mit dem Einzelnen dessen Würde nicht antasten oder gar verletzen darf (achten) und
- dass er (z.B. der Polizeibeamte) gleichermaßen abwehrend eingreifen muss, wenn die Würde des Menschen von dritter Seite verletzt zu werden droht bzw. verletzt wird (schützen). ...

Wann ist die Menschenwürde verletzt?

Die Würde des Menschen ist allgemein immer dann verletzt, wenn

- er zum reinen Objekt staatlicher Maßnahmen gemacht,
- die innere Freiheit des Menschen angetastet oder
- seine Personenwertgleichheit[1)] geleugnet wird.

Die Rechtsprechung hat z. B. in folgenden Fällen auf eine Verletzung der Menschenwürde erkannt:

- Vorgänge, die den Menschen auf die Ebene des Tieres erniedrigen, wie Massenaustreibung, Ausrottung rassischer oder religiöser Gruppen durch Tötung, Geburtenverhinderung oder Kindesverschleppung (BVerfGE 1, 104).
- Beeinträchtigung der Willens- und Entschließungsfreiheit durch Misshandlung, um ein Zwangsgeständnis herbeizuführen.
- Verletzung der Privatsphäre (Geheimnisbruch) wie unberechtigte Ton- und Bildaufnahmen, widerrechtliches Abhören von Telefongesprächen oder das öffentliche Verlesen persönlicher Briefe.

Hans Joachim Hitschold, Staatskunde. Grundlagen für die politische Bildung. 11. Aufl., Stuttgart u. a. 2000, S. 139–141

1) Personenwertgleichheit: Wertgleichheit aller Menschen (Personen)

Aufgaben

Zu 2.2.2 Die Unantastbarkeit der Menschenwürde

1. Beurteilen Sie die in M 11 angeführten Beispiele unter Berücksichtigung der Auslegungen zum Art. 1 Abs. 1 GG durch das Bundesverwaltungsgericht und den Verfassungsrechtler H. J. Hitschold in M 13!
2. „Stalking" gilt als modernes Phänomen, unter dem vor allem Prominente leiden: Fanatische Anhänger/innen verfolgen ihre Opfer über lange Zeiträume hinweg. Verletzt die obsessive Verfolgung eines Menschen durch einen anderen dessen Menschenwürde? Ziehen Sie zur Beantwortung der Frage M 12 und M 13 heran!

2.2.3 Das Demokratieprinzip

M 14 Demokratie: Meinungen – Sprüche – Widersprüche

»Die da oben machen doch, was sie wollen!«

... wenn Du sie lässt ...

(c) Landeszentrale für politische Bildung Baden-Württemberg. Aus der Reihe „10 Einwände" (Frank Faßmer)

DDR 1990

M 15 Demokratie – eine Begriffserklärung

Die Bundesrepublik ist ein demokratischer Bundesstaat. ...

Wenig Begriffe werden in der politischen Diskussion so häufig und so unterschiedlich verwendet wie der Begriff Demokratie. Es bedarf daher einer genauen Bestimmung, was jeweils mit Demokratie gemeint ist. In der Entwicklung des Demokratiebegriffs lassen sich zwei Tendenzen unterscheiden:

Der formale Demokratiebegriff sieht die wesentlichen Elemente der Demokratie in der Kontrolle der Macht des Staates durch Gewaltenteilung, der Geltung der Menschenrechte und der Möglichkeit einer Opposition mit Aussicht auf Regierungsübernahme. Die Bindung der Staatsgewalt an den Souverän, das Volk, geschieht durch periodische Wahlen, die der jeweiligen Regierung nur eine „Herrschaft auf Zeit" ermöglichen.

Demgegenüber versteht sich der auf den Inhalt abgestellte Begriff „Demokratie" als eine Lebensordnung, die von Freiheit, Gleichheit und Menschenwürde ausgeht und versucht, den Anspruch auf Herrschaft durch das Volk nicht nur im staatlichen Bereich, sondern in allen gesellschaftlichen Bereichen zu verwirklichen.

Dem Begriff der Demokratie ist der Grundsatz immanent, dass das Volk der primäre Träger der Staatsgewalt ist. Das verdeutlicht Abs. 2 Satz 1, wonach alle Staatsgewalt vom Volke ausgeht. Damit wird verlangt, dass jede Art der staatlichen Betätigung auf einen Willensentschluss des Volkes zurückführbar und durch ihn legitimiert sein muss. In einer parlamentarischen Demokratie bilden in erster Linie die Wahlen den allem staatlichen Handeln zugrunde liegenden Legitimationsakt. Sie enthalten jene politischen Grundsatzentscheidungen, aufgrund derer die von der Mehrheit gewählten Volksvertreter konkrete politische Entscheidungen treffen und ausführen können. ...

Zum Wesen der Demokratie gehört die Herrschaft der Mehrheit, wobei die Minderheit die rechtliche Chance haben muss, einmal die Mehrheit zu werden.

Dieter Hesselberger, Das Grundgesetz. Kommentar für die politische Bildung. 11. Aufl., Neuwied 1999, S. 174–175

Interpretation der „freiheitlichen demokratischen Grundordnung" durch das Bundesverfassungsgericht

M 16

Freiheitliche demokratische Grundordnung ... ist eine Ordnung, die unter Ausschluss jeglicher Gewalt- und Willkürherrschaft eine rechtsstaatliche Herrschaftsordnung auf der Grundlage der Selbstbestimmung des Volkes nach dem Willen der jeweiligen Mehrheit und der Freiheit und Gleichheit darstellt. Zu den grundlegenden Prinzipien dieser Ordnung sind mindestens zu rechnen:

- die Achtung vor den im Grundgesetz konkretisierten Menschenrechten, vor allem vor dem Recht der Persönlichkeit auf Leben und freie Entfaltung,
- die Volkssouveränität,
- die Gewaltenteilung,
- die Verantwortlichkeit der Regierung,
- die Gesetzmäßigkeit der Verwaltung,
- die Unabhängigkeit der Gerichte,
- das Mehrparteiensystem und
- die Chancengleichheit für alle politischen Parteien mit dem Recht auf verfassungsmäßige Bildung und Ausübung einer Opposition.

BVerfGE 2, S. 12–13

Merkmale der repräsentativen Demokratie

M 17

In der repräsentativen Demokratie wird die zentrale demokratische Idee, nach der die politische Herrschaft vom Volke ausgeht und im Auftrag des Volkes wahrgenommen wird, dadurch realisiert, dass die Befugnis zum Regieren vom Mehrheitswillen der Bürgerschaft abhängig gemacht wird. Der Mindestforderung dieser Demokratie ist also Genüge getan, wenn das Volk die Regierung oder das Parlament, aus dem die Regierung hervorgeht, wählt.

Wenn dieser Akt der Regierungsbestellung seinem Sinn gerecht werden soll, sind aber mehrere Bedingungen notwendig.

Diese Bedingungen sind so wesentlich, dass man sie zu den Merkmalen der Demokratie rechnen kann.

- Die Wahlen werden der demokratischen Idee nur dann gerecht, wenn sie wiederholbar sind. Es genügt nicht, dass die Regierung irgendwann einmal von der Mehrheit des Volkes gewählt ist und dann unkontrolliert und ohne das Risiko, wieder abberufen zu werden, die Staatsmacht ausübt. Die Legitimierung der politischen Herrschaft muss immer wieder erneuert werden können. Deshalb sind regelmäßig wiederkehrende Wahlen ein Wesensmerkmal der Demokratie.
- Natürlich muss die Mehrheit des Volkes die Freiheit haben, die bisherige Regierung zu bestätigen. Es würde aber dem Sinn der Wahlen nicht entsprechen, wenn sie auf diese Möglichkeit begrenzt wären. Das heißt aber, es müssen grundsätzlich Alternativen zur Verfügung stehen.
- Um sich ein Urteil darüber bilden zu können, ob er die bisherige Regierung weiter haben möchte oder ob er einen Wechsel bevorzugt, muss der Bürger Informationen über das Handeln der bisherigen Regierung haben. Das bedeutet, dass eine ständige öffentliche Kontrolle sich unmittelbar aus dem Sinn der allgemeinen Wahlen ergibt.
- Um wirklich auswählen zu können, benötigt der Bürger nicht nur Informationen über das Regierungshandeln, sondern auch über die Personen und Gruppen, die sich als Alternativen anbieten. Also muss sich auch die Konkurrenz der Bewerber um die Macht im Staate so öffentlich wie möglich abspielen.
- Aus alledem folgt, dass es eine freie und öffentliche Konkurrenz der politischen Meinungen, Interessen und Überzeugungen im Staate geben muss. Hier zeigt sich, dass Grundrechte wie Meinungsfreiheit, Pressefreiheit, Versammlungsfreiheit und Vereinigungsfreiheit sich nicht nur aus dem fundamentalen Recht des Bürgers zur Entfaltung seiner Persönlichkeit ableiten, sondern auch Voraussetzung für eine funktionierende Demokratie sind.

Manfred Hättich, Freiheit als Ordnung, Bd. 1: Gefährdete Demokratie, München 1988, S. 85

M 18 Die streitbare Demokratie

Durch Art. 79 Abs. 3 GG wurden die in Art. 1 und 20 niedergelegten Verfassungsgrundsätze und der föderale Aufbau des Staates jeglicher Verfassungsänderung entzogen. Diese Wertgebundenheit wird mit einer Wehrhaftigkeit verknüpft, die in den verfassungsmäßigen Sanktionsmöglichkeiten gegenüber extremistischen Bestrebungen❶ ihre Verankerung findet. Zu den wichtigsten Normen der streitbaren Demokratie, in denen die Wehrhaftigkeit des Grundgesetzes sichtbar wird, zählen:

- das Verbot von Vereinigungen, „deren Zwecke oder deren Tätigkeiten den Strafgesetzen zuwiderlaufen oder die sich gegen die verfassungsmäßige Ordnung richten (Art. 9 Abs. 2 GG);
- die Grundrechtsverwirkung der Meinungsfreiheit (Art. 5), insbesondere der Pressefreiheit (Art. 5 Abs. 1), der Lehrfreiheit (Art. 5 Abs. 3), der Versammlungsfreiheit (Art. 8), der Vereinigungsfreiheit (Art. 9), des Brief-, Post- und Fernmeldegeheimnisses (Art. 10), des Eigentumsrechts (Art. 14) oder des Asylrechts (Art. 16 Abs. 2), wenn diese zum Kampf gegen die freiheitliche demokratische Grundordnung missbraucht werden (Art. 18 GG);
- die Möglichkeit des Verbotes verfassungsfeindlicher Parteien (Art .21 Abs. 2 GG);
- die Verpflichtung des öffentlichen Dienstes zur Verfassungstreue (Art. 33 Abs. 4 GG).

Zu den besonderen Kennzeichen der Grundmaximen der streitbaren Demokratie des Grundgesetzes gehört die Vorverlagerung des Demokratieschutzes. Im Gegensatz zu anderen westlichen Demokratien wird in der Bundesrepublik nicht erst die Verletzung von Strafgesetzen, insbesondere die Anwendung von Gewalt, bei der Verfolgung extremistischer Ziele juristisch geahndet. Auch scheinbar im Rahmen der Legalität einzuordnende, friedfertige Bestrebungen zur Durchsetzung extremistischer Ideologien können mit dem Instrumentarium der streitbaren Demokratie sanktioniert werden.

Carmen Everts, Die Konzeption der streitbaren Demokratie, in: Eckhard Jesse/Steffen Kailitz (Hrsg.), Prägekräfte des 20. Jahrhunderts. Demokratie, Extremismus, Totalitarismus. München 1997, S. 76–77

Formen des Extremismus

Rechtsextremismus ist eine Sammelbezeichnung für jene Strömungen, die das Prinzip der menschlichen Fundamentalgleichheit verwerfen und sich – zumindest in der Gegenwart – nationalistisch oder ethnozentrisch gebärden. Der Begriff des „Neonationalsozialismus" kann den des Rechtsextremismus nicht ersetzen. Gleichwohl ist er für eine differenzierte Sicht unabdingbar, da er jene Richtung des Rechtsextremismus erfasst, die sich auf den historischen Nationalsozialismus oder auf eine seiner Spielarten beruft. Zahlreiche Rechtsextremisten distanzieren sich eigens von neonationalistischen Bestrebungen.
Linksextremismus ist eine Sammelbezeichnung für jene Strömungen, denen dem eigenen Anspruch nach Ablehnung jeglicher Herrschaft des Menschen über den Menschen gemein ist, sei es, dass zentrale Organisationsformen generell als Übel gelten („Anarchismus"), sei es, dass die „kapitalistische Klassengesellschaft" als Ausgeburt des Bösen firmiert („Kommunismus"). Die Einhaltung demokratischer Spielregeln bleibt dabei auf der Strecke.

Eckhard Jesse, Formen des politischen Extremismus, in: Eckhard Jesse/Steffen Kailitz (Hrsg.), Prägekräfte des 20. Jahrhunderts. Demokratie, Extremismus, Totalitarismus. München 1997, S. 134–135

Bedrohung und Abwehr

M 19

Jugendliche Neonazis der rechtsradikalen „Nationalen Offensive"

Das Vereinsrecht eröffnet den Innenministern des Bundes und der Länder das Mittel des Verbots einer Vereinigung, die keine politische Partei oder Religions- bzw. Weltanschauungsgemeinschaft ist, sofern sie sich nachweislich „gegen die verfassungsmäßige Ordnung oder den Gedanken der Völkerverständigung richtet" (§ 3 Vereinsgesetz). Von dieser Möglichkeit der rechtsstaatlichen Abwehr extremistischer Bestrebungen ist in den vergangenen Jahrzehnten in Deutschland mehrfach Gebrauch gemacht worden.
Zum Beispiel sind seit 1992 16 rechtsextremistische Vereinigungen verboten worden. Zu den bekanntesten unter ihnen gehören die „Deutsche Alternative" (DA, verboten 1992) und die „Wiking-Jugend" (WJ, verboten 1994), zuletzt die „Division Deutschland" der internationalen Skinhead-Bewegung „Blood and Honour" und deren Jugendorganisation „White Youth" (September 2000).
Vereinsverbote können bei den Verwaltungsgerichten angefochten werden.

Das Verbot einer Partei kann dagegen allein das Bundesverfassungsgericht auf Antrag dazu befugter Verfassungsorgane aussprechen (Artikel 21 Abs. 2 Grundgesetz; § 13 Nr. 2, § 43 Bundesverfassungsgerichtsgesetz). Ein solches Verbot ist unanfechtbar. Voraussetzung dafür ist, dass eine Partei darauf ausgeht, die freiheitliche demokratische Grundordnung zu beeinträchtigen oder zu beseitigen oder den Bestand der Bundesrepublik Deutschland zu gefährden, und diese Ziele auf aktiv kämpferische, aggressive Weise verfolgt.
In der Geschichte der Bundesrepublik Deutschland sind bislang lediglich zwei Parteien verboten worden („Sozialistische Reichspartei" [SRP], 1952; „Kommunistische Partei Deutschland" [KPD], 1956).

Bundesministerium des Inneren, Lexikon-BMI

Demonstration der „Autonomen Antifaschistischen Aktion" (Antifa) gegen Rechtsradikale

M 20 Für eine Bürgergesellschaft

Zum 50. Jahrestag der Wahl des ersten Bundespräsidenten Theodor Heuss verfassten Bundespräsident Johannes Rau und die früheren Bundespräsidenten Roman Herzog, Richard von Weizsäcker und Walter Scheel am 12.9.1999 eine gemeinsame Erklärung, in der sie u. a. folgende Fragen und Forderungen stellen:

1. Wie ist es heute um die politische Bildung und die demokratische Gesinnung in unserem Lande bestellt? Bemühen wir uns ausreichend darum, dass junge Menschen die demokratische Lebensform lernen können, damit Erfahrung und Bewährung möglich werden?

2. Ist unsere Verfassung „im Bewusstsein und in der Freude des – nun wiedervereinten – Volkes lebendig", und ist es nach der glücklichen Vereinigung des 40 Jahre geteilten deutschen Volkes ausreichend gelungen, unsere geschriebene und gelebte Verfassung zur Verfassung aller Deutschen werden zu lassen? Wie kann bisher Versäumtes nachgeholt werden?

3. Sind wir uns bewusst, dass unsere repräsentative Demokratie im Zeitalter globaler Veränderungen mehr denn je des Engagements der Bürger und ihrer Mitwirkung und Teilhabe an politischen Aufgaben bedarf?

4. Haben unsere Parteien und gesellschaftlichen Institutionen schon ausreichend erkannt, dass aus diesem Grund jeder am Gemeinwohl orientierte Einsatz in sozialen, humanitären, kulturellen und ökologischen Feldern ermutigt und gefördert werden sollte? ...

Es ist nicht die Aufgabe der Unterzeichner, konkrete Lösungsvorschläge für Probleme, Schwachstellen und Defizite in unserer Verfassungswirklichkeit zu machen. Dennoch fühlen sie sich ... berechtigt und verpflichtet, zusammenfassend festzustellen: Für die Stabilität und Anziehungskraft unserer Demokratie ist ihre Entfaltung und Stärkung als Lebensform unabdingbar. Wir können und sollen nicht alles vom Staat, von Sicherungssystemen und Großorganisationen erwarten. Erst die Vielfalt der Freiheiten und Verantwortlichkeiten, Initiativen und Engagements, Freiwilligkeit und Verpflichtungen – also eine verantwortungsbereite Bürgergesellschaft – halten das Gemeinwesen zusammen.

Darum brauchen wir neben staatlichem Handeln, das gleiche Lebenschancen für alle fördert, das am Gemeinwohl orientierte Engagement möglichst vieler Bürgerinnen und Bürger für soziale, humanitäre, kulturelle und ökologische Aufgaben. Dafür sollen vielfältige Gelegenheiten geschaffen und Wege geebnet werden. ...

Vor allem muss die junge Generation stärker als bisher von klein auf in demokratische Lebensformen und soziales Verhalten hineinwachsen können. Familie und Schule sollen beides vorleben, Erfahrungen damit weitergeben und Bewährung möglich machen. Jugendliche sollen erleben, dass sie gebraucht werden und etwas leisten können, im Beruf, in der Gesellschaft, in der Demokratie. Jeder Jugendliche sollte die Möglichkeit haben, sich in Diensten für die Gemeinschaft, durch Patenschaften oder anderen Formen freiwillig zu engagieren.

An die Älteren gerichtet: Wir müssen die Jugend auch machen lassen, ihr Freiräume schaffen, Vertrauen schenken und Verantwortung in Gremien und Organisationen übertragen. Nur so werden wir ihre Begeisterungsfähigkeit und schöpferische Kraft für unsere Gesellschaft erhalten und stärken können und damit eine Brücke zwischen den Generationen bauen.

www.theodor-heuss-stiftung.de/htm/00715.htm

Aufgaben

Zu 2.2.3 Das Demokratieprinzip

1. Extremistische Ideologien lehnen die freiheitlich-demokratische Grundordnung in ihrer Interpretation durch das Bundesverfassungsgericht (M 16) offen oder verdeckt ab. Welche Argumente können Sie Extremisten entgegenhalten?
2. Erstellen Sie in Partnerarbeit auf der Basis von M 17 ein Strukturmodell der „repräsentativen Demokratie" (vgl. Exkurs S. 26–28) und stellen Sie es dem Kurs vor!
3. Eine Bürgergesellschaft verlangt von den Bürgern „demokratische Tugenden". Wie tragen Ihrer Meinung nach die Schulen zur Verbreitung und Förderung einer „demokratischen Kultur" bei? (M 20)

2.2.4 Das Rechtsstaatsprinzip

Die Sicht des Karikaturisten

M 21

Karikatur: Murschetz, CCC

Im Gefängnis sterben

M 22

Niemand konnte sagen, dass man es nicht hätte ahnen können. Es war ein Novembermorgen, Polizeihubschrauber kreisten über dem Städtchen Schwäbisch Hall, ein Großaufgebot von Polizisten durchsuchte die Straßen. In einem Tunnel stellten sie den 30-jährigen Daniel Zier, er wehrte sich nicht. Seine Festnahme beendete einen Fall, der einem Albtraum entsprungen sein könnte. Zier, der einen großen Teil seines Lebens hinter Gittern verbracht hatte, wurde im Oktober 2001 entlassen, nach acht Jahren Haft. Verbüßen musste er sie für eine brutale Vergewaltigung. Als sich die Tore des Bruchsaler Gefängnisses für ihn öffneten, wusste eigentlich jeder der Beteiligten: Er würde es wieder tun. Die Staatsanwaltschaft in Offenburg hatte Zier vorsorglich einen „genetischen Fingerabdruck" entnommen: Man habe sich gedacht, dass er rückfällig werden würde. Zier soll in seiner kurzen Freiheit mehrere Frauen sexuell missbraucht haben. In Schwäbisch Hall war sein Weg zu Ende: Mitten in der Innenstadt versuchte er, eine Frau aus ihrem Auto zu zerren. Ein Mann, so hieß es in Bruchsal, wie eine tickende Zeitbombe. Und man konnte nichts dagegen tun. Rechtlich war er nicht in Haft zu halten. So etwas, sagte Baden-Württembergs FDP-Justizminister Ulrich Goll, soll nie wieder vorkommen. Am heutigen Freitag wird der Minister im Bundesrat eine Initiative seines Landes begründen, die ein Tabu brechen will. Die *nachträgliche* Sicherungsverwahrung soll her. ...

In Sicherungsverwahrung befinden sich in Deutschland derzeit etwa 250 Häftlinge. ... Sie sind, nach Paragraf 66 des Strafgesetzbuches, „infolge eines Hanges zu erheblichen Straftaten", gefährlich für die Allgemeinheit.

Eine Sicherungsverwahrung macht aus einem „Lebenslänglich", das möglicherweise nach 15 Jahren abgesessen ist, erst ein echtes „Lebenslänglich". Sicherungsverwahrung ist keine Strafe, aber sie befriedigt das Strafbedürfnis der Öffentlichkeit. Manchmal endet sie erst mit dem Tod. Darum aber ist sie auch eine der heikelsten Angelegenheiten des Strafrechts. Sie wird nicht verhängt für das, was der Täter getan hat, sondern für das, was er noch tun könnte. ...

Bisher kann ein Gericht Sicherungsverwahrung nur zusammen mit einer Haftstrafe verhängen. Das Gericht muss also schon bei der Verurteilung einschätzen, ob der Täter in vielen Jahren weitere Verbrechen begehen wird. Die von allen unionsgeführten Ländern und der PDS-tolerierten SPD-Minderheitsregierung in Sachsen-Anhalt unterstützte Initiative Golls will zwei Dinge ändern. Erstens soll „bis unmittelbar vor der Entlassung" Sicherungsverwahrung verhängt werden können. ... Zweitens soll dies auch für Ersttäter gelten, eine

dramatische Neuerung. Sicherungsverwahrung war bisher erst nach der zweiten Verurteilung möglich. Zier hatte als Ersttäter gesessen, das Gericht, das ihn verurteilte, hatte keine Möglichkeit, spätere Opfer über die hohe Haftstrafe hinaus vor ihm zu schützen. ...
Die Sicherungsverwahrung wird heute fast nur wegen schwerer Sexual- und Gewaltdelikte verhängt. Diese schwerste Sanktion hat eine lange und zeitweise düstere Vorgeschichte. Im deutschen Recht ist sie eine Erfindung des frühen NS-Staates. In der Bundesrepublik blieb sie dem Strafrecht erhalten, und lange Zeit wandten sie Richter mit einer Härte auch gegen kleine und mittelschwere Kriminelle an, die heute kaum noch vorstellbar ist. 1987 verurteilte ein Gericht den Bankräuber Theo Berger, der als „Al Capone vom Donaumoos", vor allem aber durch sein Talent zum unautorisierten Verlassen des Justizvollzugs, als „Ausbrecherkönig" die Behörden gereizt hatte, zu zwölf Jahren Haft mit anschließender Sicherheitsverwahrung.
Der leukämiekranke Berger ist heute 61 Jahr alt. Er sitzt immer noch im Straubinger Hochsicherheitsgefängnis. Er hat nie jemanden getötet, aber viel länger im Gefängnis gesessen als mancher Mörder. Einer wie er, heißt es im bayerischen Justizministerium, „muss notfalls im Gefängnis sterben".

Joachim Käppner, in: Süddeutsche Zeitung Nr. 27, 1.2.2002, S. 11

M 23 Grundsätze des Rechtsstaats

Das Rechtsstaatsprinzip konkretisiert sich in einer Reihe von Leitideen und Grundsätzen:
Prägend ist zunächst die *Idee der Gerechtigkeit*, die die Schaffung bzw. Erhaltung materieller Gerechtigkeit zum obersten Zeil staatlichen Handelns erklärt (BVerfGE 21, 378).
Die *Rechtsbindung* (Art. 20 III GG, Art. 79 GG, Art. 93 GG, Art. 104 GG) beinhaltet einerseits den Vorbehalt und andererseits den Vorrang des Gesetzes. Vorrang des Gesetzes bedeutet, dass der gesetzgeberische Wille gegenüber jeder anderen staatlichen Handlung wie z. B. der Rechtsverordnung, der Satzung oder einem Verwaltungsakt höherwertig ist. Der Grundsatz des Gesetzesvorbehaltes besagt, dass die Verwaltung nur dann tätig werden darf, wenn ein entsprechendes Gesetz vorliegt.
Der Grundsatz der *Rechtssicherheit* (Art. 103 GG, Art. 104 GG) beinhaltet einerseits das Recht auf die Rechtsweggarantie, andererseits das auf rechtliches Gehör für jedermann. Es ist v. a. als Garant der Kalkulierbarkeit für den Bürger zu werten. Dies schließt auch das u. U. für den Bürger nicht einzusehende Institut der Rechtskraft gerichtlicher Entscheidungen ein, d. h. die Tatsache, dass einmal ergangene gerichtliche Entscheidungen auch dann nicht angefochten werden können, wenn sie unrichtig sind.[1] Ebenso zum Prinzip der Rechtssicherheit ist die Frage der Behandlungen von Rückwirkungen zu rechnen, d. h. des Umgangs mit Gesetzen, die bestimmte Sachlagen nachträglich ändern. Zu der rechtsstaatlichen Forderung der Messbar- und Vorausberechenbarkeit staatlichen Handelns gehört aber auch die größtmögliche Präzision und Klarheit der Gesetzgebung und damit die Vermeidung von unbestimmten Rechtsbegriffen, wo immer dies möglich erscheint.
Der Grundsatz der *Rechtsgleichheit* (Art. 3 I u. III GG, Art. 19 I GG) zwingt den Staat, gleichliegende Sachverhalte auch gleich zu behandeln.
Im Grundsatz der *Verhältnismäßigkeit* ist festgelegt, dass der Einzelne vor unnötigen staatlichen Eingriffen zu schützen ist und dass bei der Notwendigkeit für staatliche Eingriffe diese durch hinreichende gesetzliche Regelungen bestimmt sein müssen. Die Verwaltung darf auch bei Eingriffen, für die eine Ermächtigung durch Gesetz vorliegt, nur diejenigen Mittel anwenden, die notwendig sind, um den angestrebten Erfolg zu garantieren, und diese wiederum auch nur dann, wenn das Mittel im Verhältnis zum angestrebten Erfolg steht.
Diese Grundsätze sind eingebettet in das Primat der Unabhängigkeit der Gerichte sowie in das der Gewaltenteilung.

Irene Gerlach, Bundesrepublik Deutschland. Entwicklung, Strukturen und Akteure eines politischen Systems. Opladen 1999, S. 60–61

[1] Eine Wiederaufnahme des Verfahrens ist nur unter sehr eng begrenzten Voraussetzungen möglich.

Formelles und materielles Rechtsstaatsverständnis

M 24

Das Rechtsstaatsprinzip hat seine Wurzeln im liberalen Rechtsstaatsdenken des 19. Jahrhunderts und bedeutete zunächst in der Ausprägung des *formalen Rechtsstaates*, dass die Gesetze eines Staates nach bestimmten Regeln zustande kamen und dass der Staat in seinem Handeln an diese Gesetze gebunden sei. Die Tragik eines solchen formalen Rechtsstaates ist, dass trotz formal korrekten Handelns nach dem Recht der Gerechtigkeitsgedanke und insbesondere die Kongruenz mit einer unaufkündbaren Wertordnung (Grundrechte) im Handeln des Staates nicht bindend sind, wie wir aus der legalen Entstehung des nationalsozialistischen Terrorregimes gelernt haben.
Die Bundesrepublik Deutschland ist ein *materieller Rechtsstaat*, d. h. das Handeln des Staates ist nicht nur an Recht, sondern an die unmittelbare Geltung der Grundrechte und an den Gerechtigkeitsgedanken gebunden.

Irene Gerlach, Bundesrepublik Deutschland. Entwicklung, Strukturen und Akteure eines politischen Systems. Opladen 1999, S. 60

Horizontale und vertikale Gewaltenteilung in der Bundesrepublik Deutschland

M 25

Die Trennung der Staatsgewalt nach Funktionen und Ebenen

Gesetzgebung (Legislative)	**Vollziehende Gewalt** (Exekutive)	**Rechtssprechung** (Judikative)
Bundestag Bundesrat	Bundesregierung Bundesverwaltung	Bundesverfassungsgericht Oberste Bundesgerichte
Parlamente der Länder	Landesregierungen Landesverwaltungen	Gerichte der Länder (Oberlandesgerichte, Landgerichte, Amtsgerichte; Arbeits-, Sozial-, Verwaltungs- und Finanzgerichte)
Kreistage Stadträte Gemeinderäte	Kreisverwaltungen Stadtverwaltungen Gemeindeverwaltungen	
Die Gesetzgebung ist an die verfassungsmäßige Ordnung gebunden.	Die vollziehende Gewalt ist an Gesetz und Recht gebunden.	Die Rechtsprechung ist an Gesetz und Recht gebunden.

M 26 Probleme des Rechtsstaats

Der meistbeklagte Mangel ist die lange Dauer der Prozesse, die das Ergebnis für den Sieger oft erheblich mindert. Der Grund: unnötig komplizierte Verfahrensgesetze, die viel zu schmale Personenausstattung mit Richtern und Justizbüropersonal und auch die mäßige Bezahlung der Richter, Staatsanwälte und übrigen Justizbediensteten. So ist eine nicht geringe Zahl von grotesken und geradezu unglaublichen Einzelfällen bekannt geworden: Da gibt es Verfahren, die zehn Jahre dauern, da gibt es einen Richter, der einem Rechtsanwalt antwortet, dass er das Urteil nicht vollstrecken könne, weil man ihm keinen Gerichtsvollzieher zu Verfügung stelle.

Otto Fritschneder, Über die demokratischen Prinzipien unserer Rechtsordnung, in: Beilage der Süddeutschen Zeitung Nr. 35, 12.2.1999, S. 13

Karikatur: Pielert, CCC

BVG-Präsident: Deutschland setzt EU-Recht zu lasch um

Berlin (dpa/Reuter/AP) – Der Präsident des Bundesverwaltungsgerichtes (BVG), Everhardt Franßen, hat die schleppende Umsetzung von EU-Umweltrichtlinien in deutsches Recht beklagt und Bund und Ländern vorgeworfen, Richtlinien der Europäischen Union nicht schnell genug nachzukommen. „Es gibt durchaus Dinge, die man schnell machen muss, offenbar aber nicht schnell macht", sagte Franßen in Berlin. Die Rechtsunsicherheit, die dadurch entstehe, sei ein „Desaster".

Süddeutsche Zeitung Nr. 41, 19.2.1999

ANGEKLAGT:

Internet

§ Die Staatsanwaltschaft ermittelt:
- Verbreitung kinderpornografischen Materials
- Verbreitung rechtsextremistischer Schriften

Aus einer Verordnung des Bundesministeriums für Verkehr: „Verordnung zur Änderung der Verordnung zur Festlegung des Anwendungsbereiches der Verordnung (EWG) Nr. 1191/69 in der Fassung der Verordnung (EWG) Nr. 1893/91 im Straßenpersonenverkehr."

Aufgaben

Zu 2.2.4 Das Rechtsstaatsprinzip

1. Diskutieren Sie in Ihrem Kurs das Problem der nachträglichen Sicherheitsverwahrung vor dem Hintergrund rechtsstaatlicher Grundsätze! (M 22, M 23)
   Gibt es weitere Verfassungsgrundsätze, die hier berücksichtigt werden müssen?
2. Zweifel an der Effektivität des Rechtsstaats gipfelten nach dem Vereinigungsprozess in der Klage, die Menschen in der früheren DDR hätten auf Gerechtigkeit gehofft, aber den Rechtsstaat bekommen (Bärbel Bohley). Inwiefern verbirgt sich hinter der schlagwortartigen Formulierung ein Grundproblem des Rechtsstaats? (M 23, M 24, M 26)

2.2.5 Das Sozialstaatsprinzip

Herausforderung für den Staat?

M 27

„Jedes zehnte deutsche Kind lebt in Armut"
Köln (ddp/AP) – In Deutschland lebt jedes zehnte Kind in Armut. Das geht aus einer Studie des Kinderhilfswerks der Vereinten Nationen (UNICEF) über Kinderarmut hervor. Insgesamt müssten in den 29 Staaten der Organisation für wirtschaftliche Zusammenarbeit und Entwicklung (OECD) schätzungsweise 47 Millionen Kinder als arm eingestuft werden. Jedes sechste Kind in diesen Ländern wachse in einer Familie auf, die mit weniger als 50 Prozent des Durchschnittseinkommens leben müsse, teilte UNICEF Deutschland in Köln mit. ...
Die Kinderarmut in den OECD-Staaten reiche von einem Anteil von 2,6 Prozent in Schweden bis 22,4 Prozent in den USA, heißt es weiter. Kinder aus armen Familien seien in vieler Hinsicht benachteiligt. Sie lebten häufiger in beengten Wohnverhältnissen, in vernachlässigten Stadtteilen mit schlechten Schulen. Sie hätten weit häufiger Lernprobleme und würden öfter die Schule abbrechen. Auch Drogenkonsum und Kriminalität seien überdurchschnittlich verbreitet. Unzureichende Ausbildung und daraus folgende schlechte Berufschancen sowie häufigere Schwangerschaften von Jugendlichen verfestigten eine „Armutsfalle", aus der sich viele nicht mehr befreien könnten.

Süddeutsche Zeitung Nr. 135, 14.6.2000, S. 5

Lebensstandard
Ausstattung privater Haushalte mit Gebrauchsgütern

Ost 1998	Von jeweils 100 Haushalten waren ausgestattet mit ...	West 1998
70,6	PKW	76,2
94,3	Telefon	97,3
10,8	Handy	11,4
97,8	Fernsehgerät	95,5
61,3	Videorekorder	52,7
85,0	Fotoapparat	86,8
99,3	Kühlschrank	99,0
80,0	Gefriertruhe	76,9
41,2	Mikrowellengerät	53,9
25,7	Geschirrspülmaschine	49,1
94,3	Waschmaschine	91,2

Vermögen

1997	je Haushalt in Euro	1997
40 648	Immobilien	109 365
26 332	Geldanlagen	83 596
16 617	Gebrauchsgüter	23 264
83 596	Gesamt	216 225
4 090	Baukredite	22 753
1 585	Konsumentenkredite	6 239
5 675	Gesamt	28 991

Quelle: Statistisches Bundesamt
DIE WOCHE Nr. 40, 29.9.2000, S. 15

Senioren auf Mallorca

Wartende Menschen im Sozialamt

M 28 Sozialstaatsprinzip und Grundgesetz

Die Festlegung des *Sozialstaatsprinzips* geschieht zunächst durch die Grundwerte. Hier sind Art. 1 I und III zu nennen, die ergänzt werden durch Art. 3 GG (Gleichheit vor dem Gesetz), Art. 6 GG (Schutz von Ehe und Familie), Art. 9 III GG (Koalitionsfreiheit) sowie Art. 14 II (Sozialbindung des Privateigentums).
In den Art. 20 und 28 GG wird die Sozialstaatlichkeit der Bundesrepublik durch Zentralnormen definiert, im Gegensatz zu den anderen Staatszielen, die zusätzlich in verschiedenen Einzelnormen formuliert sind. Ergänzt wird die Verankerung der Sozialstaatlichkeit durch die Bestandsgarantie des Art. 79 III GG.
Die Sozialstaatlichkeit der Bundesrepublik Deutschland ist somit bindend und unwiderruflich als staatliches sowie gesellschaftliches Handlungsprinzip bzw. -ziel festgelegt, sie bedarf aber aufgrund ihres inhaltlichen Unbestimmtheitscharakters der ständigen rechtlichen und nicht zuletzt auch politischen Aktualisierung und Konkretisierung.

Irene Gerlach, Bundesrepublik Deutschland. Entwicklung, Strukturen und Akteure eines politischen Systems. Opladen 1999, S. 62

Wenn Art. 20 Abs. 1 GG ausspricht, dass die Bundesrepublik ein sozialer Bundesstaat ist, so folgt daraus nur, dass der Staat die Pflicht hat, für einen Ausgleich der sozialen Gegensätze und damit für eine gerechte Sozialordnung zu sorgen; dieses Ziel wird er in erster Linie im Wege der Gesetzgebung zu erreichen suchen. ... Art. 20 Abs. 1 GG bestimmt nur das „Was", das Ziel, die gerechte Sozialordnung; er lässt aber für das „Wie", das heißt für die Erreichung des Ziels, alle Weg offen.

BVerfGE 22, 204

Wenn als leitendes Prinzip aller staatlichen Maßnahmen der Fortschritt zu „sozialer Gerechtigkeit" aufgestellt wird, eine Forderung, die im Grundgesetz mit seiner starken Betonung des „Sozialstaats" noch einen besonderen Akzent erhalten hat, so ist auch das ein der konkreten Ausgestaltung in hohem Maß fähiges und bedürftiges Prinzip. Was jeweils praktisch zu geschehen hat, wird also in ständiger Auseinandersetzung aller an der Gestaltung des sozialen Lebens beteiligten Menschen und Gruppen ermittelt. ... Das Gesamtwohl wird eben nicht von vornherein gleichgesetzt mit den Interessen oder Wünschen einer bestimmten Klasse: annähernd gleichmäßige Förderung des Wohles aller Bürger und annähernd gleichmäßige Verteilung der Lasten werden grundsätzlich angestrebt. Es besteht das Ideal der „sozialen Demokratie in den Formen des Rechtsstaates".

BVerfGE 5, 85 ff.

M 29 Ausprägungen des Sozialstaatsprinzips

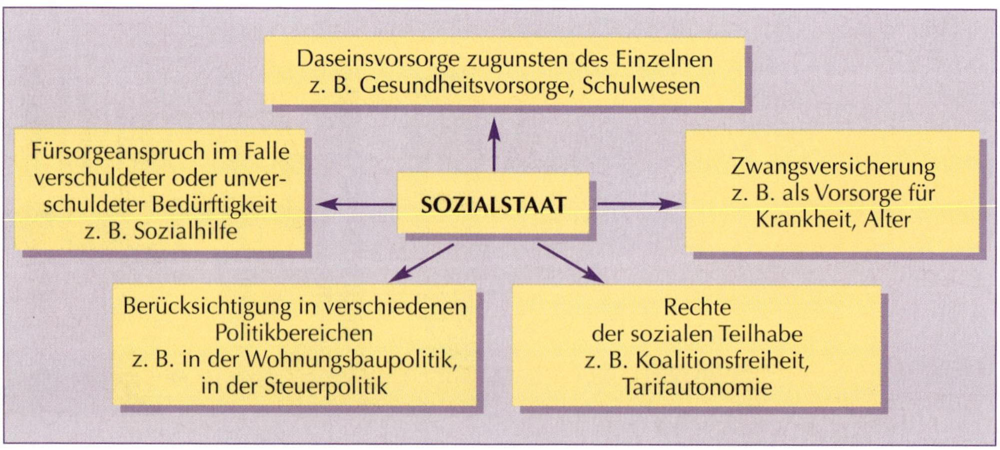

M 30

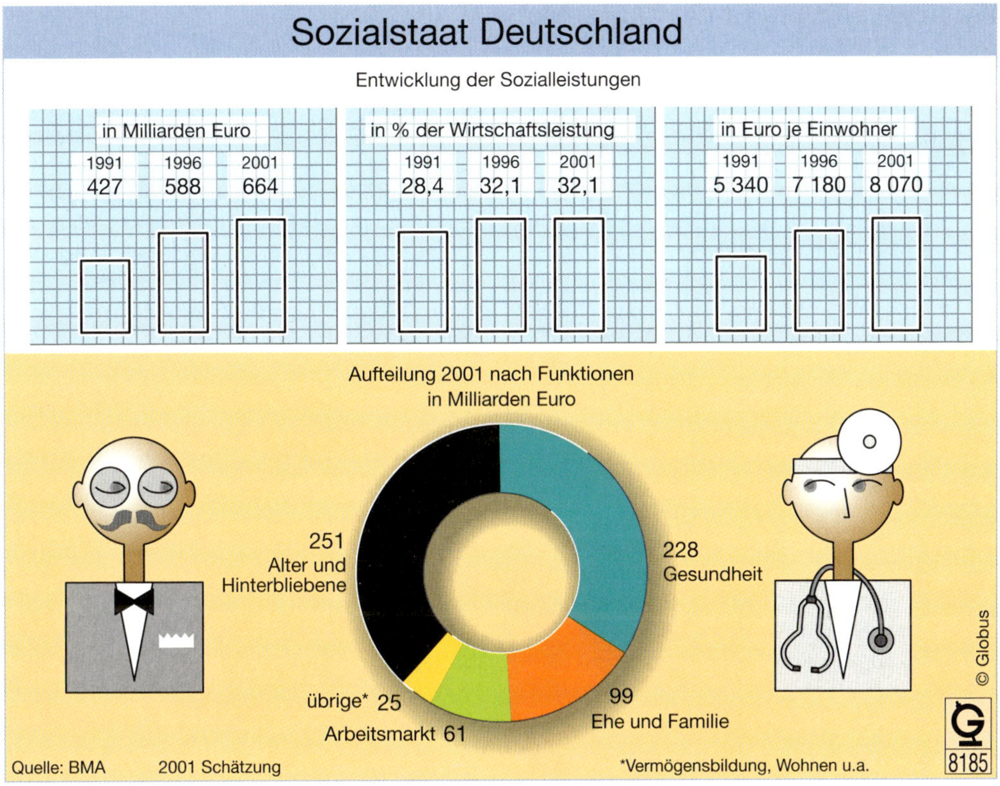

Freiheit, Ruhe, Ordnung – alles ist vorzüglich geregelt!

M 31

Karikatur: Wolter, CCC

M 32 Wo liegt die Zukunft des Sozialstaats?

In der international vergleichenden Wohlfahrts- bzw. Sozialstaatsforschung sind unterschiedliche Typologien von Sozialstaaten entwickelt worden. ...

Der *liberale oder angelsächsische Sozialstaatstypus* beinhaltet einen vergleichsweise geringen Grad an arbeitsmarktpolitischer Regulierung. Zugleich kombiniert er vergleichsweise niedrige Leistungsniveaus in den staatlichen Sicherungssystemen mit umfangreichen Fürsorgeleistungen und großer Verbreitung individueller Bedürftigkeitsprüfungen. Soziale Sicherung ist damit nahezu ausschließlich auf den Schutz vor Armut beschränkt, während weiter gehende Sicherungsbedürfnisse an den freien Markt verwiesen sind.

Der *sozialdemokratische oder skandinavische Sozialstaatstypus* umfasst universalistisch ausgerichtete, primär steuerfinanzierte Sicherungssysteme mit hohem Sicherungsniveau, bei denen das Ziel der Armutsbekämpfung mit dem der Lebensstandardsicherung verknüpft ist. Der hohe Stellenwert des Ziels einer Integration in den Arbeitsmarkt verbindet weitgehende soziale Sicherungsrechte mit entsprechenden Pflichten zur Teilnahme am Beschäftigungssystem.

Der *konservative oder kontinentaleuropäische Sozial- bzw. Wohlfahrtsstaat* – dem auch die Bundesrepublik zuzurechnen ist – weist ebenfalls ein hohes Leistungsniveau sozialer Sicherung auf und verbindet das Ziel der Lebensstandardsicherung gleichermaßen mit dem der Armutsverhinderung. Dabei bilden lohnarbeitszentrierte und beitragsfinanzierte Sozialversicherungssysteme den Kernbereich sozialer Sicherung. Diese werden ergänzt durch weitgehende Regulierungen des Arbeitsmarkts durch den Staat und die Sozialpartner.

Wenn heute in Deutschland und Westeuropa über die Zukunft des Sozialstaats im Zeitalter der Globalisierung diskutiert wird, so steht zumeist die Frage im Vordergrund, ob und inwieweit die kontinentaleuropäische und/oder die skandinavische Variante von Sozialstaatlichkeit unter den veränderten weltwirtschaftlichen Rahmenbedingungen noch eine Zukunft hat. Demgegenüber steht die Vereinbarkeit des angelsächsischen Modells mit einer globalisierten Wirtschaft in der Regel außer Frage, gilt dieser Typus doch ohnehin – insbesondere in der US-amerikanischen Ausprägung – als das Modell, das am stärksten kapital- und marktgerecht ausgestaltet ist.

Walter Hanesch, Der Sozialstaat in der Globalisierung, in: Aus Politik und Zeitgeschichte B 49/99, S. 3–4

Aufgaben

Zu 2.2.5 Das Sozialstaatsprinzip

1. Wägen Sie ab, für welche Situationen und Entwicklungen aus M 27 sich der Staat verantwortlich fühlen muss, will er dem Sozialstaatsprinzip (M 28, M 29) gerecht werden!
2. Stellen Sie die in M 32 aufgeführten Modelle des Sozialstaats einander gegenüber! Versuchen Sie, aktuelle sozialpolitische Forderungen von Parteien und Interessengruppen auf diese grundlegenden Gedanken zurückzuführen!

2.2.6 Das Bundesstaatsprinzip

„Träger“ der Bundesrepublik?

M 33

Karikatur: Hanel, CCC

Grundzüge des deutschen Föderalismus

M 34

Das *Föderalismusprinzip* gehört mit dem Demokratieprinzip zu den Strukturmerkmalen unserer Verfassung ..., deren Bestand durch Art. 79 III für alle Zeit gesichert ist. Es legt in Art. 20 GG I die Organisation unseres Staates im Rahmen eines Bundesstaates, d. h. Zentralstaat auf der einen und Gliedstaaten auf der anderen Seite, fest und steht damit im Gegensatz zu den Prinzipien des Staatenbundes und des Einheitsstaates.
Mit Bezug auf Art. 28 I GG ist von der eigenstaatlichen Qualität der Länder auszugehen, die vom Parlamentarischen Rat mit der Zielsetzung der Kontrolle des Zentralstaates eindeutig so gewollt war. In dieser Eigenstaatlichkeit der Länder liegt der Unterschied zwischen Ländern und Gemeinden begründet, die zwar nach Art. 28 II das Recht haben, „alle Angelegenheiten der örtlichen Gemeinschaft im Rahmen der Gesetze in eigener Verantwortung zu regeln“, aber keine eigenstaatlichen Subjekte und daher als Teile der Länder zu verstehen sind.
V. a. in Art. 30 GG ist das Verhältnis zwischen Bund und Ländern geklärt: „Die Ausübung der staatlichen Befugnisse und die Erfüllung der staatlichen Aufgaben ist Sache der Länder, soweit dieses Grundgesetz keine andere Regelung trifft oder zulässt.“ ...

Wollen wir die Hauptprinzipien des bundesdeutschen Föderalismus zusammenfassen, so können wir das folgendermaßen tun:

- Zugleich das Prinzip der Subsidiarität als auch das der Komplementarität[1] kennzeichnen den bundesdeutschen Föderalismus: Prinzipiell sollen im Bundesstaat diese betreffende Aufgaben jeweils von der kleineren Einheit erfüllt werden.
- Komplementär ist die Aufgabenverteilung z. B. dort, wo festgelegt ist, dass die Ausführung der staatlichen Befugnisse sowie die Verwaltung in der Regel Sache der Länder sind (Art. 30 u. 83 GG). Dasselbe gilt z. B. auch für die Rahmengesetzgebung.
- Die Länder sind an das Gebot der Homogenität ihrer staatlichen Organisation nach den Grundsätzen von Art. 28 II GG gebunden.
- Die Länder haben trotz weitgehender Ausschöpfung der Kompetenzen des Bundes bei der Bundesgesetzgebung wesentliche Mitwirkungsrechte.

- Im Konfliktfall bricht Bundesrecht Landesrecht (Art. 31 GG) und die Zuständigkeit, über die Träger von Kompetenz zu entscheiden, d. h. die Kompetenz-Kompetenz, liegt beim Bund.
- Die umfassend geregelten getrennten Kompetenzen bergen unweigerlich die Gefahr von Spannungen zwischen den Trägern Bund und Länder in sich. Die wechselseitige Abhängigkeit bedingt trotzdem den Willen zur Koordination.
- Der föderalistische Aufbau der Bundesrepublik ist – solange das Grundgesetz gilt – nicht abzuschaffen, für die Länder existiert kein Austrittsrecht. Allerdings ist mit Art. 29 GG die Möglichkeit zur Umstrukturierung der Ländergrenzen gegeben.

Irene Gerlach, Bundesrepublik Deutschland. Entwicklung, Strukturen und Akteure eines politischen Systems. Opladen 1999, S. 57–59

[1] komplementär: gegensätzlich, sich gegenseitig ergänzend

M 35 Gesetzgebungskompetenzen von Bund und Ländern

Ausschließliche Gesetzgebung des Bundes (Art. 73 GG)	Konkurrierende Gesetzgebung (Art. 74 GG)
• auswärtige Angelegenheiten • Verteidigung und Schutz der Zivilbevölkerung • Staatsangehörigkeit • Passwesen (einschl. Ein- und Auswanderung/Auslieferung) • Währung, Geld • Außenhandel/Zoll • Luftverkehr und Bahn • Post und Telekommunikation • Dienstrechtsverhältnisse für Angehörige des öffentlichen Dienstes • Urheber- und Verlagsrecht • Regelung der Zusammenarbeit von Bund und Ländern in Fragen der Kriminalpolizei, der freiheitlichen demokratischen Grundordnung (fdGO), des Schutzes auswärtiger Interessen durch Gewalt, die vom Bundesgebiet ausgeht,der internationalen Verbrechensbekämpfung,der Bundesstatistik	• Bürgerliches Recht, Strafrecht, Strafvollzug • Personenstandswesen • Vereins- und Versammlungsrecht • Aufenthaltsrecht für Ausländer, Angelegenheiten von Flüchtlingen und Vertriebenen/Kriegsschäden, Wiedergutmachung • Waffen, Sprengstoff • Fürsorge • Wirtschaftsrecht/Arbeitsrecht • Kernenergie • Ausbildung/Forschung • Enteignungen • Ernährung/Küstenschutz/Schifffahrt • Wohnungs-/Siedlungswesen • Seuchenschutz • Krankenhäuser (wirtschaft. Sicherung/Pflegesätze) • Straßenverkehr/Schienenverkehr außer Bundesbahn • Abfallbeseitigung, Luftreinhaltung, Lärmbekämpfung • Staatshaftung • künstliche Befruchtung beim Menschen

Rahmengesetzgebung (Art. 75 GG)	Ausschließliche Gesetzgebung der Länder
• Hochschulwesen • Jagdwesen, Naturschutz, Landschaftspflege • Bodenverteilung, Raumordnung, Wasserwirtschaft • Melde- und Ausweiswesen	• Kultur • Polizeiwesen • Bildungswesen • Gesundheitswesen

Irene Gerlach, Bundesrepublik Deutschland. Entwicklung, Strukturen und Akteure eines politischen Systems. Opladen 1999, S. 58

Muss der deutsche Föderalismus reformiert werden?

M 36

a) Bundesstaat auf dem Prüfstand – Die Suche nach einem zeitgemäßen Föderalismus (Schulfunksendung in Bayern2Radio vom 17./19.1.2000)

Sprecherin: Das Thema Föderalismus gilt als spröde und kompliziert, ein Thema für Experten. ... Die Materie berührt [jedoch] den Alltag und die Lebensqualität der Bürger, und sie berührt die Frage, wie das Zusammenleben der Länder unter dem Dach der Bundesrepublik Deutschland künftig organisiert werden soll. Wird sich zum Beispiel das Versammlungsrecht, werden sich die Sicherheitsstandards für gentechnische Verfahren von Bundesland zu Bundesland unterscheiden? Werden weniger wohlhabende Länder nicht mehr auf die prosperierenden zählen können? ... Stehen Werte wie Wettbewerb und Effizienz im Widerspruch zu alten Identitäten und Gefühlen der Zusammengehörigkeit?...

Sprecherin: ... Das Zusammenwachsen Europas, die Wiedervereinigung, digitale Revolution und Globalisierungsphänomene haben die Rahmenbedingungen für den deutschen Föderalismus dramatisch verändert. Welche Konsequenzen daraus zu ziehen sind, wird in Expertenkreisen diskutiert. ...

Dazu sagte Baden-Württembergs Landeschef Erwin Teufel im Juli 1999..., es gehe nun darum, ...

Teufel: ... sich die Frage zu stellen, ob das, was sich der parlamentarische Rat vorgestellt hat an Kompetenzverteilung zwischen Bund und Ländern, ob das tatsächlich eingetreten ist oder ob sich eine gegenläufige Entwicklung ergeben hat...

In den Jahren seit der Gründung der Bundesrepublik sind immer mehr originäre Zuständigkeiten der Länder in Richtung Bund verlagert worden, in den letzten Jahren auch in Richtung Europa. Es darf nicht sein, dass der Föderalismus in Deutschland ausgehöhlt wird, während er sich gleichzeitig in den Mitgliedsstaaten der Europäischen Union zum Erfolgsmodell entwickelt. Unser Ziel ist es, die originären Entscheidungskompetenzen der Länder wieder zu stärken. Wir wollen mehr eigenständige Gestaltungsspielräume und weniger Beteiligungsföderalismus[1)]. Dies gilt vor allem für die Finanzautonomie und damit für mehr Kompetenzen im Bereich der Steuergesetzgebung[2)].

Sprecher: Wer jetzt den Bund für einen böswilligen Akteur hält, der immer mehr Macht zu Lasten der Bundesländern anhäufen will, irrt sich.

Sprecherin: Die Ursache für die Vorgänge liegt im Grundgesetz. Es versucht, die Vorteile einer föderalen Staatsorganisation mit den positiven Elementen auf Einheitlichkeit ausgerichteter Staaten zu kombinieren. Dabei ergeben sich zwangsläufig Widersprüche. Die Verfassung definiert Deutschland vom Bund her, doch über den Bundesrat regierten die Länder stets auch mit.

Sprecher: Das ist aus der Geschichte zu verstehen. Noch 1841 existierten 30 deutsche, teils absolutistisch regierte Kleinstaaten. Die Nachbarländer hatten den Schritt zum Nationalstaat längst hinter sich gebracht und die politischen Strukturen den Erfordernissen des industriellen Zeitalters angepasst. In Deutschland wirkte die politische Zersplitterung lange als Hindernis für ökonomischen Fortschritt.

Sprecherin: Bundesdeutsche Politik zielte deshalb fast 50 Jahre lang auf eine Angleichung der Lebensverhältnisse.

Sprecher: Kein Wunder, denn Infrastruktur, Lebensstandard und Wirtschaftskraft klafften in den Regionen der Nachkriegs-Bundesrepublik weit auseinander. In den 50er- und 60er-Jahren wurden zum Beispiel die Unterschiede zwischen Stadt und Land, zwischen den Konfessionen, zwischen verkehrsgünstig und -ungünstig gelegenen Gebieten verringert. Die Bevölkerung erwartete eine Angleichung von Lebensstandard und -chancen. Die Mobilität nahm zu, und damit einher ging eine abnehmende Toleranz gegenüber landesspezifischen Eigenheiten wie etwa der Schulpolitik, die den Umzug in ein anderes Bundesland für Familien erschwerte.

Sprecherin: Bis zur Verfassungsreform 1994 betonte das Grundgesetz die Einheitlichkeit der Lebensverhältnisse als Ziel. Artikel 72 Absatz 2 lautete:

Zitator: Der Bund hat im Bereich der konkurrierenden Gesetzgebung das Gesetzgebungsrecht, soweit ein Bedürfnis nach bundesgesetzlicher Regelung besteht, weil ... die Wahrung der Rechts- und Wirtschaftseinheit, insbesondere die Wahrung der Einheitlichkeit der Lebensverhältnisse über das Gebiet eines Landes hinaus sie erfordert.

Sprecher: Nach Ansicht des baden-württembergischen Ministerpräsidenten Erwin Teufel hat sich die Intention des Grundgesetzes im Lauf der Jahre jedoch ins Gegenteil verkehrt...
Teufel: ...und zwar deshalb, weil der Bund ohne eine einzige Ausnahme im Bereich der konkurrierenden Gesetzgebung die Zuständigkeiten an sich gezogen hat. Und weil zweitens im Bereich der Rahmengesetzgebung der Bund immer detailliertere Regelungen erlässt. Begründet wurde die zunehmende bundesrechtliche Regelung immer mit der Einheitlichkeit der Lebensverhältnisse. Ich verweise darauf, dass nach der Wiedervereinigung Deutschlands das Grundgesetz geändert worden ist und dass nur noch von Gleichwertigkeit die Rede ist, und Gleichwertigkeit ist etwas anderes als formale Gleichheit.
Sprecher: Tatsächlich wurde der Spielraum des Bundes bei der Verfassungsänderung 1994 eingeschränkt. Aus der „Einheitlichkeit der Lebensverhältnisse" wurden „gleichwertige Lebensverhältnisse". Außerdem muss der Bund künftig begründen, weshalb er an Stelle der Länder ein Gesetz erlassen will. – Diese Veränderungen wurden und werden auch im Bayerischen Landtag diskutiert. Die Abgeordneten setzten eine Enquete-Kommission zur Reform des Föderalismus ein. Ihr Vorsitzender Ernst Welnhofer:
Welnhofer: Ich meine, es gehört nicht zum Wesen des Föderalismus, durch Verhandlungen zu erreichen, dass man möglichst überall eine Gleichheit der Lebensverhältnisse hat. Das ist meine Auffassung. Ich hätte nichts dagegen, wenn sich die Lebensverhältnisse in den Ländern der Bundesrepublik auseinanderentwickeln werden. Gleichheit ist ja nicht zu verwechseln mit Gleichwertigkeit. Höchst Unterschiedliches kann gleichwertig sein.

Autorin: Ellen Hoffmann, Redaktion: Rudolf Vogel

[1] Beteiligungsföderalismus: Gemeint ist die Aufgabe eigenständiger Kompetenzen der Länder zugunsten einer Ausdehnung der Zustimmungspflichtigkeit von Bundesgesetzen im Bundesrat sowie die Zunahme von Gemeinschaftsaufgaben und deren Mischfinanzierung durch Bund und Länder.

[2] Die Verfassung verteilt in Art. 105 GG die Kompetenzen der Steuergesetzgebung auf Bund und Länder. Faktisch bleibt jedoch die Steuerhoheit der Länder bedeutungslos, da dem Bund die bedeutenden Steuerquellen zugewiesen sind und die wenigen Möglichkeiten der Länder schon deswegen begrenzt sind, weil sie wegen der Konkurrenzsituation untereinander und aus Standortgründen diese Möglichkeiten kaum ausschöpfen wollen.

b) Aus der Antrittsrede des sächsischen Ministerpräsidenten Kurt Biedenkopf als Bundesratspräsident, 5.11.1999

Wenn es uns ernst ist mit der gelebten Bundesstaatlichkeit, werden wir uns in Zukunft für mehr Länderverantwortung einsetzen müssen. Wo er die Einheit des Ganzen nicht gefährdet, sollte uns Wettbewerb willkommen sein. Er hat die Macht verteilende Wirkung, die die föderale Ordnung will. Länder, die unter einem dichten Netz bundesstaatlicher und europäischer Gesetze, Verordnungen und Richtlinien das Regeldickicht nur noch verwalten, verlieren ihre Fähigkeit zur Bundesstaatlichkeit. Das dürfen wir nicht zulassen. Es würde uns in eine überholte und überwundene Vergangenheit führen, nicht in die europäische Zukunft. Denn eine wirkliche Zukunft hat Europa nur als Europa der Vielfalt der Regionen in der Einheit der Nationen.
Unsere bundesstaatliche Ordnung bedeutet nicht nur Vielfalt. Sie bedingt auch Verschiedenheit. Sie lebt in der ständigen Spannung zwischen Vergleichbarkeit – vergleichbaren Lebensverhältnissen – und der Vielfalt, die aus unterschiedlichen Entwicklungen, Erfahrungen und geschichtlichen Bedingungen erwächst. Sie muss, wenn sie lebendige Bundesstaatlichkeit bewahren will, den Versuchungen der Vereinheitlichung ebenso begegnen wie denen der regionalen Egoismen. Ein dynamisches Gleichgewicht zwischen beiden, Einheit und Vielfalt, zu erhalten, ist eine politische und eine kulturelle Aufgabe. Als Ländern ist sie uns ebenso aufgegeben wie als Teilen des Bundes. ...
Die Erfahrungen der vergangenen Jahrzehnte lehren uns, dass gültige Antworten auf neue Fragen sich am ehesten im Wettbewerb der Ideen finden lassen. In diesem Sinne ist Wettbewerb ein offener Suchprozess. Er bewahrt vor vorschnellen, einheitlichen Antworten, die sich schon deshalb nur schwer korrigieren lassen.
Unsere bundesstaatliche Ordnung erlaubt uns, Antworten im Wettbewerb zu erproben und ihn

deshalb als Suchprozess zuzulassen. Auch darin kann sich ein gemeinsamer Wille ausdrücken. Kooperativer Föderalismus[1] und Wettbewerbsföderalismus sind, richtig verstanden, deshalb kein Widerspruch. Sie sind komplementäre Elemente einer fruchtbaren Bundesstaatlichkeit.

Wir sagen zu Recht, dass die Wohlfahrt Deutschlands in den kommenden Jahrzehnten von seiner Fähigkeit abhängen wird, sich durch Innovationen zu entwickeln. Die Quelle innovatorischer Entwicklung ist der Wettbewerb. Kartelle sind das Gegenteil innovativer Strukturen. Der Auftrag, vergleichbare Lebensverhältnisse zu schaffen, darf nicht dazu herhalten, Kartelle zu rechtfertigen.

Die Länder haben die Pflicht, ihre Selbstständigkeit und ihre Vielfalt als Quellen innovativer Entwicklung zu erhalten und zu nutzen: zum Wohle Deutschlands und zur Förderung ihrer eigenen Wohlfahrt. Wie sie – wie wir – dieser Pflicht nachkommen, wird die Zukunft unseres Bundesstaates Deutschland ebenso nachhaltig beeinflussen wie die des geeinten Europa.

Das Parlament Nr. 46–47, 12./19.11.1999, S. 11

1) Kooperativer Förderalismus: s. Fußnote[1], S. 58 „Beteiligungsförderalismus"

Leerformeln oder Argumente für die bundesstaatliche Ordnung?

M 37

Vielfalt in der Bildungs- und Kulturpolitik ...
besserer Wettbewerb ... höhere Konfliktverarbeitungskapazität ...

Zwang zu Kompromissen ... Stabilität durch Machtbeteiligung ...

Aufgaben- und Bürgernähe ...
leichtere Identifizierung des Bürgers mit dem Gesamtstaat ...
Verhinderung von Machtkonzentration ... kontrollierbarere Politik ...

größere Ideenvielfalt ...
überschaubare Lebens- und Funktionsbereiche ...
Wettbewerb zwischen den Parteien ...
gute Möglichkeiten für Führungsnachwuchs ...
Autonomie der Regionen ...
bessere demokratische Partizipation ...
Zustimmung in der Bevölkerung ...

M 38 Die Sicht des Karikaturisten

Hanel, CCC

Aufgaben

Zu 2.2.6 Das Bundesstaatsprinzip

1. Überprüfen Sie, inwieweit das Bundesstaatsprinzip einen Beitrag zur Gewaltenteilung und zur Akzeptanz politischer Entscheidungen leisten kann.
2. Die bundesstaatliche Ordnung in Deutschland gerät immer wieder einmal in das Kreuzfeuer der Kritik. (M 36, M 37)

2.1 Stellen Sie die Entwicklung des bundesdeutschen förderalen Systems dar!

2.2 An welchen Entwicklungen wird aus heutiger Sicht Kritik geübt und welche Alternativen werden genannt?

2.3 Führen Sie vor dem Hintergrund eines konkreten Politikbereiches, z.B. der Bildungspolitik, eine Pro- und Kontra-Diskussion über eine mögliche Reform des förderalen Systems!

3. Entwerfen Sie ein Werbeplakat für den deutschen Förderalismus! (M 36, M 37)

2.3 Die Grundrechte

2.3.1 Die Grundrechte und ihre Absicherung

Grundrechte in der Diskussion

M 39

„Die Schmauchlümmel ersticken jeden honetten Menschen, der nicht zu seiner Verteidigung zu rauchen vermag", schimpfte schon Johann Wolfgang von Goethe. 1998 ging der Streit zwischen Tabakliebhabern und Nichtrauchern in die vorerst letzte Runde. Abgeordnete aus allen Fraktionen im Bundestag stellten einen Antrag: Wer sich in Zukunft eine Zigarette anzünden will, dürfe das nur noch im stillen Kämmerlein tun. Am Arbeitsplatz und in der Öffentlichkeit solle der Schutz der Nichtraucher oberstes Gebot sein. Bei der Abstimmung im Bundestag scheiterte das Gesetz. Aber auch ohne Gesetz wird es eng für die Raucher. Deshalb fühlen sich Hardliner unter ihnen aufgerufen, den „letzten Rest von Freiheit" zu verteidigen, den ihnen ein „regulierungswütiger Staat" gelassen habe.

PZ EXTRA, 50 Jahre Grundrechte, 12/1998, S. 14

Muslimische Frauen verfolgten am 15. Juli 1998 im Plenum des Stuttgarter Landtags die Debatte über die Entscheidung im Kopftuchstreit. Vertreter von CDU und SPD begrüßten den Beschluss, die 25-jährige Lehrerin Fereshta Ludin nicht in den Staatsdienst zu übernehmen, weil sie auf dem Tragen eines Kopftuchs im Unterricht bestanden hatte. Der Zentralrat der Muslime in Deutschland hat den Beschluss des Oberschulamtes Stuttgart hingegen scharf kritisiert. Dies sei faktisch ein Berufsverbot für praktizierende Muslimas.

Schwäbische Zeitung, 16. Juli 1998

„YYY" steht für Alkoholiker

Wie bei Behörden zuweilen der Datenschutz missachtet wird

Die Mitarbeiter des Bundesbeauftragten für den Datenschutz schüttelten nur noch den Kopf. Bei einer Routinekontrolle in einem Arbeitsamt hatten sie die Bediensteten nach dem Sinn der Zeichen „YYY" gefragt, die zusammen mit den persönlichen Daten eines Arbeitslosen auf dem Computerbildschirm flimmerten: „Das sind Symbole für Sektkelche – unser Kürzel für einen Alkoholiker", lautete die arglos-treuherzige Antwort.

Die Bundesanstalt für Arbeit reagierte auf die prompte Rüge der Datenschützer und verbot der Behörde strikt den unzulässigen elektronischen Vermerk.

Süddeutsche Zeitung Nr. 14, 19./20. 5. 1993, S. 6

M 40 Träger und Ziele der Grundrechte

GRUNDRECHTE IM GG

Welche Grundrechte für wen?	Welche Ziele haben die Grundrechte?
Bürgerrechte „Alle Deutschen ..." z. B. • Versammlungsfreiheit • Vereinigungsfreiheit • Freizügigkeit • Berufsfreiheit • Staatsbürgerliche Gleichheit • Wahlstimmengleichheit	**Freiheit** wie: • Recht auf Leben und körperliche Unversehrtheit • Glaubensfreiheit • Gewissensfreiheit • Meinungsfreiheit • Pressefreiheit • Wissenschaftsfreiheit • Versammlungsfreiheit • Vereinigungsfreiheit • Postgeheimnis • Freizügigkeit • Unverletzlichkeit der Wohnung
Menschenrechte „Jeder Mensch hat das Recht..." z. B. • Allgemeine Persönlichkeitsrechte • Gleichheitssatz • Berufsfreiheit • Gleichberechtigungsgebot • Glaubensfreiheit • Meinungsfreiheit • Rechtsschutzgarantie	**Gleichheit** wie: • Gleichheitssatz und Willkürverbot • Gleichberechtigungsgebot • Diffamierungsverbot • Staatsbürgerliche Gleichheit • Wahlstimmengleichheit
Ausländerrechte z. B. • Asylrecht	**faires Verfahren** wie: • Rechtsschutzgarantie • Garantie des gesetzlichen Richters • Garantie des rechtlichen Gehörs • Rechtsgarantie bei Freiheitsentziehung

nach: Werner Glenewinkel, special Grundrechte, Reinbek bei Hamburg 1995, S. 40

M 41 Sicherung und Schutz der Grundrechte

Das Grundgesetz zielt auf Geltung, Schutz und Wirksamkeit der Grundrechte

durch ihren Anspruch auf unmittelbare Geltung	durch das Verbot ihrer Beseitigung	durch Sicherungen im Falle ihrer Einschränkung	durch Vorkehrungen für den Fall der Verletzung
vgl. Art. 1 Abs. 3	vgl. Art. 79 Abs. 3	vgl. Art. 19 Abs. 1 und 2	vgl. Art. 19 Abs. 4 Art. 93 Abs. 1 Nr. 4a

nach: Grundrechte, Informationen zur politischen Bildung Nr. 239, 1993, S. 18

2.3.2 Freiheitsrechte als Abwehr- und Mitwirkungsrechte

Kontrovers diskutiert: Videoüberwachung – Schutz für die Bürger oder Bedrohung ihrer Privatsphäre?

M 42

a) Erwin Marschewski, CDU/CSU

Der verstärkte Einsatz von Videoüberwachungen öffentlicher Orte ist dringend notwendig, um insbesondere in Großstädten Kriminalitätsschwerpunkte rechtzeitig zu erkennen, die Kriminalitätshäufigkeit zu reduzieren, die Aufklärung von Straftaten zu steigern und das Sicherheitsgefühl der Allgemeinheit zu verbessern. Dies bestätigen zahlreiche Fall- und Erprobungsbeispiele. So wurde etwa im September 1995 zur Bekämpfung der Rauschgiftkriminalität, von Taschendiebstählen und Diebstählen rund ums Kfz die Videoüberwachung im Bereich des Leipziger Bahnhofs als einem Kriminalitätsbrennpunkt initiiert. Bereits nach kurzer Zeit reduzierten sich die Fälle der Kfz-Diebstähle und der Taschendiebstähle um die Hälfte. Für einen flächendeckenden Einsatz der Videoüberwachung besteht in Deutschland – auch in Großstädten – kein Bedarf. Es geht vielmehr darum, Videoüberwachungsmaßnahmen ganz gezielt an Kriminalitätsbrennpunkten durchzuführen, d. h. an Orten, an denen ein erhöhtes Gefährdungspotenzial für die öffentliche Sicherheit und Ordnung besteht, weil sich dort erfahrungsgemäß Straftäter verbergen, Personen Straftaten verabreden, vorbereiten oder verüben. Deshalb müssen auch laufende Überwachungsmaßnahmen ständig auf ihre Wirksamkeit hin überprüft werden. ...

Wir wollen keine heimliche Videoüberwachung. Die Durchführung von Videoüberwachungsmaßnahmen ist durch umfassende Information der Bevölkerung über Zweck und Umfang der Überwachung transparent zu machen. Denkbar ist auch, durch das Anbringen von Hinweisschildern auf die Videoüberwachung aufmerksam zu machen.

b) Volker Beck, B'90/Die Grünen

Wenn ich in einem Straßencafé meinen Cappuccino trinke oder auf der Parkbank Zeitung lese, möchte ich nicht dabei gefilmt werden. Unabhängig davon, ob oder wie lange die Videoaufnahme gespeichert werden würde: Dieser Eingriff in meine Privatsphäre ist vom Grundgesetz nicht gedeckt. Eine Totalüberwachung des öffentlichen Raumes bringt auch nicht den gewünschten Erfolg bei der Verhinderung und Aufklärung von Straftaten. Schon jetzt weichen doch beispielsweise Drogendealer einfach dem Blick der Kamera aus und dealen eben an anderer Stelle, wo sie nicht beobachtet werden.

Massive Eingriffe in die Freiheitsrechte der Bürgerinnen und Bürger lassen sich allenfalls rechtfertigen, wenn die Maßnahme zur Bekämpfung schwerer Straftaten erforderlich ist. Dort, wo das Gefährdungspotenzial für die Bevölkerung latent hoch ist und wo auch feststeht, dass die Kriminalität sich nicht einfach verlagert, kann eine Videoüberwachung sinnvoll sein.

Lässt man Videoüberwachung unter diesen Voraussetzungen ausnahmsweise zu, so muss man jedenfalls klare datenschutzrechtliche Regelungen schaffen. Videotapes, die nicht für ein Strafverfahren benötigt werden, müssen innerhalb von 24 Stunden gelöscht werden. Nur wenn die Videoüberwachung auf einer rechtsstaatlich einwandfreien Grundlage steht, kann man den Bürgerinnen und Bürgern dieses Mittel auch zumuten.

Blickpunkt Bundestag, 10/2000, S. 12–14

M 43 Zum Menschenbild der Demokratie

Demokratie geht von einem bestimmten Menschenbild aus. Die Menschen sollen frei sein, d. h. ihre Person nach eigener Entscheidung bilden und entfalten können. Dahinter steht – ob christlich oder humanistisch-idealistisch begründet – die Auffassung, dass jeder Mensch eigene Würde habe, durch die er Person sei und sich vom Tier unterscheide. ...

Soll der Mensch als Mensch leben können, dann muss seine personale Würde auch für die politischen Machtträger unantastbar sein. Das bedeutet: Er darf nicht als Objekt behandelt, zum Werkzeug gemacht oder zur beliebig manipulierbaren Sache beispielsweise für politische, weltanschauliche oder ökonomische Zwecke herabgewürdigt werden.

Als Objekt behandelt wird aber, um nur ein Beispiel zu nennen, wer bei der Wahrheitsermittlung durch Polizei- oder Strafjustiz durch physischen Zwang und durch Anwendung chemischer oder psychotechnischer Mittel in seinem freien Willen ganz oder teilweise beeinträchtigt wird. Solche Mittel machen den Menschen zu einer Registriermaschine. Sie rauben ihm die spezifisch menschliche Fähigkeit, sich in den konkreten Situationen seines Lebens frei zwischen den verschiedenen Möglichkeiten des Handelns entscheiden zu können. Denn nur, wer aus eigenem Willen zu handeln vermag, handelt verantwortlich.

Wer von dieser Personalität des Menschen überzeugt ist, der wird dem Menschen um seiner Würde willen ein Recht auf Freiheit zusprechen, denn nur ein freier Mensch kann sich und seine Umwelt in eigener Verantwortung mitgestalten.

Des Weiteren aber folgt aus diesem Menschenbild die Forderung, alle Menschen in ihrem persönlichen Freiheitsraum und im Recht auf freie Entfaltung ihrer Persönlichkeit gleich zu behandeln. Ins Politische gewendet bedeutet das, dass alle Macht und Herrschaft an der unantastbaren Würde jedes einzelnen Menschen ihre Grenzen finden muss. Macht bedarf prinzipiell der Begrenzung und Kontrolle, und sie muss dazu auf die Zustimmung der ihr Unterworfenen gründen, da eine uneingeschränkte Zugriffsmöglichkeit den Einzelnen in seiner Würde und Freiheit verletzen und entmündigen würde. Denn alle, insbesondere staatliche Macht hat dem Ziel zu dienen, die Möglichkeit und Chancen eines freien, menschenwürdigen Lebens für alle Glieder des Gemeinwesens zu sichern und zu steigern.

Waldemar Besson, Das Leitbild der modernen Demokratie. Bausteine einer freiheitlichen Staatsordnung. Von Gotthard Jasper überarbeitete und aktualisierte Neuausgabe, Bonn 1991, S. 12–13

M 44 Abwehrrechte sichern die Privatsphäre

Demgegenüber hat das Grundgesetz eine wertgebundene Ordnung aufgerichtet, die die öffentliche Gewalt begrenzt. Durch diese Ordnung soll die Eigenständigkeit, die Selbstverantwortlichkeit und die Würde des Menschen in der staatlichen Gemeinschaft gesichert werden.

Vor allem dürfen die Gesetze daher die Würde des Menschen nicht verletzen, die im Grundgesetz der oberste Wert ist, aber auch die geistige, politische und wirtschaftliche Freiheit des Menschen nicht so einschränken, dass sie in ihrem Wesensgehalt angetastet würde (Art. 19 Abs. 2, Art. 1 Abs. 3, Art. 2 Abs. 1 GG). Hieraus ergibt sich, dass dem einzelnen Bürger eine Sphäre privater Lebensgestaltung verfassungskräftig vorbehalten ist, also ein letzter unantastbarer Bereich menschlicher Freiheit besteht, der der Einwirkung der gesamten öffentlichen Gewalt entzogen ist. Ein Gesetz, das in ihn eingreifen würde, könnte nie Bestandteil der „verfassungsmäßigen Ordnung" sein; es müsste durch das Bundesverfassungsgericht für nichtig erklärt werden.

BVerfGE 6, S. 40–41

Eingriffe nur auf gesetzlicher Grundlage – das Beispiel Art. 2 (2) GG

M 45

Das Grundrecht auf körperliche Unversehrtheit schließt grundsätzlich jede staatlich erlaubte Beeinträchtigung der Gesundheit, jede Verunstaltung, jede Zufügung von Schmerzen und die Sterilisierung aus. Doch kann in dieses Grundrecht aufgrund eines Gesetzes eingegriffen werden. Während dieser „Gesetzesvorbehalt" bei dem Recht auf Leben keine Rolle spielt, weil das Leben seinem Wesen nach unantastbar ist, wird er hier bedeutsam. ...

Wichtig ist vor allem die Frage, inwieweit zwangsweise medizinische Eingriffe zulässig sind. Sie spielt insbesondere im Strafverfahren eine Rolle. Gemäß § 81a StPO darf eine körperliche Untersuchung des Beschuldigten zur Feststellung von Tatsachen angeordnet werden, die für das Verfahren von Bedeutung sind (z. B. Untersuchung der Zurechnungsfähigkeit, Bestimmung des Blutalkoholgehalts). Zu diesem Zweck sind Entnahmen von Blutproben und andere körperliche Eingriffe, die von einem Arzt nach den Regeln der ärztlichen Kunst zu Untersuchungszwecken vorgenommen werden, ohne Einwilligung des Beschuldigten zulässig, wenn kein Nachteil für seine Gesundheit zu fürchten ist. Deshalb ist auch die zwangsweise Veränderung der Haar- oder Barttracht eines Beschuldigten zum Zwecke der Gegenüberstellung von Zeugen zulässig, wenn er zur Tatzeit eine andere Tracht getragen hat (BVerfGE 47, 239 ff.). ...

Heute ist anerkannt, dass Lehrer die ihnen anvertrauten Schüler nicht züchtigen dürfen. ... Im Übrigen verstößt die körperliche Züchtigung auch gegen die Menschenwürde (Art. 1 Abs. 1). In einem Kulturstaat, in dem der Eigenpersönlichkeit des Einzelnen ein hoher Wert beigemessen wird, hat sie nichts zu suchen. Deshalb würde auch der Versuch scheitern, die körperliche Züchtigung durch den Gesetzgeber legalisieren zu lassen. Ein qualitativer Unterschied zwischen der staatlichen Anordnung, einen Erwachsenen zu prügeln, und der staatlichen Anordnung, einen Schüler zu prügeln, ist nicht feststellbar.

Dieter Hesselberger, Das Grundgesetz, 11. Aufl., Neuwied 1999, S. 78–79, 334–335

Zum Verhältnis Staat – Bürger

M 46

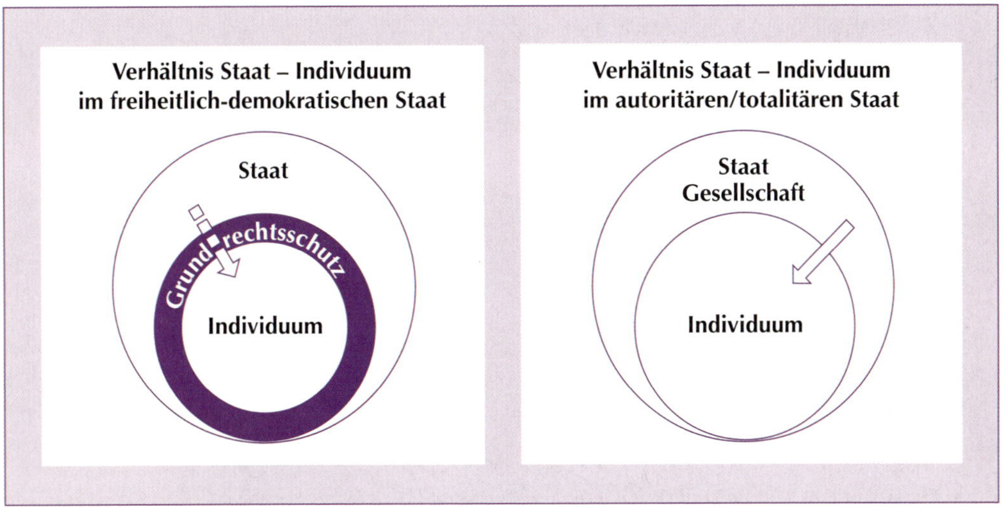

W. Frank, Mensch und Gemeinschaft, 27. Aufl., Rinteln 1975, S. 19

M 47 Mitwirkungsrechte ermöglichen Auseinandersetzung und Offenheit

Die demokratische Ordnung des Grundgesetzes ist nicht eine Ordnung, deren Inhalt in totaler Inhaltslosigkeit besteht, die lediglich einen Komplex formaler Spielregeln für den politischen Prozess zur Verfügung stellt und dadurch einen gewissen Schutz der Minderheiten bewirkt. Sondern ihre Grundelemente: die gleichberechtigte Beteiligung aller Bürger am politischen Prozess, Einigungs- und Mehrheitsprinzip, die Art der Legitimation der Herrschaft, die gleiche Chance und der Schutz der Minderheiten, die religiöse und weltanschauliche Neutralität des Staates konstituieren in ihrem unlösbaren Zusammenhang eine Ordnung, in der sachliche Grundprinzipien, nämlich die der Freiheit und Gleichheit, konkreten Inhalt gewinnen. Mit diesem Inhalt, nicht mit einer Religion oder Weltanschauung identifiziert sich das demokratische Staatswesen. Er bedingt und begrenzt die *Offenheit demokratischer Ordnung* für unterschiedliche politische Richtungen und kennzeichnet damit die Eigenart dieser Ordnung gegenüber allen „geschlossenen Systemen". In der Anerkennung der Existenz und Notwendigkeit gegensätzlicher Auffassungen und Interessen bietet die demokratische Ordnung des Grundgesetzes Raum für das Leben und die Auseinandersetzung der jeweiligen geistigen, politischen und sozialen Kräfte; sie enthält daher im Gegensatz zu jenen Systemen die Möglichkeit geschichtlicher Fortentwicklung.

Diese Freiheit und Offenheit des politischen Prozesses zu gewährleisten, ist eine der wichtigsten *demokratischen Funktionen der Grundrechte*. Die Freiheit des religiösen oder weltanschaulichen Bekenntnisses wie die religiöse und weltanschauliche Neutralität des Staates begründet und sichert Art. 4 GG. Die freie Bildung und Verbreitung politischer Anschauungen, die ständige geistige Auseinandersetzung, den Kampf der Meinungen ermöglicht das Grundrecht der freien Meinungsäußerung (Art. 5 GG), das auch darum „für eine freiheitlich-demokratische Staatsordnung ... schlechthin konstituierend" ist. Das Recht, für politische Auffassungen zu werben und Gruppen zu bilden, die sie zur Geltung bringen sollen – Grundvoraussetzung der „Vorformung" des politischen Willens –, ist ebenfalls durch das Grundrecht der Meinungsfreiheit, darüber hinaus durch die Versammlungs- und Vereinigungsfreiheit (Art. 8, 9 GG), für politische Parteien durch Art. 21 Abs. 1 GG gewährleistet. Neben der Sicherung der Position von Minderheiten ist es diese Seite der verfassungsmäßigen Ordnung, die die enge Zusammengehörigkeit von Grundrechten und Demokratie in besonderer Deutlichkeit hervortreten lässt.

Konrad Hesse, Grundzüge des Verfassungsrechts der Bundesrepublik Deutschland, Karlsruhe 1975, S. 66–67

2.3.3 Der Gleichheitsgrundssatz

Der Gleichheitssatz als Willkürverbot

M 48

Kaum etwas ist so offenkundig wie die tatsächliche Verschiedenheit der Menschen. Ungleichheit ergibt sich folgerichtig aus Individualität und Personenwürde: Nur unterschiedliche Menschen sind einmalig und unverwechselbar. Deshalb können Grundrechte und Gleichheit *nicht* sinnvoll auf Herstellung von Gleichheit zielen. Gleichheitssätze als Grundrechte sind vielmehr *Gleichbehandlungsgebote* angesichts vorhandener und fortdauernder Ungleichheit.

Nach der Rechtsprechung des Bundesverfassungsgerichts gebietet der Gleichheitssatz dem Gesetzgeber, *Gleiches gleich, Ungleiches seiner Eigenart entsprechend verschieden* zu behandeln (BVerfGE Bd. 3 S. 135 f.). „Gleichheit vor dem Gesetz" schließt also Ungleichbehandlungen nicht aus, sofern sich aus der Natur des jeweils in Frage stehenden Sachbereichs vertretbare Gesichtspunkte für eine Ungleichbehandlung ergeben. Dabei darf der Gesetzgeber auch generalisieren und typisieren. So folgt aus dem allgemeinen Gleichheitssatz z. B. die *Gleichmäßigkeit der Besteuerung* – aber nicht in dem Sinne, dass alle Bürger genau den gleichen Pro-Kopf-Betrag oder auch nur einen gleichen Prozentsatz an Steuern zu zahlen hätten, sondern dass sie nach dem Maße ihrer Leistungsfähigkeit verschieden besteuert werden (steigende Prozentsätze im Progressionstarif der Einkommensteuer). Der Gesetzgeber hat damit trotz des allgemeinen Gleichheitssatzes ein breites Ermessen, insbesondere in der Sozialgestaltung. Der allgemeine Gleichheitssatz führt insofern letztlich nur zu einem *Willkürverbot*: Wesentlich Gleiches darf nicht willkürlich ungleich, wesentlich Ungleiches darf nicht willkürlich gleich behandelt werden (BVerfGE Bd. 4 S. 155).

Wolfgang Perschel, Grundrechte in der Verfassung. Der Einzelne und der Staat. In: Sozialwissenschaftliche Informationen, Nr. 4/1984, S. 43–44

Beispiel „Gleichberechtigung"

M 49

Karikatur: Hogli

Karikatur: Hogli

M 50 Der Karriereknick

Frauen und Männer in Bildung und Wissenschaft 1997 (in Prozent)

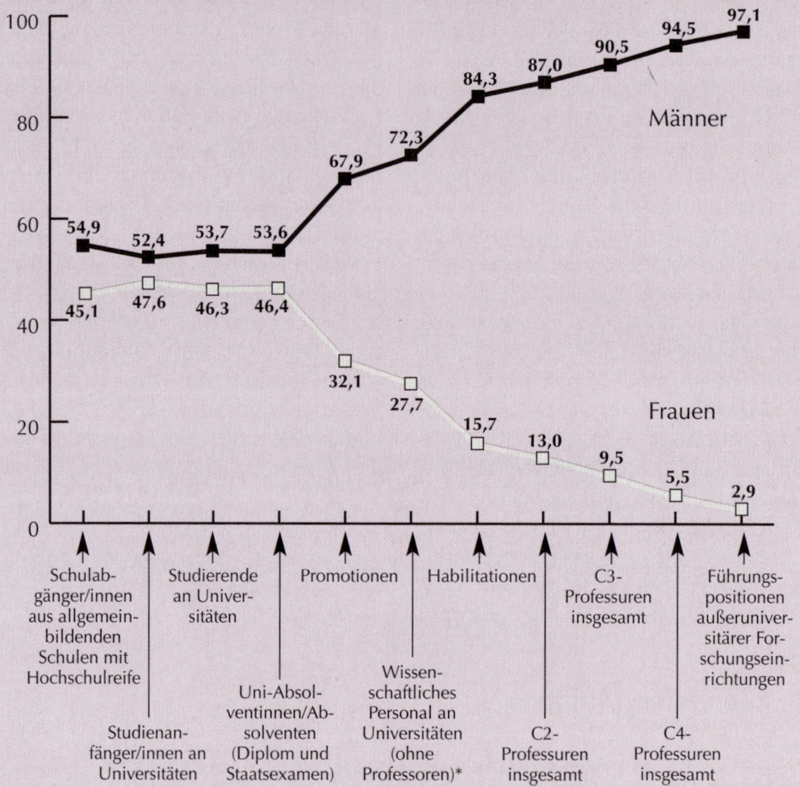

Grund- und Strukturdaten 1998/1999; Statistisches Bundesamt, Fachserie 11; BLK-Bericht Frauen in Führungspositionen, Heft 68.

*) Daten aus 1996

M 51 Die „Unvollendete“

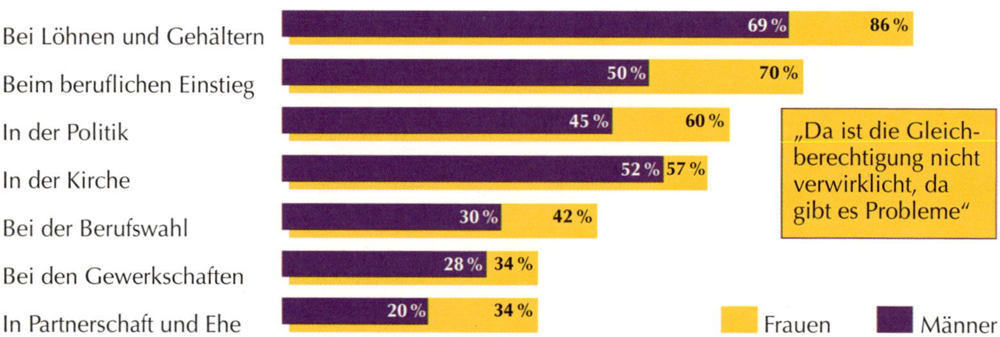

Institut für Demoskopie Allensbach, Braueninteressen und Frauenpolitik, Allensbach, März 2000, S. 9

Gibt es denn die „Frauenfrage“ noch?

M 52

Warum wird die Frauenfrage zum Ende der neunziger Jahre kaum mehr gestellt? „Zunehmende Weltfremdheit“ und sturen Dogmatismus werfen die beiden Autorinnen[1] den Aktivistinnen von damals vor. Eine Altfeministin wie Alice Schwarzer sei zwar als Leitfigur weiterhin wichtig, wirke auf viele junge Frauen aber auch abschreckend. „Das alte Opfer-Täter-Denken geht heute einfach an den Bedürfnissen vorbei“, sagt Susanne Weingarten. ...

Getragen von den neuen Werten, die ihre Mütter erstritten haben, können die Mädchen der Girlie-Generation mit dem Problem geschlechtsbedingter Diskriminierung nichts mehr anfangen. „Die Mädchen heute denken ganz selbstverständlich, sie könnten alles haben: Beruf, Kinder, Karriere“, erklärt Weingarten. „Dass diesen privaten Wünschen strukturelle Grenzen gesetzt sind, nehmen sie erst später wahr.“

Nach wie vor verdienen Frauen in gleicher Position durchschnittlich weniger als Männer. Weniger als zwei Prozent der Erziehungsurlaube werden von Männern genommen. Gute, flexible Betreuung von Klein- und Schulkindern muss vor allem in Westdeutschland noch immer zumeist mühevoll privat organisiert werden. Arbeitslosigkeit trifft Frauen eher als Männer. Und selbst kinderlose Kostümträgerinnen mit Top-Qualitäten stoßen irgendwann an eine unsichtbare Geschlechter-Schranke. ...

Frauen heute haben höchst unterschiedliche Lebenswege und Interessen, das wissen auch Wellershoff und Weingarten. Wichtig sei jedoch, „dass sie sich bewusst werden, dass ihre individuellen Probleme keine Privatangelegenheit sind, sondern gesellschaftliche Ursachen haben“.

Das Parlament Nr. 3–4, 21. Januar 2000, S. 12 (dpa)

[1] Der Text nimmt Bezug auf die Veröffentlichung von Marianne Wellershoff/Susanne Weingarten, Die widerspenstigen Töchter, Köln 1999

Aufgaben

Zu 2.3 Die Grundrechte

1. Stellen Sie mithilfe des Grundgesetzes einen Katalog von verfassungsrechtlich verankerten Mitwirkungsrechten zusammen! (M 40, M 47)
2. Formulieren Sie die in M 42 aufscheinenden grundsätzlichen Positionen! Beziehen Sie M 44 und M 13 in Ihre Überlegungen ein!
3. Die unterschiedliche Erwerbsbiografie von Frauen und Männern führt zu faktischen Nachteilen von Frauen in vielen Bereichen (vgl. M 50).

3.1 Suchen Sie nach den Gründen für diese Situation!

3.2 Schlagen Sie Maßnahmen vor, die diese Benachteiligung mindern oder aufheben können!

3.3 In manchen Bundesländern werden Frauen bei Einstellung und Beförderung – bei gleicher Qualifikation wie männliche Bewerber – so lang bevorzugt, bis sie auf der jeweiligen Ebene paritätisch vertreten sind. Sammeln Sie die Vor- und Nachteile solcher Regelungen!

4. Das Kapitel „Die Grundrechte“ eignet sich besonders, um anhand von Gedenkstättenarbeit die Bedeutung des Grundrechteschutzes zu vertiefen. Anregungen dazu finden sich auf S. 30–31.

2.4 Hüter des Grundgesetzes

2.4.1 Der Bundespräsident

M 53 Bundespräsident verweigerte Unterschrift

BM/rtr München – Roman Herzog hat während seiner Amtszeit als Bundespräsident nicht mehr das Gesetz zur Reform des Staatsangehörigkeitsrechts unterzeichnet. Ursache seien nicht ausgeräumte verfassungsrechtliche Bedenken. Die Einwände bezögen sich auf die Regelung für in Deutschland geborene Einwandererkinder. Diese verlieren den deutschen Pass, wenn sie nicht bis zum 23. Lebensjahr auf ihre ausländische Staatsangehörigkeit verzichten. Dem Bericht zufolge unterrichtete Innenminister Otto Schily (SPD) vor der Verabschiedung des Gesetzes im Mai durch Bundestag und Bundesrat das Kabinett über Vorbehalte von Verfassungsexperten seines Ministeriums. Nun müsse der neue Bundespräsident Johannes Rau über das Gesetz entscheiden, das Anfang 2000 in Kraft treten soll.[1)]

Berliner Morgenpost, 4. Juli 1999

1) Das Gesetz zur Reform des Staatsangehörigkeitsrechts wurde vom nachfolgenden Bundespräsidenten Johannes Rau mit Datum vom 15. Juli 1999 unterzeichnet und im Bundesgesetzblatt Nr. 38 vom 23. Juli 1999 verkündet.

M 54 Die Aufgaben des Bundespräsidenten

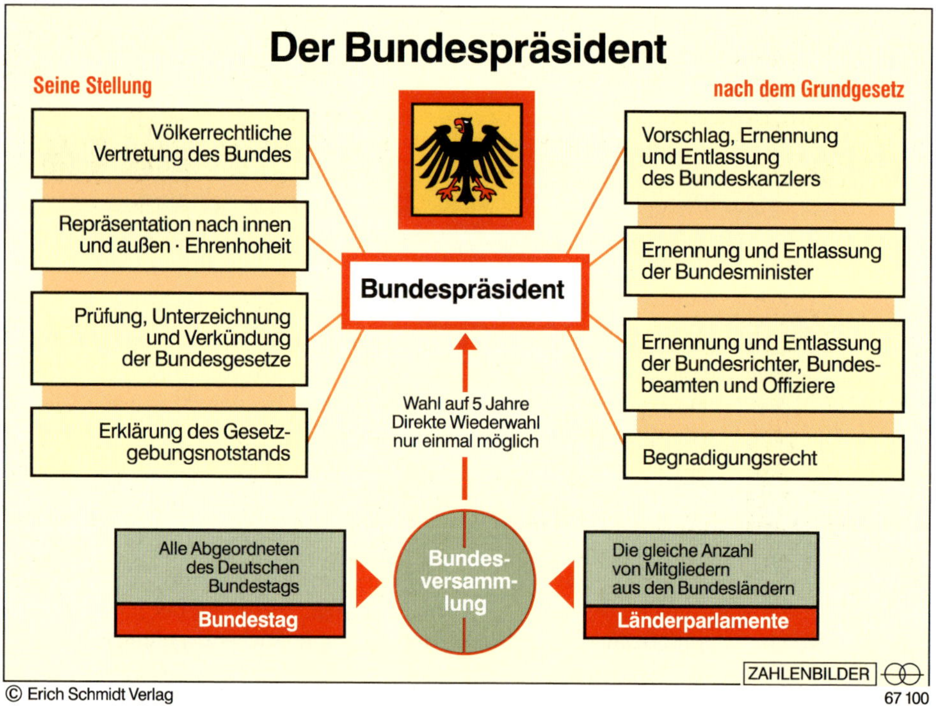

Kontrovers diskutiert: das Amt des Bundespräsidenten

M 55

Staatsnotar
moralische Richtlinienkompetenz
Fremdkörper im demokratischen Institutionsgefüge
Krisenmanager
verkappter Wahlmonarch
repräsentative Spitze
weltlicher Oberpriester
Integrationssymbol
Amt zwischen Macht und Ohnmacht
Höhepunkt einer Karriere
Abschiebebahnhof für verdiente Politiker
Bundesklagemauer
auctoritas statt potestas
Prediger
Hüter des Grundkonsens
Reservemacht
pouvoir neutre
Herr der öffentlichen Tagesordnung

Die Bundespräsidenten

M 56

Theodor Heuss
1949–1959

Heinrich Lübke
1959–1969

Gustav W. Heinemann
1969–1974

Walter Scheel
1974–1979

Karl Carstens
1979–1984

Richard von Weizsäcker
1984–1994

Roman Herzog
1994–1999

Johannes Rau
1999–2004

M 57 Hüter der Verfahrensregeln, Krisenmanager und moralische Autorität

Damit ein beschlossenes Gesetz verkündet werden und in Kraft treten kann, bedarf es nach Art. 82 GG der Ausfertigung (Unterzeichnung) durch den Bundespräsidenten. Analog wie bei Beamtenernennungen kann er ein Gesetz aber nur ausfertigen, wenn zuständige Regierungsmitglieder (Bundeskanzler und zuständiger Ressortminister) gegenzeichnen. Demgemäß bestimmt sich das präsidentielle Prüfungsrecht bei der Gesetzgebung: Der Bundespräsident darf den Vollzugsakt der Ausfertigung nicht aus politischen, sondern – nach allgemeiner und praktizierter Auffassung – nur aus Rechtsgründen verweigern, wobei sich dieses rechtliche Prüfungsrecht auf

- die formelle Seite, d. h. die verfahrensrechtliche Korrektheit des vorangegangenen Gesetzgebungsverfahrens, und
- die materielle Seite, d. h. die Verfassungskonformität des Gesetzesinhalts, bezieht.

Dementsprechend hat Bundespräsident Scheel 1976 das Gesetz über die Erleichterung der Wehrdienstverweigerung wegen fehlender Zustimmung des Bundesrates angehalten, Bundespräsident Lübke 1962 das Gesetz über den Belegschaftshandel wegen inhaltlichen Verstoßes gegen das Grundrecht der freien Berufswahl (Art. 12 GG). Anfang 1991 verweigerte Bundespräsident von Weizsäcker die Unterschrift unter ein Gesetz zur Privatisierung der Flugsicherung, da nach Art. 33 Abs. 4 und Art. 87d Abs. 1 GG derartige hoheitliche Aufgaben beim öffentlichen Dienst lägen.

Der Bundespräsident rückt hier jedoch nicht in die Rolle eines Ersatz-Verfassungsgerichts. Dies würde ihn und seinen relativ kleinen Stab im Bundespräsidialamt bei Weitem überfordern. Nur wenn ein Gesetz als Ganzes verfassungsrechtlich unzulässig erscheint (was eher nur verfahrensrechtlich wahrscheinlich ist), wird er und soll er es nicht einfach verkünden lassen. Er kann als „Filter" nur gröbste, offenbare Verfassungswidrigkeiten abwehren und dabei primär als ein „Hüter der Verfahrensregeln" fungieren.

Wolfgang Rudzio, Das politische System der Bundesrepublik Deutschland, 4. Aufl., Opladen 1996, S. 326–327

Erhebliches Gewicht gewinnt hingegen die präsidentielle Reservefunktion in der Krise, d. h. bei fehlender parlamentarischer Mehrheit. Wählt nämlich der Bundestag nicht mit absoluter, sondern nur relativer Mehrheit einen Bundeskanzler, steht der Bundespräsident vor der Alternative, diesen binnen sieben Tagen zu ernennen oder den Bundestag zwecks Neuwahl aufzulösen (Art. 63 Abs. 4 GG). Ähnlich, wenn ein amtierender Bundeskanzler bei einer Vertrauensfrage im Bundestag keine Mehrheit findet und beim Bundespräsidenten dessen Auflösung vorschlägt: Der Bundespräsident kann dann – aber muss nicht! – diesem Vorschlag binnen 21 Tagen folgen, es sei denn, der Bundestag raffte sich auf und wählte nun mit der Mehrheit seiner Mitglieder einen neuen Bundeskanzler (Art. 68 GG). In beiden Fällen hat also der Bundespräsident politisch zu entscheiden, wie der Weg aus der parlamentarischen Krise zu suchen sei: ob nach seiner Einschätzung Neuwahlen wahrscheinlich zu einer akzeptablen Mehrheitsbildung führen oder man besser bei einer amtierenden Minderheitsregierung bleiben sollte.

Wolfgang Rudzio, Das politische System der Bundesrepublik Deutschland, 4. Aufl., Opladen 1996, S. 325

Neben diesen ausdrücklich in der Verfassung verankerten Rechten und Aufgaben kommt dem Amt des Bundespräsidenten auch eine stark integrative Funktion zu, die sich – je nach Amtsinhaber auch entsprechend genutzt – als „moralische Richtlinienkompetenz" bezeichnen lässt. „Die Stellung seines Amtes außerhalb der Parteipolitik lässt den Bundespräsidenten zum Symbol staatlicher Einheit, zur Verkörperung demokratischer Beständigkeit und zum Hüter des freiheitlichen Grundkonsenses werden". Schon Theodor Heuss hatte erkannt, dass es in diesem Amt darum gehen muss, die „Einigung der Seelen" zu befördern.

Mächtigstes Instrument zur Erfüllung dieser Aufgabe ist für den Bundespräsidenten die Rede.

Irene Gerlach, Bundesrepublik Deutschland. Entwicklung, Strukturen und Akteure eines politischen Systems. Opladen 1999, S. 210

2.4.2 Das Bundesverfassungsgericht

Wer lenkt?

M 58

Karikatur: Walter Hanel, CCC

Das Bundesverfassungsgericht als Moment der Stabilität

M 59

Die Bestimmungen der Grundrechte bedürfen der Auslegung, um im Einzelfall Wirkung zu erlangen. Die Auslegung kann sehr schwierig sein: Was bedeutet zum Beispiel „Würde" im Sinne des Art. 1 Abs. 1 GG? Umfasst sie das Recht des von Schmerzen gepeinigten, nur noch durch medizinische Apparate am Leben erhaltenen Kranken, „in Würde" zu sterben? Verbietet es die Menschenwürde, dass Frauen sich in Peep-Shows nackt zeigen?

Was heißt „Leben" im Sinne des Art. 2 Abs. 2 GG? „Lebt" der Fötus im Mutterleib? Ab welchem Zeitpunkt „lebt" er?

Was heißt: Jeder hat gemäß Art. 5 Abs. 1 GG das Recht, seine „Meinung" frei zu äußern? Darf man Tatsachen also nicht ohne Weiteres mitteilen?

Was ist eigentlich „Kunst" im Sinne des Art. 5 Abs. 3 GG?

Gehören ein Zelt, eine Scheune oder ein Ladengeschäft zum Begriff der „Wohnung" im Sinne des Art. 13 GG?

Die Beispiele ließen sich vermehren. Sie zeigen, dass die Grundrechte offen sind für unterschiedliche Interpretationen. In dieser Offenheit liegt ... einerseits ihre Stärke. Ihre Offenheit macht die Grundrechte aber auch anfällig für einseitige Vereinnahmungen durch gesellschaftliche Interessengruppen und für Beschneidungen durch den Druck staatlichen Effizienzdenkens. In dem Maße aber, wie Grundrechtsinhalte nach dem Verständnis der jeweiligen Mehrheit bzw. den Vorstellungen der durchsetzungsfähigeren Interessen ausgelegt werden, verliert nicht nur die Minderheit ihren Schutz vor der Mehrheit, sondern auch das Mehrheitsprinzip selbst seine Legitimation. Das Dynamisch-Flexible der Grundrechtsinhalte bedarf deshalb eines Gegengewichts durch ein Moment der Beharrung und Stabilität. Dieses Moment wird durch das Bundesverfassungsgericht (Art. 93, 94 GG) verkörpert. Das Bundesverfassungsgericht befindet in letztverbindlicher Weise darüber, ob ein Gesetz oder eine andere staatliche Maßnahme gegen Grundrechte verstößt.

Frederik Rachor, Grundrechte, in: Sven Hartung/Stefan Kadelbach (Hrsg.) Bürger, Recht, Staat. Handbuch des öffentlichen Lebens in Deutschland. Frankfurt 1993, S. 46–47

M 60 Die Aufgaben des Bundesverfassungsgerichts

Das Bundesverfassungsgericht legt das Grundgesetz bei Kontroversen zwischen den obersten Bundesorganen letztverbindlich aus (Organstreitigkeiten), entscheidet über Meinungsverschiedenheiten zwischen Bund und Ländern (Bund-Länder-Streitigkeiten), prüft die Vereinbarkeit von Rechtsnormen mit solchen übergeordneter Art (Normenkontrolle). Jedes Gesetz muss mit der Verfassung übereinstimmen.
Das Bundesverfassungsgericht beschäftigt sich insbesondere auch mit Verfassungsbeschwerden, die der Bürger einlegen kann, wenn er sich durch einen Akt der öffentlichen Gewalt in einem Grundrecht verletzt glaubt. Um das Bundesverfassungsgericht nicht zu überlasten, muss der vorherige Rechtsweg (im Allgemeinen) erst ausgeschöpft sein. Das Gericht klagt schon seit Langem über einen kaum zu bewältigenden Arbeitsanfall. Verfassungsbeschwerden werden von Vorprüfungsausschüssen, die aus je drei Richtern bestehen, zurückgewiesen, wenn sie unzulässig oder keine ausreichende Aussicht auf Erfolg versprechen. Anfang des Jahres 1986 sind die Möglichkeiten zwecks Verhinderung eines Missbrauchs der Verfassungsbeschwerde erweitert worden (z. B. durch eine „Missbrauchsgebühr"), da nur ein verschwindend geringer Anteil aller Verfassungsbeschwerden erfolgreich ist (etwas mehr als ein Prozent).
Das Bundesverfassungsgericht, das im Schnittfeld von Politik und Recht agiert, hat bisher eine Reihe von grundlegenden, teils spektakulären Entscheidungen gefällt, die nicht immer einer bestimmten Partei zugutegekommen sind (z. B. über Parteienverbote, Regierungsfernsehen, Parteienfinanzierung, Hochschulgesetzgebung, Grundlagenvertrag, Abtreibung, Kriegsdienstverweigerung, Mitbestimmungsgesetz, Datenschutz, Volkszählung, „Kruzifix", Bundeswehreinsätze außerhalb des NATO-Gebiets). Es hat viele betont liberale Urteile verkündet. Sowohl die Gleichberechtigung von Mann und Frau als auch die Rechtsstellung des unehelichen Kindes sind durch sie gefördert worden.

Eckhard Jesse, Die Demokratie der Bundesrepublik Deutschland, 8. Aufl., Baden-Baden 1997, S. 123

M 61 Land unter!

Karikatur: Bernd Bruns, CCC

Wahl und Zusammensetzung des Bundesverfassungsgerichts

M 62

 129 015

Das Bundesverfassungsgericht und die Parteien

M 63

In den siebziger Jahren einigten sich CDU/CSU, SPD und FDP unter dem gesetzlichen Zwang zu Zwei-Drittel-Mehrheiten bei der Richterwahl auf einen Stellenschlüssel:

Die beiden Senate des Verfassungsgerichts bestehen aus je acht Richtern; CDU/CSU und SPD haben das Besetzungs- oder Vorschlagsrecht für jeweils die Hälfte der Mitglieder eines Senats; von diesen sollen jeweils drei parteigebunden und der jeweils vierte „neutral" oder ein „Nahestehender" sein. Die jeweilige Regierungspartei soll einen Platz an die FDP abtreten, ein Stuhl ist für die CSU reserviert. Der vor Kurzem gestorbene SPD-Politiker Gerhard Jahn, viele Jahre einer der „Richtermacher", bestätigte diese ungeschriebene bis heute wirkende Abmachung einmal in einem Brief an den Journalisten Henning Frank.

Das streng geheime Vorverfahren der Kandidatenfindung klappte meist reibungslos. Das Ergebnis wurde nur noch von einem kleinen Gremium des Bundestags oder vom Bundesrat abgesegnet; beide Institutionen dürfen jeweils acht der 16 Verfassungsrichter wählen. Nur selten kam es zu Konflikten oder zu Wartezeiten bis zu einer Neuwahl, die weit über die gesetzliche Monatsfrist hinausgingen. So wollte die Union 1993 partout die heutige Justizministerin Herta Däubler-Gmelin (SPD) nicht als Gerichtspräsidentin akzeptieren. Nach einer halbjährigen Blockade einigten sich die Parteien auf Jutta Limbach.

... Generationen von Juristen und Journalisten haben sich schon die Finger wund geschrieben wegen dieses seltsamen Wahlverfahrens, das gelegentlich mit der Papstwahl verglichen wurde: ebenso geheim, aber nicht so demokratisch. Und immer wieder forderten Oppositionspolitiker mehr Transparenz und Beteiligung, zuletzt besonders Rezzo Schlauch, der neue Fraktionschef der Bündnisgrünen im Bundestag. In wenigen Monaten werden sie, wenn die Richter Dieter Grimm und Jürgen Kühling ausscheiden, erstmals einen eigenen Kandidaten durchsetzen.

Helmut Kerscher, in: Süddeutsche Zeitung Nr. 281, 5./6. Dezember 1998, S. 2

M 64 Dürfen Richter Politik machen?

Im Februar 1999 traf das Bundesverfassungsgericht eine Entscheidung zur nachhaltigen Förderung Verheirateter mit Kindern. Der zweite Senat legte in diesem Urteil genau bezifferte Freibeträge für Kinder fest, ebenso ein erhöhtes Kindergeld und eine höhere Besoldung für kinderreiche Beamte. Die konkreten Eingriffe in den Gestaltungsspielraum des Parlaments hatten eine breite Diskussion über die Kompetenzen des Bundesverfassungsgerichts zur Folge. Der Verfassungsrechtler Bodo Pieroth bezog in einem Interview mit der Süddeutschen Zeitung Position:

Pieroth: Meinen Studenten gebe ich drei Leitsätze mit. Erstens: Das Verfassungsgericht ist Gericht und nicht politischer Akteur. Zweitens: Es ist im Verhältnis zum Gesetzgeber Kontrolleur und nicht Mitproduzent. Drittens: Verfassungsnormen reichen nur so weit, wie sie reichen.

SZ: Das heißt, sie dürfen nicht überdehnt werden. Wurde eines dieser Gebote verletzt?

Pieroth: Es sind starke Zweifel angebracht, ob das Gericht sich hier nicht vom Kontrolleur zum Mitproduzenten aufgeschwungen hat.

SZ: Und wenn das Gericht sich noch öfter und noch stärker einmischt?

Pieroth: Wenn das Gericht seine Kompetenzen verlässt, setzt es seine Autorität aufs Spiel. Dann bewegt es sich nicht auf schwankendem, sondern auf gefährlichem Boden.

SZ: War dies früher schon der Fall?

Pieroth: Ich will zwei Beispiele für Grenzüberschreitungen nennen. Das Gericht hat 1983 gegen den klaren Wortlaut der Verfassung gebilligt, dass der Ersatzdienst länger dauern darf als der Wehrdienst. Und vorher hat es die „Wesentlichkeitslehre" erfunden, wonach „wesentliche" Entscheidungen der Gesetzgeber zu treffen hat.

SZ: Und was ist wesentlich?

Pieroth: Es gibt keine Abgrenzungskriterien. „Wesentlich" ist, was die Verfassungsrichter für wesentlich halten. Damit können Kompetenzen ausgehebelt werden.

Süddeutsche Zeitung Nr. 42, 20./21. 2. 1999, S. 2

Aufgaben

Zu 2.4 Hüter des Grundgesetzes

1. Immer wieder wird diskutiert, ob das Amt des Bundespräsidenten nicht über eine Direktwahl legitimiert werden sollte. Versuchen Sie, dahinter stehende Überlegungen nachzuvollziehen. Überlegen Sie – auch unter Einbeziehung historischer Erfahrungen –, welche Auswirkungen zu erwarten wären.
2. Rekrutierung und Wahl der Bundesverfassungsrichter sind immer wieder Gegenstand der öffentlichen Diskussion.

2.1 Erarbeiten Sie anhand der einschlägigen Artikel des Grundgesetzes das vorgegebene Verfahren!

2.2 Stellen Sie die Vor- und Nachteile dieses Verfahrens einander gegenüber!

2.3 Schlagen Sie (ggf. mit Blick auf die Verfahren in anderen Demokratien) Verbesserungen oder Alternativen für die Bestellung der Verfassungsrichter vor!

2.5 Die Offenheit des Grundgesetzes

Antworten auf Veränderungen

M 65

21.6.2002 Tierschutz wird Staatsziel
Als erstes Land in der EU hat Deutschland mit der Zustimmung des Bundesrats den Tierschutz ins Grundgesetz aufgenommen und damit zum Staatsziel erhoben. Fast geschlossen stimmte nach dem Bundestag auch der Bundesrat am Freitag der entsprechenden Verfassungsänderung zu, die die Union zuvor jahrelang blockiert hatte. Der Tierschutz wird durch die Aufnahme ins Grundgesetz deutlich aufgewertet. Mit der Verfassungsänderung wird der Artikel 20a des Grundgesetzes um drei Worte ergänzt. Der Staat schützt danach nun die natürlichen Lebensgrundlagen „und die Tiere".
Spiegel online, 21.6.2001

Deutscher Bundestag
Stenografischer Bericht
241. Sitzung

Bonn, Donnerstag, den 18. Juni 1998

Zu Protokoll gegebene Reden zu Tagesordnungspunkt 13
Gesetzentwurf: Änderung des Grundgesetzes
(Einführung des kommunalen Wahlrechts
für Ausländerinnen und Ausländer)

M 66 Zwei Beispiele: Die Neufassung der Artikel 12a und 16

Die erste Grundgesetzänderung ermöglicht die Auslieferung deutscher Staatsangehöriger an einen künftigen Internationalen Strafgerichtshof wie zum Beispiel das Haager UN-Tribunal für Verbrechen im früheren Jugoslawien. 528 Abgeordnete stimmten dafür, zwei enthielten sich, es gab eine Nein-Stimme. Artikel 16 Absatz 2 lautete bisher: „Kein Deutscher darf an das Ausland ausgeliefert werden." Er soll durch einen Zusatz ergänzt werden, der Auslieferungen an ein internationales Gericht erlaubt. Vertreter der Regierung und aller Fraktionen sprachen von einem historischen Schritt. Bundesjustizministerin Herta Däubler-Gmelin (SPD) sagte, die Einrichtung eines Strafgerichtshofes sei ein Beitrag zu wirksamer internationaler Gerichtsbarkeit. „Kriegsverbrecher und Folterknechte" könnten nun zur Verantwortung gezogen werden. Dies trage dazu bei, „weltweit die Stärke des Rechts durchzusetzen und nicht mehr das Recht des Stärkeren".

Mit der zweiten Änderung des Grundgesetzes wird Frauen künftig der Dienst an der Waffe ermöglicht, zugleich jedoch sichergestellt, dass sie dazu nicht gezwungen werden können. In dem neu gefassten Artikel soll es mit Blick auf die Frauen heißen: „Sie dürfen auf keinen Fall zum Dienst mit der Waffe verpflichtet werden." Damit soll die Entscheidung den Frauen überlassen werden. Bisher hatte es im Artikel 12a geheißen: „Sie dürfen auf keinen Fall Dienst mit der Waffe leisten." 512 Abgeordnete stimmten für die Änderung, fünf dagegen. Die PDS enthielt sich mehrheitlich.

Nico Fried/Christoph Schwennicke, in: Süddeutsche Zeitung Nr. 249, 28./29. Oktober 2000, S. 5

Übungsschießen bei der Bundeswehr: Künftig stehen Frauen alle Laufbahnen in der Bundeswehr offen.

Aufgaben

Zu 2.5 Die Offenheit des Grundgesetzes

1. Klären Sie mithilfe des Grundgesetzes und unter Berücksichtigung der „Ewigkeitsklausel" (Art. 79,3 GG), unter welchen Bedingungen die Verfassung geändert werden kann!
2. Informieren Sie sich über Änderungen des Grundgesetzes seit 1949 und zeigen Sie an einem geeigneten Beispiel, wie das Grundgesetz auf sozialen Wandel reagiert hat!
3. Erläutern Sie die Bedeutung von Grundgesetzänderungen für die Akzeptanz von Verfassung und Politik in der Bevölkerung!

Zusammenfassen – Ordnen – Wiederholen

Pluralistische Demokratie
M 4

Dem Grundgesetz liegt das Konzept der pluralistischen Demokratie zugrunde. Es geht davon aus, dass unterschiedliche Interessen, Meinungen und Werte von Individuen und Gruppen artikuliert und vertreten werden und bei politischen Entscheidungen berücksichtigt werden können.

Konsens über Regeln
M 5

Voraussetzung für das Funktionieren des *politischen Prozesses* ist ein Konsens über die Spielregeln, nach denen sich die verschiedenen Interessen und Ansichten an der Diskussion beteiligen können. Die entstehenden Konflikte werden mithin geregelt ausgetragen und gegebenenfalls als *Kompromiss* zu einer politischen Entscheidung geführt.

Offenheit der Entwicklung
M 6

In einer pluralistischen Demokratie wird jedem Mitglied der Gesellschaft die Beteiligung an der Gestaltung der sozialen und politischen Verhältnisse ermöglicht. Verschiedene Vorstellungen, Meinungen und Interessen erlauben eine ständige Suche nach neuen Lösungen und halten so die politische und gesellschaftliche Entwicklung offen.

Voraussetzung dafür ist ein hohes Maß an Freiheit für das Individuum bzw. für gesellschaftliche Gruppen.

Das Grundgesetz sichert die pluralistische Demokratie ab, indem es den *Werte- und Verfahrenskonsens* formuliert und den Rahmen für alle Formen politischen Handelns setzt.

Unantastbarer Verfassungskern

Aus den Erfahrungen der letzten Jahre der Weimarer Republik und der Missachtung der Grundrechte ab 1933 garantiert es in Art. 79 Abs. 3 GG („Ewigkeitsklausel") einen unaufhebbaren „Verfassungskern", der in den Art. 1 und 20 GG festgelegt ist:

Menschenwürde
M 13

1. Garantiert wird zunächst die Unantastbarkeit der Menschenwürde als oberster Wert der Verfassung. Konkret bedeutet dies z. B. die Achtung der Willens- und Entscheidungsfreiheit des Menschen.

Demokratie
M 16

2. Verankert ist die Demokratie, die als *repräsentative* Demokratie festgelegt ist und durch eine Entscheidung des Bundesverfassungsgerichts in ihrer Ausprägung als *freiheitliche demokratische Grundordnung* inhaltlich bestimmt wurde. Zu ihren Grundsätzen gehören z. B. die Achtung vor den Menschenrechten, die Gewaltenteilung oder das Mehrparteienprinzip.
   Die Demokratie schützt ihren Bestand *(„streitbare Demokratie")* dadurch, dass sie Verfassungsfeinden das Recht abspricht, sich auf die vom Grundgesetz garantierten Freiheiten zu berufen.

Rechtsstaat
M 23

3. Gewährleistet wird ferner der Rechtsstaat, der die *Freiheit* des Individuums sichert, *Rechtsgleichheit* und *Rechtssicherheit* schafft und den Machtmissbrauch durch den Staat verhindert. Ein *formaler* Rechtsstaat, der nur darauf achtet, dass Gesetze rechtmäßig zustande kommen und angewendet werden, kann aber die Verwirklichung dieser Ziele allein nicht sicherstellen. Nötig ist gleichzeitig die Bindung des staatlichen Handelns an die Grundrechte, mithin also der *materiale* Rechtsstaat.

Sozialstaat
M 28

4. Verbindlich gefordert ist die Sozialstaatlichkeit, d. h. der Staat übernimmt Mitverantwortung für die soziale Existenz des Individuums. Dieses Prinzip wird im Grundgesetz nicht näher definiert, seine konkrete Ausgestaltung unterliegt mithin den politischen und gesellschaftlichen Kräfteverhältnissen. Deswegen spricht man auch vom *„Sozialstaatspostulat"*.

Bundesstaat
M 34

5. Festgeschrieben ist schließlich das Bundesstaatsgebot („Bundesrepublik"). Es ist ein Element der *Gewaltenteilung*, bietet jedem Bürger zusätzliche Möglichkeiten der politischen Partizipation und erlaubt es überdies, den Besonderheiten der verschiedenen Regionen Rechnung zu tragen.

Gliederung der Grundrechte
M 40

Der Wertekonsens ist über die im Grundgesetz formulierten Grundrechte definiert. Von der Menschenwürde als oberstem Wert leiten sich die Grundrechte ab, die sich in *Freiheits-*, *Gleichheits-* und *Verfahrensrechte* gliedern lassen.

Schutz der Grundrechte
M 41

Das Grundgesetz sichert ihre Geltung, ihren Schutz und ihre Wirksamkeit in besonderen Grundgesetzartikeln („immanenter Schutz"), so dürfen sie z. B. in ihrem Wesensgehalt nicht angetastet werden. Ferner sieht es bei Verletzungen der Grundrechte durch den Staat die Möglichkeit der Verfassungsbeschwerde beim Bundesverfassungsgericht („institutioneller Schutz") für jedermann vor.

Freiheitsrechte als Abwehr- und Mitwirkungsrechte
M 44, M 47

Die Freiheitsrechte basieren auf dem spezifischen Menschenbild der Demokratie. Dieses ist vom Gedanken bestimmt, dass der Mensch in seinen Entscheidungen frei ist, d. h. dass seine Würde für den Staat unantastbar bleiben und er sich frei entfalten können muss. Deswegen garantiert das Grundgesetz durch sogenannte Abwehrrechte dem Einzelnen die Sphäre privater Lebensgestaltung und sichert ihm in Mitwirkungsrechten die Möglichkeit, das politische und gesellschaftliche Leben mitzugestalten und weiterzuentwickeln.

Gleichheitsgrundsatz
M 48

Entscheidend – auch für die Verwirklichung des Rechtsstaats – ist ferner der Gleichheitsgrundsatz, der die Gleichheit vor dem Gesetz fordert, aber auch den Grundsatz einschließt, dass Gleiches gleich, Ungleiches seiner Eigenart entsprechend verschieden zu behandeln ist.

Bedeutung des Bundespräsidenten und des Bundesverfassungsgerichts
M 54

Als Hüter der Verfassung sind im Grundgesetz der Bundespräsident und vor allem das Bundesverfassungsgericht vorgesehen. Der Bundespräsident kann die Unterzeichnung eines Gesetzes verweigern, wenn er daran zweifelt, dass es grundgesetzkonform ist. Umfassender und in der Praxis bedeutender sind die Zuständigkeiten des Bundesverfassungsgerichts: Zu ihnen gehören die oben genannten Verfassungsbeschwerden, die Sicherung von Demokratie und Rechtsstaat, die Entscheidung bei Kompetenzstreitigkeiten zwischen Verfassungsorganen sowie die Überprüfung der Verfassungsmäßigkeit von Gesetzen. Es wirkt als „Letztentscheidungsinstanz", seine Entscheidungen – wie auch seine personelle Besetzung – haben vereinzelt auch politische Auswirkungen und sind in manchen Fällen sicherlich auch von politischen Beweggründen beeinflusst.

Offenheit des Grundgesetzes

Für das Grundgesetz charakteristisch ist neben seiner Wertgebundenheit seine gleichzeitige Offenheit. Auf den Wandel in der Gesellschaft, veränderte Vorstellungen oder Neuerungen in Technik und Wissenschaft kann das Grundgesetz angemessen reagieren. Änderungen und Ergänzungen des Grundgesetzes unterliegen nach Art. 79 GG besonderen Bedingungen.

3 Medien

Karikatur: papan

Wir leben in einer von Medien geprägten Gesellschaft. Deshalb bieten diese auch immer ein Gesprächsthema und zwar ein häufig recht kontroverses, wie einzelne Schlaglichter in M 1 zeigen.

Zu Recht werden die Medien in der Demokratie neben der Legislative, der Exekutive und der Judikative als „vierte" Gewalt charakterisiert, denn sie nehmen im politischen Prozess eine Reihe wichtiger Aufgaben wahr. Dies führt aber auch dazu, dass die „Pressbengel", wie Bismarck zu sagen pflegte, für die Regierenden gelegentlich recht lästig werden, da sie Affären, Skandale und umstrittene Vorgänge veröffentlichen bzw. erst ans Licht bringen. (M 2 bis M 8)

Welche Auswirkungen auf die Demokratie hat es jedoch, wenn heute Politikvermittlung in starkem Maße über die modernen Massenmedien erfolgt? Viele Wissenschaftler warnen vor „Inszenierung" und Verflachung der Inhalte. Gibt es aber auch positive Entwicklungen? (M 9 bis M 13)

Die Pressefreiheit ist ein Kind der Aufklärung und des Kampfes um den bürgerlichen Verfassungs- und Rechtsstaat. Für ihre Väter war Freiheit ohne Pressefreiheit undenkbar, weil es ohne Informations- und Meinungsfreiheit keine mündigen Bürger geben kann.
Wie ist es heute national und auch international um die Pressefreiheit bestellt? Ist sie allgemein anerkannt oder unterliegt sie auch im 21. Jahrhundert noch Gefährdungen? Und wer nimmt sich ihrer an, wenn Politik und Parteien der Versuchung unterliegen, sich die Presse willfährig zu machen? (M 14 bis M 22)

METHODEN – ANREGUNGEN – TIPPS

Lernen durch Lehren

Die politischen Medien haben u. a. die Aufgabe, die Öffentlichkeit zu informieren, an der Meinungsbildung der Bürgerinnen und Bürger mitzuwirken und die politischen, wirtschaftlichen, gesellschaftlichen und kulturellen Eliten zu kontrollieren.

Die Medien erfüllen diese Aufgaben mit sehr unterschiedlicher Gewichtung und Intention. Um solche Unterschiede herauszufinden, vergleichen wir verschiedene Zeitungen und Zeitungstypen miteinander: Lokalzeitung, überregionale Tageszeitung, Boulevardzeitung, Wochenzeitung. Als Methode schlagen wir Ihnen eine Weiterentwicklung der arbeitsteiligen Gruppenarbeit vor, die „Lernen durch Lehren-Methode" (=LDL-Methode). Bei der LDL-Methode gestalten die Gruppenmitglieder nicht nur die Präsentation der Arbeitsergebnisse selbstständig wie bei der Gruppenarbeit, sondern sie einigen sich ohne detaillierte Vorgaben auch auf ihr Vorgehen beim Vergleich der Zeitungstypen. Der Lehrer hält sich zurück, er fungiert nur als Moderator. Jede Gruppe sollte ein oder mehrere Exemplare eines bestimmten Zeitungstyps übernehmen und unter den folgenden Aspekten untersuchen:

- äußere Aufmachung
- Inhalte
- Platzierung der Themen
- Bildinformationen
- Sprache

Am Ende der etwa fünfstündigen Lerneinheit sollten die beiden folgenden Fragen beantwortet werden können:

- Nach welchen formalen, inhaltlichen und sprachlichen Kriterien lassen sich die Zeitungstypen voneinander unterscheiden?
- Lassen sich bestimmte Aufgaben der politischen Medien einzelnen Zeitungstypen zuordnen? Belegen Sie Ihre Ergebnisse durch Beispiele!

„Zeitung in der Schule"

Das IZOP-Institut zur Objektivierung von Lern- und Prüfungsverfahren in Aachen führt gemeinsam mit lokalen, regionalen und überregionalen Zeitungen das Projekt „Zeitung in der Schule" (ZiSch) durch. Speziell für die Sekundarstufe II konzipiert ist das Projekt „Jugend schreibt", das zum einen an die Lektüre einer großen Tageszeitung heranführen und zum anderen mit Formen journalistischen Schreibens vertraut machen will. Im Bereich der Wirtschaft hat das Projekt „Jugend-Schule-Wirtschaft" seinen thematischen Schwerpunkt, das mit verschiedenen Partnerzeitungen durchgeführt werden kann.

(Nähere Informationen: www.izop.de/main.html; siehe auch: www.zeit.de/schule/)

Referatthemen

1. Collage zu einem aktuellen politischen Thema
   (Die Techniken von Fotomontage und Collage sind weitgehend identisch, Bild- und Textfragmente werden zu einem neuen Ganzen geordnet; Sie müssen folglich Ihr „Werk" Ihren Zuhörern erläutern.)
2. Große Verlagshäuser – Anteile am Markt der gedruckten und gesendeten Medien, Marktstrategien, Eigentumsverhältnisse
3. Die Macht der Bilder – Wirkungen und Nebenwirkungen der Berichterstattung über Gewalt und Terror in den Medien, besonders im Fernsehen

Internetadressen

Der Medienbereich ist über das Internet ausgezeichnet zu erschließen. Mithilfe von Suchkatalogen oder Suchmaschinen erreichen Sie fast immer Ihr Ziel. Unter http://de.dir.yahoo.com/Nachrichten-und-Medien finden Sie z. B. Website-Verweise zu folgenden Stichworten:
Fernsehen, Zeitungen, Internationale Presse, Journalismus, Informationstechnologie, Landesmedienanstalten, Pressefreiheit, Publizistik, Medien- und Kommunikationswissenschaften u. v. m.

Zum Weiterlesen

Joseph von Westphalen, Warum mir das Jahr 2000 am Arsch vorbeigeht oder Das Zeitalter der Eidechse, Frankfurt a. M. 1999
Der Schriftsteller J. von Westphalen lebt in München und schreibt in seinem Roman (160 S.) voller Sarkasmus über seine Erfahrungen im Verlagsgeschäft, insbesondere über das „Jahrtausendwechselgedöns".

Die Monatszeitschrift **Media Perspektiven,** die auch im Internet unter der Adresse *www.ard-werbung.de/Media-Perspektiven/* abrufbar ist, bietet Analysen zu Themen wie gruppenspezifisches Fernsehverhalten, Imagebildung durch Medien, Informationsgehalt von Nachrichtenprogrammen u. a.

3.1 Medien – immer ein Thema!

M 1 Meinungen über Medien

Das Statement trifft auf das Medium zu:	Fernsehen	Hörfunk	Tageszeitung
gibt einen vollständigen Überblick über alle wichtigen Entwicklungen in Politik und Zeitgeschehen	54	36	48
bringt viele wichtige Dinge, über die man sich mit Freunden und Bekannten unterhalten kann	50	37	46
bringt die neuesten Nachrichten besonders schnell	70	70	25
sorgt für Entspannung und Ablenkung	62	66	32
berichtet wahrheitsgetreu und gibt die Dinge immer so wieder, wie sie wirklich sind	19	18	17
gibt Anregungen und Stoff zum Nachdenken	41	36	48
hilft vielen Menschen, sich in der heutigen Welt zurechtzufinden	24	36	48
ist oft eine wertvolle Hilfe, wenn man sich eine eigene Meinung bilden will	28	36	48
trägt dazu bei, dass man die Sorgen und Probleme anderer Menschen kennenlernt	42	36	48

Angaben in Prozent

Langzeitstudie Massenkommunikation. Bevölkerung ab 14 Jahren.
Frage (Beispiel): Ich habe hier Kärtchen mit verschiedenen Sätzen über Tageszeitungen. Bitte sagen Sie mir zu jedem Satz, ob er Ihrer Meinung nach für die Tageszeitungen zutrifft, nur teilweise zutrifft oder überhaupt nicht zutrifft. Hier: „trifft zu".
Quelle: Berg/Kiefer 1996, S. 249.

Michael Meyen, Mediennutzung, Konstanz 2001, S. 186–187

Die Medien sind schuld

FRANKFURT. Bundestagspräsident Thierse hat einen Bedeutungsverlust des Parlaments beklagt. Er widersprach aber Auffassungen, nach denen dafür die zunehmende Einrichtung von Beratungsgremien verantwortlich ist. Vielmehr sei der Bedeutungsverlust in besonderem Maße auf den Einfluss der Medien zurückzuführen, so Thierse in der „Frankfurter Rundschau". Wichtige Debatten fänden in „Talkshows" statt.

Fränkischer Tag Nr. 143, 25.6.2001, S. 1

Karikatur: Horst Haitzinger, CCC

Wir brauchen „Gegen-Fernsehen"

„Es gruselt mich. Es gruselt mich ob des Zynismus, mit dem vor allem viele Kommerzsender ihr Programm machen, ob dieses Exhibitionismus, dieser Inhumanität, die sich da breitmacht, zu sehen, wie Menschen – in Sendungen à la ‚Einspruch' oder ‚Der heiße Stuhl' – einer johlenden und höhnenden Menge ausgesetzt beziehungsweise dazu gebracht werden, sich dem auszusetzen. All das hat mit einem Medium, das Öffentlichkeit schafft, nichts mehr zu tun; das ist auch keine heilsame Provokation mehr, das ist zynische Zerstörungsarbeit an den Grundlagen eines halbwegs solidarischen Zusammenlebens. Aber das Lamento hilft ja nichts! Wir brauchen, und hier sind die Öffentlich-Rechtlichen in der Pflicht, Gegenstrategien. Wir brauchen Gegen-Fernsehen."

Walter Jens, in: Die Zeit, 5.3.1993

Informations(über)fluss?

Je besser der Informationsfluss, umso demokratischer das System. Ein alter Leitspruch, der sich allmählich ins Gegenteil verkehrt. Denn die Datenüberdosis droht mitunter das eigene Denken zu ersticken. Wo bleibt der gemeinsame „Informationsnenner", wenn Bürger in Zukunft von Hunderten Fernsehkanälen und Tausenden elektronischen Info-Foren überfüttert werden?

Ranga Yogeshwar, Wissenschaftsjournalist, in: Schöne neue Medienwelt, PZ Nr. 88, 12/1996

Aufgaben

Zu 3.1 Medien – immer ein Thema!

1. Finden Sie weitere Statements (vgl. Tabelle), mit deren Hilfe Sie die Einschätzung der klassischen und der neuen Medien differenzieren können!
2. Setzen Sie sich in konkurrierendem Gruppenunterricht mit der These auseinander, dass Sensationsjournalismus politische Ereignisse beinflussen, ja sogar provozieren könne!
3. Medienkompetenz gilt als Bildungsziel der Zukunft. Wie kann der verantwortliche Umgang mit den Medien verbessert werden?

3.2 Aufgaben der Medien im politischen Prozess

3.2.1. Information

M 2 Mediennutzung pro Tag (2001)

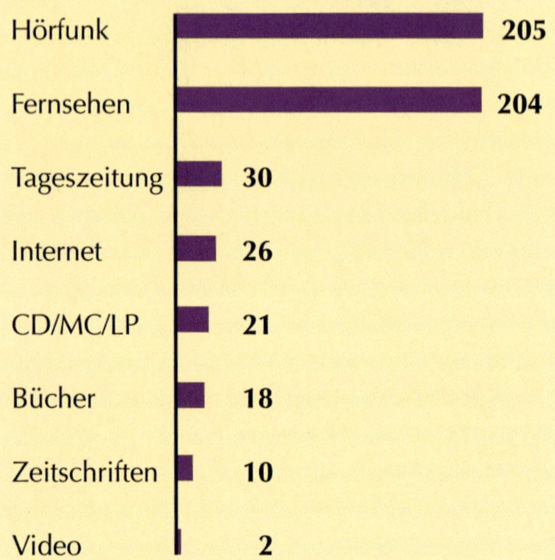

Angaben in Minuten

Basis: Erwachsene ab 14 Jahren in Deutschland, Montag bis Sonntag, 3:00 bis 3:00 Uhr

www.br-online.de/br-intern/medienforschung/md_allgemein/mednutz.html (3.5.2002)

M 3 Nutzungsmotive des Fernsehens

	Gesamt	Männer	Frauen
damit ich mitreden kann	65	61	68
weil ich Denkanstöße bekomme	58	52	64
weil ich mich informieren möchte	92	91	93
weil ich dabei entspannen kann	79	79	78
weil es mir Spaß macht	84	83	86
weil ich mich dann nicht allein fühle	26	18	32
weil ich damit den Alltag vergessen möchte	30	27	32
weil es aus Gewohnheit dazugehört	52	52	53
weil es mir hilft, mich im Alltag zurechtzufinden	31	30	32

Basis: Befragte, die mindestens mehrmals im Monat fernsehen, n=4884 gewichtet.

Christa-Maria Ridder/Bernhard Engel, Massenkommunikation 2000, in: Media Perspektiven 3/2001, S. 105

M 4 Fernsehausbreitung und politisches Interesse

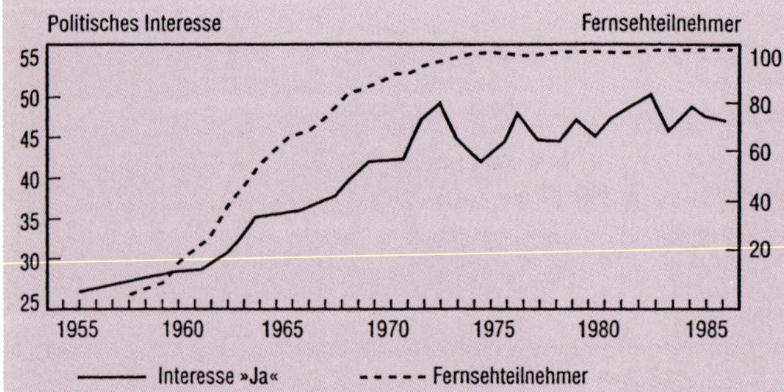

Fernsehteilnehmer:
Personen, die zu Hause am eigenen Gerät das Fernsehprogramm verfolgen können. Angaben in Prozent.

Politisches Interesse:
Interessieren Sie sich für Politik? Antwortvorgaben: Ja, nicht besonders, gar nicht. Hier: „Ja". Angaben in Prozent.

Institut für Demoskopie Allensbach. Bundesrepublik und Westberlin. Personen ab 16 Jahre. N = 2000. Quelle: Schulz 1993, S. 242

Michael Meyen, Mediennutzung, Konstanz 2001, S. 137

3.2.2. Mitwirkung an der Meinungsbildung

Verbot der NPD? [1]

M 5

Politik und politische Publizistik waren im Sommer und Herbst des Jahres 2000 – wieder einmal, könnte man mit geschichtlicher Elle messend meinen – beunruhigt über offenbar zunehmende Ausländerfeindlichkeit, Gewalt und rechtsradikale Aktivitäten in Deutschland, auffallend besonders in den neuen Bundesländern. Nicht zuletzt ein Vorstoß des bayerischen Innenministers Beckstein konzentrierte die Debatte über mögliche Gegenkonzepte bald auf die Frage, ob nicht die bedeutendste und älteste der rechtsradikalen Randparteien, die Nationaldemokratische Partei (NPD), als Kristallisationskern auch gewaltausübender Gruppen und Personen verboten werden sollte und müsste.

Der Rechtsstaat darf sich nicht drücken
Gerd Appenzeller, in: Der Tagesspiegel, 10.10.2000

Deutschland wieder im Bann seiner Vergangenheit
Neue Züricher Zeitung Nr. 246, 21./22.10.2000, eg. Berlin

Anschwellende Zweifel
Frankfurter Allgemeine Zeitung Nr. 248/43 D, 25.10.2000, t.s.

Rassistisch? Antisemitisch? Gewaltbereit?
Christian Bauschke, in: Die Welt, 27.10.2000

Das NPD-Verbot: ein Gebot
Heribert Prantl, in: Süddeutsche Zeitung, 12.10.2000

Verbieten? Unsinn! Die NPD ist kein Fall für das Bundesverfassungsgericht
Robert Leicht, in: Die Zeit, 26.10.2000

Hans-Hermann Hartwich, Verbot der NPD? In: Gegenwartskunde 4/2000, S. 481, 486–491

[1] Im Frühjahr 2001 reichten Bundesregierung, Bundestag und Bundesrat Anträge auf Verbot der NPD beim Bundesverfassungsgericht ein – siehe dazu Kap. 5.3.2, M 13 – M 15.

3.2.3. Kritik und Kontrolle

M 6 „Wächterpreis der Tagespresse": Affären publizistisch aufgedeckt

14. März 2002 DIE ZEIT Nr. 12

DOSSIER

Der Abfall der Genossen

Kölner Sozialdemokraten sollen Schmiergeld von der Müllindustrie angenommen haben. Aus einer Spendenaffäre droht ein Korruptionsskandal zu werden, der die Bundespartei in Bedrängnis bringt

Von Roland Kirbach und Matthias Krupa

Berichterstattung zum Spenden- und Korruptionsskandal in der Kölner SPD (2002)

Frankfurt/Main. Für ihre Recherchen in politischen Affären und einem Fall von Wirtschaftskriminalität haben am Mittwoch vier Journalisten der „Stuttgarter Zeitung", der „Frankfurter Rundschau", der „Berliner Morgenpost" und der „Süddeutschen Zeitung" den „Wächterpreis der Tagespresse" erhalten.

Der Jury-Vorsitzende der Stiftung „Freiheit der Presse", der Politologe Kurt Sontheimer, überreichte die mit insgesamt 45 000 Mark (23 008 €) dotierten Auszeichnungen im Frankfurter Rathaus Römer. Erstmals in der mehr als 30-jährigen Geschichte des Preises wurde ein undotierter Sonderpreis vergeben. Er ging an Hans Leyendecker („Süddeutsche Zeitung") für dessen Berichte über den CDU-Spendenskandal.[1] Leyendecker sei „der deutsche Journalist, der die größten Verdienste an der publizistischen Aufdeckung" der Affäre habe, sagte Sontheimer. Leyendecker habe am hartnäckigsten recherchiert und sei der am besten informierte Journalist gewesen.

Träger des mit 20 000 Mark (10 226 €) dotierten ersten Preises ist Meinrad Heck, der in der „Stuttgarter Zeitung" über die sogenannte Flow-Tex-Affäre um betrügerische Firmen-Geschäfte berichtet hatte. Sontheimer hob Hecks ausführliche, genaue Darstellung der Wirtschaftsverbrechen hervor, bei denen sich Firmenchefs „schamlos bereichert" hätten.

Den zweiten Preis (15 000 Mark/7669 €) erhielt Arnd Festerling, von der „Frankfurter Rundschau". Er hatte die falsche Darstellung einer Brückenbombardierung der Nato im Kosovo-Krieg aufgedeckt, bei der 14 Menschen getötet worden waren. Aufgrund von Festerlings Berichten habe die Frage der Verantwortung für den Angriff neu gestellt werden müssen. Der dritte Preis (10 000 Mark/5113 €) ging an Christoph Irion für seine Berichte in der „Berliner Morgenpost" über die unrechtmäßige Verfolgung des Bundestagsabgeordneten Ronald Pofalla durch die nordrhein-westfälische Justiz. Irion hatte unter der Überschrift „Öffentliche Hinrichtung aus Versehen" geschildert, wie die Wohnung des Abgeordneten kurz vor der Landtagswahl wegen eines Verdachts auf Steuerhinterziehung durchsucht wurde. Das Vorgehen der Behörden erwies sich als rechtsstaatlich unhaltbar.

Alle Journalisten hätten sich um die Demokratie verdient gemacht und damit die Kriterien für den „Wächterpreis" erfüllt, sagte Sontheimer. Die Stiftung „Freiheit der Presse" (Frankfurt) vergibt die angesehene Auszeichnung seit 1968 alljährlich für Beiträge in der Tagespresse, die eine besondere gesellschaftliche „Wächterfunktion" erfüllen, indem sie Affären aufdecken, auf falsche Berichterstattung oder auf Missstände hinweisen.

Affären publizistisch aufgedeckt, in: Fränkischer Tag Nr. 101, 3.5.2001, W 8

[1] Zum CDU- sowie zum SPD-Spendenskandal: siehe auch Kap 5.4.4, M 33

3.2.4. Themensetzung durch die Medien

Kampf um Medienpräsenz

M 7

„Wir sind eine Mediengesellschaft, in der nichts geschehen kann, ohne an Medien gebunden zu sein – sei es nun durch sie verursacht oder beeinflusst, durch sie verstärkt und vermittelt. Was dennoch in den Medien nicht präsent ist, ist in unserer Gesellschaft überhaupt nicht mehr präsent. Der Kampf um einen Platz in den Medien wird zum Kampf um gesellschaftliche Präsenz, um das bloße Wahrgenommenwerden noch vor aller Wirkung."

Oswald Schwemmer, Glanz und Elend der Medienkultur, zit. nach: Hermann Meyn, Massenmedien in Deutschland, Konstanz, 1999, S. 33

Medienberichterstattung auf dem Prüfstand

M 8

nationale tagesaktuelle Medien, Zeitraum 02.03. – 26.09.1998 (n=12961 Beiträge)

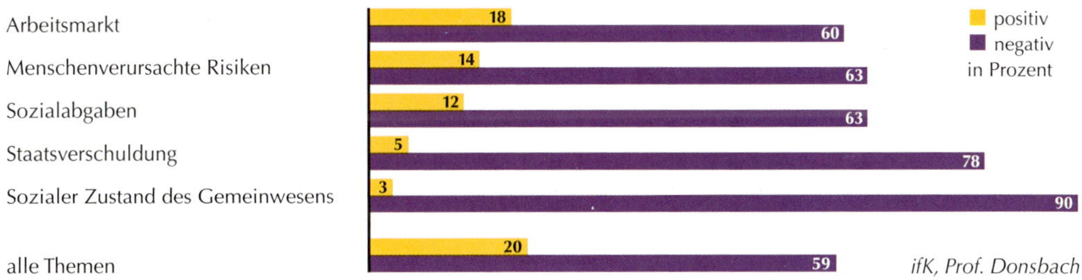

ifK, Prof. Donsbach

Berufsmotive von Journalisten

M 9

Frage: „Wie wichtig sind Ihnen die folgenden Aspekte Ihrer Arbeit als Journalist?"
(8 Vorgaben, jeweils: sehr, ziemlich, etwas, überhaupt nicht wichtig)
„Sich für bestimmte Werte und Ideen einzusetzen"
Internationale Journalistenumfrage 1990/91
ifK, Prof. Donsbach

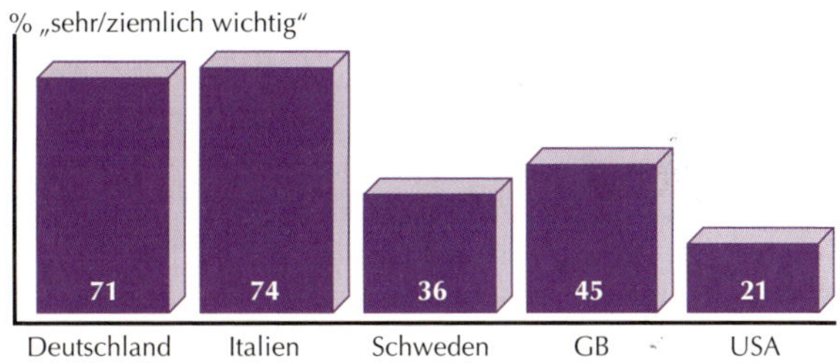

Aufgaben

Zu 3.2 Aufgaben der Medien im politischen Prozess

1. Veranschaulichen Sie mit aktuellen Beispielen die Aufgaben der Massenmedien in der Demokratie! (M 2 – M 8) Welche der Aufgaben hebt das Bundesverfassungsgericht hervor? (M 14)
2. Diskutieren Sie den Zusammenhang von Fernsehausbreitung bzw. Fernsehnutzung und politischem Interesse!
   Überzeugt Sie die gegenseitige Abhängigkeit, wie Sie im Schaubild M 4 dargestellt ist?
3. Informieren Sie sich über den weiteren Verlauf des Verfahrens zum Verbot der NPD vor dem Bundesverfassungsgericht! Analysieren Sie im Kurs ggf. die Entscheidung! (M 5)
4. Missbrauchen die Medien ihre politische Macht? Führen Sie im Kurs eine Debatte! (M 5, M 7, M 8)
5. Diskutieren Sie, welchen Einfluss das journalistische Berufsethos auf die Medienberichterstattung haben könnte! (M 9)

3.3 Politik in der Mediendemokratie

M 10 Politik in der „Inszenierungsfalle“

Politiker in Talkshows und Containern – ist das die Zukunft der angemessenen Politikvermittlung in der Multi-Media-Gesellschaft? Ein Blick in die Fernsehprogramme scheint diesen Schluss nahezulegen. Politik als ernsthafte Veranstaltung von existentieller Bedeutung hat es nicht leicht, in einer stark von Unterhaltungsbedürfnissen geleiteten Gesellschaft Aufmerksamkeit zu gewinnen. Unterhaltung, Spaß und Zerstreuung scheinen für die meisten Zeitgenossen wichtiger zu sein als das politische Geschehen in München, Berlin oder Brüssel. Und die Politiker folgen dem Publikum dorthin, wo sie es finden: vor der Glotze bei „Christiansen“, „Big Brother“ und Biolek, wo die schlichten „Wahrheiten“ über Politik und Gesellschaft besser ankommen als der sachbezogene Diskurs. Wissenschaftler, Journalisten und Politiker erörterten die Probleme auf einer Akademietagung, die in Zusammenarbeit mit der Politikredaktion des Bayerischen Rundfunks organisiert wurde.

Der FDP-Vorsitzende Guido Westerwelle zu Gast in der Reality-Serie Big Brother

Werner Schwaderlapp, Endemol-Geschäftsführer („Big Brother“), provozierte das Publikum mit der These, Information im Zeitalter des modernen Mediensystems als Unterkategorie von Unterhaltung zu sehen: „Die Medienwirklichkeit hat sich dramatisch verändert – auch qualitativ. Das Fernsehen ist von der elektronischen Volkshochschule zum elektronischen Kiosk geworden. Es hat keine Integrationsfunktion mehr.“ Die heutigen TV-Angebote seien rational gebaute Marketingprodukte, kein Journalismus mehr.

Ingrid Scheithauer, Medienkritikerin der „Frankfurter Rundschau“, verwies darauf, dass Politiker als Markenartikel gehandelt werden, weil sie nicht mehr mit programmatischen Inhalten verbunden werden können. Sie sieht die Politiker in der „Inszenierungsfalle“.

Sabine Leutheusser-Schnarrenberger, FDP-Vorsitzende in Bayern und Bundestagsabgeordnete, betonte die gegenseitige Abhängigkeit von Politik und Medien: „Wir brauchen die Medien als Vermittler für die Massen.“ Vom Zwang zur Personalisierung der Politik als Mittel der notwendigen Reduzierung von inhaltlicher Komplexität sprach auch Ulrich Sarcinelli, Politikwissenschaftler an der Universität Koblenz-Landau. Er sieht eine „neue Machtelite“: jene „Politikvermittlungsexperten“ in den Parteizentralen, die sehr wichtig sind, aber unsichtbar in einer demokratisch nicht legitimierten Grauzone arbeiten. Er diagnostizierte die „Veränderung der politischen Elite zur medienfixierten Politprominenz“. Diese habe zweifellos Einfluss auf die Rekrutierung des politischen Personals in den Parteien. Aber den ersten Schritt bei der Personalauswahl tun immer noch die Parteigremien, wenn auch schon mit dem Blick auf die Medienwirkung: „Den Beifall der Öffentlichkeit gibt es erst nach der Auslese, nicht anstatt.“ Und weiter: „Unsere Mediendemokratie ist eine Spielart der plebiszitären Führerdemokratie.“ ... Politik sei längst zu einem „Star-System“ (Kepplinger) geworden: „Ich werde gesehen, also bin ich!“ Aus dem Nähkästchen des politischen Kampagnen-Managers plauderte Wolfgang Hoderlein, von 1996 bis 2000 Generalsekretär der Bayern SPD und seit Herbst letzten Jahres ihr Landesvorsitzender. Er sehe bei bestimmten Gruppen in der Gesellschaft („75 Prozent sind überhaupt nicht an Politik interessiert“) einen Trend zur Abwendung von der Politik hin zur „Spaßgesellschaft“:

„Dabei ist für den Erfolg einer Kampagne das ,Wie' entscheidender als das ,Was'." Der Bundestagswahlkampf 1998 der SPD habe dabei zum ersten Mal mit der „Kampa", einer Wahlkampfzentrale jenseits der üblichen Strukturen, Erfolg gehabt. Dies führe zwangsläufig zu Konflikten mit der Parteibasis, die auf Mitbestimmung und parteiinterner Demokratie beharrt. Aber: „Die klassische Parteiveranstaltung ist doch heute eine Separatistenversammlung. Wir müssen zu den Leuten gehen, an authentische Orte der Begegnung und ihnen ein Wohlfühlerlebnis vermitteln. Bilder und Botschaften dürfen maximal eine halbe Minute lang sein und nicht mehr als vier Wörter haben." Personen, Symbole und Metaphern müssten verknüpft werden („Auto-Kanzler Schröder"), um Leute anzusprechen: „Wir müssen der politischen Botschaft ein Gesicht und Profil geben und Kompetenz vermitteln."

Michael Schröder, Fragwürdigkeiten der „Möllemannisierung" der Politik, in: Akademie-Report 2/2001 hrsg. v. d. Akademie für politische Bildung, Tutzing, S. 3–5.

Stichwort: Mediendemokratie

M 11

Der Begriff Mediendemokratie bezeichnet eine Form von Demokratie, in der sich die politische Meinungs- und Willensbildung im Wesentlichen über Massenmedien vollzieht. ...

Die in Deutschland vorherrschende Parteiendemokratie, in der den Parteien eine entscheidende Funktion bei der allgemeinen politischen Meinungs- und Willensbildung der Bevölkerung zukommt, ist in den letzten Jahrzehnten des 20. Jh. durch Züge einer Mediendemokratie erweitert worden.

Diesem Wandel unterliegen auch die Parteien selbst. Die Meinungsbildung in den Parteien orientiert sich einerseits in Sach- und Personalfragen immer mehr an dem, was in den Medien thematisiert wird; andererseits werden ihre politischen Schwerpunkte ebenso wie die Statements ihrer politischen Vertreter von der Frage geprägt, was sich in den Medien, besonders im Fernsehen, vermitteln lässt.

Politiker im Mediendschungel

Mediendemokratie bedeutet jedoch nicht, dass nur die Medien selbst meinungsbestimmend sind, vielmehr liegt oft ein Zusammenspiel von Medien und Parteispitzen oder anderen Interessengruppen (z. B. der Wirtschaft) vor. Die Medien stoßen also nicht nur etwas an, sondern werden auch von anderen benutzt, um bestimmte Sichtweisen und Sprachregelungen zu verbreiten oder durchzusetzen (z. B. die Trendbegriffe „Standort Deutschland" oder „neue Mitte").

- Politik und Massenkommunikation

Die Akzentverschiebung bei den meinungsbildenden Instanzen ist durch zwei Entwicklungen gekennzeichnet. Zum einen erhalten heute die meisten Menschen in den westlichen Industriestaaten ihre Informationen primär über die Massenmedien, während klassische Vermittler wie Kirchen, Parteien und Gewerkschaften an Einfluss verloren haben. Das Fernsehen, dessen Nutzung in Deutschland von 1980 bis 2000 um 50 % auf durchschnittlich drei Stunden pro Tag anstieg, ist zu einer Instanz der politischen Sozialisation geworden. Zum anderen haben immer weniger Menschen persönliche Erfahrungen mit Politik. Denn seit den 1970er-Jahren hat in Deutschland nicht nur das Interesse an Politik, sondern auch die politische Beteiligung abgenommen, was u. a. am Mitgliederschwund der politischen Parteien und der abnehmenden Wahlbeteiligung messbar ist.

Die Medien sind die Haupterkenntnisquelle der Menschen über politische und gesellschaftliche Vorgänge und Zusammenhänge geworden, eine Quelle, über die auch infolge der Programmvielfalt im Fernsehen und der somit geringeren Wahrscheinlichkeit, dass im Kollegen- oder Bekanntenkreis jemand dieselbe Sendung gesehen hat, immer weniger diskutiert wird. Politische Wirklichkeit vermittelt sich den meisten also nur über die Medien; Politik ist für sie dargestellte Politik.

▪ Inszenierung von Politik

Die Inszenierung von Politik wurde insbesondere in den USA, dem Prototyp einer Medien- und TV-Demokratie, entwickelt, wo Wahlen im Fernsehen gewonnen werden. Ein US-amerikanischer Parteitag im Vorfeld von Wahlen ist in erster Linie ein Medienereignis, mit dem der von Medienberatern unterstützte Präsidentschaftskandidat für sich wirbt. Die programmatischen Ziele der Partei, für die er antritt, treten dahinter zurück. Im Vordergrund steht also weniger die Vermittlung inhaltlicher Konzepte als die Schaffung von Medien- und Pseudoereignissen sowie Emotionalisierung und Personalisierung. Auch im Bundestagswahlkampf 1998 wurde bei der Berichterstattung über die SPD die Frage, wer Kanzlerkandidat wird – Oskar Lafontaine oder G. Schröder –, zum beherrschenden Thema.

Wenn Personen und nicht politische Ideen oder Ziele im Mittelpunkt stehen, kann, besonders in Ländern mit angelsächsischer Tradition, auch die Privatsphäre von Politikern ins Blickfeld rücken: Eine eigentlich private Affäre (Clinton-Lewinsky-Affäre) kostete den US-Präsidenten B. Clinton fast sein Amt. Mit genau kalkuliertem medialen Aufwand – per Internet wurde sogar ein den Präsidenten kompromittierender Bericht des Sondermittlers verbreitet – betrieben die Gegner des Präsidenten seine Amtsenthebung, während er selbst und seine Anhänger die Öffentlichkeit medienwirksam für sich einzunehmen suchten.

Schülerduden Politik und Gesellschaft, 4. Aufl., Mannheim 2001, S. 260 – 261

M 12 Kontrovers diskutiert: der Einfluss von „Politainment" auf den Zuschauer

a) Orientierung durch Politainment

Die „neue Intimität" zwischen Politik und Unterhaltungskultur, welche die Realität des Politischen am Ende des 20. Jahrhunderts prägt, enthält beides: Politiker, die sich der gängigen Unterhaltungsformate bedienen [= unterhaltende Politik], und Medien, die den politischen Prozess als Hintergrund für ihre Krimi- oder Komödienhandlungen verwenden [= politische Unterhaltung]. Beides führt dazu, dass das öffentliche Bild des Politischen immer deutlicher durch die Stilmittel und Bildsprachen des Entertainment gestaltet wird. ...

Eine feste Institution des linksliberalen Diskurses ist beispielsweise die *Lindenstraße* geworden. Hier werden nicht nur ständig kritische Kommentare zur Tagespolitik eingeflochten, sondern auch Modelle des sozialen und politischen Engagements vorgeführt. Die Bürger der *Lindenstraße* setzen sich erfolgreich gegen rechtsradikale Umtriebe zur Wehr, integrieren griechische und türkische Ausländer ebenso wie Ostdeutsche und Aussiedler, gründen Bürgerinitiativen zur Verkehrsberuhigung von Straßen, führen Protestaktionen gegen Atomstrom durch und fördern auf Nachhaltigkeit angelegte Energieprojekte – und sie leben bzw. anerkennen schließlich alternative Lebensstile von der *Patchwork*-Familie über die Homosexuellen-Ehe bis zur Wohngemeinschaft von Rentnern. Der gesamte *Political-Correctness*-Kanon der gegenwärtigen politischen Öffentlichkeit in Deutschland kann zuverlässig den Folgen dieser populären Dauerserie entnommen werden. ...

Unterhaltende Politik und politische Unterhaltung haben aufgrund ihrer ästhetischen Attraktivität und emotionalen Intensität die Erreichbarkeit des Publikums und damit auch der potentiellen Wählerschaft erheblich gesteigert. Es stellt sich dabei allerdings die Frage, ob dieser Popularitätsgewinn mit Kosten verbunden ist, die letztlich die Substanz des Politischen im Feuerwerk der Unterhaltungskultur auflösen. ...

1. Zunächst sollte nicht unterschätzt werden, dass Mediennutzung tatsächlich politische Partizipationsräume eröffnet. Damit ist zunächst gemeint, dass mediale Angebote in Gesprächen und Diskussionen in der Alltagswelt verarbeitet und zur Meinungsbildung genutzt werden können. So

werden z.B. auch in den über das Internet verknüpften Fan-Gemeinden von Unterhaltungsserien Diskussionen über die politischen Inhalte geführt. Weiterhin können Medienangebote zum Anlass und Aufhänger für politische Aktionen gemacht werden. Die amerikanische Hausfrau Terry Rakolta hat beispielsweise das negative Bild der Familie in der Serie *Married ... with Children* (dt. *Eine schrecklich nette Familie*) zum Anlass genommen, eine groß angelegte Kampagne gegen die Serie zu führen und Werbekunden wie Coca Cola oder McDonald's zum Rückzug ihrer Aufträge zu bewegen. Und die Ausstrahlung des Films *The Day After* wurde 1982 in den USA zum Kern einer landesweiten Aktion gegen Atomwaffen gemacht. ...

2. ...Vor allem populäre Sendungen vermögen, auch in Zeiten weitgehender Differenzierung und Pluralisierung im Mediensystem, große Publikumsgruppen zu erreichen. Sie bieten eine kommunikative Infrastruktur, die zur Thematisierung von politischen Problemen genutzt werden kann. Unterhaltungsöffentlichkeiten sind also in gewissem Maße dazu geeignet, den Fragmentierungstendenzen des öffentlichen Diskurses entgegenzusteuern.

3. Hinzu kommt, dass soziale Asymmetrien in der gesellschaftlichen Wissensverteilung in diesem Bereich weniger greifen. Sozialstrukturelle Unterschiede sind hier weitgehend zu vernachlässigen. ...

4. Filme und erfolgreiche Fernsehserien wirken an der Setzung von öffentlichen Themen mit. ...

5. Unterhaltungsöffentlichkeiten ermöglichen in diesem Sinne die Herausbildung von dem, was die neuere Kommunikationssoziologie als „öffentliche Meinung" mit wichtigen Orientierungsfunktionen für das Publikum beschreibt. In der öffentlichen Meinung kristallisiert sich auch der Wertekonsens einer Gesellschaft heraus. So zeigen die Beispiele, die oben für die neue Inszenierung des Politischen in deutschen Unterhaltungsfilmen herangezogen wurden, dass die Themen NS-Vergangenheit und Rechtsradikalismus/Neonazismus in der deutschen Unterhaltungsöffentlichkeit dominieren. Die Medienangebote spiegeln und verstärken hier zugleich einen Konsens, der die bundesrepublikanische Gesellschaft über Jahrzehnte hinweg stabil integriert hat: die deutliche Ablehnung aller Artikulationen von rechtsradikalen oder NS-orientierten Positionen. ...

Freilich stehen dem deutliche Defizite gegenüber:

1. In der Unterhaltungsöffentlichkeit sind auch jene Probleme erkennbar, die sich allgemein für massenmediale Öffentlichkeiten feststellen lassen: Es gibt Zugangsbarrieren, Asymmetrien und Ungleichheiten bei der Präsenz von Teilnehmern und Meinungen, beim Einfluss von Sprechern und bei den Wissensvoraussetzungen. Faktoren wie Geld, Prestige, Bildung und das soziale Kapital einflussreicher Netzwerke sind wichtige Steuerungsgrößen, die den Zugang zu den öffentlichen Foren steuern.

2. Das Politische wird im Unterhaltungsformat ohne Zweifel verkürzt, emotionalisiert und personalisiert. Eine adäquate, differenzierte Information über den politischen Prozess kann hier nicht stattfinden. Aber Informationsdefizite sind bei der derzeitigen Politikmüdigkeit auch nicht das zentrale Problem. Man sollte bedenken, dass der emotionale Zugang zum Politischen, die Erfahrbarkeit seiner Relevanz in einer spannenden Bilderzählung, welche Identifikationsmöglichkeiten und Katharsismomente bietet, keine geringe Leistung in einer Welt darstellt, in der politische Akteure und Institutionen immer ferner und abstrakter zu werden drohen.

Andreas Dörner, Politik im Unterhaltungsformat. Zur Inszenierung des Politischen in den Bildwelten von Film und Fernsehen. In: Aus Politik und Zeitgeschichte B 41/1999, S. 17–25

b) Kommerzialisierung und Politikwahrnehmung

Die Einführung des privaten Rundfunks in den 80er-Jahren hat die Formate der Politikdarstellung in Fernsehen und Radio verändert, weil die Grenzen zwischen Unterhaltung und Information immer unschärfer werden. Die spezifischen Schlagworte sind: Infotainment und Polarisierung. Untersuchungen ... zeigen, dass die Bedeutung des Negativen als Nachrichtenwert zunimmt. Probleme, Kontroversen und Skandale spielen eine immer größere Rolle. Beide Entwicklungen werden dem gesteigerten Medienwettbewerb als Folge der Kommerzialisierung des Rundfunksystems attributiert.

Die hier beschriebene Entwicklung könnte uns kaltlassen oder allenfalls unter wissenschaftlicher Perspektive interessieren, wenn sie keine Auswirkungen auf die Meinungen und Einstellungen der Rezipienten hätte. Die entsprechenden kommunikationswissenschaftlichen Studien der 90er-Jahre belegen aber sehr wohl einen Einfluss des Fernsehens zumindest auf Teile der Zuschauer und widerlegen damit die lange Zeit gültige Annahme, dass Massenmedien vorhandene Einstellungen festigen, aber nicht grundsätzlich verändern. Dieses trifft nicht mehr zu. Studien von Christina Holz-Bacha haben gezeigt, dass bei solchen Fernsehkonsumenten ein Einfluss der Medienberichterstattung auf die Wahrnehmung der Politik erkennbar wird, die die Massenmedien in erster Linie zur Unterhaltung benutzen. Diese Analysen legen den Schluss nahe, dass die beobachteten Effekte umso stärker werden, je intensiver die Unterhaltungsorientierung des Fernsehangebots wird.

Diese Überlegungen werden von anderen Wissenschaftlern geteilt, die darauf hinweisen, dass aufgrund der großen Reichweite des Fernsehens, anders als im Falle der Printmedien, die selektiv benutzt werden, auch die weniger Politischen und die Unpolitischen in der Bevölkerung erreicht werden, was bei der Aktivierung und Beeinflussung eines großen Teils der nicht festgelegten volatilen [1] Wähler besonders wirksam ist.

Aufgrund der hier diskutierten Überlegungen und Forschungsergebnisse schließt die Kommunikationsforschung, dass die Medien – hier an erster Stelle das Fernsehen – ganz wesentlich zur Politikverdrossenheit und zum Ansehensverlust der politischen Klasse beigetragen haben; zur Politikverdrossenheit, weil die unzulässige Vereinfachung des politischen Geschehens sowie die knappe und meist auch leicht verständliche Berichterstattung schließlich bei den eher unpolitischen Zuschauern zu der Erwartung führt, dass die einfachen Probleme auch rasch gelöst werden können. Dass die Politiker hier mitspielen und gerne den Eindruck einer allumfassenden Kompetenz erwecken, jedenfalls einer größeren Kompetenz, als realistisch ist, soll nicht unerwähnt bleiben.

Tatsächlich finden sich auch in den regelmäßigen Umfragen wie dem „Politbarometer" der Forschungsgruppe Wahlen mit seinen dichten Zeitreihen durchaus Hinweise darauf, dass das Vertrauen in die Politik und die Zustimmung zu den politischen Institutionen im langfristigen Trend zurückgehen. ...

Zusammenfassend ist zu sagen: Es gibt hinreichend viele Hinweise, dass das massiv gestiegene unterhaltungsorientierte Fernsehangebot die Einstellungen der wenig oder gar nicht an Politik interessierten Rezipienten zur Politik negativ beeinflusst. Die oft diskutierte Politikverdrossenheit und auch ein Teil der Wahlabstinenz werden damit erklärt und in Zusammenhang gebracht, auch wenn man mit den vorgelegten Ergebnissen noch lange nicht abschließend zufrieden sein kann. Hier ist unbedingt weitere Forschung notwendig.

Abhilfe? – Ich wüsste nicht, wie. Ich muss diejenigen unter Ihnen ratlos zurücklassen, denen die vorgetragenen Ergebnisse nicht gefallen. Die Medienwelt ist ein zum Teil sehr einträgliches Geschäft. Ein zunehmender Teil der Rezipienten erwartet Unterhaltung und die Konkurrenz unter den Medien wird eine Umkehr des eingeschlagenen Weges und der beschriebenen Trends nicht zulassen.

Wolfgang G. Gibowski, Die Medien und die Nation, in: Die Zukunft der Nation, Schönhauser Gespräche, Band 9, hrsg. v. Bundesverband deutscher Banken, Berlin 2001, S. 77–79

[1] volatil: flüchtig, schwankend

Aufgaben

Zu 3.3 Politikvermittlung in der Mediengesellschaft

1. Verfassen Sie kurze Lexikonartikel zu den Begriffen „Mediendemokratie" und „Politainment"! (M 10, M 11, M 12)
2. Beobachten Sie in der aktuellen Medienberichterstattung, wie Politik "inszeniert" wird! Berichten Sie darüber in Ihrem Kurs! (M 10, M 11)
3. Die Auswirkungen von „Politainment" (M 12) sind umstritten. Führen Sie ein Streitgespräch über die Vor- und Nachteile! Welcher Position neigen Sie persönlich zu?

3.4 Pressefreiheit und Staat

3.4.1 Rechtliche Grundlagen

M 13

Bei der Demonstration am 23. Oktober 1989 in Leipzig, auf der 250 000 Menschen gegen das SED-Regime protestierten, wurden auch Presse- und Meinungsfreiheit gefordert.

1966: Das Bundesverfassungsgericht zur Meinungs- und Pressefreiheit

M 14

Eine freie, nicht von der öffentlichen Gewalt gelenkte, keiner Zensur unterworfene Presse ist ein Wesenselement des freiheitlichen Staates; insbesondere ist eine freie, regelmäßig erscheinende politische Presse für die moderne Demokratie unentbehrlich. Soll der Bürger politische Entscheidungen treffen, muss er umfassend informiert sein, aber auch die Meinungen kennen und gegeneinander abwägen können, die andere sich gebildet haben. Die Presse hält diese ständige Diskussion in Gang: Sie beschafft die Informationen, nimmt selbst dazu Stellung und wirkt damit als orientierende Kraft in der öffentlichen Auseinandersetzung. In ihr artikuliert sich die öffentliche Meinung: Die Argumente klären sich in Rede und Gegenrede, gewinnen deutliche Konturen und erleichtern so dem Bürger Urteil und Entscheidung. In der repräsentativen Demokratie steht die Presse zugleich als ständiges Verbindungs- und Kontrollorgan zwischen dem Volk und seinen gewählten Vertretern in Parlament und Regierung: Sie fasst die in der Gesellschaft und ihren Gruppen unaufhörlich sich neu bildenden Meinungen und Forderungen kritisch zusammen, stellt sie zur Erörterung und trägt sie an die politisch handelnden Staatsorgane heran, die auf diese Weise ihre Entscheidungen auch in Einzelfragen der Tagespolitik ständig am Maßstab der im Volk tatsächlich vertretenen Auffassungen messen können.

BVerfGE 20, S. 174 f. (Spiegel-Urteil)

M 15 Staatsvertrag über den Rundfunk im vereinten Deutschland (1991, Fassung 1997)

Präambel

Dieser Staatsvertrag enthält grundlegende Regelungen für den öffentlich-rechtlichen und den privaten Rundfunk in einem dualen Rundfunksystem der Länder des vereinten Deutschlands. Er trägt der europäischen Entwicklung des Rundfunks Rechnung. Öffentlich-rechtlicher Rundfunk und privater Rundfunk sind der freien individuellen und öffentlichen Meinungsbildung sowie der Meinungsvielfalt verpflichtet. Beide Rundfunksysteme müssen in der Lage sein, den Anforderungen des nationalen und des internationalen Wettbewerbs zu entsprechen.

Im Zuge der Vermehrung der Rundfunkprogramme in Europa durch die neuen Techniken sollen Informationsvielfalt und kulturelles Angebot im deutschsprachigen Raum verstärkt werden. Durch diesen Staatsvertrag, vor allem aber durch weitere Regelungen und Förderungsvorhaben in der Bundesrepublik Deutschland, soll die Herstellung neuer europäischer Fernsehproduktionen nachhaltig unterstützt werden.

Für den öffentlich-rechtlichen Rundfunk sind Bestand und Entwicklung zu gewährleisten. Dazu gehört seine Teilhabe an allen neuen technischen Möglichkeiten in der Herstellung und zur Verbreitung sowie die Möglichkeit der Veranstaltung neuer Formen von Rundfunk. Seine finanziellen Grundlagen einschließlich des dazugehörigen Finanzausgleichs sind zu erhalten und zu sichern.

Den privaten Veranstaltern werden Ausbau und Fortentwicklung eines privaten Rundfunksystems, vor allem in technischer und programmlicher Hinsicht, ermöglicht. Dazu sollen ihnen ausreichende Sendekapazitäten zur Verfügung gestellt werden. ...

III. Abschnitt – Vorschriften für den privaten Rundfunk

§ 20 Meinungsvielfalt ...

(1) Im privaten Rundfunk ist inhaltlich die Vielfalt der Meinungen im Wesentlichen zum Ausdruck zu bringen. Die bedeutsamen politischen, weltanschaulichen und gesellschaftlichen Kräfte und Gruppen müssen in den Vollprogrammen angemessen zu Wort kommen; Auffassungen von Minderheiten sind zu berücksichtigen. Die Möglichkeit, Spartenprogramme anzubieten, bleibt hiervon unberührt.

(2) Solange nicht mindestens drei in der Bundesrepublik Deutschland veranstaltete private Fernsehvollprogramme von verschiedenen Veranstaltern bundesweit verbreitet werden, die jeweils von mehr als der Hälfte der Teilnehmer empfangen werden können, ist jedes der Programme zur Meinungsvielfalt nach Absatz 1 verpflichtet. Können mindestens drei derartige Fernsehvollprogramme entsprechend Satz 1 empfangen werden, achten die Landesmedienanstalten gemeinsam darauf, dass das Gesamtangebot dieser Programme den Anforderungen an die Meinungsvielfalt entspricht.

(3) Stellen die Landesmedienanstalten mit einer Mehrheit von drei Vierteln fest, dass die Anforderungen an die Meinungsvielfalt durch das Gesamtangebot der Hörfunkvollprogramme oder Fernsehvollprogramme nicht erfüllt sind, ist jedes dieser Programme zur Meinungsvielfalt nach Absatz 1 verpflichtet.

(4) Ein einzelnes Programm darf die Bildung der öffentlichen Meinung nicht in hohem Maße ungleichgewichtig beeinflussen.

(5) Im Rahmen des Zulassungsverfahrens soll die Landesmedienanstalt darauf hinwirken, dass an dem Veranstalter auch Interessenten mit kulturellen Programmbeiträgen beteiligt werden. Ein Rechtsanspruch auf Beteiligung besteht nicht.

http://www.dfjv.de/download/recht/rstv.htm (18.10.2001)

M 16

Der Pressekodex – die publizistischen Grundsätze des Deutschen Presserates [1] (Fassung 1994)

Die im Grundgesetz der Bundesrepublik verbürgte Pressefreiheit schließt die Unabhängigkeit und Freiheit der Information, der Meinungsäußerung und der Kritik ein. Verleger, Herausgeber und Journalisten müssen sich bei ihrer Arbeit der Verantwortung gegenüber der Öffentlichkeit und ihrer Verpflichtung für das Ansehen der Presse bewusst sein. Sie nehmen ihre publizistische Aufgabe nach bestem Wissen und Gewissen, unbeeinflusst von persönlichen Interessen und sachfremden Beweggründen wahr.

Diese publizistischen Grundsätze dienen der Wahrung der Berufsethik; sie stellen keine rechtlichen Haftungsgründe dar.

1. Achtung vor der Wahrheit und wahrhaftige Unterrichtung der Öffentlichkeit sind oberste Gebote der Presse.
2. Zur Veröffentlichung bestimmte Nachrichten und Informationen in Wort und Bild sind mit der nach den Umständen gebotenen Sorgfalt auf ihren Wahrheitsgehalt zu prüfen. Ihr Sinn darf durch Bearbeitung, Überschrift oder Bildbeschriftung weder entstellt noch verfälscht werden. Dokumente müssen sinngetreu wiedergegeben werden. Unbestätigte Meldungen, Gerüchte und Vermutungen sind als solche erkennbar zu machen. Bei Wiedergabe von symbolischen Fotos muss aus der Unterschrift hervorgehen, dass es sich nicht um dokumentarische Bilder handelt.
3. Veröffentlichte Nachrichten oder Behauptungen, die sich nachträglich als falsch erweisen, hat das Publikationsorgan, das sie gebracht hat, unverzüglich von sich aus in angemessener Weise richtigzustellen.
4. Bei der Beschaffung von Nachrichten, Informationsmaterial und Bildern dürfen keine unlauteren Methoden angewandt werden.
5. Die bei einem Informations- oder Hintergrundgespräch vereinbarte Vertraulichkeit ist grundsätzlich zu wahren.
6. Jede in der Presse tätige Person wahrt das Berufsgeheimnis, macht vom Zeugnisverweigerungsrecht [2] Gebrauch und gibt Informationen ohne ausdrückliche Zustimmung nicht preis.
7. Die Verantwortung der Presse gegenüber der Öffentlichkeit gebietet, dass redaktionelle Veröffentlichungen nicht durch private oder geschäftliche Interessen Dritter beeinflusst werden. Verleger und Redakteure wehren derartige Versuche ab und achten auf eine klare Trennung zwischen redaktionellem Text und Veröffentlichungen zu gewerblichen Zwecken. Werbetexte, Werbefotos und Werbezeichnungen sind als solche kenntlich zu machen.
8. Die Presse achtet das Privatleben und die Intimsphäre des Menschen. Berührt jedoch das private Verhalten eines Menschen öffentliche Interessen, so kann es auch in der Presse erörtert werden. Dabei ist zu prüfen, ob durch eine Veröffentlichung Persönlichkeitsrechte Unbeteiligter verletzt werden.
9. Es widerspricht journalistischem Anstand, unbegründete Beschuldigungen, insbesondere ehrverletzender Natur, zu veröffentlichen.
10. Veröffentlichungen in Wort und Bild, die das sittliche oder religiöse Empfinden einer Personengruppe nach Form und Inhalt wesentlich verletzen können, sind mit der Verantwortung der Presse nicht zu vereinbaren.
11. Die Presse verzichtet auf eine unangemessene sensationelle Darstellung von Gewalt und Brutalität. Der Schutz der Jugend ist in der Berichterstattung zu berücksichtigen.
12. Niemand darf wegen seines Geschlechts, seiner Zugehörigkeit zu einer rassischen, ethnischen, religiösen, sozialen oder nationalen Gruppe diskriminiert werden.
13. Die Berichterstattung über schwebende Ermittlungs- und Gerichtsverfahren muss frei von Vorurteilen erfolgen. Die Presse vermeidet deshalb vor Beginn und während der Dauer eines solchen Verfahrens in Darstellung und Überschrift jede einseitige oder präjudizierende Stellungnahme. Ein Verdächtiger darf vor einem gerichtlichen Urteil nicht als Schuldiger hingestellt werden. Bei Straftaten Jugendlicher sind mit Rücksicht auf die Zukunft der Jugendlichen möglichst Namensnennung und identifizierende Bildveröffentlichungen zu unterlassen, sofern es

sich nicht um schwere Verbrechen handelt. Über Entscheidungen von Gerichten soll nicht ohne schwerwiegende Rechtfertigungsgründe vor deren offizieller Bekanntgabe berichtet werden.

14. Bei Berichten über medizinische Themen ist eine unangemessene sensationelle Darstellung zu vermeiden, die unbegründete Befürchtungen oder Hoffnungen beim Leser erwecken könnte. Forschungserkenntnisse, die sich in einem frühen Stadium befinden, sollten nicht als abgeschlossen oder nahezu abgeschlossen dargestellt werden.

15. Die Annahme und Gewährung von Vorteilen jeder Art, die geeignet sein könnten, die Entscheidungsfreiheit von Verlag und Redaktion zu beeinträchtigen, sind mit dem Ansehen, der Unabhängigkeit und der Aufgabe der Presse unvereinbar. Wer sich für die Verbreitung oder Unterdrückung von Nachrichten bestechen lässt, handelt unehrenhaft und berufswidrig.

16. Es entspricht fairer Berichterstattung, vom Deutschen Presserat öffentlich ausgesprochene Rügen abzudrucken, insbesondere in den betroffenen Publikationsorganen.

http://www.dfjv.de/download/recht/dprkodex.htm (18.10.2001)

1) Deutscher Presserat: Ihm gehören zehn Journalisten und ebenso viele Verleger an. Das Gremium versteht sich als moralisches Gewissen, das für die verantwortungsbewusste Nutzung der Pressefreiheit sorgen soll; es ist auf die freiwillige Anerkennung seiner Maßnahmen angewiesen.

2) Zeugnisverweigerungsrecht: Ein Journalist kann vor Gericht die Aussage darüber verweigern, von wem er seine Kenntnisse erhalten hat.

3.4.2 Gefährdungen der Pressefreiheit

M 17 Reporter in Gefahr

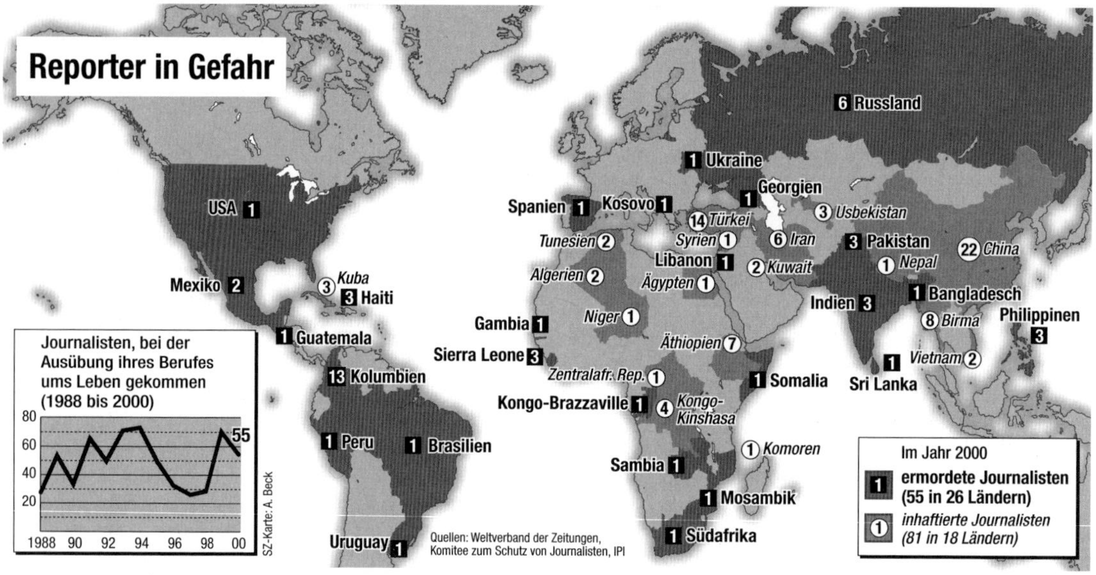

in: Süddeutsche Zeitung Nr. 101, 3.5.2001, S. 2

Pressefreiheit und Strafverfolgung – Anmerkungen zu einem schwierigen Verhältnis

M 18

Von der Pressefreiheit wird hierzulande zwar viel geredet, sie interessiert aber eigentlich keinen Menschen in Deutschland. In der Türkei, im Iran oder in Algerien ist das anders. Da leben Journalisten gefährlich, da ist Pressefreiheit nur drei mal zwei Meter groß, so groß wie eine Gefängniszelle. Dort wissen die Menschen, was diese Pressefreiheit wert ist. ...

Die Pressefreiheit heute und hierzulande ist ein einbalsamiertes Grundrecht, prächtig präpariert von den Verfassungsrichtern in Karlsruhe, sodass sie beinahe ausschaut wie lebendig. Aber nur beinahe. Es ist wie bei einem ausgestopften Tier: Von Zeit zu Zeit wird es aus der Vitrine geholt und abgestaubt. ...

Und man liest dazu den schon etwas ausgebleichten Katalogtext: Eine „freie, nicht von der öffentlichen Gewalt gelenkte, keiner Zensur unterworfene Presse ist ein Wesenselement des freiheitlichen Staates". Das Bundesverfassungsgericht hat das geschrieben, 1965, in seinem berühmten Spiegel-Urteil, in dem es die Bonner Staatsgewalt und Franz Josef Strauß in die Schranken wies. ...

Das Jahr 1965 mit dem großen Urteil des Bundesverfassungsgerichts war der Höhepunkt im Leben der Pressefreiheit in Deutschland. Der Staat und seine politischen Repräsentanten haben sich dann an ihr gerächt, indem sie mit den feierlichen Sätzen des Urteils umgegangen sind wie eine deutsche Familie mit dem Weihnachtsschmuck: Einmal im Jahr wird der schöne Tand an den Baum gehängt – und dann wieder weggepackt.

Der Gesetzgeber also hat sich um die Pressefreiheit nicht mehr gekümmert. Das taten stattdessen die Staatsanwaltschaften (je weiter die vom Verfassungsgericht verfluchte Durchsuchung der Spiegel-Redaktion in der Frühzeit der Bundesrepublik versank, umso mehr): Durchsuchungen in Redaktionsräumen häuften sich – bei Zeitungen, bei Rundfunk- und Fernsehanstalten, bei Nachrichtenagenturen. 1988 schrieb der Deutsche Journalistenverband in seiner Verbandszeitschrift von einem „routinemäßigen Abkassieren von Filmen in Studios und Redaktionen". 1962, bei der verfassungswidrigen Razzia beim Spiegel, hatte noch „Landesverrat" zur Begründung herhalten müssen – ein Vorwurf, der Tradition hat, wenn der herrschenden Politik eine Kritik nicht passt. Zuletzt reichten drei Nummern kleinere Verdachtsmomente, um Durchsuchungen gegen Zeitungs- und Fernsehhäuser anzuordnen: In München, beim Focus, wurde wegen des Verdachts der „verbotenen Mitteilung über eine Gerichtsverhandlung" durchsucht, bei der Stuttgarter Zeitung wegen des Verdachts der „Beihilfe zur Verletzung des Dienstgeheimnisses". Und so weiter, und so fort.

Die Spur solcher Aktionen zieht sich kreuz und quer durch die Republik. Wenn sich also ein Redakteur unter Berufung auf das Gesetz weigert, zu sagen, woher er eine brisante Information hat – dann wird eben durchsucht. So ist es Praxis geworden. Und Journalisten, Fotoreporter und Kamerateams wurden unfreiwillig zu Hilfspolizisten gemacht – ihr Filmmaterial wurde beschlagnahmt, ob bei den Demonstrationen vor dem Kernkraftwerk Brokdorf oder vor der Wiederaufbereitungsanlage Wackersdorf, um damit Straftäter zu überführen.

Die öffentlichen Proteste blieben lau, auch das Bundesverfassungsgericht half nicht mehr: Das Zweite Deutsche Fernsehen (ZDF) zog zwar wegen einer Beschlagnahmeaktion von Aufnahmen einer Demo vor dem AKW Brokdorf nach Karlsruhe. Es machte dem Gericht aber keinen Eindruck, dass der Stuttgarter Presserechtler Egbert Wenzel in seinem Schriftsatz für das ZDF schlimme Erfahrungen beklagte: In Wackersdorf und Brokdorf waren Fernsehteams des Zweiten von Demonstranten mit Steinen beworfen worden. Der ungehinderte Zugriff der Justiz auf das Filmmaterial machte Presse und Rundfunk in ihren Augen zum Büttel der Strafverfolgung.

Das Gericht anerkannte zwar auf die Verfassungsbeschwerde des ZDF hin wieder einmal die Bedeutung der Freiheit von Presse und Rundfunk und erinnerte sich auch an frühere Entscheidungen: Der Schutzbereich der Pressefreiheit umfasse „auch den Schutz der Vertraulichkeit der Redaktionsarbeit. Es ist staatlichen Stellen verwehrt, sich Einblicke in die

Vorgänge zu verschaffen, die zur Entstehung einer Sendung führen. Deshalb werden grundsätzlich auch solche Unterlagen geschützt, die das Ergebnis eigener Beobachtungen und Ermittlungen enthalten."

Dann freilich kam das große Aber: Bei anderen gewichtigen Interessen des Staates oder des von Strafe bedrohten Bürgers könnten diese „nicht einfach hintangesetzt werden". Das Gericht setzte den Medien also einen Januskopf auf: Verteidiger der Grundrechte auf der einen Seite, Hilfspolizist auf der anderen Seite. Allzu oft ist heute von einer „öffentlichen Aufgabe" der Medien die Rede. Die Zusammenstöße zwischen Strafverfolgung und Pressefreiheit zeigen die Multivalenz dieses schillernden Begriffs.

Gab und gibt es kein Zeugnisverweigerungsrecht? Natürlich gibt es dieses Recht – es ist in der Strafprozessordnung verankert; und mit diesem Recht, die Aussage bei strafrechtlichen Ermittlungen zu verweigern, korrespondiert auch ein Durchsuchungs- und Beschlagnahmeverbot. Doch dieses Zeugnisverweigerungsrecht und das Beschlagnahmeverbot hatten bis vor wenigen Tagen ein riesiges Loch: Durch dieses Loch fielen alle vom Journalisten selbst recherchierten Informationen und alle selbst fotografierten Bilder. Und in dieses Loch griffen Polizei, Staatsanwaltschaft und Justiz und bedienten sich. Den Schutz des Redaktionsgeheimnisses genossen nur solche Materialien, die dem Journalisten von dritter Seite zugegangen waren. Das Zeugnisverweigerungsrecht war also bisher ein reiner Informantenschutz. Das ändert sich gerade.

Der Bundestag hat am 6. Juli 2001 ein Gesetz zur Schließung der Lücke im Zeugnisverweigerungsrecht beschlossen; das neue Gesetz dehnt das Zeugnisverweigerungsrecht auch auf das Material aus, das Journalisten selbst recherchiert haben. Dieser Schutz gilt künftig auch für die Herstellung und Verbreitung von nicht periodisch erscheinenden journalistischen Medienerzeugnissen, also auch für Werke in Buch- oder Filmform. Jetzt endlich verdient das Zeugnisverweigerungsrecht nach langen Bemühungen seinen Namen. 1988, vor nunmehr 13 Jahren, hatte die Fraktion der Grünen zum ersten Mal einen solchen Gesetzesvorschlag vorgelegt, 1989 folgte die SPD, 1990 der Bundesrat, der seinen Antrag 1991, 1994 und 1995 wiederholte – alles vergeblich. 1996 nahmen die Grünen noch einmal einen Anlauf, 1997 legten die Journalisten- und Verlegerverbände, Presserat, IG Medien, die öffentlich-rechtlichen Rundfunkanstalten und die privaten Rundfunkveranstalter einen Gesetzentwurf vor – dann kam, 1998, der rot-grüne Gesetzentwurf, der soeben verabschiedet wurde. Zum ersten Mal seit Jahrzehnten wird nun die Pressefreiheit in Deutschland vom Gesetzgeber wieder gestärkt, gegen den Widerstand der CDU/CSU im Übrigen: Der Abgeordnete Norbert Geis, rechtspolitischer Sprecher seiner Fraktion, sprach von einer „willkürlichen Einschränkung der staatlichen Pflicht zur Strafverfolgung".

Auch diese Argumentation hat Tradition. Die Pressefreiheit, so hat es vor vielen Jahren der in RAF-Zeiten berühmt gewordene damalige Generalbundesanwalt Kurt Rebmann formuliert, sei doch viel weniger notleidend als die innere Sicherheit – daher müsse sie sich im Zweifel unterordnen. Dieser Gedankengang findet sich auch in dem neuen rot-grünen Gesetz noch wieder. Das neu gewährte Zeugnisverweigerungsrecht und die damit korrespondierende Beschlagnahmefreiheit für selbst erarbeitete Materialien entfällt nämlich dann, wenn die Aussage des Journalisten zur Aufklärung eines Verbrechens beitragen soll. Auf diese Weise kann, wenn Ermittler es darauf anlegen, schnell ein neues großes Loch ins Zeugnisverweigerungsrecht gebohrt werden: Denn ein bloßer Verdacht eines Verbrechens – es muss ja kein dringender sein – ist schnell konstruiert.

Es hätte auch nichts geschadet, wenn das neue Gesetz den Strafverfolgern die Beachtung des Prinzips der Verhältnismäßigkeit für den Fall der Durchsuchung von Redaktionsräumen besonders ans Herz gelegt hätte. Wenn wegen angeblicher Beihilfe (durch Veröffentlichung!) zu mühsam konstruierten Straftaten weiterhin Schreibtische durchwühlt, Computer durchsucht und Festplatten ausgebaut werden können – dann hat die Staatsgewalt, die mit Blaulicht vorfährt, im Zweifel immer Vorfahrt.

Ein solches staatliches Vorrecht verträgt sich nicht mit einem Grundrecht.

Heribert Prantl, Die Mumie lebt, in: Süddeutsche Zeitung Nr. 158, 12.7.2001, S. 19

Staatsmacht und Medienmacht sind unvereinbar

M 19

Die Organisation für Sicherheit und Zusammenarbeit in Europa (OSZE) verlangt die radikale Trennung von Medienmacht und staatlicher Amtsgewalt. Um diese Trennung wirksam durchzusetzen, müsse die Europäische Union ein Regelwerk schaffen, verlangt Freimut Duve, OSZE-Beauftragter für die Freiheit der Medien. Mit Duve sprach Michael Frank in Wien über die europäische Beispielwirkung des Falles Berlusconi.

„Brüssel hätte schon viel früher handeln müssen" – Freimut Duve hält Silvio Berlusconis Vorschläge zur Trennung seiner Ämter für ungenügend.

SZ: Bei Begriffen wie Medienmonopolisierung und Gleichschaltung suchen Europäer die Bösewichte gewöhnlich im Osten. Jetzt ist Silvio Berlusconi Ministerpräsident Italiens geworden. Vorbei die schöne Schwarz-Weiß-Malerei?

Duve: Es geht nicht um Bösewichter, sondern um grundsätzliche Prinzipien- und Verfassungsfragen. Mein Mandat, Missstände im Medienbereich zu beenden, haben die 55 OSZE-Staaten akzeptiert – es betrifft damit auch die Westländer.

SZ: Was ist den Verhältnissen im Osten mit denen im Westen gemein?

Duve: Das Phänomen der „Industrialisierung des Freiheitsgedankens". Dass also der Medienunternehmer... die fundamentale Rolle der öffentlichen Debatte in seiner Zeitschrift oder seiner Filmproduktion abbauen möchte. Überall wächst das Desinteresse an der journalistischen Rolle. ...

SZ: Überall versucht die Macht, die Medien zu beeinflussen. Aber von Verquickungen wie etwa in Russland oder Weißrussland glaubten wir im Westen verschont zu bleiben.

Duve: Das im Osten sind sehr dramatische Vorgänge. In Italien sind wir mit einer ganz anderen Herausforderung konfrontiert: Ein gewählter Regierungschef bringt in sein Amt die quantitativ größte Zusammenballung von Medienkontrolle, über die seit Ende des 18. Jahrhunderts eine Einzelperson verfügt hat. ...

SZ: Sie rücken seine Macht in die Nähe der Zugriffsmöglichkeiten totalitärer Staaten?

Duve: Ja. Sie macht eine indirekte Kontrolle zum Beispiel auf dem Wege des Schweigens möglich – etwa über Fehler der Regierung. Ein Beispiel: Es gibt ein Buch über Berlusconi und „Machenschaften" aus der Vergangenheit seiner Unternehmen. Dieses Buch ist natürlich in keinem der von Berlusconi kontrollierten Medien je erwähnt worden.

SZ: Es ist auch in den öffentlich-rechtlichen Sendern Italiens so gut wie nicht vorgekommen.

Duve: In der RAI, Italiens öffentlich-rechtlichem Rundfunk und Fernsehen, war die Zurückhaltung so groß, dass es nicht einmal eine normale Besprechung gab, sondern das Buch nur in einer satirischen Sondersendung aufgegriffen wurde. Das ist das Muster dessen, was anstünde, wenn es nicht zu einer Trennung von Staatsamt und Medienmacht kommt. Selbst zu Kaisers Zeiten, ob Habsburg oder Preußen, betrug die unmittelbare Kontrolle über die Zeitungen nie mehr als 50 Prozent. Beim heute übergewichtigen Medium Fernsehen kontrolliert Berlusconi ungefähr 90 Prozent. Die drei größten privaten Fernsehsender und die drei Programme der RAI.

SZ: Was wären die langfristigen Auswirkungen?

Duve: Wir beobachten, dass die zivilisatorischen und politischen Bindungen der Menschen abnehmen. Manche nennen das Individualisierung. Als Folge nimmt der Einfluss der politischen Parteien ab. In dieses Vakuum stößt die Kombination medialer Macht mit neu gestalteten Körperschaften. Die Kraft, die Berlusconi an die Macht gebracht hat, ist nach deutschem Recht gar keine Partei. ...

SZ: In Österreich hat Jörg Haider den Begriff der „Bewegung" wiederbelebt. Berlusconi ebenfalls. ...

Duve: ... Hier scheiden sich Herausforderungen und Risiken der modernen Demokratie. Bisher haben die politischen Parteien das wichtigste Element der Demokratie, die pluralistische Diskussion, auch mit den modernen Medien ganz gut hingekriegt.

SZ: Aber „Bewegungen" wollen das gar nicht?

Duve: Im konstruktiven Streitgespräch kann sich eine Bewegung nicht spiegeln. Sie braucht Feinde. Ich will das gar nicht auf Italien einengen. Aber wenn jetzt Politik und Medienindustrie so zusammenspielen, dass man die politischen Parteien, also konkurrierende Positionen, nicht mehr zu brauchen glaubt, dann ist die freie Presse gefährdet. Und auch der Rechtsraum – die Unabhängigkeit von Richtern und Justiz könnte in ein populistisch-mediales Mitmachen gezogen werden.

SZ: Wie könnten so gleichgeschaltete Medien die Justiz manipulieren?

Duve: Ein Richter, der nach Recht und Gesetz entscheidet, kann sehr schnell als Feind der Bewegung gebrandmarkt werden. ...

SZ: Müsste sich die OSZE nicht jetzt massiv in Italien einmischen? Und auch die EU, wie sie das unter anderen Bedingungen in Österreich versucht hat?

Duve: Ja; Europa ist gefragt. Mich interessiert dabei die Verfassungsfrage. Es gibt ein Sanktionsverfahren gegen Staaten, die von der Charta abweichen. Man muss dafür sorgen, dass es für die Trennungs-Regelung, die Berlusconi angekündigt hat, kein Ausweichen gibt. Ich habe das den 55 Staaten einschließlich Italiens soeben so vorgetragen.

SZ: Was muss konkret passieren?

Duve: Die EU muss aus diesem Fall ein Regelwerk erarbeiten, etwa wie im Kartellrecht. Bei marktbeherrschender Position darf eine Ölfirma die andere nicht übernehmen. Aber in der Medienfrage darf sogar ein Regierungschef alles in der Hand haben. ...

SZ: Was ist jetzt in Italien nötig?

Duve: Entäußerung. Verkauf. Berlusconi muss seinen Konzern hergeben. ...

SZ: In Italien geraten die öffentlich-rechtlichen Medien immer automatisch ins Zielwasser der parlamentarischen Mehrheit. Müsste das Land nicht über den Fall Berlusconi hinaus seine Medienverfassung ändern?

Duve: Wir haben nicht nur in osteuropäischen Ländern Staatsmedien, die plötzlich öffentlich-rechtlich wurden, aber weiter von der Regierung kontrolliert werden. Ich sehe große Herausforderungen auch im Westen. In Frankreich. Gewiss in Italien. In besonders radikaler Form in Österreich. Wie sieht zehn Jahre nach dem Fall der Mauer in ganz Europa die Konstruktion des öffentlich-rechtlichen Rundfunks aus? Ich bin radikal für öffentlich-rechtlich. Aber dazu bedarf es der großen europaweiten Reformdebatte.

„Berlusconi muss seinen Konzern hergeben", in: Süddeutsche Zeitung Nr. 142, 23./24.6.2001, S. 18

M 20 Das Imperium Berlusconis

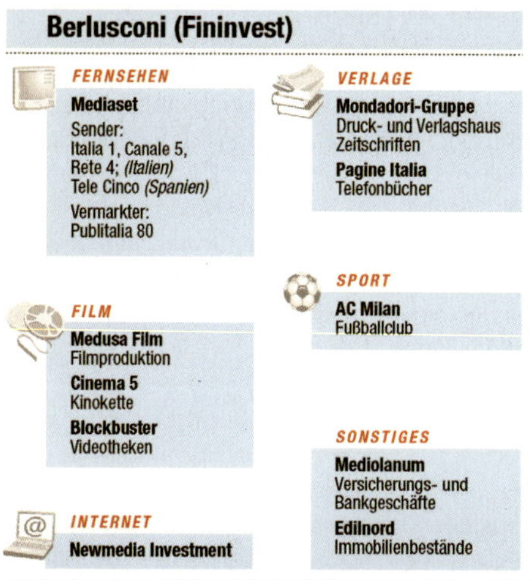

Media-Perspektiven, Basisdaten 1998, S 29

RAI trennt sich von Journalisten M 2

Rom. Der öffentlich-rechtliche italienische Fernsehsender RAI hat sich von zwei Journalisten getrennt, die von Regierungschef Berlusconi scharf kritisiert worden waren. Die Politiksendungen von Enzo Biagi und Michele Santoro seien aus dem Programm gestrichen worden, teilte RAI mit. Beide Journalisten gelten als Kritiker Berlusconis und hatten mit ihren Programmen hohe Einschaltquoten. Die Oppositionsparteien haben die Entscheidung als „Skandal" bezeichnet.

Fränkischer Tag, 24. 6. 2002, S. 3

M 22

Bertelsmann AG – Europas größter Medienkonzern

Printbeteiligungen (1998)[1]

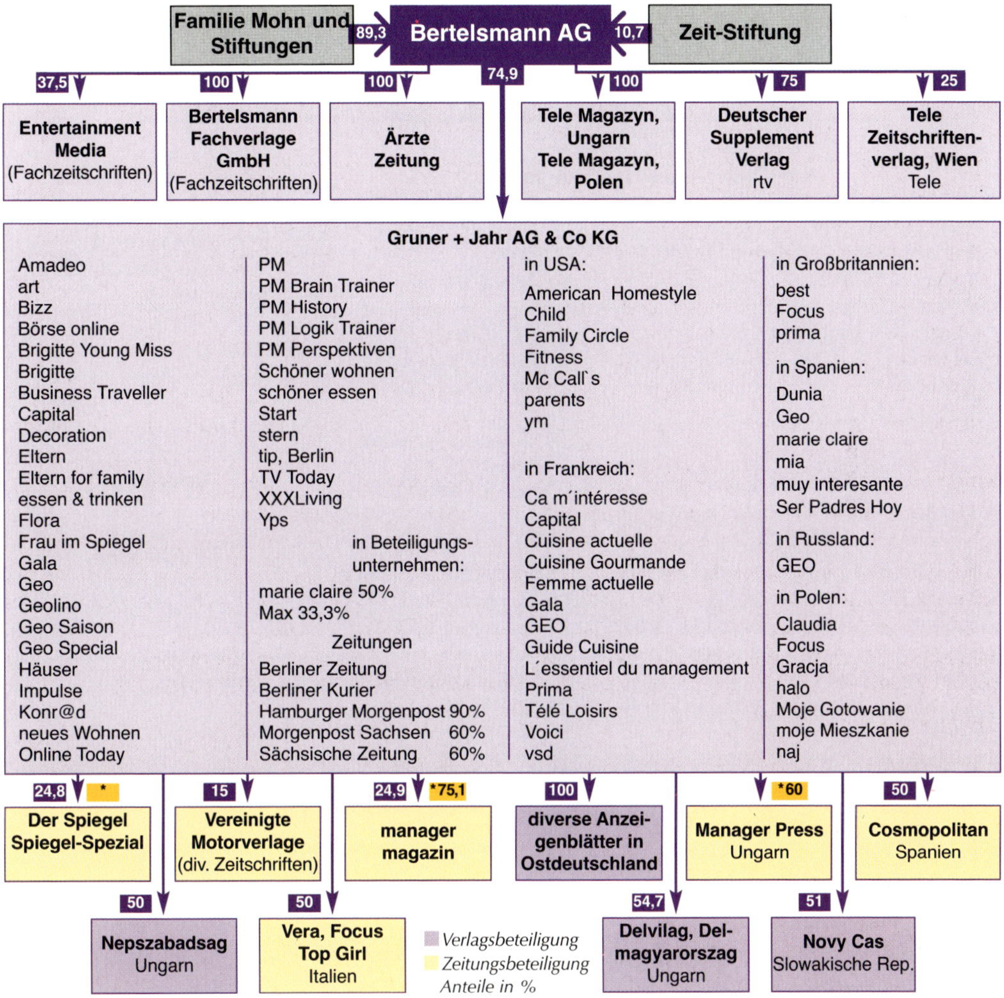

Media-Perspektiven. Basisdaten 1998, S. 29

[1] 2002 trennte sich Bertelsmann von den beiden Berliner Tageszeitungen Berliner Zeitung und Berliner Kurier, die bisher zum Konzernverlag Gruner + Jahr gehörten. Die beiden Printmedien übernahm der Stuttgarter Großverlag Holtzbrink.
Im Gegenzug erhielt Bertelsmann, bzw. die zur Bertelsmann AG gehörende RTL-Group, den Holtzbrink-Anteil von 47,3% am Nachrichtensender n-tv sowie einige private Radiosender.

Die RTL-Group verfügte damit im Juli 2002 über folgende Programm-Anteile:

Super- RTL	50%
RTL II	35,9%
Vox	49,8%
RTL Television	100%
n-tv	47,3%

Gleichzeitig wurden Bertelsmann und die RTL-Group zum größten kommerziellen Rundfunkveranstalter in Deutschland.
(Quelle: Süddeutsche Zeitung Nr. 149, 1.7.2002, S. 23)

M 23 Die Medienbeteiligungen der SPD

Das Medienimperium der SPD

SPD
99,25 %

Deutsche Druck- und Verlagsgesellschaft mbH, Hamburg

Solidarität GmbH Bonn
0,75 %

Beteiligungen an Tageszeitungen*

Neue Westfälische
Anteil: 57,5 %
Auflage: 255 257

Morgenpost für Sachsen
Anteil: 40 %
Auflage: 104 553

Sächsische Zeitung
Anteil: 40 %
Auflage: 321 447

Neue Presse Coburg
Anteil: 30 %
Auflage: 29 247

Hannoversche Allgemeine Zeitung
Anteil: 20,4 %
Auflage: 159 000

Frankenpost
Anteil: 100 %
Auflage: 74 441

Cuxhavener Nachrichten
Anteil: 50 %
Auflage: 13 300

Vogtland-Anzeiger
Anteil: 30 %
Auflage: 11 323

Nordbayerischer Kurier
Anteil: 31,5 %
Auflage: 41 555

Westfälische Rundschau
Anteil: 13,1 %
Auflage: 160 000

Leipziger Volkszeitung
Anteil: 10,2 %
Auflage: 293 650

Neue Presse Hannover
Anteil: 20,4 %
Auflage: 65 700

Göttinger Tageblatt
Anteil: 20,4 %
Auflage: 47 752

Freies Wort und Südthüringer Zeitung
Anteil: 30 %
Auflage: 109 800

Dresdner Neueste Nachrichten
Anteil: 50 %
Auflage: 35 133

Zeitschriften/Verlag

Berliner Vorwärts Verlagsgesellschaft mbH
Anteil: 100 %

ÖKO-TEST
Anteil: 50 %

Reisebüros

Druckereien

*** und andere, kleinere Zeitungen**

Infos: Stz-Grafik 8.2.2003
Quelle: IVW, DDVG,
Stand 12/02

Das Parlament Nr. 10–11, 3./10.3.2003, S. 12

Aufgaben

Zu 3.4 Pressefreiheit und Staat

1. Diskutieren Sie, ob die Regelungen des Staatsvertrages ausreichen, um die Informations- und Meinungsvielfalt im privaten Rundfunk und Fernsehen zu sichern! (M 15)
   Machen Sie ggf. Vorschläge zur Verbesserung!
2. Fragen zum Pressekodex des Deutschen Presserates (M 16):

2.1 Nennen Sie publizistische Grundsätze, die Ihnen besonders wichtig sind! Begründen Sie Ihre Entscheidung!

2.2 Welche der publizistischen Grundsätze werden zurzeit verletzt? Belegen Sie Ihre Antwort durch konkrete Ereignisse!

2.3 Welche Anforderungen an die Redaktionen der Printmedien werden im Pressekodex gestellt? Lassen sich diese auf die visuellen Medien übertragen?

3. Welche Gefahren drohen der Pressefreiheit in Deutschland? Versuchen Sie, Ihre Antwort nach bestimmten Gesichtspunkten (z. B. äußere und innere Gefahren) zu ordnen! (M 18, M 22–M 23)
4. Gegen welche Probleme und Widerstände muss die Pressefreiheit in anderen Teilen Europas und der Welt durchgesetzt werden? (M 17, M 19 – M 21)

Zusammenfassen – Ordnen – Wiederholen

Aufgaben der Medien

In einem demokratischen politischen System werden neben der Legislative (Parlament), der Exekutive (Regierung) und der Judikative (Justiz) die Medien vielfach als *vierte Gewalt* bezeichnet. Vier einander zum Teil überschneidende politische Aufgaben im engeren Sinne nehmen die Medien wahr:

- Information der Bürger,
- Mitwirkung an deren Meinungsbildung,
- Themensetzung,
- Kontrolle und Kritik gesellschaftlicher und politischer Institutionen und deren Repräsentanten.

Informationen
M 17

Der Leser, Hörer oder Zuschauer erwartet von den Medien Informationen über politische, wirtschaftliche, kulturelle, sportliche und kommunale Angelegenheiten. Zum Berufsethos der Journalisten gehört es, die Öffentlichkeit über alle Tatsachen wahrheitsgetreu zu unterrichten, damit die Staatsbürger in der Lage sind, das öffentliche Geschehen zu verfolgen. Im *Pressekodex* des Deutschen Presserates ist der ethische Rahmen journalistischer Arbeit festgelegt.

Meinungsbildung

Durch die Berichterstattung und meinungsorientierte Artikel und Sendungen (wie Kommentare) beeinflussen die Medien die Meinungsbildung. Sie können dadurch politische Einstellungen und Stimmungen beeinflussen und ein bestimmtes Meinungsklima zugunsten oder zuungunsten einer Partei, einer Person oder einer politischen Forderung erzeugen oder fördern.

Kritik und Kontrolle
M 6

Eine lange Liste aufgedeckter Skandale und Affären (Stichwort: „Parteispendenaffären") belegt, dass die Medien in der Bundesrepublik mit Erfolg ihre Kritik- und Kontrollfunktion wahrnehmen.

Themensetzung
M 7

Die moderne Medienforschung hebt hervor, dass den Medien auch eine Thematisierungsfunktion zukommt, d. h. die Leser und Zuschauer halten die Themen für wichtig, die in den Medien behandelt werden.

Mediendemokratie
M 12

Entscheidende Veränderungen im Prozess der politischen Willensbildung werden mit dem Begriff „Mediendemokratie" umschrieben. Der Begriff beschreibt zum einen die weitgehende Abhängigkeit der Bürger von der Politikvermittlung durch die Massenmedien, zum anderen aber auch die zunehmende Ausrichtung des gesamten politischen Prozesses nach den Bedürfnissen der Medien. Medien nehmen heute z.B. einen nicht unerheblichen Einfluss auf parteiinterne Personalentscheidungen oder auf die politische Themensetzung und deren mediengerechte Darstellung. Politiker und Politik insgesamt müssen sich den Spielregeln vor allem der Fernsehberichterstattung unterwerfen, wenn sie erfolgreich sein wollen, andererseits gebrauchen sie die Medien auch für ihre Zwecke.

Politainment
M 11

Die mit der Einführung des privaten Rundfunks in den 80er-Jahren einsetzende Kommerzialisierung des Rundfunksystems führte zu einer Zunahme sensationsheischender Berichterstattung und zu einer Überbetonung negativer Nachrichten. Eine gravierende Veränderung trat bei der Politikdarstellung ein. Die Grenzen zwischen Unterhaltung und Information werden heute zunehmend aufgelöst. Dieser Vorgang wird mit den Stichworten Infotainment oder Politainment umschrieben.

Politainment – in Form sowohl von unterhaltender Politik als auch von politischer Unterhaltung – ist die Antwort auf die Wünsche und Bedürfnisse der heutigen „Spaßgesellschaft". Unterhaltende Politik verfolgt primär Unterhaltungszwecke, sie will keine anspruchsvollen Hintergrundberichte und Analysen liefern und trotzdem leistet sie einen wichtigen Beitrag zur politischen Bildung, indem sie z. B.
- abstrakte Sachverhalte veranschaulicht,
- die knapp gewordene Aufmerksamkeit auf die Politik fokussiert,
- konkrete Modelle für politisches Handeln inszeniert,
- und einen emotionalen Zugang zur politischen Welt eröffnet.

Rechtliche Grundlagen
M 15

Art. 5, Abs. 1 GG garantiert *Meinungs-, Informations- und Pressefreiheit*. Während unter Meinungs- und Informationsfreiheit das Recht des Einzelnen zu verstehen ist, Meinungen „in Wort und Schrift oder Bild" frei zu äußern bzw. „sich aus allgemein zugänglichen Quellen ungehindert zu unterrichten", ist die Pressefreiheit mehr als ein Individualrecht. Das Bundesverfassungsgericht definiert die Existenz einer freien, keinerlei Reglementierung unterworfenen Presse als konstitutives Merkmal einer freiheitlichen Grundordnung – die freie Presse nimmt somit den Rang einer öffentlichen Institution ein.

Gefährdungen der Pressefreiheit
M 20

Daraus folgt eine Verpflichtung des Staates und im Zeitalter globaler Verflechtungen auch von inter- und supranationalen Organisationen (z. B. OSZE, EU), jene Gefahren abzuwehren, die einer freien Presse drohen, z. B. durch Konzentrationsbewegungen auf dem Medienmarkt. Eine marktbeherrschende Stellung im Presse- und Kommunikationswesen kann bedeuten: Einfluss auf die Konsumenten, die ja auch Wähler sind, Einfluss auf Parteien, Verbände, andere Verleger und schließlich auf die Journalisten!

Duale Rundfunkordnung
M 16

In der Bundesrepublik hat sich eine duale Rundfunkordnung etabliert. Die ARD (= Arbeitsgemeinschaft der öffentlich-rechtlichen Rundfunkanstalten der Bundesrepublik Deutschland) und das ZDF (Zweites Deutsches Fernsehen) sind öffentlich-rechtliche Einrichtungen, bei denen gewählte Gremien alle wichtigen Personal- und Programmentscheidungen treffen.
Seit den 80er-Jahren sind daneben Anbieter aus der privaten Wirtschaft getreten. Das Bundesverfassungsgericht hat diese duale Hörfunk- und Fernsehordnung unter bestimmten Auflagen genehmigt: 15 Landesmedienanstalten überwachen z. B. die Ausgewogenheit der Programme und entscheiden über die Zulassung von Anbietern.

4 Interessenverbände

Jeder Mensch nimmt in seinem Leben verschiedene Positionen ein – er ist Schüler, Autofahrer, Fussballspieler, Arbeitnehmer, Steuerzahler etc. Und in jeder dieser sozialen Rollen entwickelt er Interessen: soziale, wirtschaftliche, politische, ideelle usw. Manche dieser Interessen bleiben im privaten Bereich (z. B. sportliche Interessen), andere weisen über diesen hinaus und können nur durch Beschlüsse politischer Entscheidungsträger realisiert werden: z. B. der Kündigungsschutz von Mietern oder der Ausbau der Verkehrswege.

In der Regel hat der Einzelne zahlreiche Interessen mit anderen Personen und Personengruppen gemeinsam. Viele Interessen können in der modernen demokratisch-pluralistischen Massengesellschaft nur dann mit Aussicht auf Erfolg vertreten werden, wenn man sich mit Personen zusammenschließt, die die gleichen oder ähnliche Anliegen haben: Aus Gruppeninteressen werden Interessengruppen.

Das folgende Kapitel befasst sich mit der Einflussnahme von Interessengruppen auf staatliche Entscheidungen, denn dies ist der Punkt, an dem Interessengruppen politisch bedeutsam werden.

Ein kurzes Fallbeispiel zur Kontroverse über die Frage der Beibehaltung oder einer Abschaffung der Buchpreisbindung (M 1 bis M 6) ermöglicht einen ersten Einblick in die Problematik organisierter Interessenwahrnehmung durch Verbände auf nationalstaatlicher, zwischenstaatlicher und europäischer Ebene.

Die Materialien M 7 bis M 11 informieren über die Struktur des Verbandswesens in Deutschland sowie über die Funktionen, die Interessenverbände in unserem politischen System erfüllen.

Um die Beziehungen zwischen Interessenorganisationen und staatlichen Organen geht es in M 12 bis M 15.

In welchem Verhältnis stehen Einzel- bzw. Gruppeninteressen und Gemeinwohl? Wie kann man Letzteres angesichts der Vielzahl von oft gegensätzlichen Interessen vermitteln und politisch durchsetzen? Haben alle Gruppeninteressen gleiche Durchsetzungschancen oder gibt es vernachlässigte Interessen? Was sind die Gründe dafür und wie lässt sich dafür Abhilfe schaffen? Diese Fragen werden in M 16 bis M 18 angeschnitten.

Vor allem im letzten Jahrzehnt haben sich vor dem Hintergrund der Globalisierung auf internationaler Ebene neue Formen der Vertretung insbesondere ideeller Interessen entwickelt, die in M 19 bis M 22 vorgestellt und problematisiert werden.

4.1 Interessen im politischen Prozess – ein Fallbeispiel

M 1 „Buchpreisbindung“– Basisinformation

Bücher, Zeitungen und Zeitschriften sind heutzutage die einzigen Waren, die noch einer Preisbindung unterliegen, d. h. deren Endverkaufspreis wird vom Erzeuger, nicht vom Händler festgelegt. Das hat zur Folge, dass Druckwerke überall zu diesen Preisen angeboten werden, ungeachtet der Höhe ihrer Auflage oder der für Lagerhaltung und Vertrieb anfallenden Kosten. Rabatte in unterschiedlicher Höhe können nur zwischen Verlagen, Groß- und Einzelhändlern ausgehandelt, dürfen aber nicht an die Kunden weitergegeben werden. Die Buchpreisbindung, wie sie bislang in Deutschland und Österreich gültig war, beruhte nicht auf einer gesetzlichen Grundlage, sondern auf einer privatrechtlichen Vereinbarung, dem sogenannten Sammelrevers, auf den sich 1888 Verleger und Sortimenter im deutschen Sprachraum verständigten. An der grenzüberschreitenden Preisbindung zwischen Deutschland und Österreich begann die EU-Kommission aus wettbewerbsrechtlichen Gründen seit Mitte des Jahres 1996 Anstoß zu nehmen. Dies führte zu langwierigen Kontroversen zwischen dem Börsenverein des Deutschen Buchhandels einerseits und dem damaligen EU-Kommissar für Wettbewerb, Karel Van Miert, der das System der Buchpreisbindung abschaffen wollte.

wms, in: Süddeutsche Zeitung Nr. 33, 10.2.2000, S. 2

M 2 Zur Buchpreisgestaltung in anderen Ländern

Das Instrument der Preisbindung hat in den Ländern der Europäischen Union eine unterschiedliche Resonanz gefunden. In Schweden wurde bereits 1970 die Buchpreisbindung abgeschafft. Die Folgen wurden in einer Untersuchung von 1995 aufgezeigt: massive Strukturänderungen am Büchermarkt, das Aus für viele Buchhandlungen, Konzentration bei den Verlagen, verstärktes Angebot an marktgängigen Titeln. Eines trat jedoch nicht ein: die erhoffte generelle Preissenkung für den gedruckten Lesestoff.

Auch in Großbritannien gibt es seit 1995 keine Buchpreisbindung mehr. Die absurde Folge schilderte der Vorstandschef einer Buchhandelskette: Danach müssen ausgerechnet die anspruchsvolleren Bücher die Bestseller subventionieren, weil eben die Marktrenner von großen Ketten, Warenhäusern und Supermärkten mit Preisnachlässen zwischen 20 und 50 Prozent vom ursprünglichen Ladenpreis als Lockvogelangebote genutzt werden. Für kleine Buchhändler, die sogenannten *independents*, eine Katastrophe. Ihre Zahl geht zurück, während der Marktanteil der Ketten weiter wächst. Damit steigt deren Nachfragemacht, also der Druck auf die Verlage, die bestimmte, schwieriger verkäufliche Titel nicht mehr verlegen können.

In Frankreich hat man aus solch einer Entwicklung längst Konsequenzen gezogen. Nach Jahren der Preisfreiheit, die mit einem kräftigen Einbruch des Buchgeschäfts wie auch der Zahl der Buchtitel einherging, verordnete die Regierung Mitterrand 1981 die Rückkehr zu gebundenen Preisen. Allerdings sind die auf zwei Jahre nach der Erstveröffentlichung beschränkt.

Gunhild Freese, Der Anfang vom Ende, in: Die Zeit Nr. 33, 10.8.2000, S. 17

Die kontroversen Interessen

M 3

a) Bringt Medienfirma Buchpreisbindung zu Fall?

Den Stein ins Rollen brachte die Wiener Firma Librodisk Handels-AG. Bereits vor mehr als einem Jahr hatte Österreichs größter Medienkonzern bei der EU-Kommission Beschwerde eingelegt gegen die in Deutschland und Österreich geltende Buchpreisbindung. Librodisks Argument: Die Festlegung der Ladenpreise von Büchern verstoße gegen Artikel 85 des EG-Vertrages, der „wettbewerbshindernde Vereinbarungen und Beschlüsse in der EU“ verbiete.

In erster Linie beruft sich der Medienkonzern darauf, dass die traditionelle Preisbindung es nicht zulasse, dass „Wettbewerbsmechanismen zu einer neuen Stimulation des gesamten Buchmarktes beitragen könnten“. Hier sähe es das österreichische Medienunternehmen am liebsten, wenn die Preisbindung vor allem bei den Bestsellern aufgehoben werden würde. „Dort soll freier Wettbewerb herrschen“, so André Rettberg, Vorstandsvorsitzender von Librodisk. Denn in diesem Bereich müssten kulturelle Aspekte, auf die sich die Befürworter der Preisbindung stets berufen, nicht gesondert beachtet werden. Die Preise für Bestseller könnten ohne Preisbindung um bis zu 20 Prozent sinken, sieht Librodisk die Entwicklung klar vorgezeichnet.

Ferner sei es auch nicht korrekt, dass dem Handel verboten werde, Bücher preisgünstiger anzubieten, auch wenn es sich dabei um Ladenhüter handle. Das Verbot von Rabatten benachteilige den Handel im Übrigen gegenüber sogenannten Buchclubs, die die gleichen Bücher nach einem halben Jahr unter Preisnachlässen von bis zu 30% anbieten dürften.

geld-online, 3.7.1997

b) Die Position des Börsenvereins des Deutschen Buchhandels [1)]

Lesen macht Spaß – erst recht, wenn die Auswahl so groß ist wie in Ihrer Buchhandlung. Hier gibt es Bücher für alle Interessen und für jeden Geldbeutel; viele tausend Titel stehen vor Ihnen in den Regalen, und wenn einer mal nicht am Lager ist, wird er für Sie in kürzester Zeit – oft innerhalb eines Tages – besorgt. Der Tatsache, dass Bücher preisgebunden sind, verdanken wir ein breit gefächertes Titelangebot, ein lebendiges literarisches Leben, ein dichtes Netz leistungsfähiger Buchhandlungen, preisgünstige Bücher und einen beispielhaften Kundendienst.

Warum gibt es Bücher für jeden Lesewunsch?

Weil Bücher preisgebunden sind

Der Ladenpreis für Bücher wird von den Verlagen festgesetzt. Die Preisbindung ermöglicht es, Chancen und Risiken auszugleichen: Der Erlös aus einem Bestseller kann dazu verwendet werden, neue Autoren zu fördern oder literarische Experimente zu verwirklichen. Diese „Mischkalkulation“ trägt entscheidend dazu bei, dass auch Titel verlegt werden, die nur einen kleinen Interessentenkreis finden.

Behindern feste Preise nicht den Wettbewerb? Nein!

Der Ladenpreis für Bücher wird von den Verlagen für die Buchhandlungen verbindlich festgelegt. Der Wettbewerb der Verlage untereinander wirkt sich positiv für Sie auf den Ladenpreis aus.
Im Buchhandel hat die Preisbindung für Bücher einen Leistungswettbewerb zur Folge, also einen kundenfreundlichen Service. Dank der Preisbindung hält Ihre Buchhandlung ein breites Literaturangebot für Sie bereit, besorgt Ihnen jedes lieferbare Buch in kurzer Zeit ohne Preisaufschlag und berät Sie ausführlich und kompetent.

Warum sind Buchhandlungen so leistungsfähig?
Weil Bücher preisgebunden sind

Über 700.000 lieferbare Titel (laut VIB-Verzeichnis lieferbarer Bücher) mit jährlich ca. 70.000 Neuerscheinungen – es gibt keinen Handelszweig mit einem ähnlich breit gefächerten Angebot. Jede Buchhandlung führt ständig einige tausend Titel am Lager. Was nicht sofort verfügbar ist, wird von heute auf morgen besorgt. Ob auf dem Lande oder in der Großstadt: Bücher haben überall die gleichen Preise. Ein Preiswettbewerb würde Ihren Buchhändler zwingen, sein Lager zu reduzieren und auf gängige Titel zu begrenzen. Weil Sie als Buchkäufer aber nicht nur Bestseller-Titel erwarten, bietet Ihnen Ihr Buchhändler eine große Auswahl.

„Ihr Vorteil: Bücher haben feste Preise", Faltblatt des Börsenvereins des Deutschen Buchhandels e. V., Frankfurt a. M. (März) 1999

1) Der Börsenverein des Deutschen Buchhandels e. V. vertritt als Spitzenorganisation des herstellenden und verbreitenden Buchhandels die Interessen von Verlagen, Sortimentbuchhandlungen und Firmen des Zwischenbuchhandels.

c) Die Position deutscher und österreichischer Autoren

Protest gegen die geplante Brüsseler Verfügung zur Abschaffung der Buchpreisbindung übte am Donnerstag [10. Juni 1999] die [österreichische] IG Autorinnen Autoren in einer gemeinsamen Presseerklärung mit dem Verband deutscher Schriftsteller in der IG Medien (VS), dem P.E.N. Zentrum Deutschland und der Schweizer Autorengruppe Olten. ... Die geplante Brüsseler Verfügung zur Abschaffung der Buchpreisbindung sei „in mehrfacher Hinsicht grob rechtswidrig", so die Unterzeichnenden in ihrer Protesterklärung. Eine Entscheidung gegen die Buchpreisbindung verstoße gegen das Europarecht, „weil sie den Kulturvorbehalt der europäischen Verträge außer Acht lässt. Das Buch ist nicht nur Handelsware, sondern vor allem Kulturgut." Sie verstoße gegen nationales österreichisches und deutsches Verfassungsrecht, „weil sie, ohne dass eine europäische Zentralkompetenz für Kultur bestünde, in das Grundrecht der Freiheit der Kunst und der Freiheit der Berufsausübung der Autoren eingreift und deren geistiges Eigentum vernichtet".

Ein Verbot der Buchpreisbindung opfere „auf dem Altar des Götzen Marktwirtschaft das Buch als Kulturgut und Träger sprachlicher wie internationaler Identitäten". Außerdem zerstöre es „die Existenz einer vielfältigen und pluralistischen Kultur von tausenden Verlagen und Buchhandlungen zugunsten weniger marktbeherrschender Unternehmen", sowie die Publikations- und Vortragsmöglichkeiten von tausenden von Autoren. Schließlich betrüge ein Aufheben der Regelung „den Leser um den Reichtum und die Vielfalt der Literatur zugunsten einer Monokultur von Bestsellern, die nach erfolgter Marktbereinigung überteuert abgesetzt werden".

Man forderte daher alle Bundestags- und

Nationalratsfraktionen auf, Farbe zu bekennen und „durch unverzügliche Änderung der gesetzlichen Grundlagen, entsprechend dem französischen Vorbild, den Fortbestand der Preisbindung gesetzgeberisch sicherzustellen".
Weiters kündigten der VS in der IG Medien und die IG Autorinnen Autoren an, parallel zu den Bemühungen des Börsenvereins des deutschen Buchhandels und des Hauptverbands des österreichischen Buchhandels, einstweiligen Rechtsschutz beim europäischen Gerichtshof zu beantragen, „um die drohenden Verletzungen spezifischer Autorenrechte abzuwenden".

www.literaturhaus.at/headlines/1999/06/101/ (29.1.2000)

Die Standpunkte der Politik

M4

a) Die Position des Wettbewerbskommissars der Europäischen Union

Deutschland und Österreich erlitten am Freitag, den 11. Juni 1999 einen empfindlichen Rückschlag im Kampf um die Buchpreisbindung. Der „beratende Ausschuss für Kartell- und Monopolfragen" stimmte in einer außerordentlichen Sitzung mehrheitlich dafür, das grenzüberschreitende Kartell verbieten zu lassen. Die Abstimmung hat zwar nur empfehlenden Charakter, könnte jedoch eine Ermutigung für die EU-Kommission sein, noch diesen Sommer eine Entscheidung zu treffen. Im Moment sieht es aus, als ob der EU Wettbewerbskommissar Karel van Miert doch Erfolg haben könnte, die grenzüberschreitende Buchpreisbindung verbieten zu lassen. Bei der Abstimmung im „beratenden Ausschuss für Kartell- und Monopolfragen", in dem alle EU-Staaten vertreten sind, kam es am vergangenen Freitag zu einer mehrheitlichen Entscheidung für den Entwurf Karel van Mierts. Aus seiner Sicht stellt die Absprache der Buchpreise zwischen Verlegern und Buchhandlungen eine unzulässige Wettbewerbsbeschränkung dar. Die einfache Stimmenmehrheit in diesem Gremium würde für die Annahme bereits genügen. In diesem Fall bliebe noch der Weg zum Europäischen Gerichtshof, der allerdings bereits zweimal eine Abschaffung grenzüberschreitender Buchpreisbindungen bestätigt hat.
Dem Vernehmen nach gibt es in der Kommission jedoch auch Befürworter der Buchpreisbindung, etwa den spanischen Kulturkommissar Marcelino Oreja. Falls die Buchpreisbindung im Handel zwischen Österreich und Deutschland fallen muss, bestehe noch die Möglichkeit, diese national aufrechtzuerhalten, erläuterten EU-Experten.

literaturhaus.at/headlines/1999/06/142/ (29.1.2000)

b) Die Position von Bundesregierung und Bundestag

Der Ausschuss für Kultur und Medien wird sich für den Erhalt der Buchpreisbindung einsetzen. Dies wurde bei der Diskussion über einen Sachstandsbericht von Staatsminister Dr. Michael Naumann am 23. Juni deutlich. ...
Auch der Wirtschaftsausschuss hat vom Europäischen Ministerrat „mit Nachdruck" gefordert, die Buchpreisbindung in Deutschland und im grenzüberschreitenden deutschen Kulturraum zu erhalten. ...
Die Buchpreisbindung sei vom Deutschen Bundestag bei Abschaffung der Preisbindung der zweiten Hand[1] 1973 im Wettbewerbsrecht bewusst abgesichert worden. Sie habe sich bewährt und mit dazu beigetragen, dass im deutschsprachigen Kulturraum eine Fülle von kleinen und mittleren Verlagen und Buchhandlungen nach wie vor vorhanden sei. ...
Der Ausschuss hält es für wichtig, dass im deutschsprachigen Raum auch Bücher verlegt werden, die nicht von vornherein eine große Auflage erwarten lassen. Das Buch und der Buchdruck hätten in der Gesellschaft einen elementaren Beitrag zum heutigen Stand der Kultur geleistet. Dies müsse auch in Zukunft trotz revolutionärer Veränderungen in der Informationstechnologie so bleiben. Der Patentschutz liefere im industriellen technischen Bereich einen Anreiz zu technischen Neuerungen und Innovationen. Die Preisbindung von Büchern sorge für einen ständigen Anreiz für Autoren und Verlage zu Veröffentlichungen von neuen Büchern, so der Ausschuss.

Für Buchpreisbindung einsetzen, in: blickpunkt bundestag 6/99, S. 50

[1] Preisbindung für Wiederverkäufer

M 5 Die vorübergehende Beilegung des Streits

Brüssel/Berlin (KNA/Reuters/ata) – Der seit fast sieben Jahren andauernde Streit über die Buchpreisbindung ist beendet. Die EU-Kommission habe die jüngsten Vorschläge der deutschen und österreichischen Buchhandelsorganisationen zur grenzüberschreitenden Buchpreisbindung grundsätzlich akzeptiert, sagte Wettbewerbskommissar Mario Monti[1)] in Brüssel. Künftig wird es zwei getrennte nationale Systeme zur Buchpreisbindung geben. In Deutschland soll eine privatrechtliche Regelung gefunden werden, für Österreich ist eine Gesetzesregelung geplant. Monti stellte klar, dass rein nationale Preisbindungssysteme, wie sie unter anderem in Frankreich und den Niederlanden bestehen, mit dem EU-Recht vereinbar seien. In der Praxis können damit die Verlage und Buchhändler weiter die Preise für die Bücher festsetzen.

(KNA/Reuters/ata) In Deutschland weiter feste Preise für Bücher, in: Süddeutsche Zeitung Nr. 33, 10.2.2000, S. 1

1) EU-Wettbewerbskommissar sein Herbst 1999

M 6 Eine neue Konfliktlinie: grenzübergreifender Buchhandel per Internet

... die von Michael Naumann als „fairer Kompromiss" gefeierte EU-Entscheidung hat einen Pferdefuß. Die „Belieferung einzelner deutscher Endkunden aus dem Ausland" werde auch künftig „ohne Preisbindung" möglich sein. Eine Lücke, die der zielstrebige Rettberg flugs nutzte. Er offerierte, kaum war der Kompromiss am 1. Juli in Kraft getreten, über seine Internet-Adresse lioncc.at aktuelle Bestseller von den umsatzträchtigen Harry-Potter-Büchern bis zum Duden um bis zu 20 Prozent unter dem in deutschen und österreichischen Buchhandlungen verlangten Preis – alles in allem rund 80 Bücher. Das mochten die heimischen Verleger nicht hinnehmen,... Mehr als 30 Verlage und Großhändler belegten die Libro-Tochter lion mit einem Lieferboykott. Dass die Verleger so heftig reagieren, hat einen einzigen Grund: Sie sind gemeinsam mit der Handelsbranche gehalten, die Lückenlosigkeit der Preisbindung zu garantieren. Anders ist das Instrument nicht zu halten...

Und deshalb wird jeder Versuch, die Preisbindung, sei es absichtlich, sei es aus Versehen, zu umgehen, schleunigst unterbunden. Zwar sind Reimporte aus Mitgliedsstaaten der EU von der Preisbindung ausgenommen, nicht jedoch, wenn damit die nationale Preisbindung umgangen werden soll. Und genau das haben die heimischen Verleger ihrem österreichischen Konkurrenten unterstellt. Der wiederum beschwerte sich wegen des Boykotts in Brüssel – und so wurde der Fall Buchpreisbindung zum Kartellfall.

Denn EU-Kommissar Mario Monti vermutet ebenso wie Buchmanager Rettberg angesichts der rigorosen Reaktion der deutschen Verlage ein abgestimmtes Verhalten, somit eine verbotene Kartellabsprache.

Nun soll in einem Musterprozess gegen den Piper-Verlag, den Rettberg bis zum Europäischen Gerichtshof durchziehen will, geklärt werden, inwieweit auch der grenzüberschreitende Internet-Buchhandel der Preisbindung unterliegt. Keinen Zweifel lässt Brüssel jedenfalls daran, dass der Internet-Handel als neuer Vertriebsweg nicht behindert werden dürfe. Auch so kann die nationale Preisbindung Stück für Stück unterlaufen werden.

Gunhild Freese, Der Anfang vom Ende, in: Die Zeit Nr. 33, 10.8.2000, S. 18

Aufgaben

Zu 4.1 Interessen im politischen Prozess – ein Fallbeispiel

1. Erarbeiten Sie aus M 3 a bis c sowie M 4 a und b thesenartig die kontroversen Positionen der beteiligten Konfliktparteien!
2. Welche Probleme der Interessenwahrnehmung werden in dem aufgezeigten Konflikt erkennbar? Wie wirken sich europäische Regelsetzung und zunehmende transnationale wirtschaftliche Verflechtungen dabei aus? (M 1, M 2, M 5, M 6)
3. Sammeln Sie zum Problem „Buchpreisbindung" weiteres aktuelles Material aus den Medien und führen Sie ein Streitgespräch durch!

4.2 Formen und Strukturen von Interessengruppen

Zum Begriff „Verband“

M 7

In politikwissenschaftlicher Perspektive versteht man unter einem *Verband* (V.) eine auf Dauer angelegte Vereinigung von Personen, Gruppen, Unternehmen oder Institutionen zur organisierten Interessenvertretung gegenüber Dritten, d. h. konkurrierenden Vereinigungen, staatlichen Einrichtungen, Parteien und der Öffentlichkeit.
Dabei werden die Begriffe Interessengruppe, Interessen-V. bzw. V. weitgehend synonym verwendet.[1] Übereinstimmung besteht darüber, die Interessenvertretung nach außen und deren Dauerhaftigkeit durch politische Betätigung und auf der Grundlage gewisser organisatorischer Strukturen als Definitionskriterien zu verwenden. Ärzte, Musiker, Autofahrer, Oberstudiendirektoren oder pharmazeutische Betriebe bilden zwar verschiedene soziale Gruppen mit jeweils einem Grundbestand gleichgerichteter Interessen, werden aber zu V.en erst durch Organisationsbildung und politische Betätigung. Auch Gruppen die sich spontan zusammenschließen, um für einen bestimmten Zweck zu demonstrieren, sich danach jedoch wieder auflösen, werden von dieser Definition nicht erfasst. Andererseits können die in der Bundesrepublik Deutschland in großer Zahl gegründeten Bürgerinitiativen unschwer dazugerechnet werden ...
Von den politischen Parteien unterscheiden sich die V. e. dadurch, dass sie ihre Mitglieder nur unter dem Gesichtspunkt spezieller Interessen und gesellschaftlicher Rollen vertreten, v. a. dadurch, dass sie bei allgemeinen Wahlen nicht selbst kandidieren und keine unmittelbare Regierungsverantwortung übernehmen wollen.

Görres-Gesellschaft (Hrsg.), Staatslexikon in 7 Bänden, 5. Band, Freiburg/Basel, Wien, 7. Aufl. 1995, Sp. 593 – 594

[1] auch: pressure groups

Interessenorganisationen in Deutschland – ein Überblick (Stand: 1998)

M 8

I. Interessenorganisationen im Wirtschafts- und Arbeitsbereich

1. Unternehmens- und Selbstständigen-organisationen

a) Branchenverbände:
- „Bundesverband der Dt. Industrie“ (BDI) mit 33 Branchenverb. (insges. ca. 80.000 M.)
- „Dt. Bauernverband“ mit 41 assoziierten Fachverbänden (rd. 550.000 M.)
- „Hauptgemeinschaft des Dt. Einzelhandels“ mit 36 Einzelverbänden

b) Kammern:
83 Industrie- und Handelskammern, 55 Handwerks-, 10 westd. Landwirtschaftskammern; Berufskammern der Ärzte, Notare, Zahnärzte, Tierärzte

c) Arbeitgeberverbände:
„Bundesvereinigung der dt. Arbeitgeberverbände“ (BDA) mit 51 Branchen- und 446 Unterverbänden

2. Arbeitnehmerverbände

„Dt. Gewerkschaftsbund“ (DGB) mit 13 Branchengewerkschaften (insg. 8.623.471 M.) (dar. 60,4% Arbeiter, 28,5% Angestellte, 7,5% Beamte, 3,7% Rentner; 30,4% Frauen)...
- „Dt. Angestelltengewerkschaft“ (DAG) mit 16 Unterv. (501.000 M.)
- „Dt. Beamtenbund“ (DBB) mit 47 Unterverb. (1.116.714 M.)

3. Verbraucherverbände
- Arbeitsgemeinschaft der Verbraucherverbände (37 Organisationen) – Verbraucher-Initiative (ökolog.) (ca. 8.000 M.)

4. Berufsverbände

Z. B. „Verein Dt. Ingenieure“ (127.000 M.), „Dt. Hochschulverband“ der Professoren (14.700 M.), „Verband der Geschichtslehrer Dtlds.“ (6.000 M.), „Vereinigung Cockpit“ (4.700 M.)

II. Verbände im sozialen Bereich

1. Kriegsfolgenverbände
- „Bund der Vertriebenen“ mit 41 Unterv. und „Landsmannschaften“ (ca. 2 Mill. M.)
- „Gemeinschaft ehem. Polit. Häftlinge – Vereinigg. der Opfer des Stalinismus“ (rd. 5.000 M.)

2. Wohlfahrtsverbände
- „Dt. Rotes Kreuz“ mit 4,7 Mill. M.
- „Dt. Caritasverband“ mit 19 Fachv. z. B. Malteser-Hilfsdienst (rd. 650000 M.)
- „Diakonisches Werk der Evangel. Kirche in Dtld.“ mit 122 Organisationen
- „Volkssolidarität“ (ehem. DDR) (rd. 500.000 M.)

3. Sonstige Sozialverbände
- „Bund der Steuerzahler“ mit 15 angeschlossenen Org. (404.600 M.)
- „Dt. Mieterbund“ (rd. 1,3 Mill. M.)
- „Arbeitslosenverband Dtlds.“ (6.500 M.)
- „Dt. Kinderschutzbund“ (45.000 M.)
- „Schwulenverband in Dtld.“ (650 M.)
- „Dt. Gesellschaft für Humanes Sterben“ (38.000 M.)
- „Interessengemeinschaft der DDR-Grundbesitzer“ (350 M.)

III. Bürgerinitiativen

Überwiegend örtl. Gruppen, meist raumbezogene Interessen vertretend.

„Bundesverband Bürgerinitiativen Umweltschutz“ (BBU) (950 M.)

IV. Vereinigungen im Freizeitbereich

- „Dt. Sportbund“ (DSB) mit Spartenv. (dar. Fussballv. mit 6,1, Schützenv. mit 1,6, Turnv. mit 4,7, Tennisv. mit 2,2 Mill. aktiven und passiven M.)
- „Dt. Sängerbund“ mit 1,8 Mill. M.
- „Allgemeiner Dt. Automobil-Club“ (ADAC) mit 12,8 Mill. Mitgliedern

V. Politische und ideelle Vereinigungen

- „Greenpeace“ (517.000 M.)
- „Bund für Umwelt und Naturschutz Dtld.“ (BUND) mit 219.000 M. – „amnesty international“ (28.800 Mitglieder)
- „Internationale Gesellschaft für Menschenrechte“ (3.200 M.)
- „Bund Freiheit der Wissenschaft“ (3.000 M.)
- „Dt.-Israelische Gesellschaft“ (4.500 M.)
- „Islamischer Weltkongress Dtld.“ mit 27 Organisationen (rd. 281.000 M.)

VI. Verbände öffentlicher Gebietskörperschaften

- „Dt. Städte- u. Gemeindebund“ mit kreisangehörigen Mitgliedsgemeinden
- „Dt. Städtetag“ mit kreisfreien und anderen Städten

nach: Wolfgang Rudzio, Das politische System der Bundesrepublik Deutschland, 5. Aufl., Opladen 2000, S. 70–72

M 9 Ein neues Zeitalter der Organisation

„Wir bewegen uns unaufhaltsam und mit rasender Geschwindigkeit auf ein ‚neues Zeitalter der Organisation‘ zu.“ So schreibt einer der bedeutendsten Management-Vordenker dieses Jahrhunderts, Peter F. Drucker. Die Betonung liegt auf dem Wort „neu“. Von einem „Ende der Organisation“, das viele bereits heraufdämmern sehen, will Drucker nichts wissen. Die Interessenvertretungen müssten aber auf gesellschaftliche Veränderungen reagieren. Das mag sich zunächst wie Labsal anhören für die Würden- und Funktionsträger von Massenorganisationen, die sich seit vielen Jahren mit dem gemeinsamen Problem des Mitgliederschwunds und des damit verbundenen Bedeutungsverlusts herumschlagen: Ob Gewerkschaften oder Arbeitgeber- und Wirtschaftsverbände, ob Parteien oder Kirchen, die „Bindungskraft" der Großorganisationen schwindet; immer mehr Menschen wenden den Interessen-, Glaubens- oder Weltanschauungsgemeinschaften den Rücken zu. Sie treten aus – oder gar nicht erst ein.

Von Austritten und mangelndem Organisierungsinteresse besonders betroffen sind die deutschen Gewerkschaften. Sie verloren seit 1991 – nach einem kurzen deutsch-deutschen Vereinigungsboom – 25 Prozent ihrer Mitglieder. Von damals 11,2 Millionen sind heute nur noch 8,3 Millionen übrig geblieben.

Wirtschafts- und Arbeitgeberverbände machen vor allem die Nicht-Eintritte von Unternehmen neuer Branchen zu schaffen; zudem verlassen sich immer mehr Firmen nicht mehr auf die Interessenvertretung durch die großen Verbände. Viele betreiben „Lobbying" auf eigene Faust – vor allem in Berlin und in Brüssel, wo die meisten industrierelevanten Entscheidungen fallen.

Auch die Kirchen leiden unter schleichender Auszehrung. Zwar sammeln sich immer noch je 27 Millionen Gläubige unter den Dächern der Katholischen und Evangelischen Kirche, aber allein von 1990 bis 1996 verzeichnete die Katholische Kirche 1,1 Millionen Austritte; die Evangelische Kirche verlor in diesem Zeitraum sogar 1,9 Millionen Mitglieder. Die politischen Parteien haben ähnliche Probleme: Gerade mal 1,8 Millionen Bundesbürger sind Mitglied in einer der sechs im Bundestag vertretenen Parteien. Götterdämmerung für Großorganisationen?

Die Betroffenen beklagen gerne die zunehmende Bindungslosigkeit einer Ellenbogen-Gesellschaft von „Ichlingen" und Individualisten. Sozialforscher hingegen widersprechen dieser wohlfeilen Ausrede für Organisationsschwäche: Gerade junge Leute seien hoch motiviert, sich zu engagieren. Allerdings in Initiativen und Projekten, in denen sie das Gefühl haben, etwas bewirken zu können. So halten nach einer jüngsten Emnid-Umfrage 64 Prozent der Jugendlichen die Umweltorganisation Greenpeace für glaubwürdig, aber nur 17 Prozent die Gewerkschaften. Und nur zwei Prozent der unorganisierten Erwerbstätigen erwägen einen Gewerkschaftsbeitritt, 72 Prozent schließen diesen Schritt kategorisch aus.

... Mit der Zeit haben sich die Interessen der Menschen immer mehr ausdifferenziert und sind deshalb immer weniger unter einen kollektiven Hut zu bekommen. Und die Organisationen, je größer sie werden und je länger sie existieren, unterliegen jenem Prozess, den der englische Historiker Cyril Northcote Parkinson in seinem gleichnamigen „Gesetz" zusammenfasste: Sie beschäftigen sich so lange mit ihren eigenen bürokratischen Arbeiten, bis die zur Verfügung stehende Zeit restlos damit ausgefüllt ist – und sie den Kontakt zur Außenwelt nicht mehr brauchen.

Wirtschaftsunternehmen haben unter dem zunehmenden Druck des Marktes diesen fatalen Hang zu Hierarchien als Erste erkannt und arbeiten an deren Abbau. Sie stellen unter dem Stichwort „Kundenorientierung" jene in den Mittelpunkt ihrer Anstrengungen, von deren Wohlwollen und Kaufentscheidung die eigene Existenz letztlich abhängt.

Bei vielen Organisationen ist der Druck mangelnden Mitgliederinteresses wohl noch nicht groß genug, um für sich das „neue Zeitalter der Organisation" einzuläuten: Klein, flexibel und vor allem kundennah dort zur Stelle zu sein, wo die Mitglieder sie brauchen.

Dagmar Deckstein, Mehr Service, weniger Hierarchie, in: Süddeutsche Zeitung Nr. 237, 13.10.1999, S. 2

Aufgaben

Zu 4.2 Formen und Strukturen von Interessengruppen

1. Erörtern Sie Ursachen des zunehmenden Reformdrucks, dem sich Großorganisationen ausgesetzt sehen! Diskutieren Sie Möglichkeiten für die Großverbände, den neuen Entwicklungen in Wirtschaft und Arbeitswelt Rechnung zu tragen! (M 9)
2. Sammeln Sie in den Medien Informationen über neuere Entwicklungen im Bereich der Gewerkschaften!

4.3 Interessenverbände und Staat

4.3.1 Funktionen von Interessenverbänden

M 10 Interessenverbände – Klammern zwischen Bürgern und Staat

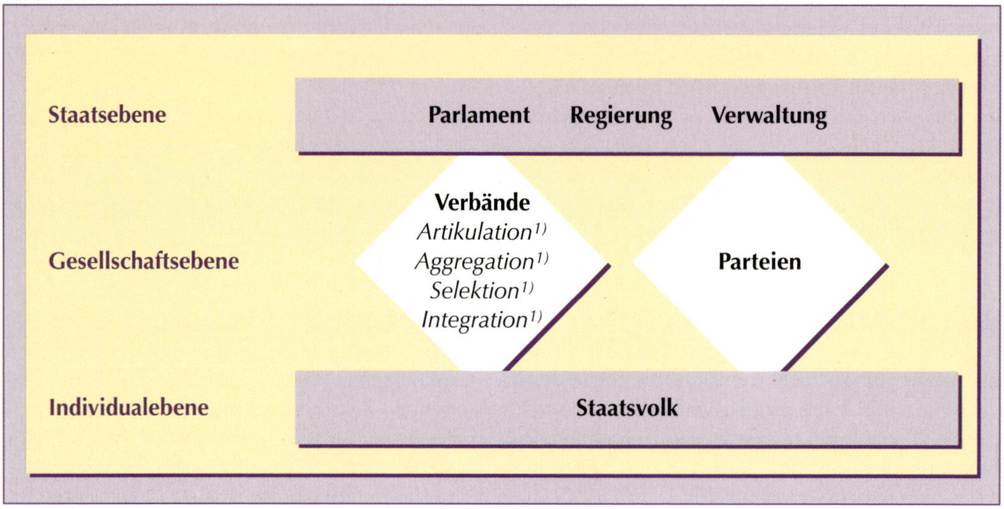

nach W. Frank, Politik in der Industriegesellschaft, 7. Aufl., Rinteln 1975, S. 72

[1] siehe hierzu M 11

M 11 Funktionen der Interessenverbände: Artikulation – Aggregation – Selektion – Integration – Partizipation

Interessengruppen sind Träger der *Interessenartikulation*. Insofern agieren sie im Bereich der Vorformung staatlicher Entscheidungen. Sie verdichten individuelle Wünsche und allgemeine Meinungen ihrer Mitglieder zu einem entscheidungsfähigen Gruppenwillen.

Der verbandsinterne Vorgang der Herausbildung eines Gruppenwillens umfasst ebenfalls den Prozess der Umsetzung von Interessen in bereits „aggregierte" politische Alternativen. *Interessenaggregation* muss als eine wesentliche Voraussetzung für die politische Handlungsfähigkeit organisierter Interessen betrachtet werden. Sie fördert deren Berechenbarkeit gegenüber ihren Einflussadressaten im politischen System, weil die Fülle von Einzelmeinungen und punktuellen Interessen in einem Handlungsfeld durch Aggregation auf eine geringere Anzahl von klar umrissenen Entscheidungs- und Handlungsalternativen reduziert wird. Die Entscheidungsträger – Regierung, Verwaltung, Parlament usw. – werden durch derart gebündelte und gefilterte Interessen entlastet; der Entscheidungsdruck auf das politische System nimmt ab. Der Wandel der Staatsaufgaben im modernen Sozial- und Leistungsstaat hat Informations- und Konsensbedürfnisse aufseiten des Staates entstehen lassen, die ohne Kooperationsbereitschaft und externen Sachverstand von Verbänden nicht mehr zu bewältigen sind.

Interessenaggregation beinhaltet andererseits auch, dass Interessengruppen das politisch-administrative System mit bereits ausgewählten und in ihrer Bedeutung gewichteten Einzelinteressen konfrontieren (*Interessenselektion*). Verbände leisten somit eine Informationsauswahl und bestimmen darüber mit, welche Fragen in der politischen Öffentlichkeit und im Parlament diskutiert werden. Als „Türhüter" (gate-keeper) im politischen System tragen sie Verantwortung dafür, dass keine wesentlichen Gruppeninteressen vernachlässigt (*Integration*) und aufgrund eines kartellartigen Zusammenschlusses von organisierten Interessen Bedürfnisse und Forderungen anderer Gruppen vom politischen Prozess ausgeschlossen werden („Exklusion"). Ein solches Interessenkartell würde dazu neigen, die Bindungsfähigkeit des politisch-administrativen Systems abzuschwächen; es könnte einer politischen Desintegration Vorschub leisten. Nicht berücksichtigte Interessen wären gezwungen, ihre Anliegen außerhalb des etablierten Institutionengefüges wahrzunehmen.

Indem Interessengruppen den Bürgern die Möglichkeit geben, am politischen Prozess zu partizipieren, sichern sie die Kommunikation zwischen Bürgern und Repräsentanten des politischen Systems. Sie bieten Einflussmöglichkeiten auf staatliche Entscheidungen auch außerhalb periodisch stattfindender Wahlen (*Partizipation*).

Oscar W. Gabriel / Everhard Holtmann (Hrsg.), Handbuch Politisches System der Bundesrepublik Deutschland, München/ Wien 1997, S. 544

4.3.2 Interessenverbände im politischen Prozess

Beispiel Bundestag: Verbands- oder Volksvertretung?

M 12

Die „Verbandsfärbung" des Deutschen Bundestages[1)]

Wahlperiode	Vereinigungen										Vertreter aller Interessenverbände[2)]	
	Wirtschafts- und Arbeitsbereich		Sozialbereich		Freizeitbereich		Kultur, Wissenschaft, Religion, Politik		Gebiets- und andere Körperschaften des öff. Rechts			
	abs.	Prozent	abs.	Prozent	abs.	Prozent	abs.	Prozent	abs.	Prozent	abs.	Prozent
7. (1972–76)	159	30,7	47	9,1	6	1,2	26	5,0	13	2,5	251	48,5
8. (1976–80)	144	27,8	48	9,3	8	1,5	61	11,8	16	3,1	277	53,5
9. (1980–83)	168	32,4	76	14,6	10	1,9	99	19,1	5	1,0	358	69,0
10. (1983–87)	135	26,0	60	11,5	17	3,3	87	16,7	3	0,6	302	58,1
11. (1987–90)[3)]	68	13,1	78	15,0	18	3,5	117	22,6	14	2,7	226	43,6
12. (1990–94)[4)]	69	10,4	92	13,9	15	2,3	137	20,7	14	2,1	261	39,4

1) Mehrfachnennungen möglich, bei der achten Wahlperiode Stand Juli 1979, im Übrigen: Beginn der Wahlperiode; nur ehren- und hauptamtliche Verbandsfunktionen, bloße Mitgliedschaft in einem Verband blieb unberücksichtigt.
2) bis 1990: einschließlich der Abgeordneten aus West-Berlin
3) 1987 Änderung der Anzeigepflichten nach GO BT Anlage 1, Abs. 1
4) Zeilensumme stimmt nicht mit dem im Datenhandbuch angegebenen und in die Tabelle übernommenen Wert überein. Werden die Angaben addiert, was Mehrfachnennungen einschließen kann, ergeben sich folgende Werte: In der elften Wahlperiode gaben 295 Abgeordnete an, ehren- oder hauptamtlich für einen Interessenverband tätig gewesen zu sein (56,8 Prozent aller Abgeordneten), in der zwölften Wahlperiode waren dies insgesamt 327 Abgeordnete (49,4 Prozent).

Werner Reutter, Organisierte Interessen in Deutschland. Entwicklungstendenzen, Strukturveränderungen und Zukunftsperspektiven. In: Aus Politik und Zeitgeschichte B 26–27, 23.6.2000, S. 13

M 13 Mittel des Verbandseinflusses auf die Politik

Der Spiegel Nr. 43, 25.10.1993, Titelbild

Der frühere Bundeskanzler Ludwig Erhard nannte sie nur „Geschmeiß". Der Politikwissenschaftler Martin Sebalt bezeichnete sie als „lichtscheue Gnome" und der ehemalige Wirtschafts- und Finanzminister Karl Schiller urteilte knapp: „Organisierte Gruppen rotten sich zusammen und nehmen den Staat als Beute." Diese Einschätzungen politischer Lobbyisten stammen aus den siebziger Jahren. Seitdem ist das Image der Interessenvertreter nicht besser geworden – eher schlechter angesichts der Enthüllungen um den Waffenhändler Karlheinz Schreiber. Motto: Ein paar Tausender im Koffer erleichtern jede politische Entscheidung.

Axel Heim lacht über solche Vorstellungen. „Geld", sagt er und wird grundsätzlich: „Geld spielt keine große Rolle". Heim ist Geschäftsführer und Oberlobbyist des Verbandes der Cigarettenindustrie (VDC). Er selbst sieht sich als „Informationsmakler", der Politiker und Ministerialbeamte mit Argumenten überzeugen und seiner Branche den politischen Prozess nahebringen will.

Das ist das Lieblingsbild des Lobbyisten. Der brave Handlanger der Politik. Der mit Fakten und Formulierungen hilft, weil die Politiker auch in Berlin im Raumschiff sitzen und an den Menschen vorbeirauschen. Lobbyisten – die Wanderer zwischen den Welten. Natürlich ist dieses Selbstbild nicht völlig falsch, aber es ist eben auch nur teilweise wahr. Viele Paragrafenwerke sind anfangs ungenau und gewinnen durch die Kompetenz der Interessenvertreter. „Bei dem Entwurf zur Ökosteuer haben die Ministerialbeamten bei den Verbänden gefragt, was das Gesetz kostet", erinnert sich Wolf-Dieter Zumpfort, der die Preussag-Verbindungsstelle leitet. Einige Ressorts haben die Einflussnahme sogar fest verankert: Das Verteidigungsministerium unterhält einen rüstungspolitischen Arbeitskreis, das Wirtschaftsministerium kümmert sich um die Luft- und Raumfahrtindustrie.

Soweit der Polit-Alltag. Doch Lobbyismus ist mehr. Dann halten Abgeordnete Reden, die ihnen die Wirtschaftsverbände aufgeschrieben haben. Zu Zeiten des Kanzlers Helmut Kohl tauchten in Ausschüssen einmal Positionspapiere der Industrie als Koalitionsvorlagen auf. Manchmal geht es noch direkter. Ein Anruf von VW-Chef Ferdinand Piëch genügte und Kanzler Gerhard Schröder versuchte, die Verordnung zum Altauto-Recycling zu stoppen – bis ihn die Europäische Union aushebelte.

Und es gibt auch die dicken Umschläge. Horst Seehofer (CSU) fand einen solchen in seinem Büro vor, als er noch Gesundheitsminister war. Prall gefüllt mit Geldscheinen. Sofort sandte er ihn zurück und wunderte sich nur über den plumpen Versuch.

Im Gesundheitswesen tobt der Lobbyistenkampf mit am härtesten. Alle wollen von den 128 Milliarden Euro, die die Kassen umsetzen, etwas abhaben. Die Apotheker kämpfen für ihre gesetzlich garantierten Gewinnspannen und die Ärzte um ihre Budgets. Von den Zahnärzten hält der Vorsitzende des Gesundheitsausschusses Klaus Kirschner (SPD) besonders wenig. „Deren Funktionäre denken vorwiegend an ihre Einkommen. Als Gesprächspartner nehme ich die nicht mehr ernst."

Wie viele Lobbyisten rund um den Bundestag tätig sind, ist unklar. Insider gehen von 2500 bis 3000 aus. Allein die beim Parlament geführte Lobbyliste umfasst 400 Seiten und zählt 1657

Institutionen auf, von der „Abwassertechnischen Vereinigung“ bis zur „Zoologischen Gesellschaft für Arten- und Populationsschutz“. Neben den Lobbybüros der Firmen entstehen politische Salons, in denen „Kommunikationsagenturen“ Kontakte zwischen Parlamentariern und Lobbyisten organisieren. Oft sind da alte Bekannte tätig wie die frühere SPD-Sprecherin Dagmar Wiebusch oder Berlins Ex-Kultursenator Peter Radunski (CDU). Der Wechsel von der Parlamentarierbank auf den Lobbyistensessel ist nicht selten. Die ehemalige Parlamentarische Staatssekretärin Cornelia Yzer (CDU) etwa ging aus dem Forschungsministerium zum Verband Forschender Arzneimittelhersteller. Auch Preussag-Mann Zumpfort war mal Abgeordneter.
Nicht selten sitzen die Lobbyisten direkt im Parlament. Reinhard Göhner etwa ist Hauptgeschäftsführer der Bundesvereinigung der Arbeitgeberverbände und CDU-Abgeordneter. Oder Anke Fuchs (SPD), Vize-Präsidentin des Bundestags und Präsidentin des Deutschen Mieterbundes. Oder Klaus Wiesehügel, Chef der Bau-Gewerkschaft, der durch besonderen Tatendrang auffiel. Vorbei an seinem Vorsitzenden Peter Struck sammelte er in der SPD-Fraktion Unterschriften für einen Gesetzentwurf zum Schlechtwettergeld, der Bauarbeiter besserstellen sollte. Erst ein Machtwort des Kanzlers stoppte ihn.
Manche Abgeordnete sind direkt für Unternehmen tätig. Ex-Regierungssprecher Friedhelm Ost (CDU) gab vertrauliche Unterlagen des Wirtschaftsministeriums an die Deutsche Vermögensberatung (DVAG) weiter, enthüllte der Spiegel. Für Ost ein „ganz gewöhnlicher Vorgang“, wie er dem Nachrichtenmagazin sagte. Inzwischen arbeitet Ost ganz offiziell als Generalbevollmächtigter für die DVAG, die Verbraucherverbände als Drückerkolonne für Finanzprodukte bezeichnen. Angebliches Jahresgehalt: eine Million Mark.

Andreas Hoffmann, Wanderer zwischen den Welten, in: Süddeutsche Zeitung Nr. 52, 3.3.2000, S. 2

Adressaten und Mittel der Einflussnahme

M 14

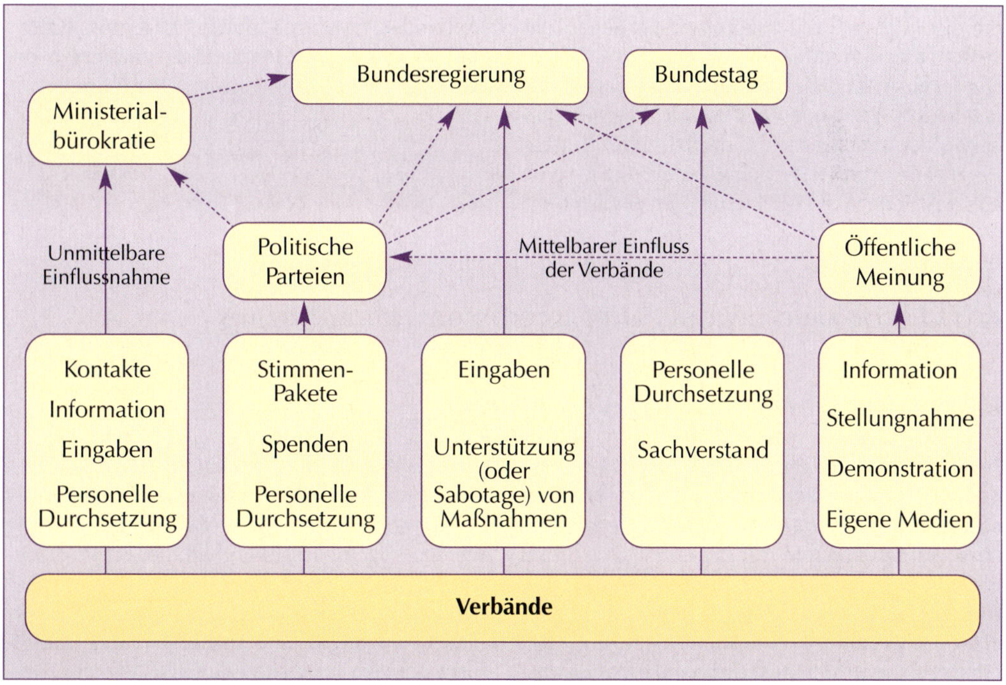

Wolfgang Rudzio, Die organisierte Demokratie. Parteien und Verbände in der Bundesrepublik. Stuttgart 1977, S. 41

M 15 Interessenverbände und Europäische Union

Die Interessenverbände spielen für die Europapolitik eine große Rolle. Noch stärker als auf der nationalen Ebene ist der Sachverstand der Verbände und deren Kommunikationsmöglichkeiten in Brüssel gefragt. Schon allein das Verhältnis von 7.000 Lobbyisten zu rund 14.000 Kommissionsbeschäftigten zeigt, welche Bedeutung die Interessenorganisationen in Brüssel genießen. Gerade gegenüber der Kommission als der entscheidenden EG-Behörde fungieren die Verbände als wichtige Informationslieferanten und „Willensbildner". Nicht immer sind die Referate in der EG-Kommission mit den entsprechenden Fachleuten besetzt, wie dies üblicherweise bei den Bundes- und Landesministerien der Fall ist. Aus diesem Grunde liefern die Interessenverbände für die Kommission wichtiges Fach- und Sachwissen. Trotz eines Europäischen Parlaments ist die Willensbildung der europäischen Politik weitgehend dem EG-Bürger und den Parteien entzogen; das gewählte Parlament verfügt nur über vergleichsweise geringe politische Gestaltungsmöglichkeiten. Der Europäische Rat und der Ministerrat sowie die Kommissionen sind die eigentlichen „Machtzentren", in denen die Entscheidungen fallen. ...

Die nicht selten gleich gelagerten Interessen der nationalen Verbände und deren Regierungen haben auch in Deutschland dazu geführt, dass sie in vielen Fragen Partner geworden sind. So ist auf der Seite der Politik und der Ministerien, aber auch auf Seiten der Verbände zu hören, dass sich aus dem traditionellen „Gegenüber" von Staat und Verbänden eine Art Partnerschaft in vielen Fragen entwickelt habe. In vielen Fällen unterstützt man sich gegenseitig mit Informationen, mit Kontakten und in Ausnahmen auch mit Ressourcen aller Art. Dieses partnerschaftliche Verhältnis hat sich nicht nur gegenüber den Bundesverbänden und Bundesbehörden entwickelt, sondern auch auf Länderebene. In allen Fällen dienen die Länderbüros in Brüssel nicht nur der Landesregierung als Kontaktstelle, sondern auch den Landesverbänden und der Wirtschaft in den einzelnen Bundesländern. ...

Das Lobbying deutscher Verbände hat sich in weiten Teilen insofern verändert, als die Adressaten der Verbandsinteressen nicht mehr nur auf staatlicher Seite zu suchen sind. Für die deutschen Wirtschaftsverbände sind die europäischen Dachverbände ebenso zu Adressaten ihrer Interessenpolitik geworden. Da vor allem bei den Wirtschaftsverbänden die europäischen Verbandsstrukturen relativ weit gewachsen sind und der Einfluss der Bundesregierung über den Rat schwächer geworden ist, sind die deutschen Verbände gezwungen, durch geeignetes „Lobbying" in ihrem Euro-Verband die Interessen der deutschen Mitglieder wirksam einzubringen.

Hans-Walter P. Schloz, Auswirkungen der europäischen Integration auf das deutsche Verbändesystem, Stuttgart 1994, zit. nach: Verbändereport 7/2000

M 16 4.3.3 Probleme organisierter Interessenwahrnehmung

Macht und Ohnmacht von Verbänden

Schon ein kurzer Blick auf das System der Interessengruppen in Deutschland macht deutlich, dass einige Interessen besonders gut *organisiert* sind, während andere nur unzureichend im organisierten Interessenspektrum vertreten sind. Am ehesten organisieren sich homogene, durch eine gemeinsame ökonomische Lage und ggf. Deprivationen[1)] sich auszeichnende Statusgruppen. Dies zeigt sich sowohl an der Entwicklung der Gewerkschaften als auch bei den Unternehmerverbänden und den kleinen Mittelstandsvereinigungen. Durch diese ökonomische Logik werden allgemeine, außerhalb der Produktionssphäre angesiedelte Interessen strukturell benachteiligt. Hierbei handelt es sich im Wesentlichen um allgemeine Interessen und Bedürfnisse aus den Bereichen Umwelt, Verkehr, Freizeit etc. ...

Die Möglichkeit, im Verbandssystem Bedeutung zu erlangen, ist neben der Organisationsfähigkeit im Wesentlichen durch die Konfliktfähigkeit von Interessen bestimmt. Diese beweist sich in den Entzugsmöglichkeiten als Sanktionen gegenüber anderen Interessengruppen oder staatlichen Instanzen. Ein wirksames Druckmittel ist die Zurückhaltung von Kapital und/oder Arbeit, wie sie etwa von Unternehmerverbänden und Gewerkschaften in Konflikten eingesetzt wird (z. B. bei einem Streik). Ein weiteres Druckmittel von Verbänden gegenüber politischen Parteien, das seit Bestehen der Interessengruppen eine große Rolle spielt, ist die Drohung mit dem Entzug von Wählerstimmen. Die Effektivität solcher Drohungen ist von gewissen Konstellationen im politischen System abhängig, z. B. unmittelbar möglicher Wechsel der Parteipräferenzen oder nur knappe Mehrheiten im Parlament. Vergleicht man das Durchsetzungspotenzial gewisser ökonomischer Interessengruppen mit den geringen Entzugsmöglichkeiten anderer Gruppen, etwa der Behinderten, Kinder, Hausfrauen, alten Menschen, Verbraucher etc., dann wird deren geringer politischer Einfluss schnell einsichtig.

Uwe Andersen/Wichard Woyke (Hrsg.), Handwörterbuch des politischen Systems der Bundesrepublik Deutschland, 4. Aufl., Opladen 2000, S. 242

[1] Deprivation: Mangel, Verlust von etwas Erwünschtem

Vernachlässigte Interessen in der pluralistischen Gesellschaft

M 17

Behinderte Kinder demonstrieren für Gleichstellung mit nicht behinderten Schülern

Arbeitslose im Warteraum eines Arbeitsamtes

Obdachloser

M 18 Das „Bündnis für Arbeit“

Das Bündnis als Institution

Wirtschaftsverbände	Regierung	Gewerkschaften
Präsidenten	Kanzler, Minister	Vorsitzende
Hauptgeschäftsführer	**Staatssekretäre**	**Leitende Funktionäre**
Bundesverband der Dt. Industrie	Kanzleramt	DGB
Bundesvereinigung der dt. Arbeitgeberverbände	Finanzministerium	IG Metall
Dt. Industrie- und Handelskammer	Arbeitsministerium	ÖTV
Zentralverband des Dt. Handwerks	Wirtschaftsministerium	IG Chemie
	Gesundheitsministerium	DAG

Wann immer in Deutschland wirtschaftspolitische Schwierigkeiten auftreten, ertönt der Ruf nach korporatistischen Lösungen.[1] Nach organisierter Verhaltensabstimmung kollektiver Akteure unter Beschränkung des Wettbewerbs. Der liberale Ökonom Ludwig von Mises hat schon vor sechzig Jahren erkannt; „In der korporativistischen Utopie wird der Markt ersetzt durch das Zusammenspiel der Korporationen“. Ein Pakt muss her, so hören wir, zwischen den Generationen, den Interessengruppen, den Klassen und Wirtschaftssubjekten. Das, so die Hoffnung vieler, könne Linderung der seit Jahren unerträglich hohen Arbeitslosigkeit in Deutschland bringen. Das ist ein Trugschluss. ...

Das Bündnis wird ganz bewusst als tripartistisches Gremium installiert: Staat, Verbände und Gewerkschaften sind seine zentralen Akteure. Dem Staat kommt dabei eine moderierende Aufgabe zu, freilich auch eine, welche die antagonistischen Akteure unter sanften Handlungs- und Entscheidungsdruck bringen soll. Denn der Staat ist zur Drohung fähig, mit Gesetzen zu regeln, was im Patt der Sozialpartner andernfalls ungeregelt bliebe. Das Ziel des freiwilligen Abbaus von Überstunden hat die Drohung einer Änderung des Arbeitszeitgesetzes hinter sich. Das Ziel einer freiwillig ausgesprochenen Lehrstellengarantie für alle Jugendlichen hat die Drohung einer Arbeitsplatzabgabe hinter sich.

Beabsichtigt sind Deals: Tausche eine Erleichterung der Unternehmensbesteuerung gegen Zugeständnisse beim Abbau von Überstunden. Tausche die Integration der Lohnpolitik in das Bündnis gegen weitere Schritte der Umverteilung der Arbeit. Das Arrangement legt Abkommen zu Lasten Dritter, des Beitrags- oder Steuerzahlers, nahe: Kompromisse sind dann am ehesten vereinbar, wenn ein anderer zahlt.

Das ist die Konsequenz des Wettbewerb unterdrückenden Korporatismus: Das zentrale Verfahren führt dazu, dass Verantwortlichkeiten verwischt werden. Die hohe Arbeitslosigkeit in Deutschland ist zum größten Teil Folge einer verfehlten Tarifpolitik der Gewerkschaften und Verbände. Es sind dieselben Akteure, die sich jetzt am Verhandlungstisch wieder begegnen und für die Folgen ihres Tuns den Beitrags- und Steuerzahler zur Kasse bitten. Das Bündnis ist ein Verfahren, das die Böcke zu Gärtnern macht. Das kann nicht gut gehen. Was als Therapie angekündigt wurde, ist selbst Teil der Krise.

Das Bündnis bringt den Verbänden einen Zuwachs an Macht, Einfluss und Renommee. Agenturen des Handwerks, der Wirtschaft und Industrie, denen als gesellschaftliche Instanzen im politischen Raum der Demokratie nichts als Lobbyismus bleibt, sind plötzlich auf Dauereinladung des Kanzlers Akteure des politischen Geschehens. ... auf der Agenda der Bündnisgespräche stehen alle wichtigen Themen der Sozialstaatsreform: Ihre Tagesordnung geht weit über die klassische Arbeitsmarktpolitik im engeren Sinne hinaus: Steuer, Rente, Gesundheit kommen dazu. Dabei hat es die Regierung aus gutem Grund bislang vermieden, den konstitutionellen Ort des Bündnisses zu definieren. Wie verbindlich sind die Verabredungen des Runden Tisches? Setzen sie Einstimmigkeit oder relative Mehrheiten voraus? Trotz normativer Vagheit, faktisch ist die Macht der Verbände im Bündnis nicht gering zu schätzen. Ist es vorstellbar, dass das Parlament sich über einen Rentenkonsens hinwegsetzt, über den zuvor im Bündnis Einvernehmen erzielt wurde?

Rainer Hank, Macht und Einfluss am Verhandlungstisch, in: Das Parlament Nr. 31, 30.7.1999, S. 5

[1] Vgl. M 19

Neokorporatismus: Politikverflechtung zwischen Staat und Verbänden

M 19

Staatsorgane, politische Parteien und Interessenverbände sind im heutigen System eine Symbiose eingegangen, für welche die neuere Politikwissenschaft den Begriff des *Korporatismus* wieder aufgenommen hat. Der *autoritäre Korporatismus* beruhte, wie bei den Ständen im Faschismus (Italien, Spanien) oder den Massenorganisationen im Kommunismus, auf vom totalitären Staat tendenziell gelenkten gesellschaftlichen Organisationen. Im *liberalen Neokorporatismus* findet auf der Basis prinzipieller Autonomie der Verbände eine wechselseitige Durchdringung von Staat und Verbänden statt, an der auch die politischen Parteien partizipieren.

Aufgrund der politischen Verantwortung des Staates für die wirtschaftliche und soziale Entwicklung sucht dieser die gesellschaftlichen Großverbände auf, eine möglichst einvernehmliche Politik im Interesse des allgemeinen Wohls zu verpflichten. Das kann in einer freien Gesellschaft nicht durch autoritative Anordnungen der Staatsorgane geschehen, sondern allein durch Überredung, Übereinkunft und Ausgleich.

Beispiele für solche Zusammenarbeit sind die frühere „Konzertierte Aktion" der Arbeitgeber- und Arbeitnehmerorganisationen unter Bundeswirtschaftsminister Schiller oder die Bemühungen um eine Kostendämpfung im Gesundheitswesen unter Bundesgesundheitsminister Seehofer. Gleiches gilt für den Bereich der Tarifautonomie, in den der Staat zwar nicht formell eingreifen kann, dessen Auswirkungen ihm jedoch nicht gleichgültig sein können, weshalb er die Sozialpartner ständig zu einem wirtschaftlich und sozial vertretbaren Verhalten ermahnt, ohne ihre Autonomie anzutasten. Politische Interessenwahrnehmung findet also nicht bloß seitens der Verbände zur Beeinflussung der staatlichen Entscheidungsorgane statt, sondern auch in umgekehrter Richtung. Sie hat sich auf diese Weise zu einem permanenten Prozess der Politikverflechtung verdichtet, in dem staatliche Organe und Verbände gleichermaßen Agierende wie Reagierende sind.

Kurt Sontheimer/Wilhelm Bleek, Grundzüge des politischen Systems der Bundesrepublik Deutschland, München 1997, S. 262 f.

Gemeinwohl

Bezeichnung des Gesamtinteresses, im Gegensatz zum Wohl besonderer Gruppen oder einzelner Personen. Umstritten sind die Voraussetzungen seiner Verwirklichung sowie das Ausmaß, in dem das G. verwirklicht werden kann. In der Debatte prallen zwei Auffassungen vom G. aufeinander: 1) die Vorstellung eines vorgegebenen und objektiv feststellbaren Gesamtinteresses, so z. B. J.-J. Rousseaus (a-priori-G.) und 2) die vor allem in der Pluralismustheorie vertretene Auffassung, der zufolge das G. allenfalls näherungsweise und im Nachhinein auf der Basis empirischer, grundsätzlich veränderbarer Ergebnisse des politischen Prozesses zu ermitteln sei, sofern freies Spiel der Kräfte und Kampfparität der beteiligten Interessen gegeben sind (a-posteriori-G.).

nach: Manfred G. Schmidt, Wörterbuch zur Politik, Stuttgart 1995, S. 346–347

Aufgaben

Zu 4.3 Interessenverbände und Staat

1. Erläutern Sie die in M 11 genannten Funktionen von Interessenverbänden mit eigenen Worten! Finden Sie ggf. Beispiele!
2. Erarbeiten Sie aus M 16, welche Faktoren einem Interessenverband Macht verleihen! Bewerten Sie diesen Verbandseinfluss!
3. Erörtern Sie Vor- und Nachteile des Korporatismus! (M 18, M 19)
4. Diskutieren Sie unter Einbeziehung der Materialien des Fallbeispiels (M 1– M 6) die Problematik der Ermittlung und Realisierung sowie möglicher Gefährdungen des Gemeinwohls!

4.4 Neue Entwicklungen im Zeitalter der Globalisierung

M 20 Was sind „NGOs“?

Sie machen Schlagzeilen, mehr denn je. Denn sie machen alles. Überall. Und jederzeit. Völkermord in Ruanda? – die „Ärzte ohne Grenzen“ versorgen Verwundete. Französische Atomtests im Pazifik? – Greenpeace kreuzt vor Mururoa. Frauenelend in Bangladesch? – die einheimische Grameen Bank offeriert Hoffnung per Kleinkredit für über zwei Millionen Mütter und Töchter.
Sie, das sind die Nichtregierungsorganisationen, die Non-Governmental Organizations (NGOs). Der Begriff ist so hölzern wie unscharf. Gesagt ist damit nur, was die NGOs eben nicht sind: nicht Regierung, nicht Amtsstube, also nicht hoheitliche Gewalt. Sie sind privat, aber keine Geschäftemacher, nicht gewinnorientiert. Sie sitzen – per definitionem – zwischen den Stühlen, zwischen Markt und Staat, und nennen sich deshalb auch gern den „dritten Sektor“, die „dritte Kraft“.
Traditionell zählen zu ihnen Gewerkschaften und Arbeitgeberverbände, Weltkirchenrat, Veteranenclubs oder auch die Internationale Vereinigung der Bienenzüchter. Doch wer heute NGO sagt, meint meist ehrenamtliche Vereine oder professionelle Initiativen, die aus neuen sozialen Bewegungen erwachsen sind – etwa Robin Wood, amnesty international, terre des hommes. Wie viele dieser Gruppen auf der Welt agieren, weiß niemand. Die UNO schätzt etwa 50 000, mindestens. Das heißt auch: *die* NGO gibt es nicht. Nichts ist typisch, alle sind anders.

Martin Merz / Christian Wernicke, Die neue Internationale, in: Die Zeit Nr. 35, 25.8.1995, S. 9

M 21 Profil einer internationalen Umweltschutzorganisation: Greenpeace

Greenpeace Deutschland, offiziell erst Anfang 1981 in Hamburg gegründet, feiert in Erinnerung an die erste Aktion im Lande sein 20-jähriges Jubiläum. Die Organisation mit 510 000 fördernden Mitgliedern und einem Spendenaufkommen von 65 Millionen Mark im vergangenen Jahr ist der größte Finanzier der in 25 Ländern mit 2,5 Millionen Mitgliedern vertretenen Umweltorganisation.
Eine Niederlage hat die Umwelt-Aktivisten weltweit populär gemacht: 1985 versenkte der französische Geheimdienst das Greenpeace-Schiff *Rainbow Warrior*: Umgekehrt war der größte Erfolg des Unternehmens zugleich eine moralische Niederlage: 1995 bezwangen die Umweltschützer den Ölmulti Shell. Man erpresste das Unternehmen, die Ölplattform Brent Spar abzuwracken, anstatt sie, wie geplant, in der Nordsee zu versenken. Wie sich jedoch herausstellte, war die Bohrinsel keine „toxische Zeitbombe“, gefüllt mit Öl und gefährlichen Chemikalien. Greenpeace hatte sich geirrt, ein „Messfehler“, sagt Greenpeace-Chef Thilo Bode heute. Richtig übelgenommen hat man das den Umwelt-Kämpfern nicht; der Grundgedanke, man dürfe die Bohrinsel nicht einfach im Meer zurücklassen, ist heute akzeptiert.
Und so fing es an: 1971 blockierten 5000 Studenten der Universität von British Columbia aus Protest gegen die US-amerikanischen Atomtests die Grenze zwischen den USA und Kanada. In einer Debatte darüber, wie man diese Tests in Alaska stoppen könne, ruft der 23-jährige Bill Darnell aus: „Let's make a green peace!“ Der Name war geboren. Das Emblem der globalen Umweltschutzorganisation, der Regenbogen, wurde fünf Jahre später kreiert. Der alte Cree-Indianer Mosquito hatte prophezeit: „Es kommt eine Zeit, da fallen die Vögel von den Bäumen, und die Flüsse sind vergiftet. Dann aber werden die Regenbogen-Krieger kommen, um die Welt zu retten.“
Die damals vorausgesagte Umweltkatastrophe ist so nicht eingetreten. Ein Grund dafür, dass heute in Deutschland „Umwelt als politisches Problem auf dem Niveau der Pflegeversicherung rangiert“, so der deutsche Chef von Greenpeace Interna-

tional, Thilo Bode. Zwar sei Deutschland immer noch das wichtigste Büro der Organisation. Aus der Bundesrepublik, der Schweiz, den USA, Großbritannien und Holland kommen siebzig Prozent aller Spenden. Aber das Aufkommen in Deutschland sei um sechs Millionen Mark gesunken, die Mitgliederzahl um 22 000 zurückgegangen. Ohnedies habe Holland mehr Greenpeace-Mitglieder als die Bundesrepublik. Der Einnahmerückgang immerhin sei „gestoppt".

Unter den Mitgliedern grummelt es, auch die Presse ist nicht mehr so gut wie einst. Das hat Gründe: Seit Jahren wird über den Führungsstil des Öko-Multis geklagt. „Greenpeace hat Millionen Mitglieder, aber die Entscheidungen treffen eine kleine, abgeschottete Führungsclique in der Zentrale sowie die Leiter der einzelnen Kampagnen. Darunter leidet häufig ihre wissenschaftliche Fundierung", klagte 1998 einer der Gründer der Organisation, der Kanadier Patrick Moore.

Kampagnen der Regenbogen-Krieger sind nach wie vor gefürchtet von denen, gegen die sie sich richten: die illegalen Walfänger oder die Produzenten und Importeure von genetisch verändertem Soja; die Unternehmen, die sich ein „Patent auf Leben" verschaffen wollen. Die Grenzen der Einflussmöglichkeiten zeigen sich vor allem in den USA. Am Widerstand der dortigen Industrie scheitern weltweit die Bemühungen um effektiven Klimaschutz sowie um den Erhalt der Artenvielfalt. Für Bode ist es die größte Enttäuschung in seiner bisher elfjährigen Amtsperiode, dass es nicht gelungen ist, Greenpeace in den USA „schneller stärker zu machen".

Seit einem Jahrzehnt will Greenpeace nicht mehr nur verhindern, sondern auch Alternativen zeigen. 1991 stellten die Umweltschützer völlig chlorfrei gebleichtes Tiefdruckpapier vor, die Papierindustrie stellte sich um. Zwei Jahre später propagierte man den ersten Kühlschrank, *Greenfreeze*, der frei ist von den Ozonkillern Fluor-Chlor-Kohlenwasserstoff und Chlor-Kohlenwasserstoff. Schließlich entwickelte die Umweltorganisation 1996 das erste serienfähige Drei-Liter-Auto mit der „Smile"-Spartechnik. Doch am Auto wird in Deutschland nicht gespart: Hier zeigen sich die Grenzen einer Umweltorganisation in der Bundesrepublik.

Martin Urban, Frieden dem Grün, Krieg den Konzernen, in: Süddeutsche Zeitung Nr. 236, 13.10.2000, S. 13

Protestformen der NGOs

M 22

Die Zeit: Wie viele Demonstranten werden zu der Tagung von IWF[1)] und Weltbank nach Prag kommen?

Chelsea Mozen: Schwer zu sagen. Sie kommen aus allen Teilen der Welt. Wir rechnen mit ungefähr 20 000 Leuten. Aber es können auch mehr werden.

Zeit: Welche Gruppen sind dabei?

Mozen: Tausende Initiativen sind an den Protesten beteiligt. Aber die verschiedenen Gruppen werden nicht zentral koordiniert. Wir erwarten Demonstranten aus über hundert Ländern, die meisten von ihnen werden allerdings aus Europa kommen, wegen der kurzen Anreise. Am 26. September wird es außerdem in 40 Ländern Solidaritätskundgebungen geben, die Hälfte davon sind Entwicklungsländer. Allein in den Vereinigten Staaten sind über 60 Aktionen geplant.

Zeit: Es scheint ein neues Phänomen zu sein, dass sich Gruppen aus so vielen Nationen an Protesten beteiligen.

Mozen: Nein, seit über zwanzig Jahren gibt es Proteste gegen IWF und Weltbank. Aber die fanden vor allem in den betroffenen Ländern statt und wurden von lokalen Gruppen organisiert. Am 31. Mai zum Beispiel demonstrierten in Argentinien 60 000 Menschen. In Seattle ist diese Bewegung zum ersten Mal ins Rampenlicht der Weltöffentlichkeit getreten. Auch weil wir gelernt haben, mit den Medien umzugehen.

Zeit: In Seattle hat vor allem die professionelle Organisation der Demonstranten überrascht. Wie koordiniert man so viele verschiedene Gruppen?

Mozen: Wir haben keine hierarchische Struktur. Das läuft vor allem über informelle Kontakte und das Internet. Aber natürlich gibt es in Prag eine Einsatzzentrale, und viele Leute stehen über Handy in ständigem Kontakt.

Zeit: Welche Aktionen sind in den kommenden Tagen in Prag geplant?

Mozen: Am Wochenende wird es einen Gegen-

Globalisierungsgegner bringen Transparente an einer Prager Brücke an.

gipfel geben. Dort diskutieren Betroffene, Wissenschaftler und Vertreter von Nichtregierungsorganisationen über Auswirkungen der ökonomischen Globalisierung und Alternativen zur gegenwärtigen Organisation der Weltwirtschaft. Außerdem veranstalten wir ein Kulturfestival mit Theater, Bands und Kleinkünstlern. Am Sonntag gibt es eine große Parade durch die Stadt. Höhepunkt unserer Proteste ist Dienstag, der 26. September, wenn die Konferenz offiziell eröffnet wird. Wir werden überall in der Stadt Banner aufhängen, in der Nähe des Kongresszentrums wird eine Großdemonstration stattfinden. Später planen wir, mit zivilem Ungehorsam die Konferenz zu stören. Dazu möchte ich aber noch nichts sagen.

Zeit: Billigen Sie Gewalt?

Mozen: Meine Organisation, INPEG (Initiative gegen ökonomische Globalisierung), lehnt Gewalt als Mittel des Widerstands ausdrücklich ab.

Zeit: Und wenn einige Demonstranten Scheiben einwerfen?

Mozen: Wir schreiben anderen Gruppen nicht vor, wie sie vorzugehen haben. Das kann man sowieso nicht kontrollieren. Aber wir versuchen, mit unseren Aktionen eine kreative Atmosphäre zu schaffen, keine zerstörerische.

Zeit: Welchen Stellenwert haben die Kundgebungen in der tschechischen Hauptstadt für Sie? Soll Prag ein zweites Seattle werden?

Mozen: Das kann man nicht vergleichen. In Seattle war alles viel straffer organisiert. Wir hatten moderne Büroräume mit Unmengen von Computern und Faxgeräten, es gab detaillierte Zeit- und Aktionspläne. Da dominierte der amerikanische Business-Stil. Hier bespricht man die Aktionen in Kneipen, alles ist chaotischer und bunter. Manche Leute behaupten, dass Prag über die Zukunft der Antiglobalisierungsbewegung entscheiden wird. Ich glaube das nicht. Diese Bewegung gibt es schon lange. Und sie wird weitergehen, ganz egal, was in Prag geschieht.

Zeit: Was fordern Sie – etwa die Abschaffung der Weltbank und des IWF?

Mozen: Da gibt es unterschiedliche Meinungen. Manche verlangen, auf globale Institutionen, die die internationalen Wirtschaftsbeziehungen regeln, ganz zu verzichten. Ich persönlich glaube hingegen, dass wir solche Institutionen brauchen. Nur müssen sie demokratisch sein. Und sie dürfen nicht allein nach ökonomischen Kriterien entscheiden. Denn wirtschaftspolitische Maßnahmen haben soziale und ökologische Konsequenzen. Die werden in ökonomischen Modellen nicht berücksichtigt. Das Hauptproblem aber ist, dass IWF und Weltbank über das Schicksal vieler Menschen entscheiden, ohne diese an den Entscheidungen zu beteiligen. Und wenn Institutionen nicht mehr richtig funktionieren, muss man zurück auf die Straße gehen.

Chelsea Mozen, 24, ist Pressesprecherin von INPEG (Initiative gegen ökonomische Globalisierung). Die Fragen stellte Mark Schieritz.

Zurück auf die Straße. Wie die Aktivistin Chelsea Mozen den Protest gegen die IWF-Tagung in Prag organisiert. In: Die Zeit Nr. 39, 21.9.2000, S. 19

[1] IWF: Internationaler Währungsfond

Kontrovers diskutiert: NGOs auf internationaler Ebene

M 23

a) Chancen

Gerade auch auf der internationalen Ebene kann man davon sprechen, dass NGOs einen positiven Beitrag leisten, indem sie politische Entscheidungen auf die Ebene der Bevölkerung weitertransportieren und zu deren Akzeptanz und Umsetzung beitragen. Globalisierungsprozesse, die die Grenzen nationaler Systeme immer stärker transzendieren[1], können zu einem Verlust an staatlicher Effektivität bei der Bearbeitung politischer Probleme führen. Dies gilt gerade im Bereich des globalen Umweltschutzes, also für grenzüberschreitende Umweltprobleme: Kein Staat kann z. B. das Ozonloch alleine stopfen oder den Klimawandel alleine aufhalten. Bei der Verhandlung derartiger Konflikte wird vor allem das Prinzip staatlicher Souveränität zum Problem. Selbst wenn sich Staaten in langwierigen Verhandlungen – und schon hier oft nur auf Druck von NGOs – auf eine internationale Konvention geeinigt haben, werden die Vereinbarungen im nationalen Rahmen oft nicht wirksam umgesetzt. Es fehlt eine supranationale Exekutive, die mit Sanktionsmöglichkeiten ausgestattet machtvoll auf nationale Implementation[2] drängt. Daher können die Staaten auf ihre Souveränität pochen, falls ihnen Entscheidungen nicht passen. Die entsprechenden internationalen Konventionen und Vereinbarungen stellen somit sozusagen ein „Legitimationspodest" dar, auf das sich die NGOs „stellen" können, wenn sie gesellschaftlichen Druck in Form von Aktionen, Öffentlichkeitsarbeit oder „Monitoring" ausüben und damit einen Beitrag zur Umsetzung staatlich legalisierter Politik leisten.

Betrachtet man den Fall, dass eine Entscheidung national getroffen wird, deren Umsetzung grenzüberschreitende Auswirkungen oder aber Auswirkungen auf globale Gemeinschaftsgüter hat, können transnational organisierte Aktionen von NGOs sogar einen positiven Beitrag zur De-/Legitimierung derartiger Politiken leisten. Im Gegensatz zum binnenstaatlichen Fall sind bisher kaum institutionalisierte „Kanäle" für derartige Betroffeneninteressen vorhanden.

Auch im nationalen Rahmen wird gesellschaftlicher Druck über NGOs offenbar als eine Art Leistung gesehen, etwa wenn Marlies Flemming als österreichische Umweltministerin sagte: „Ich bedanke mich bei Greenpeace, dass wir so beschimpft werden. Nur so können wir ordentlich Druck auf unsere Regierungen machen, nur, wenn wir merken, dass engagierte Bürger hinter uns stehen." Oder aber wenn Monika Griefahn als damalige Greenpeace-Vorsitzende aus ihrer eigenen Erfahrung behauptet, die Behörden seien „froh über unsere Arbeit. Wir machen über die Öffentlichkeit Druck gegen die Umweltverschmutzer. Und die Behörden können so ihrerseits Druck machen, die Firmen an den Verhandlungstisch zu zwingen."

Thilo Bode formuliert dieses Selbstverständnis wie folgt: „Unsere Berechtigung ergibt sich daraus, dass es neben den legitimierten Trägern der Macht – den Parteien, den Parlamenten, den Regierungen – Interessengruppen geben muss, damit es im offenen Meinungsstreit zu vernünftigen Entscheidungen kommt ... Wir wollen als Pressure-group ja nie selber legitimierte Organe ersetzen, sondern wir wollen durch unser Handeln immer darauf aufmerksam machen, dass diese ihre Aufgaben nicht erfüllen."

Marianne Beisheim, Nichtregierungsorganisationen und ihre Legitimität, in: Aus Politik und Zeitgeschichte B 43, 17.10.1997, S. 28–S. 29

[1] transzendieren: Grenzen überschreiten
[2] Implementation: Erfüllung (eines Vertrages)

b) Gefahren

Ganz allgemein ist festzustellen, dass NGOs, solange sie sich als eine von vielen Interessengruppen im Rahmen des Gesetzes bewegen, ihre Existenz oder ihre Aktionen nicht gesamtgesellschaftlich legitimieren müssen, da sie keine kollektiv bindenden Entscheidungen treffen dürfen und können, sondern lediglich ihre Interessen gegenüber der legitimen Staatsgewalt oder anderen Organisationen vertreten. ...

Dennoch, wenn bestimmte Interessengruppen angeblich zu großen Einfluss gewinnen, regt sich meist Kritik in der Öffentlichkeit. Bereits in den siebziger Jahren wurde anlässlich der steigenden Anzahl von Bürgeriniativen von konservativen Kritikern eine Legitimitätskrise diagnostiziert. Diese betraf allerdings nicht die Interessengruppen, sondern eben vielmehr das bundesrepublikanische System, mit dem Argument, der Staat werde zum „Beuteobjekt" von Sonderinteressen, was im Extremfall in „Unregierbarkeit" enden könne. Und tatsächlich stößt die Legitimität des NGO-Einflusses hier an Grenzen. Diese Grenze ist dort erreicht, wo sich das Vorfeld der unverbindlichen Entscheidungsvorbereitung vom eigentlichen Forum der verbindlichen Entscheidungsfindung nicht mehr genau unterscheiden lässt. Leider ist in der Realität diese Grenze zumeist fließend, sodass strittig ist, ab wann man im Sinne der o. g. Kritiker von nicht legitimierter und daher auch nicht legitimer „Mitregierung" sprechen muss. ...

Hier soll noch ein weiterer Fall angesprochen werden, bei dem die Legitimität des NGO-Einflusses tatsächlich problematisch werden könnte: transnational organisierte, direkte NGO-Einflussnahme auf internationale Entscheidungen. Die Umgehung nationalstaatlicher Instanzen durch NGOs ist heikel, da durch internationale Vereinbarungen die nationale Souveränität in Bezug auf politische Entscheidungen ohnehin stark geschwächt wird. ...

Die NGOs sind mit ihren hohen Einflusschancen im Vorfeld von und während internationaler Konferenzen schon heute nahe daran, so etwas wie nicht gewählte „Mitregierer von oben" zu sein. Viel stärker würde dies noch der Fall sein, wenn sie tatsächlich so etwas wie einen internationalen Konferenzstatus erhalten sollten. Die direkte Einflussnahme von NGOs auf internationale politische Prozesse ist brisant, da an eine institutionalisierte gesellschaftliche Einflussnahme bisher nur im Rahmen des Nationalstaats gedacht ist. Nach dem bisherigen Modell sollen die nationalen Gesellschaften auf der internationalen Ebene durch ihre gewählten nationalstaatlichen Regierungen bzw. deren Vertreter repräsentiert werden. Daher sind internationale politische Entscheidungsprozesse bisher nicht so beschaffen, dass gesellschaftliche Anteilnahme durch entsprechende Institutionen vermittelt und demokratisch kontrolliert realisierbar wäre. Darüber hinaus ist die Gewährleistung eines in etwa gleichberechtigten Zugangs von Interessengruppen international noch schwieriger zu organisieren. Dieser gleichberechtigte Zugang ist vor allem deshalb von zentraler Bedeutung, weil der freie, plurale Informationsfluss von der Basis zu den Entscheidungsträgern und umgekehrt wegen der hohen Komplexität der zu verhandelnden Konflikte und wegen des noch größeren Abstandes der Verhandelnden zum Verhandelten auf der internationalen Ebene besonders wichtig wird.

Marianne Beisheim, Nichtregierungsorganisationen und ihre Legitimität, in: Aus Politik und Zeitgeschichte B 43, 17.10.1997, S. 22–23

Aufgaben

Zu 4.4 Neue Entwicklungen im Zeitalter der Globalisierung

1. Erstellen Sie aus M 20 bis M 22 eine Gesamtcharakteristik der „Non-Governmental Organizations"! Nennen Sie Gründe für deren zunehmende Bedeutung (vgl. Kap. 1)!
2. Teilen Sie Ihren Kurs in Befürworter und Kritiker der Einflussnahme von „Non-Governmental Organizations" auf den politischen Prozess der internationalen Ebene! Führen Sie eine Debatte! (M 23)

Zusammenfassen – Ordnen – Wiederholen

Pluralismus

Vgl. Kap. 2 M 4, M 6, M 7

Das gesellschaftliche und politische Leben in freiheitlich-demokratischen und pluralistischen Staaten wie der Bundesrepublik Deutschland ist geprägt von einer großen Vielfalt oft gegensätzlicher Interessen. Diese resultieren vor allem aus den unterschiedlichen *individuellen Interessen* sowie aus der *hoch entwickelten Arbeitsteilung* in der modernen Industriegesellschaft. Da der Einzelne seine Interessen mit anderen Personen teilt und da die Vertretung der Interessen des Einzelnen meist nur im Verbund mit anderen möglich bzw. effektiv ist, kommt es zur Ausbildung von Interessenorganisationen. Die Grundgesetzartikel 5, 8 und 9 bilden das Fundament für die freie Vertretung von Interessen bzw. die freie Bildung von Interessengruppen.

Was ist ein Verband?
M 7

Allgemein versteht man unter einem *Verband* eine „auf Dauer angelegte Vereinigung von Personen, Gruppen, Unternehmen oder Institutionen zur organisierten Interessenvertretung gegenüber Dritten", wobei es sich bei Letzteren um konkurrierende Vereinigungen, staatliche Einrichtungen, Parteien oder die Öffentlichkeit handeln kann. „Interessenverband" bzw. „Lobby" oder „Pressure Groups" sind weitgehend Synonyme für Organisationen, die im Bereich des zwischen Staat und Markt angesiedelten sog. „dritten Sektors" tätig sind.
Ihre Dauerhaftigkeit auf der Grundlage organisatorischer Strukturen grenzt sie im Allgemeinen von Bürgerinitiativen bzw. Neuen Sozialen Bewegungen ab.
Im Unterschied zu politischen Parteien vertreten sie ihre Mitglieder nur unter dem Gesichtspunkt spezieller Interessen und gesellschaftlicher Rollen, kandidieren sie nicht bei allgemeinen Wahlen und übernehmen keine unmittelbare Regierungsverantwortung.
Die vielfältigen Interessenorganisationen in der Bundesrepublik Deutschland lassen sich – gängigen Strukturierungen nach – den Bereichen Wirtschaft und Arbeit, Soziales, Umweltschutz, Freizeit, Politik und Weltanschauung sowie öffentliche Gebietskörperschaften zuordnen.

Verlust der Bindungskraft?
M 9

Aufgrund einer zunehmenden Ausdifferenzierung der Interessen von Menschen (Individualisierung) schwindet die Bindungskraft an Institutionen aller Art. Daher sind insbesondere die Gewerkschaften – wie aber auch andere Großorganisationen (Parteien, Kirchen) – in immer stärkerem Maße gezwungen, auf beschleunigte *Veränderungen in Gesellschaft, Wirtschaft und Arbeitswelt* zu reagieren, um einem zunehmenden Mitgliederschwund zu begegnen.

Funktionen
M 11

Die Interessenorganisationen sind neben den Parteien die wichtigsten Instrumente zur *Beeinflussung von politischen Entscheidungen.*
Funktionen der Interessenverbände sind schlagwortartig beschrieben:
- Interessenartikulation
- Interessenaggregation
- Interessenselektion
- Interessenintegration
- politische Partizipation

Interessenverbände bilden auf diese Weise – ähnlich wie die Parteien – Klammern zwischen den staatlichen Institutionen und den Bürgern und sind deshalb für das Funktionieren des politischen Gesamtsystems unerlässlich.
Das politische System der Bundesrepublik bietet eine Fülle von Ansatzpunkten

Adressaten und Mittel des Verbandseinflusses
M 14

für *Lobbypolitik*, und im Laufe der Jahre haben die Interessenvertreter eine reiche Palette von Methoden entwickelt, mit denen sie bei den einzelnen Institutionen adressatengerecht Einfluss nehmen können. Dabei kann zwischen direkter Einflussnahme auf die Entscheidungsträger und indirekter Beeinflussung (z. B. über die Medien) unterschieden werden.
Naturgemäß konzentriert sich die Lobbypolitik von Interessenverbänden auf die staatlichen Organe, die im politischen Entscheidungsprozess am wichtigsten sind, vor allem auf die Bundesregierung und die Ministerialbürokratie sowie auf den Bundestag.
Zunehmend agieren Zusammenschlüsse nationaler Arbeitnehmer- und Arbeitgebervertretungen aber auch auf europäischer Ebene.

Probleme des Verbandseinflusses
M 16

Die Öffentlichkeit sieht in den Aktivitäten von Interessenverbänden oft grundsätzlich den Versuch, ungerechtfertigte *Sonderinteressen* durchsetzen zu wollen. Sie übersieht dabei, dass Einflussnahme in einer Demokratie weder illegitim noch illegal ist und dass politische Verwaltungen und Entscheidungsträger in vielfältiger Weise auf die Zusammenarbeit mit den Interessenvertretern angewiesen sind, z. B. bei der Informationsbeschaffung oder bei der Klärung der Frage, ob eine geplante politische Entscheidung praktikabel ist oder bei bestimmten Bevölkerungsgruppen auf Widerstand stößt.
Zu prüfen ist allerdings, ob Interessenverbände mit rechtlich und moralisch sauberen Mitteln Einfluss nehmen und ob die Entscheidungsträger allzu einseitig einzelne Interessengruppen gegenüber anderen begünstigen. In der Tat hängt der Erfolg eines Verbandes auch von den *Machtmitteln* ab, die ihm zur Verfügung stehen, z. B. Finanzkraft, Mitgliederzahl, Mitwirkung in Parteien und staatlichen Institutionen.
Manche Kritiker der politischen Entwicklung in der Bundesrepublik fordern mehr Rechte für Interessenverbände, damit bestimmte Anliegen der Bevölkerung z. B. im Umweltschutz besser zur Geltung gebracht werden können. Andererseits wird beklagt, dass manche Interessenverbände heute so mächtig seien, dass sie gegen politische Entscheidungen der eigentlich dem Gemeinwohl verpflichteten, gewählten Vertreter des Volkes eine Art *Vetoposition* innehätten, ja dass der Staat vor den Verbänden kapituliert habe. Als besonders problematisch wird vielfach empfunden, dass bestimmte gesellschaftliche Gruppen (z. B. Behinderte, Kinder) ihre Interessen nicht genügend zur Geltung bringen können, da sie nicht organisierbar bzw. nicht *konfliktfähig* sind.
Es ist Aufgabe der Politiker – auf der Basis der vom Grundgesetz vorgeschriebenen demokratischen Verfahren und Werte –, am *Gemeinwohl* orientierte politische Entscheidungen durchzusetzen – eventuell auch gegen hartnäckige Lobbypolitik.

„Nicht-Regierungsorganisationen“ (NGOs)
M 20

Mit den *„Nicht-Regierungsorganisationen“* (Non-Governmental Organizations, NGOs) sind auf internationaler Ebene in den vergangenen rund zwei Jahrzehnten Interessengruppen aufgekommen, die ihren Protest gegen die negativen Folgeerscheinungen der Globalisierung, insbesondere für die Entwicklungsländer der „Dritten Welt“, artikulieren.

5 Parteien

Politische Parteien waren in Deutschland nie sonderlich populär. Dies zeigte sich schon im wilhelminischen Kaiserreich und fand vor allem in der Weimarer Republik – teilweise verbunden mit einer Ablehnung des parlamentarischen Regierungssystems – seine Fortsetzung.
Auch manches, was gegenwärtig unter dem Stichwort „Parteiverdrossenheit" diskutiert wird (M 1 bis M 5), erinnert an jene Weimarer Verhältnisse. Dennoch gibt es im Vergleich zur ersten deutschen Republik einen fundamentalen Unterschied: Die parlamentarische Demokratie wird heute von einer überwältigenden Mehrheit der Bevölkerung fraglos akzeptiert.

Karikatur: Gerhard Mester, Cartoon-Caricature-Contor München.

Bevor man mit der Debatte über den Zustand der deutschen Parteiendemokratie beginnt, sollte man über die Parteienlandschaft (M 6 bis M 10), über die rechtliche Stellung (M 11 bis M 15) und die zentralen Aufgaben der Parteien (M 16 bis M 21) im politischen System der Bundesrepublik Deutschland Bescheid wissen.
Ausgehend von der Kritik an Fehlentwicklungen unserer Parteiendemokratie lassen sich drei Fragen stellen:

1. Können die Parteien angesichts gravierender politischer Probleme dem Wähler noch überzeugende Lösungsmodelle anbieten? Sind sie noch attraktiv für Wähler und Mitglieder? (M 22 bis M 25)
2. Beuten die Parteien den Staat aus? (v. Arnim) – Ist der Staat für die Parteien tatsächlich ein Selbstbedienungsladen zur Versorgung mit Ämtern und öffentlichen Geldern? (M 26 bis M 28, M 33 bis M 37)
3. Stellung und Einfluss der Parteien werden vom Grundgesetz bewusst hervorgehoben; ihre Bedeutung für die Demokratie ist nicht zu leugnen. Genügen sie selbst aber demokratischen Ansprüchen? (M 29 bis M 32)

Und die Parteien stehen vor neuen Herausforderungen: Sie müssen im Rahmen der europäischen Einigung und unter dem Druck der Globalisierung transnationale Strukturen aufbauen, wenn sie den wirtschaftlichen, politischen, sozialen und kulturellen Wandel mitgestalten wollen. (M 38 bis M 40)

METHODEN – ANREGUNGEN – TIPPS

Lernzirkel

Eine Möglichkeit, die politischen Parteien besser kennenzulernen, ist die Beschäftigung mit ihren programmatischen Aussagen. Da das Parteiengesetz Programme vorschreibt, haben alle zu den Wahlen zugelassenen Parteien Grundsatzprogramme; vor Wahlen präzisieren und aktualisieren sie ihr programmatisches Profil in Wahlprogrammen.
Die Analyse von Partei- oder Wahlprogrammen erfolgt im Unterricht häufig im arbeitsteiligen Gruppenunterricht. Zur Abwechslung schlagen wir Ihnen eine offene Form des Unterrichts vor: den Lernzirkel.
Beim Lernzirkel wird ein Stoffgebiet in mehrere Lernstationen aufgeteilt und eigenständig „vor Ort" erarbeitet.
Im Klassenzimmer sind folglich Stationen für alle im Bundestag vertretenen Parteien einzurichten und das jeweilige Programm dort auszulegen. Die Materialien sind bei den örtlichen Geschäftsstellen der Parteien kostenlos zu bekommen bzw. können im Internet abgerufen werden (vgl. Adressen unten).
Sie können allein, zu zweit oder in einer Kleingruppe die Stationen aufsuchen, die Reihenfolge bestimmen Sie selbst.
Am Ende der mehrstündigen Arbeitsphase sollten Sie eine Synopse erstellt haben, in die Aussagen aller Parteien zur Medienpolitik, Bildungspolitik und Umwelt/Energie eingetragen sind. (Sie können natürlich auch andere Themen wählen!)
Ihre Ergebnisse sollten Sie untereinander vergleichen, der Lehrer bietet Ihnen ggf. Hilfen an.
Vorteile dieser Methode sind, dass Sie eigenverantwortlich arbeiten und lernen, Fragen zu stellen.
Allerdings müssen Sie mehr Unterrichtszeit einplanen, als bei der herkömmlichen Gruppenarbeit.

Bearbeiten schwieriger Texte

Eine interessante Möglichkeit, einen komplexen Text zu erschließen, ist die Umarbeitung in ein Interview. Versuchen Sie dies einmal mit dem Beitrag von Ulrich Beck „Nationale Weltbürgerparteien – ein Modell für die Zukunft?" (M 40)!
Bilden Sie zwei Arbeitsgruppen! Gruppe A nimmt die Position eines Journalisten ein, sie formuliert möglichst eingehende und kritische Fragen aus dem Text. Gruppe B nimmt die Position von Ulrich Beck ein, sie bereitet sich auf mögliche Antworten vor.

Zur Vorbereitung auf das Interview muss der Text zunächst genau erfasst werden:

1. Verschaffen Sie sich einen ersten Überblick über den Textinhalt!
2. Lesen Sie den Text ein zweites Mal gründlich durch, notieren Sie Schlüsselsbegriffe und wichtige Textaussagen! Klären Sie unbekannte Begriffe mithilfe eines Lexikons oder fragen Sie Ihre Lehrerin oder Ihren Lehrer!
3. Überlegen Sie, welche Probleme im Text aufgeworfen werden!
4. Überprüfen Sie die Thesen anhand der Informationen aus Kapitel 5 und mithilfe Ihres Alltagswissens!

Referatthemen

2.1 Positionen aller im Bundestag vertretenen Parteien zu einem aktuellen Thema : Problemaufriss, Synopse der Programme bzw. der Stellungnahmen, Erläuterungen und Vergleich

2.2 Das Parteiensystem eines europäischen Staates oder der USA (Teilnehmer und Teilnehmerinnen in neusprachlichen Kursen sollen sich besonders angesprochen fühlen!)

2.3 Die Parteienföderationen im Europäischen Parlament: Sitzverteilung, nationale Zusammensetzung, Programme

2.4 Die Neuregelung der Parteienfinanzierung von 2002: Veränderungen der gesetzlichen Regelung von 1994, Relationen der Einnahmequellen, Beurteilung vor dem Hintergrund der Rechtsprechung des BVG

Zum Weiterlesen

Rita Süssmuth, Wer nicht kämpft, hat schon verloren. Meine Erfahrungen in der Politik, München 2000
Die ehemalige Bundesministerin für Familie, Jugend und Gesundheit und Präsidentin des Deutschen Bundestages schildert in den Kapiteln 5 und 6 ihre Erfahrungen mit ihrer Partei, der CDU, und mit Helmut Kohl, dem Parteivorsitzenden und Bundeskanzler.
Auch Biografien von Politikern und Politikerinnen anderer Parteien geben einen Einblick in das politische Alltagsgeschäft.

Internet-Adressen

www.spd.de www.cdu.de www.gruene.de www.fdp.de www.csu.de www.pds-online.de	Die Parteien des Deutschen Bundestags (Parteidaten, Programme, Links zu den Fraktionen etc.)
www.politik-digital.de/links	Links zur gesamten Parteienlandschaft in Deutschland
www.dadalos.org/deutsch/parteien/parteien.htm	Alles Wissenswerte über Parteien in Kürze – auch über das englische und das amerikanische Parteiensystem

5.1 Parteien in der Krise?

M 1 Wen würden Sie gerne kennenlernen? Zum Image von jugendlichen Partei- und Bürgerinitiativen-Mitgliedern

Befragung von 69 Schülerinnen und Schülern der 11. bis 13. Klassen eines Hamburger Gymnasiums

Den Probanden wurde zunächst eine Liste mit zufällig geordneten Eigenschaften vorgelegt, die mit folgender Aufgabenstellung verbunden war:
„Christian und Kathrin sind 18 Jahre alt und gehen noch zur Schule. Sie sind Mitglied einer politischen Partei und machen dort regelmäßig bei den Parteiveranstaltungen mit. Sie haben auch schon mal während des Wahlkampfes Plakate geklebt. Was, meinst Du, könnte Deiner Ansicht nach von den unten aufgelisteten Dingen auf die beiden zutreffen? Kreuze bitte an!"
Nach dem Ausfüllen dieses Eigenschaftstests war die gleiche Liste nochmals zu beantworten, nun aber mit folgendem Kopf versehen:
„Jennifer und Thomas sind beide 18 Jahre alt und gehen noch zur Schule. In ihrer Freizeit machen sie bei einer Bürgerinitiative mit, die sich für den Schutz der Umwelt einsetzt. Sie haben auch schon eine Unterschriftensammlung organisiert. Was, meinst Du, könnte Deiner Ansicht nach von den unten aufgelisteten Dingen auf die beiden zutreffen? Kreuze bitte an!"

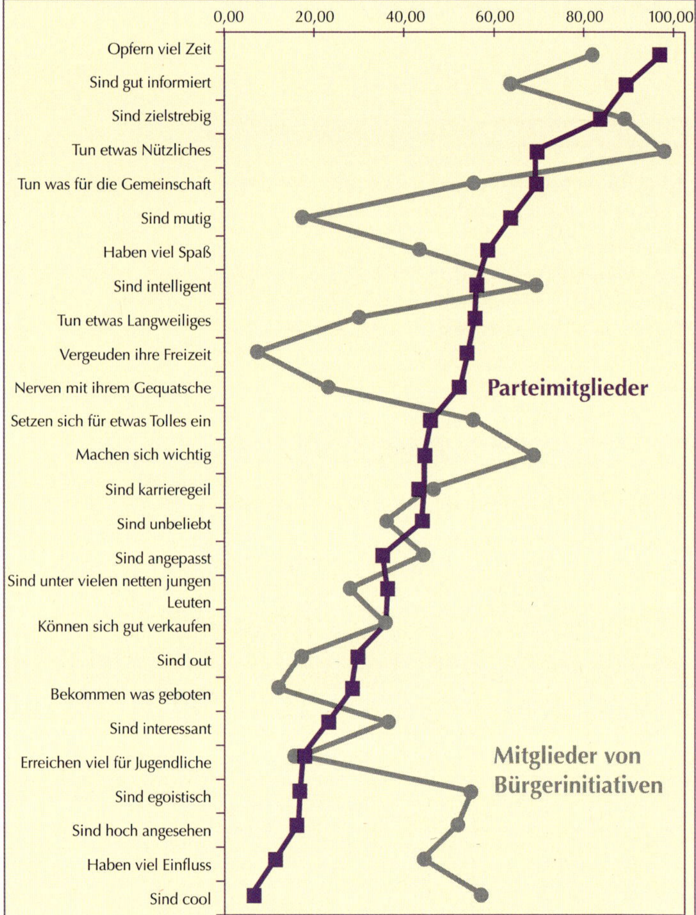

Quelle: Befragung von 69 Schülerinnen und Schüler eines Hamburger Gymnasiums vom 29. bis 30. September 2000.

Beide Testblätter endeten jeweils mit der Abschlussfrage: „Wie sieht es aus? Ich möchte die beiden gerne einmal kennenlernen" und „die beiden interessieren mich nicht".

Elmar Wiesendahl, Keine Lust mehr auf Parteien. Zur Abwendung Jugendlicher von den Parteien. Aus Politik und Zeitgeschichte 10/2001

2 Kein Vertrauen in die Parteien?

Vertrauen in Organisationen (Mittelwerte)	1999	1996
1. Umweltschutzgruppen	3,5	3,8
2. Gerichte	3,4	3,3
3. Menschenrechtsgruppen	3,4	3,5
4. Polizei	3,3	3,1
5. Bürgerinitiativen	3,1	3,2
6. Gewerkschaften	3,1	3,1
7. Zeitungen	3,1	3,1
8. Bundeswehr	3,0	—
9. Fernsehen	2,9	2,8
10. Bundesregierung	2,7	2,4
11. Bundestag	2,7	2,5
12. Arbeitgeberorganisationen	2,6	2,6
13. Kirchen	2,5	2,4
14. Politische Parteien	2,5	2,4

Datenerhebung bei 4546 Jugendlichen im Alter von 15–24 Jahren.
Abfrage: 5 = sehr viel Vertrauen, 1 = sehr wenig Vertrauen

Jugend 2000, 13. Shell Jugendstudie, Bd. 1, Opladen 2000, S. 271

Abgehoben? M 3

Karikatur: Felix Mussil, CCC

Mitgliederzahlen der Bundestagsparteien M 4

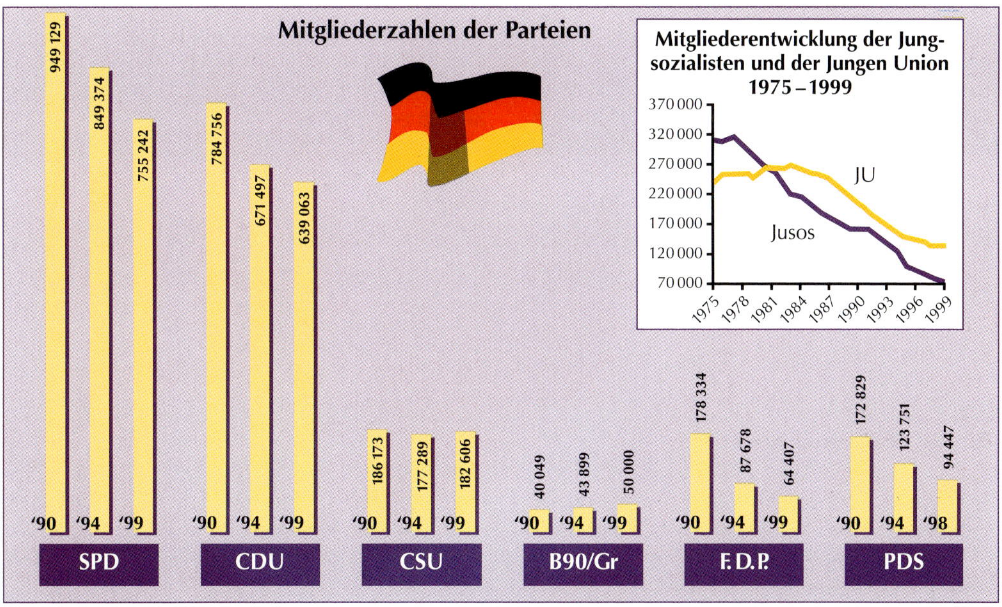

Die Welt, 21.10.1995/11.1.2000. Angaben der Parteizentralen, Stand: Dezember 1999 (PDS 1998). Elmar Wiesendahl, Keine Lust mehr auf Parteien. Zur Abwendung Jugendlicher von den Parteien. In: Aus Politik und Zeitgeschichte 10/2001

M 5 Gründe für die Parteienverdrossenheit

Die „rätselhafte Selbstverpflichtung" der Deutschen zum „Missmut und Verdruss", die der Schriftsteller Peter Schneider diagnostiziert, hat seit Langem auch die Parteienkritik erfasst. Wissenschaftler, Politiker und Journalisten fühlen sich offenkundig in einer „ganzjährigen Novemberstimmung" behaglich wohl und inszenieren Parteienkritik als intellektuellen Katastrophentourismus. Obrigkeitsstaatliche Nostalgien und politische Utopien sind Fluchtpunkte dieser Katastrophendiagnosen.

Was ist ihr Befund? In den europäischen Staaten ist „Parteienverdrossenheit" inzwischen eine weitverbreitete Erscheinung. Ursachen sind „Responsivitätsschwächen"[1] der Parteiensysteme in zentralen Politikfeldern (Umweltprobleme, Wanderungsbewegungen, Verteilungsprobleme, Kriminalität), historisch gewachsene Affekte gegen politische Parteien allgemein, die Auflösung politisch-sozialer Milieus, die wachsende Kompetenz der Bürger und das vorherrschende Medienbild der Politik. Die Folgen dieser Entwicklung: schwächere Parteibindungen, raschere Wählerwechsel, häufigere Wahlenthaltungen.

Die Integrationskraft der Volksparteien in Deutschland hat in den siebziger und achtziger Jahren nachgelassen, konnte sich aber in den neunziger Jahren wieder behaupten. Untergangsprognosen sind daher nicht zwingend. Wählerinitiativen, politische Clubs und aktive „Bürgergesellschaft" können zwar Massenintegrationsparteien ergänzen, aber nicht ersetzen. Sofern die Parteien an ihrem politischen Auftrag der Vermittlung und Bündelung gesellschaftlicher Interessen festhalten, stehen sie vor der immer schwieriger werdenden Aufgabe, die Probleme der Komplexität gesellschaftlicher Vielschichtigkeit sowie der Vernetzung und Vielfalt politischer Optionen zu bewältigen. Dies aber ist eine wichtige Voraussetzung politischer Transparenz und verantwortlichen politischen Handelns. Werden die Parteien ihrer Aufgabe der Interessenbündelung und der Gestaltung des sozialen Wandels aber nicht gerecht, sind in einem offenen politischen Markt auch künftig Parteineugründungen zu erwarten.

Die Parteienverdrossenheit ist nicht zuletzt auf die Selbstüberforderung der Parteien im politischen Wettbewerb zurückzuführen. Diesem Dilemma liegt eine Ironie des Parteienwettbewerbs zugrunde, denn erfolgreiche Parteienregierungen neigen nicht nur dazu, gesellschaftliche Erwartungen an staatliche Leistungen noch weiter zu steigern, sondern beherrschen auch das politische System mit dem Anspruch umfassender Lösungskompetenz, während sie gleichzeitig langfristige Probleme und Lösungsansätze verdrängen. Je erfolgreicher sie regieren, umso leichter können sie diese in eine ferne Zukunft verschieben, und je mehr sie vertagen, umso wirksamer verbreiten sie Illusionen politischer Gewissheit. Sie mindern ihre Chance der Zukunftsgestaltung hierdurch erheblich und werden so ihrem politischen Gestaltungsauftrag nicht mehr gerecht.

Paul Kevenhörster, In der Theaterwelt des politischen Entertainment, in: Frankfurter Allgemeine Zeitung Nr. 208, 8.9.1999, S. 11

[1] Responsivität: im Sinne von „Reaktionsfähigkeit"

Aufgaben

Zu 5.1 Parteien in der Krise?

1. Die Frage, wen die Hamburger Schüler gerne kennenlernen würden (M 1), ergab folgendes Ergebnis: 19% der Befragten wollten die beiden Parteimitglieder kennenlernen, 71% hatten kein Interesse. 45% wollten die Mitglieder der Bürgerinitiative kennenlernen, 49% hatten wiederum kein Interesse. Vergleichen Sie dieses Resultat mit einer Umfrage in Ihrem Kurs! Wie interpretieren Sie beide Ergebnisse?
2. Sammeln Sie aktuelle Beispiele, die zur Politik- und Parteienverdrossenheit beitragen!
3. Diskutieren Sie mögliche Ursachen für die Politik- und Parteienverdrossenheit! (M 2, M 5)

5.2 Das Parteiensystem in der Bundesrepublik Deutschland

Was ist eine Partei?

M 6

§ 2 Begriff der Partei

(1) Parteien sind Vereinigungen von Bürgern, die dauernd oder für längere Zeit für den Bereich des Bundes oder eines Landes auf die politische Willensbildung Einfluss nehmen und an der Vertretung des Volkes im Deutschen Bundestag oder einem Landtag mitwirken wollen, wenn sie nach dem Gesamtbild der tatsächlichen Verhältnisse, insbesondere nach Umfang und Festigkeit ihrer Organisation, nach der Zahl ihrer Mitglieder und nach ihrem Hervortreten in der Öffentlichkeit eine ausreichende Gewähr für die Ernsthaftigkeit dieser Zielsetzung bieten. Mitglieder einer Partei können nur natürliche Personen sein.

(2) Eine Vereinigung verliert ihre Rechtsstellung als Partei, wenn sie sechs Jahre lang weder an einer Bundestagswahl noch an einer Landtagswahl mit eigenen Wahlvorschlägen teilgenommen hat.

(3) Politische Vereinigungen sind nicht Parteien, wenn

1. ihre Mitglieder oder die Mitglieder ihres Vorstandes in der Mehrheit Ausländer sind oder
2. ihr Sitz oder ihre Geschäftsleitung sich außerhalb des Geltungsbereichs dieses Gesetzes befindet.

Gesetz über die politischen Parteien (Parteiengesetz) in der Fassung vom 31.1.1994, zuletzt geändert am 17.2.1999

Soziale Konfliktlinien und Parteiensystem

M 7

Die Sozialstruktur bestimmt das Parteiensystem, so lautet die simpelste Reduktion des Beziehungsgeflechts zwischen Partei und Gesellschaft. Parteien sind Ausdruck sozialstruktureller Konfliktlagen (cleavages), die aber nicht nur auf dem Klassenkonflikt (cleavage Kapital versus Arbeit) basieren, sondern auch aus den historischen Konflikten zwischen Stadt und Land, Kirche und Staat sowie Zentrum und Peripherie hervorgehen. Aus der je unterschiedlichen Mischung dieser Konfliktlinien in den europäischen Ländern erklären sich die spezifischen Konfigurationen der nationalen Parteien. Wenn einige Konflikte historisch früh gelöst werden oder nicht zum Tragen kommen, wie in England zwischen Kirche und Staat durch die dominante anglikanische Kirche sowie zwischen Zentrum und Peripherie durch frühe Nationbildung, und wenn sich andere Konflikte überlagern, dann kann es zu einem bipolaren Zweiparteiensystem kommen. Wenn viele Konflikte noch spät fortdauern und gleichzeitig sich überkreuzen, wie in der Weimarer Republik die späte Nationbildung, die Konfessionsspaltung, die regional-föderalen Konflikte, dann wird ein zersplittertes Vielparteiensystem entstehen, das jede Kompromissbildung erschwert.

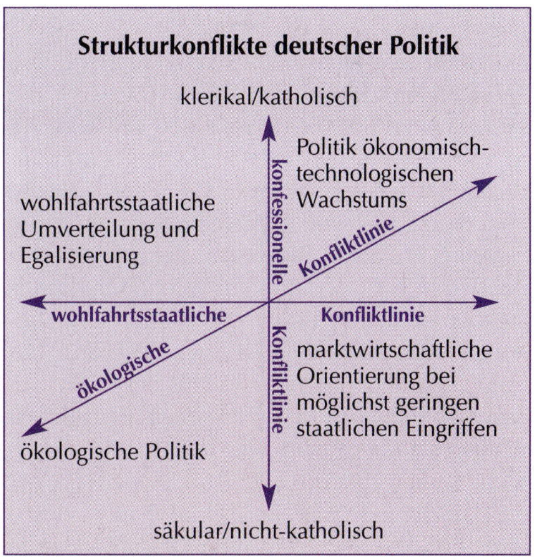

Ulrich von Alemann, Das Parteiensystem der Bundesrepublik Deutschland, Opladen 2000, S. 96; Abb. nach: Rainer-Olaf Schultze, Wählerverhalten und Parteiensystem, in: Der Bürger im Staat, Heft 3/1990, S. 140

M 8 Die Entwicklung des bundesdeutschen Parteiensystems

Zersplittertes Parteiensystem: In einer ersten Phase war die bundesdeutsche Parteienlandschaft von einer starken Zersplitterung geprägt. Dem ersten, 1949 gewählten Bundestag gehörten Vertreter von zwölf Parteien und zwei Unabhängige an. Die Wählergunst konzentrierte sich aber schon bei der zweiten Bundestagswahl 1953 auf fünf und nach der Wahl von 1957 auf vier Parteien.

Konzentration der Wählerstimmen: Ab 1961 waren nur noch CDU, CSU, SPD und FDP im Parlament vertreten. Auch auf Länder- und kommunaler Ebene setzte sich die Konzentration auf diese Parteien weitgehend durch. Während bis dahin v.a. die CDU von der Konzentration der Wählerstimmen profitiert hatte, vollzog sich in den 1960er-Jahren ein tief greifender Wandel: Mit ihrer programmatischen Öffnung konnte die SPD das Ungleichgewicht gegenüber den bürgerlichen Parteien abbauen. Während zuvor nur eine Koalition von CDU/CSU und Liberalen denkbar schien, waren nun alle Konstellationen zwischen den drei Parteien möglich.
Tatsächlich kam es 1966 zur Bildung einer großen Koalition aus CDU/CSU und SPD. Eine außer-, teils auch antiparlamentarische Opposition sowie das kurzfristige Erstarken extremistischer Parteien waren die Folge. ...
Die dritte Koalitionsmöglichkeit innerhalb des Drei-Parteien-Oligopols wurde 1969 durch die Bildung einer SPD/FDP-Regierung verwirklicht; W. Brandt wurde als erster Sozialdemokrat Bundeskanzler. Dieser Wechsel der Führungsrolle unter den großen Volksparteien entsprach einem verbreiteten, auch innerhalb der außerparlamentarischen Opposition artikulierten Bedürfnis nach einer neuen Kräftekonstellation und bedeutete eine Stärkung des vom Stillstand bedrohten parteipolitischen Systems der BRD.
Es erwies sich auch in der Folgezeit als außerordentlich stabil: 13 Jahre wurde das Land sozialliberal regiert, bis die FDP 1982 innerhalb der Legislaturperiode das politische Lager wechselte. Bundeskanzler H. Schmidt (SPD) wurde durch ein konstruktives Misstrauensvotum gestürzt und H. Kohl (CDU) zum neuen Regierungschef gekürt. Die Wähler bestätigten diese Wende in der vorgezogenen Bundestagswahl 1983, bei der die Regierungsparteien CDU/CSU und FDP eindrucksvolle Erfolge erzielten.

Vorsichtige Pluralisierung: 1983 wurde mit dem Einzug der Grünen (Bündnis 90/Die Grünen) in den Bundestag auch das seit 22 Jahren bestehende Drei-Parteien-Oligopol gebrochen. Die aus der Umweltbewegung hervorgegangene, erst 1980 als bundesweite Organisation gegründete Partei konzentrierte sich in den ersten Jahren auf die Politikfelder Umweltschutz, Friedenssicherung und Basisdemokratie und verstand sich u.a. auch durch die ständige Kontrolle der Funktionsträger durch die Parteibasis als Alternative zu den etablierten Parteien. ... Seit 1998 sind sie als Bündnisgrüne unter dem SPD-Bundeskanzler G. Schröder an der Bundesregierung beteiligt. ...
Allein die linkssozialistische PDS (Partei des Demokratischen Sozialismus), die im Winter 1989/1990 aus der entmachteten SED hervorging, konnte sich nach der Vereinigung im deutschen Parteiensystem behaupten. Die Partei ist seit der ersten gesamtdeutschen Bundestagswahl 1990 im Bundestag vertreten. Während sie bislang im Westen eine Splitterpartei blieb, hat sich die PDS in den neuen Ländern als dritt- oder gar zweitstärkste Partei neben CDU und SPD etabliert. ...

Die Zukunft des Parteiensystems: Die zunehmende Lösung von Stammwählern von ihren Parteien, die wachsende Zahl von Nichtwählern, der bei fast allen Parteien zu beobachtende Mitgliederschwund, Defizite in der innerparteilichen Demokratie und die Tendenz zur programmatischen Austauschbarkeit werten Politikwissenschaftler als Anzeichen für eine Krise des Parteiensystems. Auch artikuliert sich Politik in der modernen Mediendemokratie zunehmend außerhalb der Parteigremien über die Massenmedien. Entscheidend für den Wahlerfolg sind nicht mehr langfristige Programmarbeit und motivierte Mitglieder, sondern die Mobilisierung der Wechselwähler zu den Wahlterminen.

Schülerduden Politik und Gesellschaft, 4. Aufl., Mannheim 2001, S. 310–312

M 9 Entwicklung des Parteiensystems seit 1945

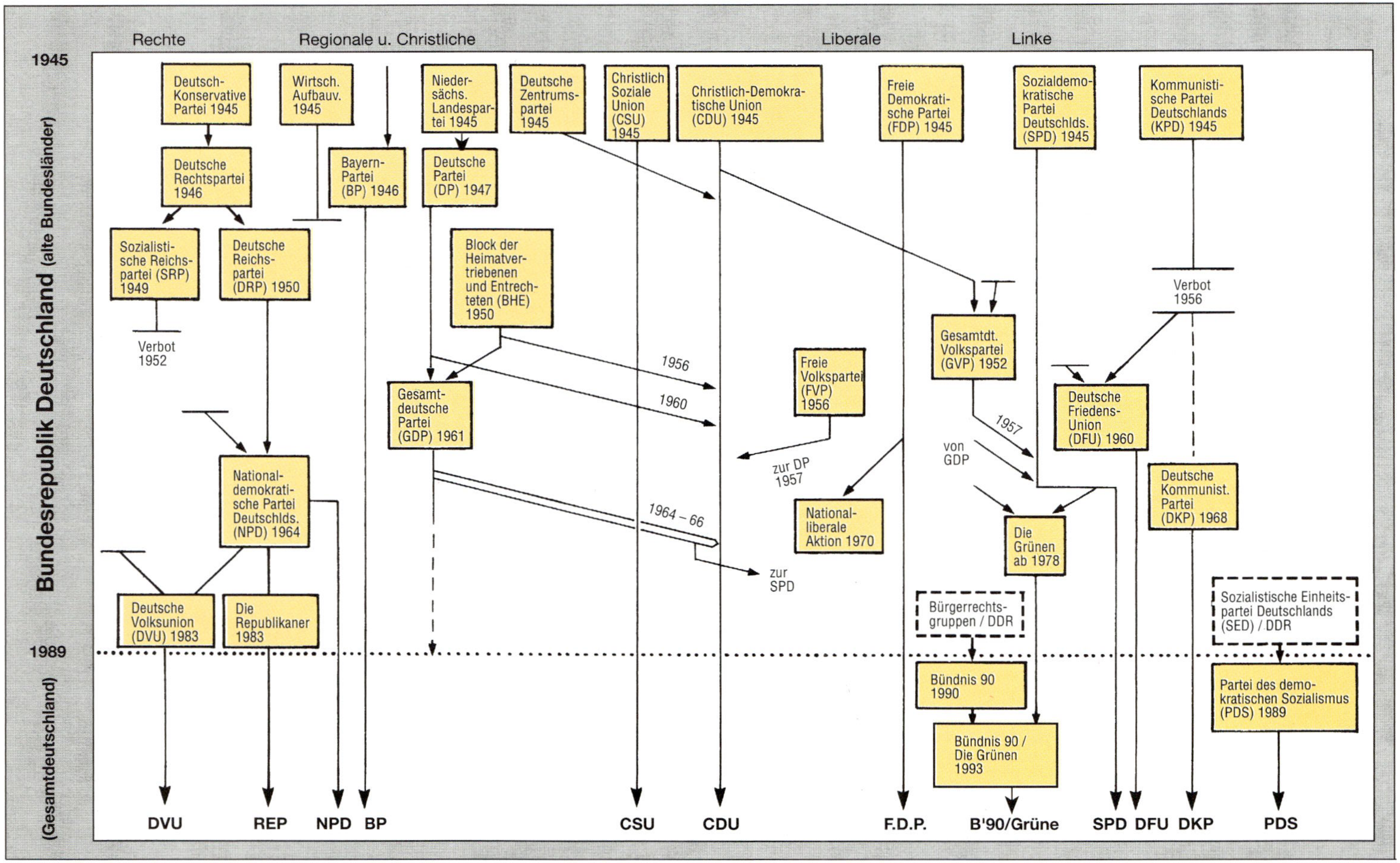

M 10 Bundestagswahl 2002: 23 Vereinigungen als Parteien anerkannt

Der Bundeswahlausschuss hat in seiner Sitzung am 12. Juli 2002 in Berlin für alle Wahlorgane verbindlich festgestellt, dass folgende Parteien im Deutschen Bundestag oder in einem Landtag seit deren letzter Wahl aufgrund eigener Wahlvorschläge ununterbrochen mit mindestens fünf Abgeordneten vertreten waren bzw. sind.
Diese Parteien haben deshalb bei der Einreichung ihrer Wahlvorschläge für die Wahl zum 15. Deutschen Bundestag am 22. September 2002 keine Unterstützungsunterschriften beizubringen.

1. Sozialdemokratische Partei Deutschlands (SPD)
2. Christlich Demokratische Union Deutschlands (CDU)
3. Christlich-Soziale Union in Bayern e.V. (CSU)
4. Bündnis 90/Die Grünen (GRÜNE)
5. Freie Demokratische Partei (FDP)
6. Partei des Demokratischen Sozialismus (PDS)
7. Deutsche Volksunion (DVU)
8. Partei Rechtsstaatlicher Offensive (Schill)

Der Bundeswahlausschuss stellt ferner fest, dass folgende weitere 23 Vereinigungen für die Wahl des 15. Deutschen BT als Parteien anzuerkennen sind. Diese Parteien müssen für ihre Wahlvorschläge noch die erforderlichen Unterstützungsunterschriften sammeln (für einen Landeslistenvorschlag von 1/1000 der Wahlberechtigten (WB) des Landes bei der letzten BT-Wahl, höchstens jedoch von 2000 WB, für einen Kreiswahlvorschlag von mindestens 200 WB des jeweiligen Wahlkreises).

1. Familien-Partei Deutschlands (FAMILIE)
2. Mensch Umwelt Tierschutz (Die Tierschutzpartei)
3. Nationaldemokratische Partei Deutschlands (NPD)
4. Die Grauen – Graue Panther (GRAUE)
5. Freiheitliche Partei Deutschlands (FP Deutschlands)
6. Deutsche Soziale Union (DSU)
7. Die Spaßpartei für Deutschland (SPASSPARTEI)
8. Humanistische Partei (HP)
9. Kommunistische Partei Deutschlands (KPD)
10. Christliche Mitte – Für ein Deutschland nach Gottes Geboten (CM)
11. Deutsche Kommunistische Partei (DKP)
12. Partei Bibeltreuer Christen (PBC)
13. Ab jetzt ... Bündnis für Deutschland (Deutschland)
14. Bayernpartei (BP)
15. Deutsche Zentrumspartei – Älteste Partei Deutschlands gegründet 1870 (ZENTRUM)
16. Ökologisch-Demokratische Partei (ÖDP)
17. Bürgerrechtsbewegung Solidarität (BüSo)
18. Alternative spirituelle Politik im neuen Zeitalter (Die Violetten)
19. Partei der Arbeitslosen und Sozial Schwachen (PASS)
20. Feministische Partei Die Frauen (DIE FRAUEN)
21. Die Republikaner (REP)
22. Partei für RentenGerechtigkeit und Familie (PRG)
23. Aufbruch für Bürgerrechte, Freiheit und Gesundheit (AUFBRUCH)

nach: Statistisches Bundesamt, Pressemitteilung des Bundeswahlleiters, 12.7.2002

Aufgaben

Zu 5.2 Das Parteiensystem der Bundesrepublik

1. Beschreiben Sie die Hauptcharakteristika des deutschen Parteiensystems seit 1945! (M 7, M 8)
2. Wie bewerten Sie in diesem Zusammenhang die aktuellen Entwicklungen nach den letzten Wahlen?

5.3 Die Bedeutung der Parteien für die Demokratie

5.3.1 Die Parteien im Grundgesetz

Der Artikel 21 GG

M 11

(1) Die Parteien wirken bei der politischen Willensbildung des Volkes mit. Ihre Gründung ist frei. Ihre innere Ordnung muss demokratischen Grundsätzen entsprechen. Sie müssen über die Herkunft und Verwendung ihrer Mittel sowie über ihr Vermögen öffentlich Rechenschaft geben.
(2) Parteien, die nach ihren Zielen oder nach dem Verhalten ihrer Anhänger darauf ausgehen, die freiheitliche demokratische Grundordnung zu beeinträchtigen oder zu beseitigen oder den Bestand der Bundesrepublik Deutschland zu gefährden, sind verfassungswidrig. Über die Frage der Verfassungswidrigkeit entscheidet das Bundesverfassungsgericht. ...

Die Auslegung durch das Bundesverfassungsgericht

M 12

a) Die Parteien im Verfassungssystem

Heute ist jede Demokratie zwangsläufig ein *Parteienstaat,* da eine Verfassung, „welche alle Inhaber oberster Gesetzgebungs- und Regierungsgewalt aus Wahlen des Volkes oder Wahlen oder sonstigen Bestimmungsbefugnissen volksgewählter Staatsorgane hervorgehen lässt, nicht zum Leben erweckt und nicht am Leben erhalten werden kann, wenn sich nicht frei aus der Gesellschaft irgendwelche Gruppen bilden, die ihre Häupter als Bewerber um die verschiedenen Wahlämter (Parlamentsmitglieder, Präsidenten, Minister u. dgl.) präsentieren".[1]
Schon unter der Weimarer Verfassung, die von den politischen Parteien keine ausdrückliche Notiz nahm, haben diese das politische Leben beherrscht. Demgemäß hatte der Reichsstaatsgerichtshof auch den politischen Parteien Parteifähigkeit in Verfassungsstreitigkeiten zuerkannt mit der Begründung: „Die Volksvertretungen der neuzeitlichen Verfassungen setzen aber das Vorhandensein von Parteien voraus, die Durchführung der Wahlen für die Volksvertretungen ist ohne sie nicht denkbar"...
Das Grundgesetz hat nun die Parteien zu einer verfassungsmäßigen Institution erhoben. Art. 21 GG bestimmt:
„Die Parteien wirken bei der politischen Willensbildung des Volkes mit. Ihre Gründung ist frei."
Der Zweck dieser Bestimmung ist, die in der Weimarer Verfassung zwischen der politischen Wirklichkeit und dem geschriebenen Verfassungsrecht bestehenden Spannungen zu beheben. Dadurch ist von Bundes wegen der moderne demokratische Parteienstaat legalisiert; die Parteien sind in der Verfassung eingebaut. Ein solcher Einbau enthält die Anerkennung, dass die Parteien nicht nur politisch und soziologisch, sondern auch rechtlich relevante Organisationen sind. Sie sind zu integrierenden Bestandteilen des Verfassungsaufbaus und des verfassungsrechtlich geordneten politischen Lebens geworden.

[1] so Thoma, Handbuch des Deutschen Staatsrechts Bd. 1, 1930, S. 190

Entscheidung des BVerfG vom 5. 4. 1952 (Sperrklausel-Urteil), BVerfGE 1, S. 224–25

b) Das „Parteienprivileg": der besondere Schutz der Parteien

In einem liberalen demokratischen Staate, wie er der deutschen Verfassungsentwicklung entspricht, ist dem einzelnen Bürger die Freiheit der politischen Meinung und die Freiheit des Zusammenschlusses auch zu Vereinigungen politischer Art als Grundrecht gewährleistet. Auf der anderen Seite liegt es im Wesen jeder Demokratie, dass die vom Volke ausgehende Staatsgewalt in Wahlen und Abstimmungen ausgeübt wird. Dieser Volkswille kann jedoch wiederum in der Wirklichkeit des modernen demokratischen großen Staates nur in den Parteien als politischen

Handlungseinheiten erscheinen. Beide Grundgedanken führen zu der grundsätzlichen Folgerung, dass der Bildung und Betätigung politischer Parteien keine Schranken gesetzt werden dürfen. Der deutsche Verfassungsgesetzgeber stand vor der Frage, ob er diese Folgerungen rein durchführen könne oder ob er nicht vielmehr, belehrt durch die Erfahrungen der jüngsten Vergangenheit, hier gewisse Grenzen ziehen müsse. Er hatte zu erwägen, ob nicht die absolute Freiheit, auf der Grundlage jedweder politischen Idee Parteien zu bilden, an der Anerkennung der tragenden Grundsätze jeder Demokratie ihre Schranken finden müsse und ob nicht Parteien, die mit den formalen Mitteln der Demokratie diese selbst beseitigen wollen, aus dem politischen Leben ausgeschaltet werden müssten. Dabei war die Gefahr zu bedenken, die darin liegt, dass die Regierung auf diese Art unbequeme Oppositionsparteien zu beseitigen versucht sein könnte.
Das Grundgesetz hat in Art. 21 versucht, dieser Problematik Herr zu werden. Es stellt auf der einen Seite den Grundsatz auf, dass die Gründung der Parteien frei ist. Auf der anderen Seite sieht es die Möglichkeit vor, die Tätigkeit „verfassungswidriger" Parteien zu verhindern. Um die Gefahr eines Missbrauchs dieser Möglichkeit zu bannen, überträgt es die Entscheidung über die Frage der Verfassungswidrigkeit dem Bundesverfassungsgericht und bemüht sich, die Voraussetzungen für eine solche Feststellung tatbestandsmäßig nach Möglichkeit zu bestimmen.
Den Grundgedanken, auf denen diese Regelung beruht, sind zugleich wichtige Hinweise für die Auslegung des Art. 21 GG im Einzelnen zu entnehmen. Dies gilt vor allem für die nähere Bestimmung des Begriffs der „freiheitlichen demokratischen Grundordnung". Die besondere Bedeutung der Parteien im demokratischen Staat rechtfertigt ihre Ausschaltung aus dem politischen Leben nicht schon dann, wenn sie einzelne Vorschriften, ja selbst ganze Institutionen der Verfassung mit legalen Mitteln bekämpfen, sondern erst dann, wenn sie oberste Grundwerte des freiheitlichen demokratischen Verfassungsstaates erschüttern wollen. Diese Grundwerte bilden die freiheitliche demokratische Grundordnung, die das Grundgesetz innerhalb der staatlichen Gesamtordnung der „verfassungsmäßigen Ordnung" als fundamental ansieht. Dieser Grundordnung liegt ... die Vorstellung zugrunde, dass der Mensch in der Schöpfungsordnung einen eigenen selbstständigen Wert besitzt und Freiheit und Gleichheit dauernde Grundwerte der staatlichen Einheit sind. Daher ist die Grundordnung eine wertgebundene Ordnung. Sie ist das Gegenteil des totalen Staates, der als ausschließliche Herrschaftsmacht Menschenwürde, Freiheit und Gleichheit ablehnt. ...
So lässt sich die freiheitliche demokratische Grundordnung als eine Ordnung bestimmen, die unter Ausschluss jeglicher Gewalt- und Willkürherrschaft eine rechtsstaatliche Herrschaftsordnung auf der Grundlage der Selbstbestimmung des Volkes nach dem Willen der jeweiligen Mehrheit und der Freiheit und Gleichheit darstellt. Zu den grundlegenden Prinzipien dieser Ordnung sind mindestens zu rechnen: die Achtung vor den im Grundgesetz konkretisierten Menschenrechten, vor allem vor dem Recht der Persönlichkeit auf Leben und freie Entfaltung, die Volkssouveränität, die Gewaltenteilung, die Verantwortlichkeit der Regierung, die Gesetzmäßigkeit der Verwaltung, die Unabhängigkeit der Gerichte, das Mehrparteienprinzip und die Chancengleichheit für alle politischen Parteien mit dem Recht auf verfassungsmäßige Bildung und Ausübung einer Opposition.
Damit ist auch das Entscheidende über das Verhältnis von Art. 21 zu Art. 9 II GG gesagt. ... Ist nämlich eine Vereinigung eine politische Partei[1], so hat sie – eben wegen der den Parteien und nur ihnen eingeräumten Sonderstellung – Anspruch auf die Privilegierung nach Art. 21 II GG.[2]

Entscheidung des BVerfG vom 23.10.1952 (SRP-Verbot), BVerfGE 2, S. 11–13

[1] Vgl. M 6, S. 139

[2] Das Bundesverfassungsgericht kann ein Verfahren zur Feststellung der Verfassungswidrigkeit einer Partei nur auf Antrag von Bundestag, Bundesrat oder Bundesregierung einleiten. Bisher wurden zwei Parteien verboten: 1952 die Sozialistische Reichspartei (SRP), die nach dem „Führerprinzip" aufgebaut war und deren Programm teilweise nationalsozialistischem Gedankengut entsprach; 1956 die Kommunistische Partei Deutschlands (KPD), die offen die „Diktatur des Proletariats" propagierte und somit bestrebt war, die freiheitliche demokratische Grundordnung zu beseitigen. Vereinigungen, die nicht „Parteien" sind, können dagegen – bei Vorliegen eines Tatbestandes nach Art. 9,2 GG – vom Innenminister eines Landes bzw. des Bundes verboten werden. Gegen ein derartiges von der Exekutive verhängtes Verbot steht ihnen der Klageweg bei den Verwaltungsgerichten offen.

5.3.2 Zum Verbot verfassungsfeindlicher Parteien – das Beispiel NPD

Straftaten mit rechtsextremistischem Hintergrund[1)]

M 13

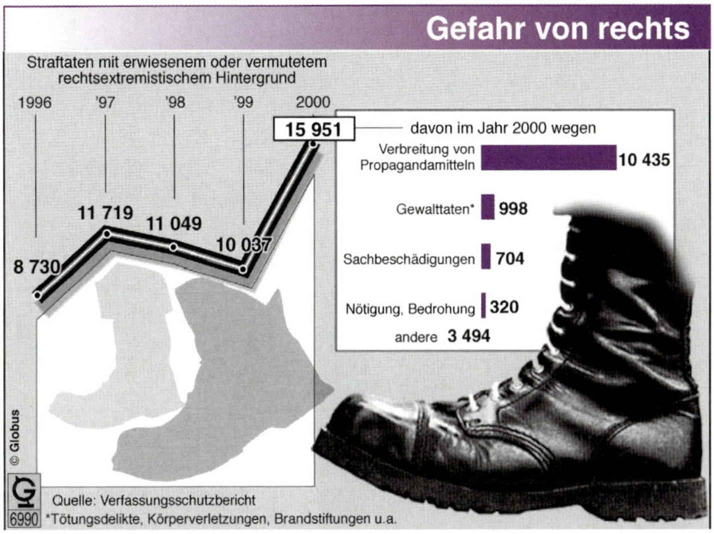

[1)] *Zum Rechtsextremismus siehe auch* ❶ *„Formen des Extremismus", S. 44*

Der Weg des Verbotsantrags gegen die NPD

M 14

11. Juni 2000: Rechtsradikale verletzen in Dessau den Mosambikaner Alberto Adriano tödlich.
27. Juli: Bei einem Sprengstoffanschlag auf eine Düsseldorfer S-Bahn-Haltestelle werden jüdische Übersiedler aus der früheren Sowjetunion verletzt.
1. August: Bayerns Innenminister Günther Beckstein (CSU) fordert die Bundesregierung zur Vorbereitung eines Verbotsantrags auf.
2. August: Regierungssprecher Uwe-Karsten Heye sagt, die Erkenntnisse reichten nicht für einen Verbotsantrag.
19. August: Bundeskanzler Gerhard Schröder (SPD) regt einen gemeinsamen Verbotsantrag von Bundestag und Bundesrat an.
27. August: Schröder kündigt einen Verbotsantrag der Bundesregierung an, „wenn sich die Möglichkeiten bieten".
4. Oktober: Nach dem Anschlag auf die Synagoge in Düsseldorf in der Nacht zum Tag der Deutschen Einheit ruft Bundeskanzler Gerhard Schröder (SPD) zum „Aufstand der Anständigen" auf. Wochen später stellt sich heraus, dass nicht Rechtsextremisten, sondern zwei Araber für den Anschlag verantwortlich sind.
6. Oktober: Nach der Auswertung von Verfassungsunterlagen sieht Bundesinnenminister Otto Schily (SPD) die Weichen für einen Verbotsantrag gestellt. CDU und FDP äußern sich zurückhaltend.
8. November: Die Bundesregierung beschließt, beim Bundesverfassungsgericht ein Verbotsverfahren gegen die NPD einzuleiten.
10. November: Der Bundesrat beschließt mit großer Mehrheit einen Verbotsantrag.
8. Dezember: Der Bundestag beschließt mit den Stimmen von SPD, Grünen und PDS einen eigenen Antrag auf ein NPD-Verbot. Die FDP lehnt den Antrag ab.
Frühjahr 2001: Die Verbotsanträge werden vom BVerfG für zulässig erklärt. In der Folge verzögert sich jedoch das Verfahren, da bekannt wird, dass sechs der Belastungszeugen für verschiedene Verfassungsschutzämter gearbeitet haben sollen. Das BVerfG dringt auf Überarbeitung der Verbotsanträge.

nach: Die Welt, 1.2.2001

M 15 Kontrovers diskutiert: Soll die NPD verboten werden?

a) Vier Gründe für ein NPD-Verbot
Der bayerische Innenminister Beckstein (CSU)

1. Die NPD hat sich in den letzten Jahren massiv gewandelt. Militante Skinheads und Neonazis haben ... verstärkt ihre politische Heimat in der NPD und deren Jugendorganisation Junge Nationaldemokraten (JN) gefunden. Nach dem Verbot neonazistischer Organisationen Anfang der 90er-Jahre haben sich führende Vertreter dieser Organisationen der NPD und der JN angeschlossen. Die NPD vertritt zunehmend neonazistisches Gedankengut und verlangt offen die Beseitigung der – wie sie abfällig sagt – „Demokratur". Hierbei propagiert sie den „Kampf um die Straße". Sie bindet in besonderer Weise junge, vor allem auch gewaltbereite Menschen und nutzt sie für den politischen Kampf. Die NPD spielt eine zentrale Rolle für den gewaltbereiten Rechtsextremismus.

2. Wenn die Bundesregierung den Verbotsantrag stellt, könnte das Bundesinnenministerium dann zum einen sämtliche in den einzelnen Ländern gesammelten und beim Bundesamt für Verfassungsschutz zentral ausgewerteten Erkenntnisse dem Bundesverfassungsgericht vorlegen. Zum anderen ginge schon von einem von der Bundesregierung gestellten Verbotsantrag eine massive Signalwirkung aus. Den NPD-Funktionären würde damit unmissverständlich klargemacht, dass der Staat Gewalt in keiner Weise akzeptiert. Zugleich würde damit ein deutliches Signal der generellen gesellschaftlichen Ächtung politisch motivierter Gewalt gesetzt werden. Wichtig ist auch die positive Wirkung eines derartigen Verbotsantrags im Ausland.

3. Ein Verbotsantrag hätte aber auch schon ganz handfeste konkrete Auswirkungen. Das Bundesverfassungsgericht kann nämlich, sobald ein Verbotsantrag gestellt ist, gemäß Bundesverfassungsgerichtsgesetz Beschlagnahmen, etwa des Parteivermögens, und Durchsuchungen, z. B. von Parteibüros, anordnen. Bereits infolge eines Verbotsantrags könnten somit Logistik und Strukturen der NPD massiv getroffen werden. Das Argument, ein unter Umständen jahrelanges Verbotsverfahren würde nichts bringen, ist somit schon von daher unzutreffend.

4. Die Feststellung der Verfassungswidrigkeit der NPD durch das Bundesverfassungsgericht hätte die Auflösung der Partei zur Folge; zugleich wäre damit das Verbot, eine Ersatzorganisation zu schaffen, verbunden. Das Bundesverfassungsgericht kann zugleich die Einziehung des Vermögens der Partei anordnen. Der Versuch, den organisatorischen Zusammenhalt einer verbotenen Partei aufrechtzuerhalten, ist strafbar. Strafbar ist weiter das Herstellen, Vorrätighalten und Verbreiten von Propagandamitteln und das Verwenden von Kennzeichen wie Fahnen, Abzeichen und Parolen einer verbotenen Partei. Ganz entscheidend ist außerdem, dass eine verbotene Partei kein Versammlungsrecht mehr hat, und zwar weder in geschlossenen Räumen noch im Freien. Die provokativen Aufmärsche der NPD durch das Brandenburger Tor oder an der deutsch-polnischen Grenze in Frankfurt/Oder würden damit der Vergangenheit angehören.

Pressemitteilung des bayerischen Innenministeriums, 3.8.2000

b) „Falsche Signale"
Der saarländische Ministerpräsident Peter Müller (CDU) über seine Ablehnung des NPD-Verbots

Spiegel: Herr Müller, das Saarland hat im Bundesrat gegen den Antrag gestimmt, die NPD verbieten zu lassen. Warum?

Müller: Ich glaube nicht, dass ein solches Verbot wirklich hilft, Rechtsradikalismus zu bekämpfen. Statt dessen droht die Gefahr, dass DVU und Republikaner als verfassungstreu geadelt werden. Unstreitig ist die NPD eine verfassungsfeindliche Partei mit ekelerregendem Gedankengut. Das genügt aber nicht für ein Verbot. Notwendig ist ein aggressiv-kämpferisches Vorgehen gegen die Verfassung.

Spiegel: Der Verfassungsschutz hat doch eine Fülle aggressiv-kämpferischer Zitate zusammengetragen.

Müller: Zitate reichen nicht aus! Verfassungsfeindliche Gedanken müssen in ein aggressives Handeln der Organisation NPD münden.

Spiegel: Sie vergessen die Straftaten von NPD-Mitgliedern.

Müller: Straftaten und Zitate müssen der NPD als Organisation zugerechnet werden können. Wenn ich die Rechtsprechung richtig verstehe, genügen Einzelfälle nicht. Deshalb gibt es keine völlige Sicherheit beim Verbotsantrag.

Spiegel: Dann zucken Sie aus Angst vor einer Niederlage in Karlsruhe zurück und bestätigen das Weltbild der Neonazis vom schwachen Staat.

Müller: Nein. Ein Parteiverbot soll verhindern, dass rechtsradikale Parteien parlamentarische Macht erringen. Das ist bisher ohne Verbot gelungen. Zwar sind die Rechten immer wieder in Parlamente hineingekommen, aber auch wieder herausgewählt worden. Insgesamt ist die Demokratie dabei stabiler geworden.

Spiegel: Die staatliche Finanzierung der NPD über das Parteiengesetz stört Sie nicht?

Müller: Wenn das der springende Punkt ist, dann ändern wir doch das Parteienfinanzierungsgesetz. Verfassungswidrige Parteien von staatlichen Mitteln auszuschließen, halte ich für sinnvoll und machbar.

Das Interview führten Tina Hildebrandt und Christoph Mestmacher

Der Spiegel Nr. 46, 2000, S. 35

die tageszeitung, 3.8.2000 S. 11

5.3.3 Politische Grundfunktionen der Parteien

M 16 Aufgaben der Parteien im politischen Prozess

§ 1 Verfassungsrechtliche Stellung und Aufgaben der Parteien

(1) Die Parteien sind ein verfassungsrechtlich notwendiger Bestandteil der freiheitlichen demokratischen Grundordnung. Sie erfüllen mit ihrer freien, dauernden Mitwirkung an der politischen Willensbildung des Volkes eine ihnen nach dem Grundgesetz obliegende und von ihm verbürgte öffentliche Aufgabe.

(2) Die Parteien wirken an der Bildung des politischen Willens des Volkes auf allen Gebieten des öffentlichen Lebens mit, indem sie insbesondere auf die Gestaltung der öffentlichen Meinung Einfluss nehmen, die politische Bildung anregen und vertiefen, die aktive Teilnahme der Bürger am politischen Leben fördern, zur Übernahme öffentlicher Verantwortung befähigte Bürger heranbilden, sich durch Aufstellung von Bewerbern an den Wahlen in Bund, Ländern und Gemeinden beteiligen, auf die politische Entwicklung in Parlament und Regierung Einfluss nehmen, die von ihnen erarbeiteten politischen Ziele in den Prozess der staatlichen Willensbildung einführen und für eine ständige lebendige Verbindung zwischen dem Volk und den Staatsorganen sorgen.

(3) Die Parteien legen ihre Ziele in politischen Programmen nieder.

(4) Die Parteien verwenden ihre Mittel ausschließlich für die ihnen nach dem Grundgesetz und diesem Gesetz obliegenden Aufgaben.

Gesetz über die politischen Parteien (Parteiengesetz) in der Fassung vom 31.1.1994, zuletzt geändert am 17.2.1999

M 17 Aktivitäten der Ortsvereine der SPD in Nordrhein-Westfalen

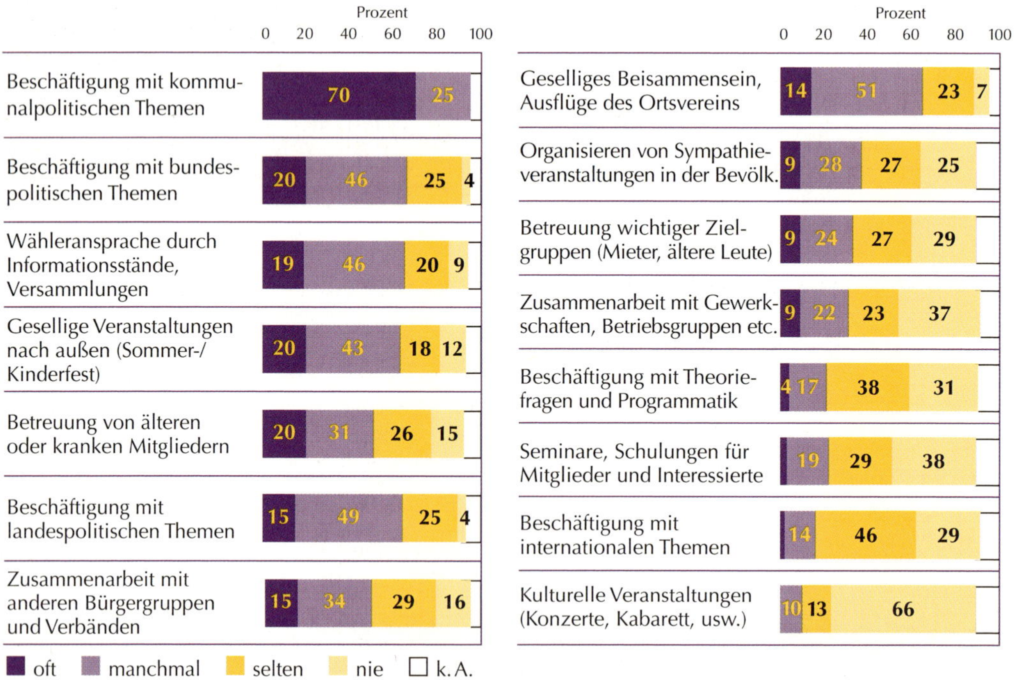

Becker 1997, o.S., nach: Ulrich von Alemann, Das Parteiensystem der Bundesrepublik Deutschland, Opladen 2000, S. 132

Parteien und Wahlen

M 18

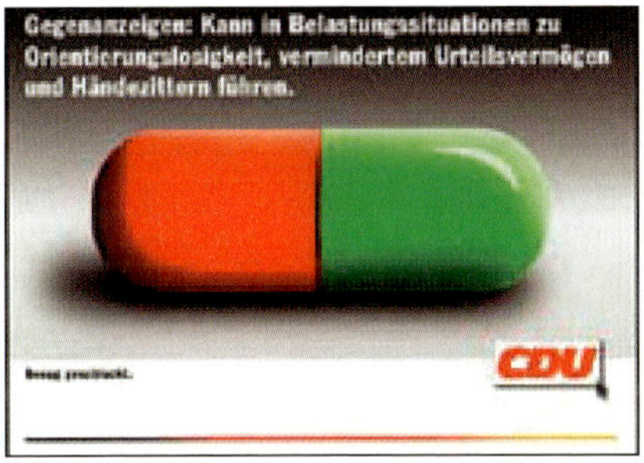

Plakate zum Bundestagswahlkampf 2002

Integration des Bürgers in die politische Gesellschaft

M 19

Jede politische Gesellschaft wird dauernd von zentrifugalen Kräften bedroht. Besonders die demokratische Gesellschaft, zu deren wichtigsten Merkmalen nach *Ernst Fraenkel* die Pluralität, die Differenziertheit und Vielgestaltigkeit ihrer politischen Ordnung gehören, befindet sich stets in Gefahr, in divergierende[1] Schichten, Gruppen und einzelne Glieder auseinanderzufallen. ...

Durch Integration sollen solche Gefahren des gesellschaftlichen Zerfalls vermindert werden, und die Existenz der politischen Gesellschaft als politische Einheit soll gesichert werden. In der Parteiendemokratie ist die Integration vor allem den politischen Parteien aufgegeben. Sie sollen den Bürger an die politische Gesellschaft heranführen, indem sie zu seiner demokratischen Bewusstseinsbildung beitragen, seine politische Unwissenheit bekämpfen und ihn mit den jeweiligen politischen Situationen, den daraus resultierenden notwendigen politischen Handlungen und Handlungsmöglichkeiten vertraut machen. Integrieren heißt weiter, dass die Parteien zwischen den divergierenden Interessenlagen ausgleichen, indem sie die Interessen der sozialen Gruppen, insbesondere wenn sie als

Verbände organisiert sind, aber auch der Konfessionen, Wirtschaftsgruppen, kulturellen Gruppen im vorinstitutionellen Bereich auffangen und Prioritäten des Parlaments-, Regierungs- und Verwaltungshandelns in Bezug auf das Notwendige, Angemessene und Wünschenswerte setzen.

Schließlich gehört zur Integrationsfunktion auch, dass die politischen Parteien für eine kontinuierliche Verbindung zwischen Regierung und Parlament und der Gesamtgesellschaft Sorge tragen. Den Parteien ist es in der Parteiendemokratie einerseits aufgegeben, keine Kluft zwischen Regierenden und Regierten entstehen zu lassen, die Bürger mit dem politischen Planen, Handeln und Verhalten von Regierung und Parlamentsmehrheit vertraut (auf Seite der Regierungsparteien) oder die Bürger auf Fehlentwicklungen aufmerksam zu machen und sie zu Misstrauen sowie kritischer Urteilskraft zu erziehen (aufseiten der Oppositionsparteien). Andererseits sollen die Regierenden auch durch die Parteien informiert werden, welche Probleme innerhalb der Gesellschaft einer politischen Lösung harren, wie sich Regierungs- und Parlamentsentscheidungen ausgewirkt haben und wie das Verwaltungshandeln zu gestalten ist.

Heinz Laufer, Die demokratische Ordnung. Eine Einführung. 2. Aufl., Stuttgart u.a. 1970, S. 158–159

[1] divergieren: auseinanderstreben

M 20 Darstellung der Integrationsfunktion durch die Parteien

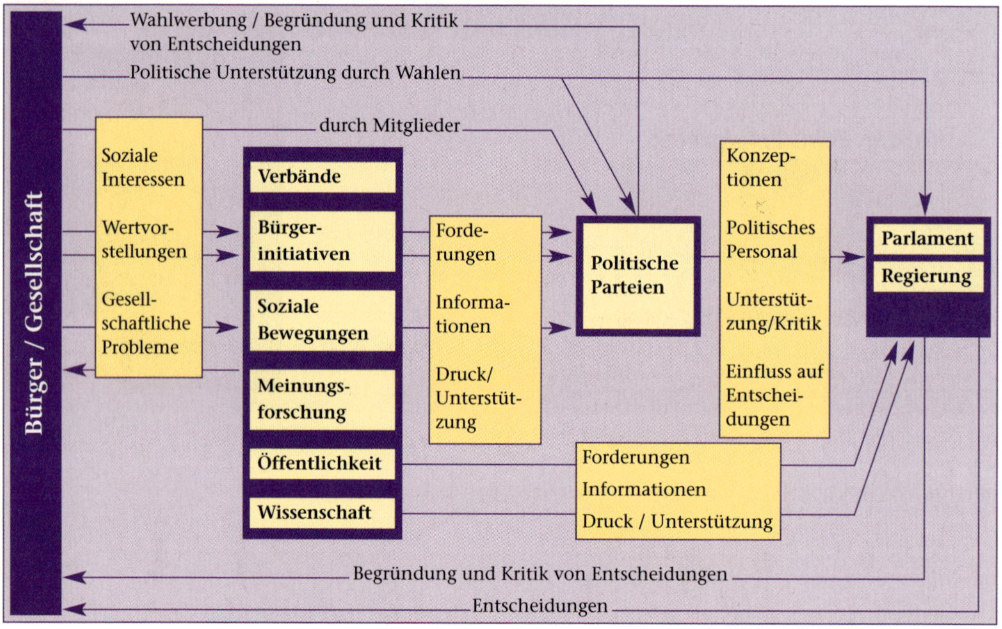

Wolfgang Rudzio, Die organisierte Demokratie, 2. Aufl., Stuttgart 1982, S. 160

M 21 Die Parteien und das politische System der Bundesrepublik Deutschland

... das bundesdeutsche Parteiensystem zeichnet sich durch eine erstaunliche Stabilität aus. Zwar haben die deutschen Parteien in den letzten Jahren, nicht nur aus Gründen, die sie selbst zu verantworten haben, sondern auch im Gefolge allgemeiner gesellschaftlicher Wandlungsprozesse, an Ansehen und Integrationskraft verloren. Doch noch immer konzentrieren die Wähler ihre Stimmen weitgehend auf jene großen Sammlungsparteien, die sich in den fünfziger Jahren in einem Konzentrationsprozess etabliert haben. Kleinere Splitterparteien in der Mitte und extremistische Parteien an den Rändern des politischen Spektrums haben in der Bundesrepublik trotz aller Unkenrufe kaum eine Chance – nicht nur aufgrund der wahlrechtlichen Hürden, sondern auch wegen des breiten staatsbürgerlichen Einvernehmens in der Mitte. Die Tatsache, dass mit den Grünen seit Beginn der achtziger Jahre eine neue Partei hinzugekommen ist, die sich in den neunziger Jahren etablieren und schließlich Regierungsverantwortung übernehmen konnte, hat das deutsche Parteiensystem nicht gesprengt, sondern eher konsolidiert. Der PDS hingegen ist es trotz aller Bekenntnisse zu den grundgesetzlichen Regeln des bundesrepublikanischen Systems noch nicht gelungen, sich einen dauerhaften Platz in der politischen Landschaft Gesamtdeutschlands zu sichern. Sie ist eine weitgehend auf die neuen Bundesländer beschränkte regionale Protestpartei. ... Von der PDS droht keine Gefahr für das deutsche Parteiensystem, es sei denn, die übrigen Parteien stilisieren sie zu einer solchen Gefahr und werten sie damit auf. Sie bildet nur einen Unsicherheitsfaktor in der Arithmetik der Regierungsbildung zwischen den übrigen vier parlamentarischen Parteien.

Keine der Parteien steht in einer destabilisierenden Fundamentalopposition zum politischen System der Bundesrepublik Deutschland, wie das bei den extremistischen Parteien in der Weimarer Republik der Fall war und wesentlich zum Untergang der ersten deutschen Demokratie beigetragen hat. Alle heutigen Parteien wollen die Regierungsposition auf Bundesebene behaupten oder erlangen und sind durch ihre Teilhabe an Länderregierungen auch in den gesamtstaatlichen Entscheidungsprozess involviert. So bewirkt die Überlagerung des parlamentarischen Regierungssystems durch ein föderalistisches Gefüge eine gouvernemental-administrative Politikverflechtung, in welche noch dazu die großen Interessenverbände eingebunden sind. Wir können daher in Deutschland – entgegen dem ersten Anschein des im Grundgesetz konzipierten Regierungsmodells – eine eigentümliche Verschiebung von einer Mehrheits- und Konfliktdemokratie hin zu einer Konkordanz- und Konsensdemokratie (Übereinstimmungsdemokratie) konstatieren. Formal gesehen mögen in der Bundesrepublik der demokratische Wettbewerb und der Mehrheitsentscheid ausschlaggebend sein, doch in der politischen Wirklichkeit spielen die Entscheidungsmaximen des Aushandelns und gütlichen Einvernehmens eine wichtigere Rolle. Im Hinblick auf die Stabilität des politischen Systems liegt der Vorteil dieser konkordanzdemokratischen Tendenzen, wie sie in reinerer Form in der Schweiz, Österreich und Belgien zu beobachten sind, nicht nur in der Beteiligung der politischen Minderheiten, sondern auch der Integration der meisten gesellschaftlichen Gruppen in den staatlichen Entscheidungsprozess. Der Nachteil sind allerdings die großen Kosten der überaus komplexen Entscheidungs- und Konsensfindung, sowohl was ihre zeitliche Dauer als auch was ihre Sensibilität für neue Herausforderungen angeht.

Kurt Sontheimer/Wilhelm Bleek, Grundzüge des politischen Systems der Bundesrepublik Deutschland, 11. Aufl., Zürich/München 1999, S. 416–417

Aufgaben

Zu 5.3 Die Bedeutung der Parteien für die Demokratie

1. Erläutern Sie die herausgehobene verfassungsrechtliche Stellung der politischen Parteien im Vergleich zu den anderen Trägern der politischen Willensbildung! (M 11 bis M 12)
2. Belegen und veranschaulichen Sie acht Funktionen der Parteien im politischen Kommunikationsprozess durch Beispiele! (M 16 – M 20)
3. Suchen Sie nach Beispielen aus der aktuellen Politik, die die These belegen, dass die Bundesrepublik eine „Konkordanz- und Konsensdemokratie" sei! (M 21)
   Diskutieren Sie die Vor- und Nachteile dieses Demokratiemodells! Gehen Sie dabei auch auf die Alternative einer „Konfliktdemokratie" ein!

5.4 Parteien in der Diskussion

5.4.1 Mangelnde Integrationskraft der Parteien?

M 22 Nichtwähler bei den Landtags- und Bundestagswahlen 1949–2000

	in Prozent der Wahlberechtigten	
	Landtags-wahlen	Bundestags-wahlen
1949–53	23,0	21,5
1953–57	19,4	14,0
1957–61	22,1	12,2
1961–65	23,8	12,3
1965–69	23,0	13,2
1969–72	20,3	13,3
1972–76	17,2	8,9
1976–80	19,5	9,3
1980–83	17,2	11,4
1983–87	21,2	10,9
1987–90	25,8	15,7
1990–94	31,8	22,2
1994–98	29,1	21,0
1998–00	35,8	17,8

Datenbasis: Wiesendahl 1998, S. 15; 1990–2000: eigene Berechnungen. In: Rainer Bovermann, Wahlen zu den Landesparlamenten, in: Politische Bildung 3/2000, S. 65

M 23 Ohne Worte

Karikatur: Felix Mussil, CCC

M 24 Im Fokus: der Nichtwähler – ein bekanntes Wesen?

- *Alter:* Insbesondere Jungwähler und ältere Wähler (über 70 Jahre) zeigen eine hohe Neigung zu Wahlenthaltungen. Die Wahlbeteiligung in der Altersgruppe zwischen 50 und 70 Jahren dagegen ist die höchste. Hier kann auf einen Unterschied in der Wertorientierung zwischen Jungwählern und den Wählern zwischen 50 und 70 Jahren geschlossen werden (Pflichtbewusstsein, Akzeptanz bzw. Nicht-Akzeptanz von mehr oder weniger anonymen Großorganisationen wie Parteien), bei den über 70-Jährigen müssen zunehmende Gebrechlichkeit und soziale Vereinsamung angenommen werden.
- *Kirchenbindung:* Je stärker die Kirchenbindung, desto ausgeprägter ist auch die Neigung zur Wahlteilnahme.
- *Sozialer Status:* Beruf, Einkommen und formale Bildung scheinen Determinanten für die Wahlbeteiligung zu sein, die ausgeprägter wirken als Geschlecht, Alter und Konfession. Je höher der Status ist, umso größer ist die Neigung zur Stimmabgabe, je geringer der soziale Status, umso größer die Wahrscheinlichkeit einer Wahlenthaltung. Die größte Wahlbereitschaft liegt bei Beamten, höheren Angestellten sowie Selbstständigen vor, deutlich geringere bei einfachen Angest., Arbeitern und nicht Erwerbstätigen. ...
- *Soziale Integration:* Soziale Isolation fördert die Wahlenthaltung, soziale Gruppenbindung (z. B. in Familien, Freundeskreisen und kleinen Wohnorten) fördert die Bereitschaft zur Abgabe der Stimme. Derselbe Zusammenhang ergibt sich auch bezüglich der Mitgliedschaft in Vereinen

und Verbänden. D.h. wesentliche Anteile der in den letzten Jahren vermehrt aufgetretenen Wahlenthaltungen gehen auf Individualisierungsprozesse zurück.

- *Politisches Interesse, Probleme, spezielle Parteibindungen:* Oft wird Nichtwählen als determiniert durch politisches Interesse interpretiert: Hohes Interesse bedingt die Stimmabgabe, geringes verhindert sie. Dies gilt so uneingeschränkt heute nur für den Zusammenhang zwischen niedrigem Interesse und Wahlenthaltung. Hier kann nach wie vor davon ausgegangen werden, dass fehlendes politisches Interesse auch oft zur Wahlenthaltung führt. Daneben hat sich aber scheinbar in den letzten Jahren noch der Typ des politisch Interessierten herausgebildet, der wegen seines Engagements bewusst nicht wählt, z. B. mit dem Ziel der Sanktionierung von ihm nicht für gutgeheißenen Verhaltens. Interessanterweise lassen sich solche potentiellen Nichtwähler eher als potentielle Wähler zum Urnengang mobilisieren, wenn es im Anschluss an Skandale darum geht, „saubere Alternativen" an die Macht zu bringen. Wahlenthaltung muss aber zunehmend auch als Zeichen von Politik(er)verdrossenheit politisch prinzipiell interessierter Bürger und Bürgerinnen interpretiert werden. Unzufriedenheit mit der politischen bzw. ökonomischen Lage wird häufig mit Protestwahl oder Wahlenthaltung quittiert. Es gibt aber auch Zusammenhänge zwischen Parteipräferenz und Wahlbeteiligung. Allgemein gilt zunächst, dass bei vorhandener ausgeprägter Parteinähe auch eher gewählt wird und dass Wahlenthaltung hier als Mittel des Protestes eingesetzt wird anstatt der weiter gehenderen Sanktion in der Form der Wahl einer anderen Partei. Bis 1969 profitierte fast immer die SPD von niedrigen Wahlbeteiligungen bei Landtags- und Kommunalwahlen, nach dem Machtwechsel profitierte die CDU davon, und nach dem erneuten Machtwechsel 1982 profitierte wieder die SPD. D.h. also, dass von einem Oppositionseffekt auszugehen ist, demzufolge die Oppositionsparteien bei den als Protestwahlen einzustufenden Landtags- und Kommunalwahlen profitieren. Bezüglich der Bundestagswahlen hieß es lange Zeit, die Wählerschaft der SPD sei engagierter und die Unionsparteien schnitten tendenziell umso besser ab je höher die Wahlbeteiligung ausfiel. Seit 1972 lassen sich entsprechend eindeutige Trends nicht mehr nachweisen.

Bei aller Relativierung der Bedeutung von Nichtwähler-Anteilen im internationalen Vergleich stellen sich natürlich trotzdem Fragen nach der Grundlage der Legitimation politischen Handelns durch die gewählten Gremien und nach den Folgen für ein Gemeinwesen, wenn vielleicht nur noch 50 % der Wählerschaft an den zentralen Akten des Souveräns teilnehmen.

Irene Gerlach, Bundesrepublik Deutschland. Entwicklung, Strukturen und Akteure eines politischen Systems, Opladen 1999, S. 256 – 257

M 25

Zum Mitgliederschwund der Parteien: Neue Modelle zur Parteienentwicklung

Im Laufe des zwanzigsten Jahrhunderts haben sich die Parteien zu „Massenparteien" oder Mitgliederparteien entwickelt: Ihre Organisationsstruktur wird von der mitgliedschaftlichen Basis auf der einen Seite und der „Funktionärsklasse" auf der anderen Seite geprägt. Die Beziehung zwischen beiden Segmenten ist in der Parteienforschung intensiv diskutiert und problematisiert worden:

Diese Spannung zwischen Mitgliedschaft und Parteielite wird durch einen aktuellen Trend verdichtet: Die Mitgliederentwicklung gerade der großen Parteien in der Bundesrepublik ist dramatisch rückläufig.[1] Im Zusammenhang damit stehen Veränderungen in der Sozialstruktur (z. B. Überalterung) und der Partizipationsbereitschaft der Parteibuchinhaber. ... Die empirisch bestätigte Entwicklung weg von den mitgliederstarken und -aktiven Parteien wird von wissenschaftlichen und politischen Akteuren unterschiedlich bewertet:

Zum einen wird dieser Trend problematisiert, führe er doch zu einer weiteren Loslösung der politischen Akteure von der Gesellschaft. Mit den Worten von Wilhelm Hennis: Parteien sind „überdehnt und abgekoppelt". Ihr mittlerweile gefestigter Einfluss im staatlichen Bereich („überdehnt") entspreche nicht mehr ihrer gesellschaftlichen Fundierung („abgekoppelt") und verliere damit an Legitimität. Gemeinsames Ziel der emanzipierten „Profi-Parteien" (Klaus von Beyme) sei es, in kartellförmiger Absprache miteinander machtpolitische und finanzielle Pfründe auszuschöpfen. Dem könne durch eine Neuverankerung der Parteien qua Wiederentdeckung der Mitgliedschaft entgegengewirkt werden. Vor allem Peter Haungs hat sich in seinem „Plädoyer" für die Mitgliederpartei dagegen ausgesprochen, die Entwicklung resignativ zur Kenntnis zu nehmen. Er führt Gründe für die Bestandsrettung der Mitgliederpartei an: Die Mitgliederbasis verleihe den Parteien demokratische Legitimität, und Parteien könnten ohne ein Fundament an Mitgliedern wichtige Funktionen nicht erfüllen. Beispielsweise seien Aufgaben wie die Parteikommunikation vor Ort (vor allem in Wahlkämpfen) und die Rekrutierung von politischem Funktionspersonal ohne das Fundament einer breiten Mitgliedschaft nicht denkbar.

Zum anderen wird der Abgesang auf die Mitgliederpartei konstruktiv in die Entstehung eines neuen Parteityps gewendet, der den Anforderungen des politischen Prozesses durchaus entgegenkomme. So wird die Entstehung von „Fraktionsparteien" gesichtet und befürwortet. Diese konkurrierten in unmittelbarem Kontakt zu den Wählern um deren Gunst, ohne dabei auf ein Ortsvereins- oder Ortsverbandsfundament angewiesen zu sein. Die demokratische Qualität einer Partei könne – so die Argumentation – nicht an der Anzahl der Mitglieder gemessen werden, sondern letztlich nur an der Leistung und dem Angebot gegenüber den Wählern. Die Einbindung von Mitgliedern verliert somit an demokratietheoretischer Bedeutsamkeit. Seitens des Parteienmanagements wird in eine ähnliche Richtung gedacht: So sieht der ehemalige Wahlkampfleiter der CDU, Peter Radunski, den Trend deutlich in Richtung „Servicepartei" oder „Fraktionspartei": „Angestrebt wird eine moderne Dienstleistungspartei, die aktuelle Politik machen kann, Bilder von der Zukunft entwirft und geeignete Frauen und Männer in die Politik bringt. Dabei heißt es Abschied nehmen von der Mitglieder- und Massenorganisation." Auch gegenwärtig werden solche Vorstellungen im bundesdeutschen Parteienmanagement diskutiert. So spricht der SPD-Generalsekretär Franz Müntefering von dem Modell einer „professionellen Wählerpartei"; bei ihm ist dies nicht mehr wie bei Klaus von Beyme eine Diagnose, sondern vielmehr ein Modell.

„Mitgliederpartei" als Konzept des vergangenen Jahrhunderts oder als Perspektive? Diese Frage muss angesichts der Veränderungen der politischen und parteiinternen Öffentlichkeit infolge der Etablierung computer-vermittelter Kommunikation neu gestellt werden. ...

Perspektiven bieten die neuen Formen der Mitgliedschaft im Rahmen virtueller Gruppierungen. Parteien vermögen sich hiermit denjenigen gegenüber zu öffnen, denen konventionelle Formen der Basisarbeit fremd sind und die auf eine Unverbindlichkeit sowie die thematisch zugespitzte Ausrichtung ihres Engagements Wert legen. Über die Online-Beteiligungsformen vollzieht sich eine Ausdifferenzierung der Einbindungsgrade in die innerparteiliche Organisation. Die Parteien verlieren dabei ihre starren Konturen; die Grenzen zu dem Bereich der Sympathisanten werden durchlässig. Dies führt zu einer vielleicht weniger starken, dafür aber breiter gestreuten gesellschaftlichen Verankerung der Parteien und zu einer – von vielen Seiten geforderten – dichteren Kommunikation zwischen Parteien und Gesellschaft. Die neuen Mitgliedschaftsformen könnten sich vermehrt neben den bereits bestehenden traditionellen etablieren. Mit der Ausdehnung virtueller Parteigruppierungen stellen sich freilich hochkomplexe Fragen: Wie können thematisch-sektorale und territoriale Gruppierungen miteinander in einen organisatorischen Kontext gestellt werden? Müssen virtuelle Mitglieder Beiträge zahlen...? Wird es unterschiedliche Rechte und Pflichten der jeweiligen Mitgliedergruppe geben und mit welchen Folgen? ... Wie können virtuelle Parteisegmente die Personalrekrutierung für politische Ämter gewährleisten? Schließlich: Wie muss das Parteiengesetz geändert werden, um neuen innerparteilichen Partizipationsformen Rechnung zu tragen, regelt dieses doch nur die territoriale Strukturierung? ...

Stefan Marschall, Parteien und Internet – Auf dem Weg zu internet-basierten Mitgliederparteien? Aus Politik und Zeitgeschichte Nr. 10/11, 2./9. März 2001

[1] Vgl. dazu M 4, S. 137

5.4.2 Parteien und Staat

Peinliche Kandidatenkür

M 26

Das monatelange Theater und die Wahl eines neuen Intendanten zeigt: Das ZDF liegt weiter fest im Würgegriff der Parteien. Das muss sich ändern.

Der neue ZDF-Intendant Markus Schächter brachte es wenige Minuten nach seiner Wahl auf den Punkt: Das Kandidatenkarussel habe sich „in eine Achterbahn und oft in eine Geisterbahn" verwandelt. Seit einem halben Jahr kämpfen die Parteien ganz unverholen um die Macht in Europas größter Fernsehanstalt. Sollte aus dem konservativen ... Zweiten tatsächlich ein ... SPD-geführter Sender werden?

Am Ende blieb in Mainz alles beim Alten. Mit dem gebürtigen Pfälzer Markus Schächter, seit vier Jahren Programmdirektor, setzte sich die konservative Mehrheit im Fernsehrat, aber auch der scheidende ZDF-Intendant Dieter Stolte durch. Bei der Wahl ging es nicht um den fähigsten Manager für den Sender mit über 3000 Angestellten und einem Jahresetat von 1,7 Mrd. Euro. Der kleinste gemeinsame Nenner war entscheidend. Die peinliche Kandidatenkür hat im grellen Medienlicht schmerzhaft vorgeführt, wie groß der Reformbedarf in Mainz tatsächlich ist.

Hans-Peter Siebenhaar, Peinliche Kandidatenkür, in: Handelsblatt, 10. 3. 2002

Politische Parteien im Spannungsfeld von Interessen

M 27

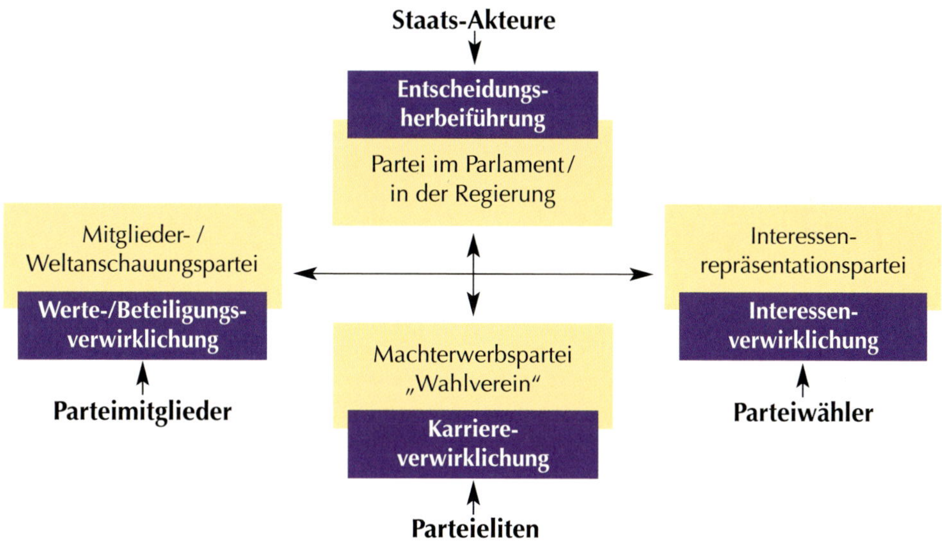

Elmar Wiesendahl, Volksparteien im Abstieg, in: Aus Politik und Zeitgeschichte B 34–35/92, 14. 8. 1992, S. 6

M 28 Jürgen Rüttgers: Rückzug der Parteien

Der Spendenskandal, der die CDU tief erschüttert, beruht nicht nur auf persönlichem Versagen. Er ist Folge einer strukturellen Fehlentwicklung, über die bereits seit Jahren diskutiert wird, ohne dass die notwendigen Konsequenzen gezogen wurden. Parteiverdrossenheit ist kein neues Wort.

Es geht ... um Strukturen, die sich in allen Parteien finden. Die Parteien haben ihren Einfluss über Gebühr ausgedehnt. In immer weitere Bereiche des gesellschaftlichen Lebens haben sie ihre Aktivitäten verzweigt. Gleichzeitig nahm die demokratische Kontrolle ab.

In früheren Jahren haben die Parteien auf solche Kritik alle in ähnlicher Weise reagiert. Sie leiteten Reformen ihrer Binnenstrukturen ein: stärkere Berücksichtigung von Frauen und jungen Menschen bei der Vergabe von Ämtern und Mandaten, Beteiligung von Außenstehenden am Meinungsbildungsprozess, mehr Informationen an die Mitglieder, Vermeidung von Ämterhäufung. Diese Reformansätze waren richtig, aber – wie man heute sieht – nicht ausreichend. Sie konnten auch nicht ausreichen, weil man nur an Symptomen kurierte.

Ein Weg aus der jetzigen Krise ist nur möglich, wenn die CDU einen Neuanfang wagt. Dazu muss sie auch bisher Undenkbares denken und tun: Sie muss die treibende Kraft der Reform des Parteienstaates und der Renaissance der freiheitlichen Bürgergesellschaft werden. Erforderlich ist eine Neuvermessung der Verantwortungsräume zwischen Bürger und Staat. Die Parteien müssen sich selbst beschränken und Macht abgeben. Nicht mehr Mitbestimmung in und durch die Parteien, sondern mehr Selbstbestimmung und Kontrolle durch die Bürger muss jetzt diskutiert werden.

Etwa bei der Rechtsprechung. Die Richter der Obersten Bundesgerichte werden durch den Bundestag gewählt. Ähnliches gibt es in den Ländern. In Wahrheit werden die Personalvorschläge in vertraulichen Gremien zwischen den Parteien ausgehandelt. Warum haben der Bundespräsident oder die Gerichte kein Vorschlagsrecht?

Etwa im Bildungssystem. In Nordrhein-Westfalen werden die Schulleiter von Schulträgern, Schulkonferenz und Schulaufsicht bestimmt. Obwohl die Parteien formal kein Mitbestimmungsrecht haben, sitzen sie am entscheidenden Hebel. Wäre es nicht bürgernäher und angemessener, wenn Lehrerkollegium und Eltern den Rektor selbst wählen könnten – vorausgesetzt, die fachliche Qualifikation der Bewerber wäre sichergestellt?

Etwa bei den Landesbanken, Sparkassen, Versorgungs- und Verkehrsbetrieben. Deren Führungs-, Verwaltungs- und Aufsichtsratsmitglieder werden oftmals aus den Parteien rekrutiert. Die Doppelrolle der Politiker führt zur Vermischung von öffentlicher mit nicht öffentlicher, wirtschaftlicher Tätigkeit. Der Skandal um die West LB zeigt, wohin dies führen kann. Es darf nicht dabei bleiben, dass der Minister, der für die Bankenaufsicht zuständig ist, gleichzeitig im Verwaltungsrat der Landesbank sitzt.

Solche Überlegungen lassen sich auch auf den Medieneinfluss der Parteien übertragen. So werden die Rundfunkräte der öffentlich-rechtlichen Anstalten direkt oder indirekt wesentlich durch die Parteien bestimmt. Die Kontrollierten kontrollieren die Kontrolleure. Ist es wirklich undenkbar, dass die Aufsichtsgremien direkt vom Zuschauer und Hörer gewählt werden – ein Verfahren, wie es etwa in der Sozialversicherung längst gängige Praxis ist?

Generell wird die CDU auch über ihr Verhältnis zu plebiszitären Elementen neu nachdenken müssen. Macht kann zu Missbrauch führen, vor allem, wenn Macht lange ausgeübt wird. Mehr Möglichkeiten der unmittelbaren Entscheidung durch den Bürger, ganz sicher auf kommunaler Ebene, auch auf Landes- und vielleicht auch auf Bundesebene, können dem entgegensteuern. ...

Die Parteien sind gefordert, sich zu bescheiden, um Freiräume für die Bürger zu schaffen, in denen diese sich betätigen können – eigenständig und eigenverantwortlich, ohne dabei stets durch das Nadelöhr der Parteien gehen zu müssen. Rückzug der Parteien fordert den Bürgersinn heraus.

Jürgen Rüttgers (Landesvorsitzender der CDU in Nordrhein-Westfalen), Rückzug der Parteien, in: Die Woche Nr. 4, 28. 1. 2000, S. 7

5.4.3 Probleme der innerparteilichen Willensbildung

Idealfall, Normalfall oder Problemfall?

M 29

Rita Süssmuth, 1985-1988 Bundesfamilienministerin, 1988–1998 Bundestagspräsidentin und 1987–1998 Mitglied des CDU-Präsidiums, gilt nach wie vor als Querdenkerin in ihrer Partei. Zuletzt übernahm sie gegen den Willen der CDU den Vorsitz in der Zuwanderungskommission der rot-grünen Bundesregierung.

Denke ich an meine politische Arbeit im Zeitraum von 1985 bis 1998, erinnere ich mich bei den meisten Projekten an erhebliche Widerstände. Viele Ziele, die ich in der Partei, aber auch in der Gesellschaft vor Augen hatte, erschienen von vornherein aussichtslos, weil sie nicht nur auf Bedenken stießen, sondern schlicht entschieden abgelehnt wurden. Allerdings habe ich dann zu meiner Freude gelernt: Was aussichtslos erscheint, muss keineswegs aussichtslos bleiben. Und bald fühlte ich mich durch solche Situationen der Blockade nicht mehr eingeschüchtert, sondern vielmehr erst recht herausgefordert. Widerstände machen erfinderisch. Wer wenig Macht hat, der muss sich mehr einfallen lassen, damit ihm oder ihr Macht zum Brechen des Widerstands zuwächst. ... Widerstände, die wir in der Frauenfrage in der CDU erfahren haben, waren – und sind teils noch – sehr groß. Auch gegenwärtig ist noch nicht der Zeitpunkt erreicht, an dem in Sachen aktive Gleichberechtigungspolitik aufs Archiv der Geschichte verwiesen werden kann. Meine Entscheidung für die Politik war und ist eine Entscheidung für demokratische Beteiligung, Einflussnahme und Mitgestaltung aller, besonders der Frauen.

... Es war eine Frage der Gerechtigkeit und ich war überzeugt, dass der älteren Frauengeneration, oftmals als Trümmerfrauen bezeichnet, unbedingt ihre Erziehungszeiten auf das Rentenalter angerechnet werden müssten. Sie hatten, viele als Kriegswitwen, ohne jede staatliche Unterstützung ihre Kinder erzogen in den schweren Zeiten des Zweiten Weltkriegs und des harten Wiederaufbaus. Sie hatten mit bloßen Händen die Backsteine aus dem Schutt gezogen, Eimerketten gebildet und nach der Barbarei des Kriegs ganze Städte wieder aufgebaut. Eine Zeit lang lag ein Großteil der industriellen Produktion in ihren Händen, sie arbeiteten hart und oft ohne Sicherheiten. Viele wurden dabei übrigens eigenständiger – ein ungeplanter Nebeneffekt dieses katastrophalen Krieges. Als die Männer zurückkamen, wurden Frauen oft systematisch aus ihren Arbeitsplätzen verdrängt und zurück ins Haus geschickt. Gegen Ende ihres Lebens standen dann Hunderttausende von ihnen mit minimaler Rente da oder lebten von Sozialhilfe. Diese Ungerechtigkeit erschien mir, ganz gleich welche finanziellen Engpässe der Staatshaushalt aufwies, zu eklatant, als dass sie hingenommen werden konnte. Viele jüngere Frauen sahen das ebenso. Doch erstaunlicherweise war der Widerstand im Kabinett, vor allem bei Finanzminister Stoltenberg, so ausgeprägt, dass ich ihn wochenlang nicht zu brechen wusste. Es ging um die beträchtliche Summe von etwa 6,7 Milliarden Mark (3,43 Mrd €) – sie musste einfach aufgebracht werden. Ich ging also an die Öffentlichkeit, trug meine Absichten und Argumente vor und wusste dabei, welchen politischen Ärger ich mit diesem Vorgehen – als Kabinettsmitglied, das aus der Riege ausscherte – auslösen würde. Der Druck der Öffentlichkeit nahm zu. Tausende betroffener Frauen wandten sich an den Arbeitsminister, an den Kanzler, an mich. Auch der Verband der Kriegsopfer und Versehrten (VdK) legte nach, beim Kanzler persönlich, als er im Mai 1986 auf einer Großveranstaltung sprach. Kohls Ärger über meine Initiative war groß. Aber ein Zurück konnte es nicht mehr geben. Wochenlang wurde mit dem Finanzministerium verhandelt, und am Ende stand immerhin ein Stufenplan. Innerhalb von vier Jahren sollten alle Frauen in ein neues Rentenschema einbezogen werden, beginnend mit den ältesten. Das Engagement hatte sich gelohnt. Die älteren Frauen erfuhren wenigstens ein Zeichen der Anerkennung für ihre Lebensleistung.

Rita Süssmuth, Wer nicht kämpft, hat schon verloren, München 2000, S. 140–144

M 30 Normative Regelungen im Parteiengesetz

§ 6 Satzung und Programm

(1) Die Partei muss eine schriftliche Satzung und ein schriftliches Programm haben, ...

§ 7 Gliederung

(1) Die Parteien gliedern sich in Gebietsverbände. ... Die gebietliche Gliederung muss so weit ausgebaut sein, dass den einzelnen Mitgliedern eine angemessene Mitwirkung an der Willensbildung der Partei möglich ist. ...

§ 9 Mitglieder- und Vertreterversammlung

(1) Die Mitglieder- oder Vertreterversammlung (Parteitag, Hauptversammlung) ist das oberste Organ des jeweiligen Gebietsverbandes. Sie führt bei Gebietsverbänden höherer Stufen die Bezeichnung „Parteitag", bei Gebietsverbänden der untersten Stufe die Bezeichnung „Hauptversammlung"... Die Parteitage treten mindestens in jedem zweiten Kalenderjahr einmal zusammen. ...

(3) Der Parteitag beschließt im Rahmen der Zuständigkeit des Gebietsverbandes innerhalb der Partei über die Parteiprogramme, die Schiedsgerichtsordnung, die Auflösung sowie die Verschmelzung mit anderen Parteien. ...

§ 10 Rechte der Mitglieder

(1) Die zuständigen Organe der Partei entscheiden nach näherer Bestimmung der Satzung frei über die Aufnahme von Mitgliedern. Die Ablehnung eines Aufnahmeantrages braucht nicht begründet zu werden. ...

(2) Die Mitglieder der Partei und die Vertreter in den Parteiorganen haben gleiches Stimmrecht. ...

(4) Ein Mitglied kann nur dann aus der Partei ausgeschlossen werden, wenn es vorsätzlich gegen die Satzung oder erheblich gegen Grundsätze oder Ordnung der Partei verstößt und ihr damit schweren Schaden zufügt ...

§ 15 Willensbildung in den Organen

(1) Die Organe fassen ihre Beschlüsse mit einfacher Stimmenmehrheit, soweit nicht durch Gesetz oder Satzung erhöhte Stimmenmehrheit vorgeschrieben ist.

(2) Die Wahlen der Vorstandsmitglieder und der Vertreter zu Vertreterversammlungen und zu Organen höherer Gebietsverbände sind geheim. Bei den übrigen Wahlen kann offen abgestimmt werden, wenn sich auf Befragen kein Widerspruch erhebt.

(3) Das Antragsrecht ist so zu gestalten, dass eine demokratische Willensbildung gewährleistet bleibt, insbesondere auch Minderheiten ihre Vorschläge ausreichend zu Erörterung bringen können. In den Versammlungen höherer Gebietsverbände ist mindestens den Vertretern der Gebietsverbände der beiden nächstniedrigen Stufen ein Antragsrecht einzuräumen. Bei Wahlen und Abstimmungen ist eine Bindung an Beschlüsse anderer Organe unzulässig.

§ 17 Aufstellung von Wahlbewerbern

Die Aufstellung von Bewerbern für Wahlen zu Volksvertretungen muss in geheimer Abstimmung erfolgen. Die Aufstellung regeln die Wahlgesetze und die Satzungen der Parteien.

Gesetz über die politischen Parteien (Parteiengesetz) in der Fassung vom 31.1.1994, zuletzt aktualisiert am 17.2.1999

So können Sie Ihren Willen durchsetzen...

M 31

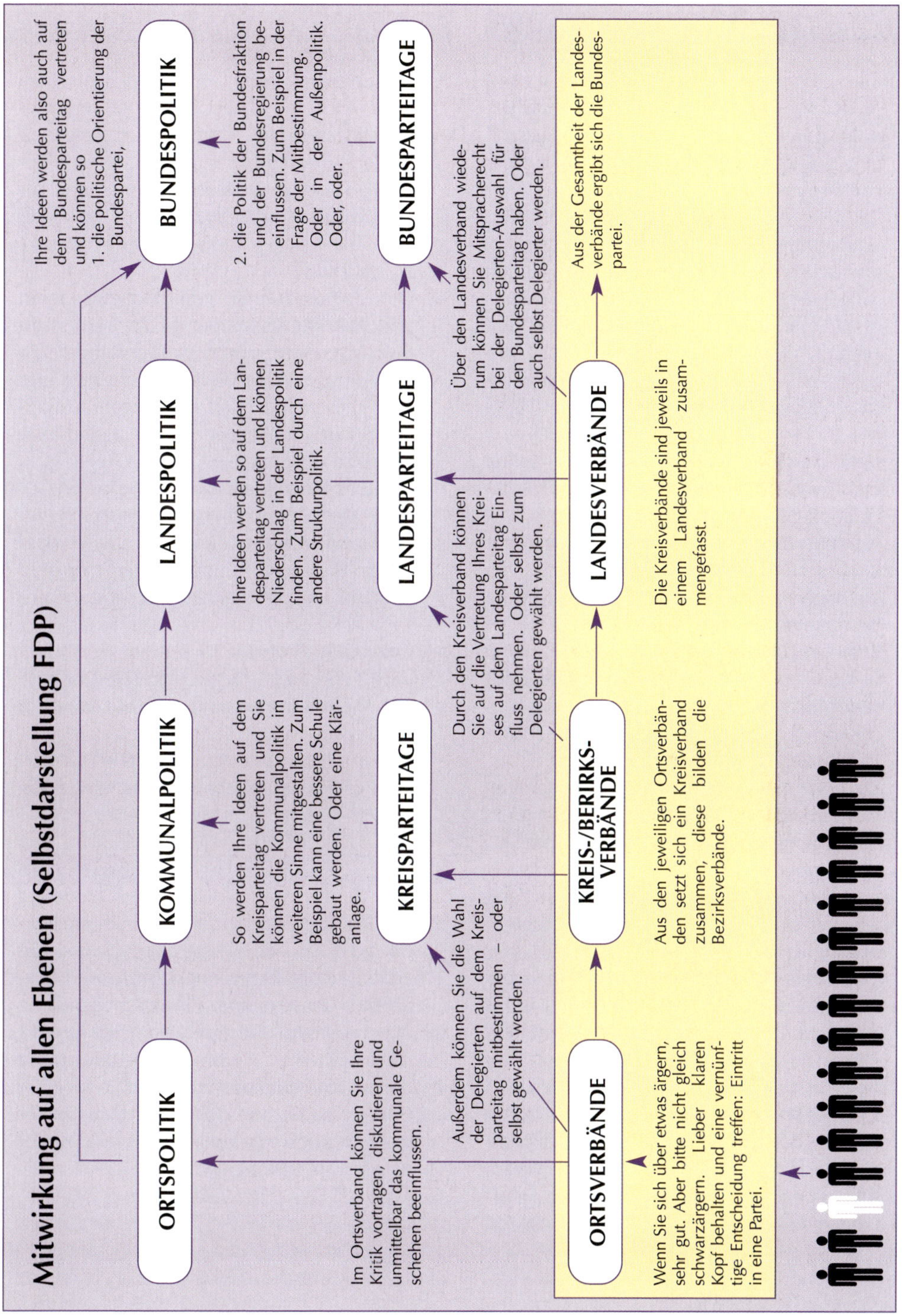

Manfred Handwerger u. a., Der politische Prozess, 3. Aufl., Bamberg 1990, S. 91

M 32 Vorschläge für eine Reform der Parteiendemokratie

Parteien und Mitglieder

1. Eine Organisationsreform der Parteien soll weder vor den Parteisatzungen noch vor dem Parteiengesetz haltmachen. Sie soll eine gründliche Prüfung der Aufgaben der Parteien mit einer Neuregelung des Verhältnisses von freiwilliger, ehrenamtlicher, hauptamtlicher und mandatstragender Mitgliedschaft verknüpfen. Die freiwilligen Mitglieder brauchen mehr Entscheidungsrechte (Urwahl); die ehrenamtlichen mehr Aufgaben; die hauptamtlichen eine professionelle Ausbildung und die Mandatsträger eine stärkere Kontrolle ihrer Tätigkeit.
2. Kandidaten für öffentliche Ämter sollen nicht von Delegierten, sondern von der Parteimitgliedschaft insgesamt durch Urwahlen (Briefwahl) aufgestellt werden. Urabstimmungen der Mitgliedschaft bei wichtigen inhaltlichen Fragen werden mit bestimmten Quoren möglich.
3. Die Organisationsstufen in den Parteien werden auf drei begrenzt (Grundorganisation auf Stadt- oder Kreisebene, Landesebene, Bundesebene) im Sinne von „schlanker Organisation".
4. Die Grundorganisationen (Ortsvereine) werden nicht mehr nur regional aufgebaut, sondern es werden auch thematische Arbeitsgruppen ermöglicht. Diese Arbeitsgruppen sind auch Sympathisanten und Mitgliedern auf Zeit sowie Förderern zugänglich.
5. Das aktive Wahlrecht wird auf 16 Jahre gesenkt, die Mitgliedschaft in Parteien ist ab 14 Jahren möglich. Das passive Wahlrecht ist ab 18 Jahren gegeben.

...

8. Das Bundestagswahlrecht sowie die Wahlgesetze der Länder und Gemeinden werden nach dem bayerischen Vorbild verändert mit der Möglichkeit, auf offenen Listen einzelne Kandidaten zu wählen.

Parteien und Mandatsträger

9. Führungsnachwuchs und Kandidatenauswahl müssen offener und transparenter gestaltet werden: Öffnung für Seiteneinsteiger, Anwendung moderner Personalberatung und von Organisationsforschung zur Nachwuchsrekrutierung. Wechsel zwischen Beruf als Politiker und sonstigen Berufen ist zu erleichtern.
10. Die Ämterhäufung von Mandatsträgern und Parteifunktionären ist zu begrenzen (höchstens drei Ämter). Alle Kandidaten müssen vor Wahlen ihre derzeitigen Ämter und Nebentätigkeiten offenlegen. Unvereinbarkeit von Amt und Mandat sind konkreter zu definieren.
11. Politiker sind angemessen zu bezahlen, sodass der Politikerberuf attraktiv bleibt. Einkünfte müssen allerdings auch besser kontrolliert und transparenter gemacht werden. Das gilt auch für Versorgungsansprüche.
12. Öffentlich Ämter sind auf maximal drei Wahlperioden zu begrenzen (US-Vorbild). Die Wahlperioden sind auf fünf Jahre zu verlängern, um die Kurzfristigkeit des Wahlrythmus zu entspannen. Die Wahltermine eines Jahres werden auf einen Tag gelegt.

Parteien und Gesellschaft

...

15. Ein Rückzug der Parteien aus Bereichen, die nicht von der Verfassung voll als ihre zentrale Aufgaben gedeckt sind (Rundfunk, Schule, kommunale Firmen, öffentliche Unternehmen), ist einzuleiten. Keinesfalls darf es aber ein Verbot von Kandidaturen durch Parteimitglieder und -politiker geben, die für ihre politische Aktivität bestraft würden. Vielmehr muss die Personalauswahl transparenter sein. ...

Ulrich von Alemann, rororo special: Parteien, Reinbek 1995, S. 121–123

5.4.4 Die Parteienfinanzierung

Die Spendenskandale der Parteien

M 33

a) Kohls Waterloo

Karikatur: Fritz Behrend, CCC

b) Die schwarzen Kassen der CDU

Ende 1999 wurde bekannt, dass der von 1973 bis 1998 amtierende CDU-Vorsitzende und Bundeskanzler a. D. Helmut Kohl in den neunziger Jahren Spenden in Höhe von insgesamt 1,5 – 2 Mio. DM (0,77 – 1,02 Mio €) in bar erhalten und – an der Buchführung und öffentlichen Rechnungslegung der Partei vorbei – nach eigenem Ermessen an Parteigliederungen seiner Wahl weitergeleitet hatte. Er weigerte sich, die Namen der Spender bekannt zu geben, weil er ihnen gegenüber durch ein ehrenwörtliches Schweigeversprechen gebunden sei. Im Verlauf parteiinterner Ermittlungen tauchten weitere hohe Geldsummen auf, die in der Vergangenheit nicht ordnungsgemäß verbucht und veröffentlicht worden waren. Außerdem wurde bekannt, dass die CDU Hessens Teile ihres Vermögens 1983 auf Konten im Ausland transferiert hatte, um es der seit 1984 gesetzlich vorgeschriebenen Angabe im Vermögensbericht der Partei zu entziehen. Zur Durchleuchtung dieser Vorgänge setzte der Bundestag einen Untersuchungsausschuss ein.

Eckart Thurich, Thema im Unterricht, Parteien, Bürger und Wahlen, hrsg. von der Bundeszentrale für politische Bildung, 2/2000, S. 18

c) Der Sturz der SPD

d) Der Korruptions- und Spendenskandal der Kölner SPD

Der frühere SPD-Spitzenpolitiker Norbert Rüther, der im Zentrum des Kölner SPD-Spendenskandals steht, hat Spenden in Höhe von 424.000 € angenommen. Dies teilte die Staatsanwaltschaft mit, die Rüther am Dienstag mehrere Stunden lang vernommen hatte. ... Das Geld soll aus einem dubiosen Millionentransfer in Verbindung mit dem Bau einer Müllverbrennungsanlage in Köln stammen. Die Staatsanwaltschaft prüft, ob es Zusammenhänge „im Sinne von Korruption" gibt. Dem Vernehmen nach hat Rüther bei seiner Vernehmung auch Angaben zu schwarzen Kassen gemacht. Der frühere Kölner SPD-Stadtratschef und Landtagsabgeordnete soll die Spenden in kleinere Summen gestückelt und an rund 40 Parteimitglieder fingierte Spendenquittungen ausgegeben haben. Die SPD will ihn für den der Partei entstandenen Schaden in Regress nehmen. Entsprechende zivilrechtliche Schritte seien bereits eingeleitet worden. ...

www.n-tv.de2996317.html (15. 5. 2002)

M 34 Die Spendenregelung des Parteiengesetzes von 1994

§ 25 Spenden

(1) Parteien sind berechtigt, Spenden anzunehmen. Ausgenommen hiervon sind: ...

5. Spenden, soweit sie im Einzelfall mehr als 1.000 Deutsche Mark (511,29 €) betragen und deren Spender nicht feststellbar sind, oder bei denen es sich erkennbar um die Weiterleitung einer Spende eines nicht genannten Dritten handelt,
6. Spenden, die erkennbar in Erwartung eines bestimmten wirtschaftlichen oder politischen Vorteils gewährt werden.

(2) Spenden an eine Partei oder einen oder mehrere ihrer Gebietsverbände, deren Gesamtwert in einem Kalenderjahr (Rechnungsjahr) 20.000 Deutsche Mark (10 225,84 €) übersteigt, sind unter Angabe des Namens und der Anschrift des Spenders sowie der Gesamthöhe der Spende im Rechenschaftsbericht zu verzeichnen.

Gesetz über die politischen Parteien (Parteiengesetz) vom 31.1.1994

Die Regelung der staatlichen Parteienfinanzierung seit 2002

M 35

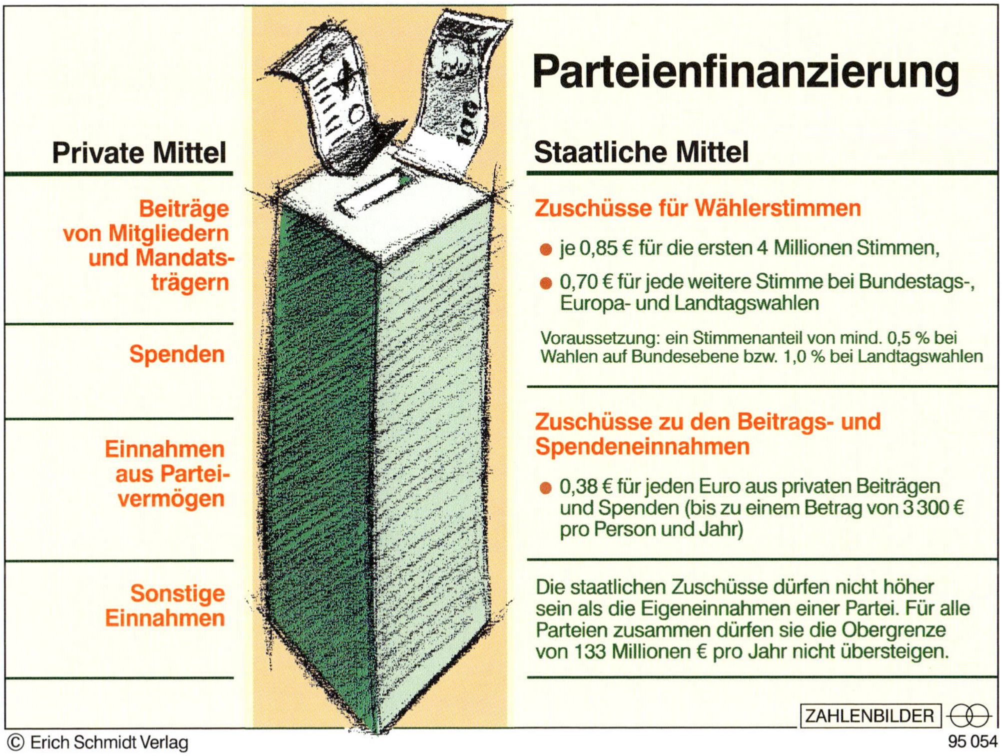

Das neue Parteiengesetz (2002): Gefängnis nicht ausgeschlossen

M 36

Mit dem am Freitag vom Bundestag beschlossenen neuen Parteiengesetz soll der korrekte Umgang mit Spenden und öffentlichen Gelder besser kontrolliert werden.

Die Kernpunkte der Neuregelung lauten:

- Vom 1. Juli an können falsche Angaben über die Herkunft oder die Verwendung von Spenden von der Bundes- bis zur Bezirksebene mit Haftstrafen von bis zu drei Jahren oder mit Geldstrafen geahndet werden. Durch eine frühzeitige Selbstanzeige kann eine Strafverfolgung vermieden werden.
- Barspenden sind nur bis zu einer Höhe von 1000 Euro erlaubt. Ab einer Summe von 10 000 Euro müssen Spenden – wie bisher – mit Namen und Adressen im Rechenschaftsbericht angegeben werden. Beträge über 50 000 Euro sind sofort zu veröffentlichen.
- Von Unternehmen, die zu mehr als 25 % in öffentlichem Besitz sind, dürfen keine Spenden angenommen werden. Zuwendungen von Berufsverbänden werden erschwert. Auch Spenden, „die erkennbar in Erwartung oder als Gegenleistung eines bestimmten wirtschaftlichen oder politischen Vorteils" fließen, sind nicht gestattet.
- Die Parteien müssen ihre Besitzanteile an Medien (ab 20 %) sowie Firmenbeteiligungen offenlegen. Bei Verstößen drohen Sanktionen bis zu zehn Prozent des Verkehrswerts.
- Die bisherige Höchstgrenze für die staatlichen Zuschüsse wird um sieben auf 133 Mill. Euro angehoben.

(dpa) Handelsblatt, 19. 4. 2002

M 37 Einnahmen und Ausgaben der im Bundestag vertretenen Parteien (1998)

	CSU	CDU	FDP	SPD	Grüne	PDS
1. Einnahmen der Gesamtpartei (in €)	**33.522.299**	**128.760.212**	**25.235.254**	**155.662.645**	**29.131.451**	**19.748.741**
(folgende Einzelposten in %)						
1. Mitgliedsbeiträge und ähnliche regelmäßige Beiträge	29,37	39,99	21,14	51,84	37,95	44,77
2. Spenden von natürlichen Personen	22,96	17,78	30,97	9,62	19,50	18,87
3. Spenden von juristischen Personen	14,43	8,44	13,32	2,48	0,57	0,29
4. Einnahmen aus Vermögen	3,07	1,80	5,28	2,55	1,83	2,00
5. Einnahmen aus Veranstaltungen, Vertrieb von Druckschriften und Veröffentlichungen und sonstiger mit Einnahmen verbundener Tätigkeit der Partei	2,85	0,99	0,81	1,24	5,81	0,89
6. Staatliche Mittel	26,70	29,34	26,71	31,81	31,95	32,40
7. Sonstige Einnahmen	0,62	1,66	1,77	0,46	2,39	0,78
2. Ausgaben der Gesamtpartei (in €)	**41.656.143**	**158.504.911**	**30.205.841**	**181.657.268**	**34.247.501**	**25.190.720**
(folgende Einzelposten in %)						
1. Personalausgaben	17,62	25,01	18,14	29,65	24,75	26,97
2. Ausgaben des laufenden Geschäftsbetriebes	13,25	16,92	20,48	17,95	14,60	26,08
3. Ausgaben für allgemeine politische Arbeit	24,49	14,51	19,27	15,91	24,08	14,46
4. Ausgaben für Wahlkämpfe	42,28	35,81	35,65	35,01	33,87	32,25
5. Zinsen	1,24	0,38	3,77	0,89	0,36	0,04
6. Sonstige Ausgaben	1,12	7,37	2,69	0,59	2,34	0,20

aus den Rechenschaftsberichten für 1998 (Teil 1), BT-Drs. 14/2508, in: Ulrich von Alemann, Das Parteiensystem der Bundesrepublik Deutschland, Opladen 2000, S. 90

Aufgaben

Zu 5.4 Parteien in der Diskussion

1. Die Parteien verlieren Wähler und Mitglieder. Wie beurteilen Sie diese Entwicklung? Welche Gegenstrategien erscheinen Ihnen Erfolg versprechend? (M 22, M 24, M 25, M 32)
2. Diskutieren Sie Möglichkeiten, die Macht der Parteien in Staat und Gesellschaft einzudämmen! (M 26, M 27)
3. Diskutieren Sie die Strategien von Frau Süssmuth, ihre politischen Vorstellungen durchzusetzen! (M 19)
   Beachten Sie dabei auch den normativen Ablauf nach dem Parteiengesetz! (M 20, M 21)
4. Sollen die Kandidaten für das öffentliche Amt per Urwahl bestellt werden? Listen Sie Pro- und Kontra-Argumente auf! (M 32)
5. Sprechen Sie über die Vor- und Nachteile der verschiedenen Einnahmequellen der Parteien! (M 33–M 36)

5.5 Internationalisierung der Parteien?

Europäische Parteien

M 38

Wenn von den europäischen Parteien gesprochen wird, darf dieser Parteienbegriff nicht mit den nationalen Vorstellungen von Parteien verwechselt werden. Die europäischen Parteien stellen föderative Vereinigungen nationaler Parteien dar. Sie sind das Produkt einer fortlaufenden Europäisierung des Parteiensystems, die sich durch die Herausbildung einer europapolitischen Kultur und eines entsprechenden Bewusstseins vollzieht. Dennoch ähnelt die Organisationsstruktur der europäischen Parteien denen nationaler Parteien. Sie verfügen über einen Delegiertenkongress, der über das politische Programm entscheidet, einen Vorstand, der für das laufende Geschäft und die aktuellen Fragen verantwortlich ist, einen Vorsitzenden, der, gestützt auf ein Präsidium, den obersten Repräsentanten der Partei darstellt, und einen Generalsekretär, dessen Aufgabenbereich die interne Kommunikation und Organisation umfasst. Natürlich folgt die Intensität des Prozesses der Europäisierung des Parteiensystems der Verfassungsentwicklung. Im Vertrag von Maastricht wurde den politischen Parteien auf europäischer Ebene eine wichtige Rolle bei der Integration der Union zugewiesen. Außerdem wurde ihr Beitrag zur Bildung eines europäischen Bewusstseins und zur Formulierung des politischen Willens der Unionsbürger hervorgehoben (Art.138a EGV-M, entspr. Art. 191 EGV-A)[1]. Eine rechtlich verbindliche Regelung für die Organisation und die Tätigkeit der europäischen Parteien einschließlich einer Festlegung ihrer Finanzierung aus dem Haushalt der Gemeinschaft bestand jedoch nicht. Diese wurde dann durch den Rat von Nizza in Form eines Statuts der europäischen politischen Parteien geschaffen. Seitdem genießen die europäischen Parteien eine gewisse finanzielle Unabhängigkeit von ihren nationalen Parteiorganisationen.

Ein Hauptproblem der europäischen Parteien ist die mangelhafte Kommunikation zwischen europäischer und nationaler Ebene. Zeitprobleme oder auch mangelndes Interesse führen zu einem gelegentlich unzureichenden Kenntnisstand der nationalen Politiker bezüglich der Vorgänge auf der europäischen politischen Bühne. Die zudem noch relativ sparsame Berichterstattung der Presse, wenn es um europapolitische Angelegenheiten geht, trägt zu der Wahrnehmung einer politisch geringen Relevanz der Arbeit der „Europäer" bei, was ihre nationalen Parteifreunde umso weniger für die europäischen Aktivitäten ihrer Partei einnimmt. Genauer betrachtet liegen diese Aktivitäten natürlich hauptsächlich in ihrer Arbeit im Europäischen Parlament, im Ausschuss der Regionen und in der parlamentarischen Versammlung des Europarates, wo die Parteien in Gestalt von Fraktionen wirksam werden.

Die *Europäische Volkspartei* (EVP) ist, zusammen mit den *Europäischen Demokraten* (ED), mit 232 Abgeordneten die stärkste Fraktion im Europäischen Parlament, gefolgt von der *Sozialdemokratischen Partei Europas* (SPE), die 181 Parlamentarier stellt. Die Fraktion der *Liberalen und Demokratischen Partei Europas* (LIBE) stellt mit 52 Abgeordneten die drittstärkste Kraft dar. Die Fraktion *DIE GRÜNEN im Europäischen Parlament/ Freie Europäische Allianz* zählt 46 Mandate. Außer diesen gibt es noch vier weitere Fraktionen sowie die Gruppe der Fraktionslosen im Europäischen Parlament. Diese fußen jedoch nicht auf richtigen europäischen Parteien, sondern auf weniger strukturierten Organisationsformen bzw. Zusammenschlüssen. Darunter sind die *Konföderale Fraktion der Vereinigten Europäischen Linken/ Nordische Grüne Linke* (KVEL/NGL, 42 Mandate), die *Fraktion Union für das Europa der Nationen* (UEN, 23 Mandate), die *technische Fraktion der unabhängigen Abgeordneten-gemischte Fraktion* (TDI, 19 Mandate), die *Fraktion für das Europa der Demokratien und Unterschiede* (EDU, 17 Mandate) und die *Fraktionslosen* mit 14 Mandaten zu nennen.

Antonie Curtius, (c) 2000–2002 Deutsche Gesellschaft für Auswärtige Politik e.V., 7. 6. 2001 www.weltpolitik.net/printer-friendly/388.html

[1] EGV-M: EG-Vertrag auf der Grundlage des Maastricht-Vertrages, EGV-A: EG-Vertrag auf der Grundlage des Amsterdam-Vertrages

M 39 Die Parteien im Europa-Parlament

	B	DK	D	GR	E	F	IRL	I	L	NL	A	P	FIN	S	GB	insgesamt
EVP-ED	6	1	53	9	28	21	5	35	2	9	7	9	5	7	37	234
SPE	5	2	35	9	24	18	1	16	2	6	7	12	3	6	29	175
LIBE	5	6			3		1	8	1	8			5	4	11	52
KVEL/NGL		4	7	7	4	15		6		1		2	1	3		50
Grüne/EFA	7		4		4	9	2	2	1	4	2		2	2	6	45
UEN		1				3	6	10				2				22
EDU		2				9				3					2	16
Fraktions-los	2				1	12		10			5				2	32
insgesamt	25	16	99	25	64	87	15	87	6	31	21	25	16	22	87	626

Quelle: Europäische Gemeinschaften

Parteien/Fraktionen: Stand 30.7.2002

EVP-ED Fraktion der Europäischen Volkspartei (Christdemokraten) und europäischer Demokraten
SPE Fraktion der Sozialdemokratischen Partei Europas
LIBE Fraktion der Liberalen und Demokratischen Partei Europas
KVEL/NGL Konföderale Fraktion der Vereinigten Europäischen Linken/Nordische Grüne Linke
Grüne/EFA Fraktion der Grünen/Freie Europäische Allianz
UEN Fraktion Union für das Europa der Nationen
EDU Fraktion für das Europa der Demokratien und der Unterschiede

M 40 Nationale Weltbürgerparteien – ein Modell für die Zukunft?

In der Paulskirche wurde vor 150 Jahren um die Transformation von der religiös begründeten Feudalordnung in die nationalstaatliche Demokratie debattiert; heute müssen wir über den Übergang von der nationalstaatlichen in die transnationale, in die kosmopolitische Demokratie debattieren.

Dieser Übergang wird nicht von selbst kommen. Damit die Idee einer postnationalen Demokratie politisch Gestalt und Macht gewinnt, bedarf es der Begründung und Gründung eines neuen politischen Subjektes – nationaler Parteien der Weltbürger.

Ökologische Krisen, Migration und Fremdenhass, Kriminalität, Finanzströme, Steuerflucht, Arbeitsplatzexport, Armut und Gerechtigkeit, die Zukunft des Sozialstaates und der Renten – diese Probleme sind Weltprobleme nicht nur in dem Sinne, dass sie in Ursprung und Folge dem nationalen Schema des Politischen entwachsen sind. Nein, sie sind es auch in dem Sinne, dass sie diesseitige, handfeste Probleme an diesem Ort, in dieser Stadt, für diese Gruppe sind: Es gibt nämlich eine neue Dialektik von globalen und lokalen Fragen, die in der nationalen Politik nicht gut unterzubringen sind – „glokale Fragen". Nur im transnationalen Rahmen können sie angemessen dargestellt und gelöst werden.

Und just dafür ist es erforderlich, ein neues politisches Subjekt, nämlich nationale Weltbürgerparteien zu gründen. Diese kosmopolitischen Parteien vertreten transnationale Belange transnational, aber eben auch innerhalb der nationalstaatlichen Politikarenen. Sie sind also programmatisch und organisatorisch nur im Plural – als national-globale Bewegungen, als Weltbürgerparteien – möglich. Sie konkurrieren mit den nationalen Parteien in den nur scheinbar nationalen Themen und Konflikten um Zustimmung und Macht. ...

Die Welt will keine Weltämter. Aber es geht ja auch anders, die Konzerne machen es vor. Sie bauen ihre alten amtsähnlichen Hierarchien ab, sie organisieren sich als flexible Netze: Koordination verläuft nicht nur von oben nach unten, sondern auch horizontal und grenzübergreifend. Davon können die Staaten – und die Parteien – lernen und ein Ordnungsnetz aufbauen, transnational vereint, aber dezentral.

Im Übrigen muss früh und selbstkritisch die Frage gestellt werden: Wer bestimmt eigentlich darüber, was zu den säkular-heiligen „kosmopolitischen Werten" gehört und was nicht? Bis auf Weiteres ist der Verdacht begründet: Was sich kosmopolitisch gibt, entpuppt sich am Ende als westliche Kleinbürgermoral, aufgepumpt zum Größenwahn. ...

Ein Wolkenkuckucksheim? Die Idee ist in etwa so unrealistisch, wie es die Forderung der Achtundvierziger nach nationaler Demokratie vor 150 Jahren war. Und ihre Zeit ist gekommen: In den vergangenen Jahren sind regelungsintensive Industrien liberalisiert worden; Telekommunikation, Energie, Nahrungsmittel und Finanzen. Die dadurch freigesetzte weltweite Konkurrenz hat nationale Normierungsinstanzen miteinander in Konflikt gebracht. Mit dem freien Warenverkehr ist das Problem inzwischen global geworden. Und dies alles ist erst der Anfang. Schon heute zeichnen sich weitere Konfliktquellen ab, Absprachen zu globalen Umwelt- oder Arbeitsmarktnormierungen etwa, also Regelungen in Handlungsfeldern, in denen die Konflikte noch schwieriger zu handhaben, weil sie politisch hoch sensibel sind.

Die erste Welle nationaler Deregulierungen erzwingt eine zweite Welle transnationaler Regulierungen. Damit wird aufgewertet, was in den achtziger Jahren abgewertet wurde: Staat und Politik. Erforderlich ist das pure Gegenteil neoliberaler Dekonstruktion, nämlich starke Staaten, damit transnationale Marktregulierungen nach innen und außen durchgesetzt werden können. Indem solche Absprachen gefunden, erfunden, ausgehandelt werden müssen, wird Globalität zum Thema, zur Konfliktsache nicht nur in Politik und Wirtschaft, sondern auch im Alltag der Menschen rund um den Globus.

Wie können die Regulierungskämpfe politisch organisiert werden? Drei Szenarien, die einander nicht ausschließen, zeichnen sich ab:

- kosmopolitischer Fassadenbau: transnationale Politik als Mittel zum Zweck nationaler Interessen;
- internationale Regimes[1]: starke Regulierungsinstanzen, die eine gegenüber nationalen Regierungen und Egoismen eigenständige Rahmung globaler Politik erlauben;
- oder eben national verankerte Weltbürgerparteien, Formationen also, die die immer noch gegeneinander abgeschotteten nationalen Öffentlichkeiten und Politikarenen für transnationale Themen, Werte, Gesichtspunkte öffnen und aktivieren. Ohne eine solche Erprobung neuer Demokratieformen jenseits des Nationalstaates, aber eben im Zentrum der nationalstaatlichen Demokratie, also in den Parlamenten, droht die vor uns liegende Phase, in eine nachpolitische Ära der Hochtechnokratie einzumünden. Die Bedeutung und Macht der kosmopolitischen Parteien liegt im Aufdecken und Ausspielen des Transnationalen begründet, selbst wenn sie auf nationalstaatlicher Ebene zunächst nur Minderheiten für transnationale Belange gewinnen und mobilisieren sollten. Denn sie setzen alle unter Druck, sich für diese Themen zu öffnen.

Doch die Schwierigkeiten, mit denen sich kosmopolitische Parteien konfrontiert sehen, sind riesig. Schon jetzt scheinen beispielsweise die Gegensätze zwischen den Vereinigten Staaten und der Europäischen Union in Fragen der Qualität und der Sicherheit von Nahrungsmitteln kaum noch zu überbrücken. Und derartige Schwierigkeiten werden umso größer sein, je gegensätzlicher die kulturellen Hintergründe, Einkommenslagen und politischen Systembedingungen zwischen den beteiligten Ländern und Regionen sind, etwa zwischen Afrika, Südamerika oder Asien. Kosmopolitische Parteien müssen nicht nur diese Gegensätze in sich austragen und aushalten, sie müssen auch die dafür nötige politische Kraft in Identitätskonflikten mit, also: gegen Renationalisierungsbewegungen, gewinnen. Mit anderen Worten, sie müssen die Eigenständigkeit einer kosmopolitischen Ethik und Politik in ihrem jeweiligen nationalkulturellen Milieu erkämpfen, herausschälen, gestalten, entfalten.

Sie sind in einem dreifachen Sinne „Weltparteien“: Erstens sind ihre Werte und Ziele nicht national, sondern weltbürgerlich in dem Sinne, dass sie sich auf Werte und Traditionen der Menschheit in allen Kulturen und Religionen berufen und sich dem Globus als Ganzem verpflichtet fühlen – im Gegensatz zu nationalen Parteien, die sich auf nationale Werte, Traditionen und Solidaritäten berufen. Sie sind Weltparteien zweitens, weil sie Fragen der Globalität zum Zentrum politischer Phantasie, politischen Handelns und Gestaltens erklären und auf diese Weise den fest gefügten und festgefahrenen Prioritäten des Nationalen programmatisch wie institutionell durch eine Politik der konkreten Alternativen widersprechen.

Sie sind schließlich drittens Weltparteien in dem Sinne, dass sie nur als multinationale Parteien möglich werden. Das heißt, es muss Weltbürgerbewegungen und -parteien französischer, nordamerikanischer, polnischer, deutscher, japanischer, chinesischer oder südafrikanischer Provenienz geben, die im Zusammenspiel miteinander in den unterschiedlichen weltgesellschaftlichen Nischen und Blickwinkeln um das Durchsetzen kosmopolitischer Werte und Institutionen ringen.

In den Weltparteien schlägt als das babylonische Herz der Weltgesellschaft.

Doch wer kommt als Träger einer solchen kosmopolitischen Erweiterungsbewegung der Demokratie überhaupt infrage? Wo sind die Wählerinnen und Wähler, die sich durch Weltbürgerparteien angesprochen und repräsentiert fühlen? Dort, wo Globalität zum Alltagsproblem oder zum Gegenstand der Kooperation wird – in den Metropolen, den global cities und in transnationalen Organisationen und Bewegungen –, dort bilden sich Milieu und Selbstbewusstsein einer Bürgerschaft der Weltgesellschaft heraus, mit einem postnationalen Verständnis von Politik, Verantwortung, Staat, Gerechtigkeit, Kunst, Wissenschaft, öffentlichem Austausch.

Die Träger der Weltparteien, das nationalkulturell gefärbte und vervielfachte „Weltbürgertum“ (Kant), darf allerdings auch nicht verwechselt werden mit dem Aufstieg einer globalen Managerklasse. Man wird zwischen global capitalist und global citizen unterscheiden müssen. Und doch kann man sagen: Der Aufschwung eines pluralen Weltbürgertums hat paradoxerweise den Wind des globalen Kapitals im Rücken. Denn der Bourgeois muss schon jetzt lernen, die Verfolgung seiner Eigeninteressen in transnationalen Bezügen zu planen, während der Citoyen immer noch in nationalstaatlichen Kategorien denkt und handelt.

Die Macht der Weltparteien wird schließlich nicht nur angezeigt durch ihre anfangs sicherlich geringen Mitgliederzahlen und Wählerstimmen, nein: Ihre Macht liegt in der Legitimität der Weltstimme begründet, mit der Weltparteien auch dort sprechen können, wo sie eine verschwindende oder sogar verfolgte Minderheit darstellen. Treffen sich Weltparteien, gleicht das einer Olympiade der Gegenmeinungen, die alle in ihren Bann zieht. Mit der Aufmerksamkeit der Welt aber findet und bindet die Weltminderheit der Weltbürgerinnen und Weltbürger die Aufmerksamkeit der Weltmacht massenmedialer Weltöffentlichkeit.

Letztlich kann allerdings die Frage, wie kosmopolitische Parteien möglich und machtvoll werden, nur dort eine Antwort finden, wo sie hingehört, also im politischen Raum, mithin praktisch. Und zwar als Experiment: Weltbürger aller Länder, vereinigt Euch!

Ulrich Beck, Weltbürger aller Länder, vereinigt euch!, in: Die Zeit Nr. 30, 16.7.1998, S. 43

1) Regime: Verträge und Absprachen zur internationalen Zusammenarbeit auf bestimmten Gebieten

Aufgaben

Zu 5.5 Internationalisierung der Parteien auf supranationaler Ebene

1. Entwerfen Sie eine für Sie wünschenswerte Parteienlandschaft für die nächsten Wahlen zum europäischen Parlament! (M 38, M 39)
2. Wie beurteilen Sie Ulrich Becks Entwurf „kosmopolitischer Parteien“? (M 40) (Siehe dazu auch den Methodenvorschlag auf S. 134!)

Zusammenfassen – Ordnen – Wiederholen

Parteien und Grundgesetz
M 12

Die politischen Parteien wurden 1949 zu *verfassungsmäßigen Institutionen* erhoben. In Art. 21 GG heißt es: „Die Parteien wirken bei der politischen Willensbildung des Volkes mit. Ihre Gründung ist frei."
Durch die unmittelbare gesetzliche Regelung in der Verfassung sind die Parteien gegenüber anderen Trägern der politischen Willensbildung (Verbänden, Bürgerinitiativen, Medien) herausgehoben, was u.a. im *Parteienprivileg* zum Ausdruck kommt, wonach die Feststellung der Verfassungswidrigkeit einer Partei – und damit deren Verbot – allein dem Bundesverfassungsgericht zusteht.

Parteienlandschaft
M 8

In der Bundesrepublik hat sich in den 50er-Jahren ein stabiles *Parteiensystem* ausgebildet, das bis in die 80er-Jahre von einer zunehmenden *Konzentrationsbewegung* gekennzeichnet war. Mit der Gründung der Partei der Grünen im Jahre 1980 schien eine alternierende Parteienkonstellation – CSU/CDU + FDP versus SPD + Grüne – überschaubare Regierungsverhältnisse zu sichern. In den 90er-Jahren fächerte sich die Parteienlandschaft am rechten und linken Rand des politischen Spektrums auf. Ob diese Entwicklung von Dauer sein wird, muss sich zeigen.

Die Aufgaben der Parteien
M 16, M 19

Im Parteiengesetz von 1967 werden die öffentlichen Aufgaben der politischen Parteien in acht Funktionen zusammengefasst:
- Einflussnahme auf die Gestaltung der öffentlichen Meinung;
- Mitwirkung an der politischen Bildung;
- Förderung der politischen Beteiligung der Bürger;
- Herausbildung von politischem Führungspersonal;
- Rekrutierung von Kandidaten;
- Einflussnahme auf Parlament und Regierung;
- Eingabe politischer Zielvorstellungen in die „staatliche Willensbildung";
- Sorge für die „ständige lebendige Verbindung" zwischen Volk und Staatsorganen. (H. Oberreuter)

Einige Politikwissenschaftler heben die *Integrationsfunktion* politischer Parteien hervor. Sie meinen damit, dass Parteien die Bürger an die politische Gesellschaft heranführen sollen, dass sie zwischen divergierenden Interessenlagen ausgleichen und für eine kontinuierliche Verbindung zwischen Regierung, Parlament und Gesamtgesellschaft sorgen sollen.
Das Bundesverfassungsgericht hat mehrfach betont, dass die politischen Parteien vornehmlich *„Wahlvorbereitungsorganisation"* seien und dass sie an der politischen Willensbildung des Volkes insbesondere durch ihre Beteiligung an Wahlen mitwirkten, indem sie dem Wähler *personelle* und *programmatische Alternativen* anbieten würden.

Fehlentwicklung der Parteiendemokratie

Die obersten Hüter unserer Verfassung haben festgestellt, dass in modernen Massendemokratien ein demokratisches System ohne Parteien nicht möglich ist. Folglich dürfen Fehlentwicklungen unserer Parteiendemokratie nicht übergangen, sondern sie müssen offen diskutiert werden:

Mangelnde Integrationskraft
M 24/M 25

Verantwortlich für die Krisensymptome der Parteiendemokratie ist, jenseits von Affären und Skandalen, der soziale Wandel in der modernen Gesellschaft. Der Wandel z. B. von Erwerbsstrukturen führt zur Auflösung alter sozialer Milieus. Für die SPD bedeutet dies die Schrumpfung des gewerkschaftsverbundenen Arbeitermilieus in den klassischen Industriezentren. Die Union auf der anderen Seite muss aufgrund veränderter Wertorientierung den Verlust konfessionsgebundener Wählerschaft hinnehmen. Der Rückgang der Parteibindung führt von einem flexiblen Wahlverhalten bis hin zur Wahlenthaltung. Um Bürgerinnen und Bürger stärker in die Parteiarbeit einzubinden, sollen z.B. parteiungebundene Bürger die Möglichkeit zur Mitarbeit erhalten und die Chancen für Seiteneinsteiger verbessert werden.

Ämterpatronage
M 28

Der Ansehensverlust der „politischen Klasse" wird u. a. durch „Parteibuchwirtschaft" und durch jeden neuen Fall von Korruption und persönlicher Bereicherung vergrößert, wenn privaten oder Partei-Interessen Vorrang vor öffentlichen eingeräumt wird.

Auf einer anderen Ebene bewegen sich die Vorwürfe mangelnder innerparteilicher Demokratie und mangelnder Transparenz bei der Parteienfinanzierung, denn dabei geht es um mögliche Verstöße gegen Verfassungsnormen.

Innerparteiliche Demokratie
M 31/M 32

Zwischen dem Gebot zur innerparteilichen Demokratie und dem politischen Alltag bestehen Spannungen. Einsichtige Politiker in den Parteien sehen dies selbst so und haben deshalb begonnen, die verkrusteten Macht- und Organisationsstrukturen aufzubrechen: Statt geschlossener Abstimmungen nach dem bisherigen Delegiertenprinzip werden offene Verfahren der Mitgliederbefragung diskutiert und gelegentlich auch praktiziert.

Parteien-finanzierung
M 35/M 37

Um ihre vielfältigen Aufgaben erfüllen zu können, brauchen die Parteien viel Geld. Allein über die Beiträge ihrer Mitglieder können sie die benötigten Summen nicht aufbringen, und bei den Spenden und der staatlichen Finanzierung hat das Bundesverfassungsgericht enge Grenzen gezogen. (Insgesamt siebenmal musste das Bundesverfassungsgericht seit 1958 über die Parteienfinanzierung entscheiden.)
Die Parteien versuchten deshalb auf unterschiedlichen Wegen - auch mit illegalen Parteispenden (Parteispendenaffären 1979, 1999 und 2002) und mit sogenannten schwarzen Kassen -, ihren stets steigenden Finanzbedarf zu decken.

Die skizzierten Fehlentwicklungen, die auch Krisensymptome in anderen westlichen Demokratien sind, müssen korrigiert werden, um die Glaubwürdigkeit und damit auch die Funktionstüchtigkeit der Parteien zu erhalten.

Parteien-demokratie
vgl. Kap. 3, M 17, M 37/M 39

Um den politischen und wirtschaftlichen Wandel auf europäischer Ebene – Stichworte: europäische Einigung, Globalisierung – demokratisch zu gestalten, sind Parteien ebenfalls unverzichtbar. Dafür müssen sie supranationale Strukturen aufbauen. Ob dies jedoch zu Weltbürgerparteien (Beck) führen wird, muss der Zukunft überlassen werden.

6 Wahlen

Kaum eine Staatsführung – sei es ein Einzelherrscher, sei es eine Gruppe von Regierenden – verzichtet heute darauf, ihre Stellung durch Wahlen legitimieren zu lassen, d.h. die Zustimmung des Volkes zur Machtausübung zu dokumentieren.
Doch wie z.B. die Wahlen in den früheren Ostblockstaaten zeigen, ist nicht jede Wahl Ausdruck von Volkssouveränität, kann nicht jede Wahl als demokratisch eingestuft werden. Bei der Vorbereitung, Durchführung und Auswertung wurden z.T. grundlegende Voraussetzungen für demokratische Wahlen nicht eingehalten: z.B. die Möglichkeit zu alternativen Wahlentscheidungen.

„Ist ja Gottseidank nur einmal in vier Jahren!"

Dieses Beispiel zeigt schon, dass die konkrete Ausgestaltung des Wahlrechts eine hochpolitische Frage ist, denn sie entscheidet darüber, welche gesellschaftlichen Gruppen in welchem Umfang Einfluss nehmen können und welche nicht. Welchen Maßstäben müssen Wahlen also entsprechen, damit sie als „demokratisch" bezeichnet werden können?
Im folgenden Kapitel geht es darum, Wahlrecht und Wahlsystem der Bundesrepublik als ein Modell eines demokratischen Wahlverfahrens darzustellen und seine möglichen Auswirkungen auf das Parteiensystem zu untersuchen.
Die grundlegenden Normen, Prinzipien und Funktionen demokratischer Wahlen werden in M 1 bis M 6 am Beispiel der Bundesrepublik Deutschland dargelegt.
Im Anschluss daran befassen sich M 7 bis M 10 mit dem deutschen Bundestagswahlsystem, das Elemente der Mehrheits- mit der Verhältniswahl in spezifischer Weise kombiniert, um die Vorteile der beiden Wahlsysteme zu nutzen.
Mit Auswirkungen des Bundestagswahlverfahrens auf die deutsche Parteienlandschaft befassen sich die Materialien M 11 und M 12.
Wie Umfragen immer wieder gezeigt haben, wird das Wahlverfahren für den Bundestag zwar vom Großteil der Bevölkerung akzeptiert, es gibt jedoch auch Stimmen, die fordern, das Wahlrecht zu reformieren oder durch ein völlig neues zu ersetzen. Ausgewählte Änderungsvorschläge zum bestehenden Bundestagswahlsystem und die hinter ihnen stehenden Überlegungen und Motive werden in M 13 bis M 18 vorgestellt bzw. können aus ihnen erarbeitet werden.

METHODEN – ANREGUNGEN – TIPPS

Wahlkampf – zwischen Bürgerdialog und Konsumwerbung

Der Begriff „Wahlkampf" bezeichnet die konkurrierende Werbung politischer Parteien um Wählerstimmen im Vorfeld von Wahlen auf den verschiedenen staatlichen Ebenen von Bund, Ländern und Kommunen sowie der Europäischen Union. Dem Hauptziel des Wahlkampfes, der Erringung möglichst vieler Wählerstimmen und damit parlamentarischer Mandate, dient

- die optimale Mobilisierung der eigenen Stammwähler sowie
- die Bindung möglichst vieler Wechselwähler, Unentschlossener, Jung- bzw. Erstwähler und bisheriger Nichtwähler.

Das Werben um die Gunst des Wählers wird dabei aufgrund des Rückgangs der Stammwählerschaft, der Entkoppelung von Sozialstruktur und Wahlverhalten, einer steigenden Wählermobilität und der Bedeutungszunahme kurzfristiger Faktoren für die Wahlentscheidung für die politischen Parteien zunehmend schwieriger.

Analyse der Wahlkampfstrategie

Die Analyse eines Wahlkampfes lässt sich mithilfe folgender Leitfragen durchführen:

- Welche Parteien treten mit welchen Wahlprogrammen und mit welchen Spitzenkandidaten an?
- Welche Faktoren hat die Wahlkampfkommission einer Partei bei der Ausarbeitung einer Wahlkampfstrategie im Einzelnen zu berücksichtigen?
- Welche Formen (z.B. Großveranstaltungen, Infostände) und Mittel (z.B. Plakate, Annoncen, TV- und Hörfunkspots, Werbegeschenke) werden eingesetzt, welche Hauptziele werden damit jeweils verfolgt und welche Beteiligungschancen eröffnen sich dabei den Parteimitgliedern bzw. Wählern?
- Welche „Zielgruppen" sollen in erster Linie angesprochen werden?
- Auf welche Themen konzentriert sich die politische Kontroverse?
- Wie werden die Spitzenpolitiker der einzelnen Parteien in Umfragen bewertet? Wie wirken und wie präsentieren sie sich in Fernsehwerbespots, Interviews und Diskussionsrunden?
- Welche Kompetenzen in politischen Kernbereichen (z.B. Wirtschaft, innere Sicherheit, Umweltschutz, Außenpolitik) werden den einzelnen Parteien zugeschrieben?
- Wie gestalten die Parteien jeweils die typischen Phasen der Einstimmung, des Vorwahlkampfs, des Hauptwahlkampfs und des „Endspurts"?
- Welche Rolle spielen die Medien im Wahlkampf? Wird von ihnen „Infotainment" betrieben? Lässt sich bei verschiedenen Fernsehsendern und Printmedien eine bestimmte politische Ausrichtung feststellen?
- Wie wird der Wahlkampf im Internet geführt?
- Wie wird mit dem politischen Gegner, wie mit einem möglichen Koalitionspartner umgegangen?
- Wie ist die Wirkung des Wahlkampfes im Hinblick auf seine oben genannten Funktionen insgesamt zu bewerten?
- Welches Wählerbild – das eines mündigen Staatsbürgers oder das eines mit werbepsychologischen Methoden unterschwellig manipulierbaren Politik-Konsumenten – vermitteln die Parteien mit der Art ihres Wahlkampfes?
- Ließen sich hinsichtlich der zukünftigen Entwicklung Alternativen zum Schema bisheriger Wahlkämpfe denken?

Analyse von Wahlplakaten

Ihr Ziel, die Wählerinnen und Wähler zur Stimmabgabe zu bewegen, verfolgen Wahlplakate auf ganz unterschiedliche Weise.

Stellen die einen ein Thema in den Mittelpunkt ihrer Aussage, lichten die anderen den Spitzenkandidaten ihrer Partei ab, und wieder andere belassen es bei einem unverbindlichen, aber einprägsamen Slogan, kombiniert mit einer witzig-effektvollen Bildidee.

- Vergleichen Sie die beiden Plakate aus den Bundestagswahlkämpfen 1998 und 2002 (s.u.)! Überlegen Sie, worauf deren besondere Wirkung beruhen könnte!
- Analysieren Sie weitere Wahlplakate!
  (Eine Auswahl an Wahlplakaten finden Sie z.B. in Kap. 5, S. 145 oder im Internet unter *www.projekt-wahlen2002.de*. Als – auch in zeitgeschichtlicher Hinsicht ausgesprochen ergiebige – Materialgrundlage empfiehlt sich das Faltblatt der Bundeszentrale für politische Bildung „Personen – Parolen – Plakate" mit 104 Bundestagswahlplakaten aller politisch bedeutsamen Parteien aus dem Zeitraum von 1949 bis 1994.)

Die folgenden Punkte und Leitfragen sollen Ihnen bei der Analyse helfen.

- Thema: Steht eine Sachaussage oder eher eine Personenaussage im Vordergrund? Widmet sich das Plakat einem konkreten, gerade aktuellen oder in der Öffentlichkeit besonders kontrovers diskutierten Thema oder bleibt seine Aussage (bewusst) allgemein und unverbindlich?
- Empfänger / Zielgruppe: Soll das Plakat für alle möglichen Wählerinnen und Wähler interessant sein oder wendet es sich an eine bestimmte Wählergruppe (z.B. Erstwähler, Arbeitnehmer, Frauen, Rentner)?
- Sprachlich-rhetorische Gestaltung: Bedient sich der Text des Plakates auffälliger Stilmittel (z.B. Redewendungen, griffige und lautmalerisch gestaltete Formeln, Wortspiele)? Finden sich Anklänge an bekannte Werbeslogans, evtl. ironisch umgedeutet? Wird ein bestimmtes Stilniveau gewählt (z.B. Jugendjargon)? Wird der politische Gegner abgewertet? Ist die Textaussage so offen gehalten, dass sie von jedem Leser mit individuellen Vorstellungen und Wünschen gefüllt werden kann (sogenannte „Schlagworte" oder „Leerphrasen")?
- Visuelle Gestaltung: Auf welche Weise versucht das Plakat, Aufmerksamkeit zu erregen („Blickfang"- oder „Eye-catching"-Funktion)? Stehen Bildmotive oder farbliche Gestaltung in einem Zusammenhang mit dem Thema bzw. der Textaussage? Werden gängige, mit positiven oder negativen Gefühlen besetzte Symbole in die Gestaltung einbezogen? Spielt das Plakat mit provozierenden Kontrasten?
- Informationsgehalt / Verständlichkeit: Wie hoch schätzen Sie zusammenfassend Informationsgehalt, Verständlichkeit und Wirkung des Wahlplakats ein? Fühlen Sie sich von Aussage und Darstellung angesprochen?

1998

2002

Wahlkampf und Ideologie

Geht man über die Beschreibung und Interpretation einzelner Elemente eines Wahlkampfs hinaus, indem man die mit einer bestimmten Wahlkampfstrategie verbundene Absicht einer politischen Partei hinterfragt, so wendet man die Methode der Ideologiekritik an.

Ideologien stellen eine Art säkularen Glaubensersatz dar und haben wie Religionen vielfache stabilisierende – individuell orientierende, sozial integrierende und politisch legitimierende – Funktionen. Sie entlasten von differenzierter Betrachtung und Beurteilung komplexer Sachverhalte, liefern Sündenböcke für Fehlentwicklungen und dienen der Verschleierung von Fehlern und Versäumnissen. Sie stiften den Zusammenhalt und Konsens sozialer Gruppen gegenüber Wandel und Kritik und erlauben diesen die Behauptung ihrer Normen. Sie dienen der Rechtfertigung bestehender politischer und gesellschaftlicher Macht- und Herrschaftspositionen und der Tarnung subjektiver Interessen.

Ideologische Aussagen weisen in der Regel drei Merkmale auf:

- Sie sind nicht wahr, aber es ist etwas Wahres dran.
- Sie rechtfertigen etwas – meistens Macht- und Herrschaftspositionen.
- Sie verschleiern etwas – in der Regel bestimmte Interessen.

Drei Schritte zur Analyse einer ideologischen Aussage

1. WER? („Produzent") — WAS? („Aussage") — WEM? („Adressat")

2. Was kennzeichnet seine LAGE? Welches sind seine INTERESSEN? — Welche WIRKUNG ist beabsichtigt?

   Gibt es einen ZUSAMMENHANG zwischen den INTERESSEN und der beabsichtigten WIRKUNG?

3. 1. Was wird gerechtfertigt? — 2. Ist etwas Wahres dran? — 3. Was wird verschleiert?

Leitfragen zur Ideologiekritik

Um eine ideologische Aussage als solche zu entlarven, bieten sich etwa folgende Leitfragen an:

- Gehört deren Urheber einer bestimmten politischen oder gesellschaftlichen Gruppe an? Welche Interessen ergeben sich daraus? Welcher herrschenden oder emporstrebenden Gruppe nützt die Aussage?
- Ist die Aussage rational und logisch überprüfbar, d.h. verifizierbar oder falsifizierbar, oder handelt es sich bei näherem Hinsehen vielleicht nur um eine ans Gefühl appellierende und auf diese Weise um Zustimmung werbende Behauptung? Wird damit ein bestimmter Sachverhalt insgesamt unzutreffend, verzerrt, verfälscht oder tendenziös dargestellt, gerechtfertigt oder verschleiert?
- Beinhaltet die Aussage ein Werturteil? Lässt dieses die Interessen des Urhebers in einem günstigeren Licht erscheinen? Werden eigene Interessen und Werte zu allgemeinen Interessen und Werten erklärt?
- Soll mit der Aussage etwas erreicht werden? Beinhaltet sie einen versteckten Wunsch oder Befehl, eine versteckte Aufforderung

oder Handlungsanleitung? Gibt es einen Zusammenhang zwischen diesen und den Interessen des „Autors"?
- Wird versucht, Emotionen zum Ausdruck zu bringen oder an Emotionen zu appellieren?
- Beruft sich die Aussage auf Autoritäten, Traditionen und Ideale?
- Welcher gesellschaftliche Zustand bzw. welche gesellschaftliche Entwicklung wird propagiert?
- Erhebt die Aussage einen umfassenden (in diesem Sinne „totalitären") Geltungsanspruch theoretisch-wissenschaftlichen oder aber quasi-religiösen Charakters?
- Spielt die betreffende Ideologie in der politischen und gesellschaftlichen Praxis eine relevante Rolle? Lässt sich diesbezüglich womöglich eine Kluft zwischen Anspruch und Wirklichkeit, d.h. Erfolg oder Misserfolg, konstatieren?

Die Ausführungen zur Ideologiekritik sind entnommen:
Landesinstitut für Erziehung und Unterricht, Seminarkurs auf der gymnasialen Oberstufe, Methoden und Beispiele, Stuttgart 1998, S. 33–38. (gekürzt)

Internet-Adressen

www.bundestag.de/info/wahlen/index.htm	Infothek „Wahlen" des Deutschen Bundestages
www.parties-and-elections.de	Parteien und Wahlen in Europa
www.wahlrecht.de	Wahlen, Wahlrecht und Wahlsysteme (Link-Liste!)
www.bundeswahlleiter.de	Das Internetangebot des Bundeswahlleiters am Statistischen Bundesamt
www.projekt-wahlen2002.de	Ausgezeichnete Projektseite mit multimedialen Elementen
	Meinungsforschungsinstitute:
www.emnid.tnsofres.com	Emnid
www.dimap.de	Infratest-Dimap
www.forschungsgruppewahlen.de	Forschungsgruppe Wahlen E.V
www.ifd-allensbach.de	Allensbach

Zum Weiterlesen

Christina Holtz-Bacha, Wahlkampf in den Medien, Wahlkampf mit den Medien. Ein Reader zum Wahlkampf 1998. Wiesbaden 2000

Aus dem Inhalt:
- Ohne uns schnappt jeder Kanzler über ... : Eine Studie zur Rezeption von Plakatwerbung im Bundestagswahlkampf 1998
- Wahlkampf in Fernsehnachrichten
- Die Diffusion der Wahlkampfagenda, Präsenz gleich Erfolg?
- Wahlkampf im Internet – u.a.

6.1 Wahlen und Demokratie

M 1 Wahlen: Erwartungen – Chancen – Probleme

USA **Der Surfer als Wähler und Helfer**

Zum ersten Mal in der Geschichte hat das Internet die Wahlen maßgeblich beeinflusst.

Bedenken gegen das „Wählen in Unterwäsche“

Amerikanische Experten sehen erhebliche Sicherheitsprobleme bei einer Abstimmung per Computer zu Haus

„Im Prinzip können alle Wahlen über das Internet abgewickelt werden, aber nur, wenn die digitale Sicherheit gewährleistet ist, wenn es also sichere digitale Signaturen gibt... Es gibt in den Vereinigten Staaten Probeläufe, also machbar ist es. Die Frage, die aber viel wichtiger ist: Wofür brauchen wir das? ... im E-Voting passiert das Gleiche wie in Briefwahlen. Steigert das die Wahlbeteiligung?“

Claus Leggewie (Politikwissenschaftler) in einem live-chat mit einem SoWi-Oberstufenkurs aus Münster, in: www.stern.de, 9.9.2000

Präsidentenwahlen in Simbabwe, März 2002:

Internationale Wahlbeobachter kamen zu dem Ergebnis, dass die Wiederwahl von Präsident Mugabe weder frei noch fair war. Bereits im Vorfeld war es zu massiven Behinderungen und Einschüchterungen der Opposition gekommen. Bei der Wahl selbst bildeten sich vor den wenigen Wahllokalen in den Städten riesige Schlangen. Die eher der Opposition zugeneigte städtische Bevölkerung sollte so an der Stimmabgabe gehindert werden.

Karikatur: Birgit Rieger

Formen der Herrschaftsbestellung

M 2

Die *Wahl* unterscheidet sich von anderen Formen der Herrschaftsbestellung, die in der Vergangenheit häufig Anwendung gefunden haben. Abgesehen von gewaltsamen Formen der Machtübernahme, ist etwa an *Losverfahren* oder *Erbfolge* zu denken. Da die Losentscheidung auf Zufall basiert, findet sie kaum noch Anwendung. Nur in Ausnahmefällen, z.B. bei Stimmengleichheit, wird auf sie zurückgegriffen. Die Erbfolge kann keine demokratische Legitimität geltend machen. Eine gewisse Rolle spielen auch die *Kooptation* (die Selbstergänzung einer politischen Körperschaft) und die *ex officio-Bestellung* („automatische" Aufnahme in eine Körperschaft aufgrund eines Amtes). Ist das Volk durch W. indirekt an der politischen Willensbildung beteiligt, so sind Plebiszite, die sich zumeist auf Sachfragen beziehen, eine direkte Form politischer Partizipation. Sie haben in der Bundesrepublik Deutschland, die sich als eine rein repräsentative Demokratie versteht (Repräsentation), lediglich in den Bundesländern eine – untergeordnete – Bedeutung.

Görres-Gesellschaft (Hg.) Staatslexikon in 7 Bänden, 5. Band, 7. Aufl., Freiburg/Basel/Wien, 1995, Sp. 829

Grundlegende Kennzeichen demokratischer Wahlen

M 3

Ihrer technischen Funktion nach ist die Wahl ein Mittel zur Bildung von Körperschaften oder zur Bestellung einer Person in ein Amt. ... Bei der Wahl werden von einer wohlabgegrenzten Wählerschaft (im Sinne der Wahl-Berechtigten) individuell Stimmen abgegeben; die Stimmen werden ausgezählt und mittels eines vorher festgelegten Entscheidungsmaßstabes und gegebenenfalls unter Zuhilfenahme eines bestimmten Verrechnungsverfahrens in Mandate übertragen. Wählen können beinhaltet, sich zwischen mehreren oder zumindest doch zwei Angeboten frei entscheiden zu können. Ist diese Möglichkeit nicht gegeben, kann von Wahl im ontologischen[1] Sinne des Begriffs nicht gesprochen werden. Anstelle der früheren Abgrenzung der Wahlen von „Schein"wahlen, bei denen es keine Auswahlmöglichkeit und damit einhergehend auch keine Wahlfreiheit gibt, hat sich wissenschaftlich die Dichotomie[2] von kompetitiven[3] und nicht kompetitiven Wahlen durchgesetzt...

Zu den Prinzipien kompetitiver Wahlen gehören:

- Der Wahlvorschlag, der von der Wahl selbst nicht zu trennen ist und somit gleichen Maßstäben unterliegt (Freiheit der Wahlbewerbung), der freilich nicht die positive Auswahlentscheidung der Wählerschaft ersetzen kann.
- Die Kandidatenkonkurrenz, hinter der sich vornehmlich eine Konkurrenz alternativer politischer Meinungen und Programme verbirgt.
- Die Chancengleichheit, die aus dem Rechtssatz der Gleichheit fließt und vor allem im Bereich der Wahlbewerbung (Kandidatur und Wahlkampf) gesichert sein muss, die aber auch für das Wahlrecht als Kriterium gilt.
- Die Wahlfreiheit, die mit dem Postulat der geheimen Wahl verknüpft ist und durch die geheime Stimmabgabe gewährleistet wird.
- Der Wahlprozess, der die Wahlentscheidung mittels eines Stimmgebungsverfahrens, eines Entscheidungsmaßstabes und eines Stimmenverrechnungsverfahrens tatsächlich dem Wählervotum anheimstellt.
- Schließlich die Entscheidung auf Zeit, was besagen will, dass die Wahlentscheidung revozierbar"[4] ist und die Auswahl und die Wahlfreiheit der Wahlberechtigten bei künftigen Wahlen nicht durch früher getroffene Entscheidungen eingeschränkt ist.

Dieter Nohlen, Art. Wahlen/Wahlfunktionen, in: Uwe Andersen / Wichard Woyke (Hrsg.), Handwörterbuch des politischen Systems der Bundesrepublik Deutschland, 4. Aufl., Opladen 2000, S. 641 – 642

1) im ontologischen Sinne, hier: im eigentlichen Sinne
2) Dichotomie: Zweiteilung
3) kompetitiv, hier: auf Wettbewerb beruhend
4) revozieren: (sein Wort) zurücknehmen, widerrufen

M4 Die Funktionen von Wahlen in der parlamentarischen Demokratie

Für liberal-pluralistische Demokratien wie z.B. die Bundesrepublik Deutschland haben Wahlen insbesondere folgende Funktionen: ...

Legitimation[1] der Regierenden

In der Wahl der Abgeordneten des Deutschen Bundestages, die ihrerseits den Bundeskanzler wählen, kommt der Wille des Wählers zum Ausdruck. Die Parlamentsabgeordneten erhalten durch die Wahl ihre Legitimation für ihr politisches Handeln. Zwar erhält der Bundestag in seiner Gesamtheit durch die Wahl die Legitimation, das deutsche Volk zu repräsentieren, doch ist die Mehrheit für einen zeitlich begrenzten Abschnitt, eine Legislaturperiode, zur Machtausübung berufen. Die Regierung wird von der Mehrheit des Parlaments getragen; die Regierungsmitglieder sind in der Regel führende Abgeordnete der Mehrheitspartei oder der die Mehrheit bildenden Koalitionsparteien. Regierung und Parlamentsmehrheit bilden eine politische Einheit, der wiederum die Opposition – idealtypisch – ebenso als geschlossene Einheit gegenübersteht. Regierungs- und Parlamentsmehrheit üben gemeinsam politische Führungsfunktionen aus ...

Kontrolle

... Der Wähler erhält die Möglichkeit zur Machtkontrolle unmittelbar am Wahltag, d. h. periodisch zu bestimmten Zeiten und auf verschiedenen Ebenen (Bundestags-, Landtags-, Kommunal- und zum Teil Bürgermeisterwahl und Europawahl). Durch Abwahl oder Bestätigung oder Neuwahl von Amts- und Mandatsträgern fällt der Wähler sein Urteil über die Politik von Regierung und Opposition, d. h. Wählen erfüllt die Funktion der Machtkontrolle und Machtkorrektur.

Konkurrenz

Im parlamentarischen Regierungssystem hat der Wähler die Auswahl zwischen verschiedenen politischen Führungsgruppen und Sachprogrammen; unterschiedliche politische Parteien bieten unterschiedliche Programme an. Theoretisch könnte man daraus folgern: Je mehr Parteien, desto mehr Programme, desto mehr Wählereinfluss. Die Notwendigkeit jedoch, eine parlamentarische Mehrheit zu finden, führt zu großen, alle sozialen Schichten umfassenden Volksparteien, die sich nicht auf die Vertretung von Interessen einzelner kleiner Gruppen beschränken können. Dadurch, dass nur wenige Parteien existieren, kommt der Wählerstimme erheblich mehr Gewicht zu, weil sie für eine (leistungs)-starke Regierung bzw. starke Opposition abgegeben wird.

Repräsentation/Integration[2]

Besonders im parlamentarischen System erfüllt die Wahl eine Repräsentations- und Integrationsfunktion. Hier zeigt sich, ob eine Identifikation zwischen Regierten und Regierenden bzw. Mandatsträgern besteht. Bereits die Höhe der Wahlbeteiligung kann aussagekräftige Ergebnisse über die Integrationsfunktion liefern. Das setzt allerdings voraus, dass der Wähler politisch informiert ist und zwischen unterschiedlichen personellen und sachlichen Angeboten unterscheiden kann. Eine Wahlbeteiligung von ca. 86,2 %, wie sie bei den Bundestagswahlen zwischen 1949 und 1990 im Durchschnitt erreicht wurde, zeigt die gelungene Integration bzw. die Anerkennung des repräsentativen Systems. Auch die relativ niedrige Wahlbeteiligung von 77,8 Prozent bei der ersten gesamtdeutschen Bundestagswahl stellt die gelungene Integration des politischen Systems nicht infrage.

Wichard Woyke, Stichwort: Wahlen. Wähler – Parteien – Wahlverfahren. 10. Aufl., Opladen 1998, S. 21–23

[1] Beglaubigung, Rechtfertigung

[2] Die Beteiligung des Bürgers am politischen Prozess (= Partizipation), die unter den hier abgehandelten Funktionen immanent angesprochen ist, wird von anderen Autoren als eigene Funktion herausgestellt.

Das Wahlrecht – allgemeine Vorgaben des Grundgesetzes

M 5

Artikel 20 GG

(1) Die Bundesrepublik Deutschland ist ein demokratischer und sozialer Bundesstaat.

(2) Alle Staatsgewalt geht vom Volke aus. Sie wird vom Volke in Wahlen und Abstimmungen und durch besondere Organe der Gesetzgebung, der vollziehenden Gewalt und der Rechtsprechung ausgeübt. ...

Artikel 38 GG

(1) Die Abgeordneten des Deutschen Bundestages werden in allgemeiner, unmittelbarer, freier, gleicher und geheimer Wahl gewählt. ...

(2) Wahlberechtigt ist, wer das achtzehnte Lebensjahr vollendet hat; wählbar ist, wer das Alter erreicht hat, mit dem die Volljährigkeit eintritt.

(3) Das Nähere bestimmt ein Bundesgesetz.

Die Wahlrechtsgrundsätze des Art. 38,1 GG

M 6

Ganz konkret besagen die Wahlrechtsgrundsätze Folgendes:

- Allgemeines Wahlrecht: Alle Staatsbürger besitzen das Stimmrecht, unabhängig von Konfession, Bildung, Geschlecht, Sprache, Einkommen, Beruf oder politischer Überzeugung. Voraussetzung dieses Grundsatzes ist jedoch, dass der Wähler und der Gewählte ein Mindestalter erreicht haben (Abs. 2) und die Erfordernis der Sesshaftigkeit im Wahlgebiet erfüllen. Dennoch sind auch sogenannte Auslandsdeutsche unter bestimmten Voraussetzungen zur Wahl zugelassen. Ob nur Deutsche im Sinne des Grundgesetzes wahlberechtigt sind, ist gegenwärtig sehr umstritten. Zumindest für das Kommunalwahlrecht liegt mit der Unterzeichnung des Vertrages von Maastricht eine Änderung vor. Danach können sich „EG-Ausländer" an den Kommunalwahlen beteiligen.
- Gleiches Wahlrecht: Jede Stimme hat den gleichen Zähl- und Erfolgswert. Bis 1918 war es beispielsweise noch in Preußen der Fall, dass derjenige, der mehr Steuern zahlte, auch mehr Stimmen abgeben konnte. Der Gleichheitsgrundsatz ist auch bei der technischen Gestaltung von Wahlen zu beachten, vor allem für die Wahlkreiseinteilung. Jede Art von Gewichtung der Stimmen ist unzulässig. Vielmehr gilt: one man – one vote.
- Unmittelbares Wahlrecht: Die Wähler wählen die Abgeordneten unmittelbar, also direkt, ohne Zwischenschaltung von Delegierten oder Wahlmännern wie etwa bei den Präsidentschaftswahlen in den USA.
- Freies Wahlrecht: Die Bürger dürfen von niemandem in ihrer Wahl beeinflusst werden. Die Stimmabgabe muss frei sein von Zwang und unzulässigem Druck. Mit den Grundsätzen des freien und gleichen Wahlrechts hängt auch entscheidend die Chancengleichheit der Parteien zusammen. Keine demokratische Partei darf durch die Wahlgesetzgebung oder durch die Wahlgrundsätze benachteiligt werden.
- Geheimes Wahlrecht: Es muss sichergestellt sein, dass die Wahlentscheidung durch Dritte nicht erkennbar ist. Niemand sollte konkret nachprüfen können, wie sich der Wähler in der Wahlkabine entschieden hat. Genau an diesem Punkt setzt die Wahlforschung ein. Da eine offene Beobachtung des Wahlaktes ausgeschlossen ist, sind Instrumentarien entwickelt worden, um Wahlentscheidungen im Voraus zu prognostizieren bzw. nachträglich zu interpretieren.

Karl-Rudolf Korte, Wahlen in der Bundesrepublik Deutschland, 3. Aufl., Bonn 2000, S. 11–12

Aufgaben

Zu 6.1 Wahlen und Demokratie

1. Stellen Sie aus M 3 bis M 6 die grundlegenden Kennzeichen und Funktionen demokratischer Wahlen – ggf. in arbeitsteiligem Gruppenunterricht – zusammen!
2. Gibt es eine oder mehrere Funktionen, die Ihrer Ansicht nach in der Bundesrepublik nicht genügend erfüllt werden? (M 4) Begründen Sie Ihre Meinung!

6.2 Das Wahlsystem für die Wahlen zum Deutschen Bundestag

6.2.1 Die Merkmale des Bundestagswahlsystems

M 7 „Warum wissen Sie nicht, was die Zweitstimme ist?"

Jede anständige Zeitung, die verlässlich über die Niederungen menschlichen Zusammenlebens berichtet, lässt die Bürger ausführlich zu Wort kommen. Man nennt dies „Frage der Woche" oder „Leserbriefaktion" oder „Schreiben Sie uns doch mal", unter dem Motto „Ist Klopapier lebenswichtig?" oder „Sind Sie ohne Schnuller aufgewachsen?" – und man praktiziert damit wahre Demokratie. Angesichts des deutschen Schicksalstages am 3. Oktober – da wird nämlich das Erntedankfest gefeiert –, hat sich auch diese Zeitung entschlossen, eine solche durchdacht manipulierte und raffiniert unrepräsentative Befragung zum Thema „Warum wissen Sie nicht, was die Zweitstimme ist?" durchzuführen. Hier die Aussagen der befragten Münchner, ...

Frau H. K., Ismaninger Str.: „Zweitstimme? Selbstverständlich weiß ich das. Es ist eine Vorsichtsmaßnahme. Falls die erste Stimme verloren geht, haben die drüben in Bonn dann noch die zweite, wie einen Durchschlag, wissen Sie. Weil die so schnell zählen müssen am Sonntagabend, damit der Computer das Ergebnis nicht zuerst weiß, werden manche Stimmen in der Hetzerei verschlampt, und da hilft eben dann die Durchschrift."

K. L., Rentner, Pasing: „Mit der ersten Stimme wählt man das Parlament, das sind die, was die Gesetze machen, und mit der zweiten wählt man den Bundesrat, das sind die, was aufpassen, dass in den Gesetzen was Gescheites drinsteht."

B. P., Schülerin, Schwabing: „Wenn ich mich richtig an den Unterricht erinnere, dann ist das doch für die gemacht, die sich nicht entscheiden können zwischen den beiden Parteiblöcken und die keinem wehtun wollen. So kann man jeder Richtung eine Stimme geben und man fällt nicht unangenehm auf. Habe ich recht?"

L. G., Hausfrau und Soziologin, Laim: „Ich erkläre es Ihnen, die Zweitstimme ist so etwas wie der Zweitwagen oder die Zweitwohnung, verstehen Sie? Das ist in der Politik identisch mit bayerischer Regierung und Landtag. Der Zweitwagen ist die Regierung, die Zweitwohnung der Landtag. Drücke ich mich zu kompliziert aus? Gut, mit der Erststimme wählt man also den Bundestag, mit der Zweitstimme den Landtag. Unser Wahlrecht ist doch so einfach. Die erste Stimme gehört Deutschland, die zweite Bayern."

K. S., Büroangestellter, Innenstadt: „Ein Trick ist das, ein schäbiger Versuch, Steuermittel zu kassieren. Jede Partei bekommt doch für jede Stimme zwei Mark fünfzig aus der Staatskasse. Die Schlawiner haben sich zusammengesetzt und beschlossen, jedem Stimmvieh zwei Stimmen zu geben, damit sie fünf Mark einschieben können. So ist das heute. Früher haben wir ja auch nur eine Stimme gehabt, und es ging gut, von 1930 bis 1945, oder?" (Anmerkung der Red.: Auf Befragen verweigerte K. S. jede Angabe, was er wähle, und er erklärte, einen falschen Namen genannt zu haben. Aus Gründen der Ausgewogenheit veröffentlichen wir dennoch diese Meinung.)

M. J. und H. J., freiberuflich, Ehepaar aus der Provinz, gleichzeitig, aber fast einstimmig sprechend: „Das Problem der Zweitstimme wird immer falsch dargestellt. In Wirklichkeit ist es so, dass nicht jeder zwei Stimmen, sondern ein Ehepaar zusammen zwei Stimmen hat! Die des Ehemannes, der ja ohnehin bestimmt, was gewählt wird, ist die erste, die der Ehefrau die zweite, so wie erste und zweite Mannschaft im Fußball. Man fragt sich wirklich, warum der Stimmzettel noch nicht mit Blaupapier geliefert wird, um die Arbeit der Ehepaare zu erleichtern. Alleinstehende dürfen ihre Zweitstimme nicht benützen."

Horst Jendral, Süddeutsche Zeitung Nr. 225, 28. 9. 1976, S. 9

Das Bundestagswahlsystem: das personalisierte Verhältniswahlrecht

M 8

Wahlkreise

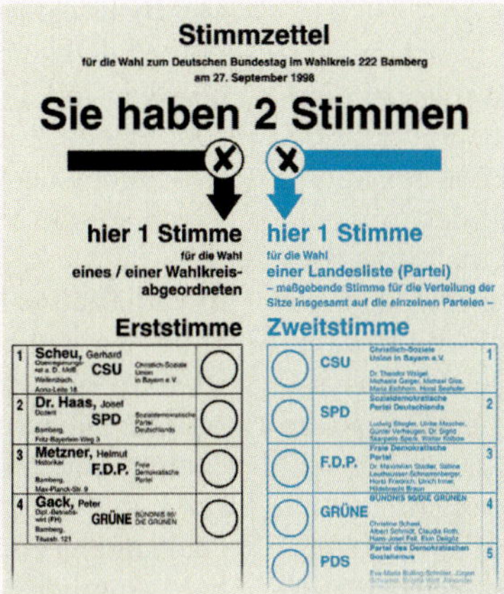

Stimmzettel

für die Wahl zum Deutschen Bundestag im Wahlkreis 222 Bamberg am 27. September 1998

Sie haben 2 Stimmen

hier 1 Stimme für die Wahl eines / einer Wahlkreis-abgeordneten **Erststimme**	hier 1 Stimme für die Wahl einer Landesliste (Partei) – maßgebende Stimme für die Verteilung der Sitze insgesamt auf die einzelnen Parteien – **Zweitstimme**
1 Scheu, Gerhard – CSU – Christlich-Soziale Union in Bayern e.V. – Wallenbach, Anna-Leite 18	CSU – Christlich-Soziale Union in Bayern e.V. 1
2 Dr. Haas, Josef – Dozent – SPD – Sozialdemokratische Partei Deutschlands – Bamberg	SPD – Sozialdemokratische Partei Deutschlands 2
3 Metzner, Helmut – Historiker – F.D.P. – Freie Demokratische Partei – Bamberg, Max-Planck-Str. 9	F.D.P. – Freie Demokratische Partei 3
4 Gack, Peter – Dipl.-Betriebswirt (FH) – GRÜNE – BÜNDNIS 90/DIE GRÜNEN – Bamberg	GRÜNE – BÜNDNIS 90/DIE GRÜNEN 4
	PDS – Partei des Demokratischen Sozialismus 5

Bundesländer

Die Erststimme und ihre Bedeutung:

Das Gebiet der Bundesrepublik ist seit 2002 in 299 Wahlkreise eingeteilt. In jedem dieser Wahlkreise stellen die Parteien einen Kandidaten auf. Aus diesen wählen die Wahlberechtigten mit ihrer Erststimme den Wahlkreisabgeordneten. Dieses *Direktmandat* hat der Kandidat gewonnen, der die meisten Stimmen auf sich vereinigen konnte *(relative Mehrheitswahl)*.

Die Zweitstimme und ihre Bedeutung:

In jedem Bundesland stellt jede Partei eine Kandidatenliste zusammen (Landesliste). Es gibt also keine einheitlichen Bundeslisten der Parteien! Mit ihrer Zweitstimme wählen die Wahlberechtigten eine dieser Parteien und ihre Landesliste.
Mit dieser Stimme entscheiden die Wähler über die politische Zusammensetzung des Bundestags, d. h. über Mehrheitsverhältnisse, denn: nur nach dem Anteil der Zweitstimmen richtet sich die Zahl der Parlamentssitze, die einer Partei zustehen *(Verhältniswahl)*.

Die Sitzverteilung

1. Schritt
Nur Parteien, die auf einen Stimmenanteil von mindestens 5% gekommen sind oder drei Direktmandate erhalten haben, nehmen an der Sitzverteilung teil. Auf diese Parteien werden die zu vergebenden Parlamentssitze entsprechend dem auf sie entfallenen Zweitstimmenanteil verteilt. (s. M 12, M 13)

2. Schritt
Die auf die Parteien entfallenen Sitze werden zunächst an die 299 Abgeordneten vergeben, die durch ein Direktmandat in den Bundestag eingezogen sind. Über die Erststimme haben die Wähler also Einfluss auf die personelle Zusammensetzung der Bundestagsfraktionen.

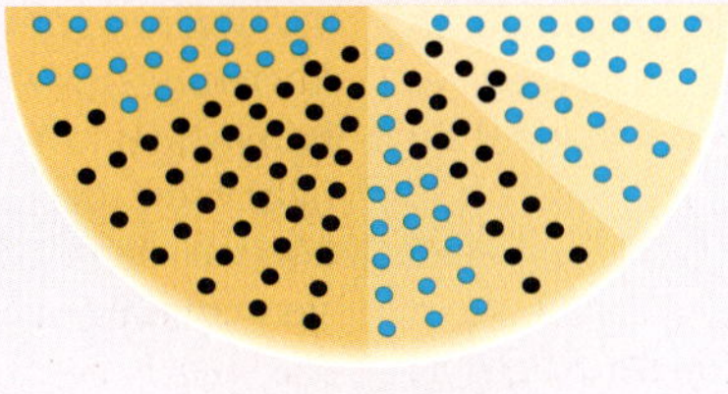

● Direktkandidaten
● Listenkandidaten

3. Schritt
Nachdem die Direktmandate verteilt wurden, werden die den Parteien noch zustehenden Sitze mit Listenkandidaten besetzt.
Durch eine gute Listenplatzierung können die Parteien darauf Einfluss nehmen, durch welche Abgeordneten sie im Bundestag vertreten sein wollen.

M 9 Mehrheits- und Verhältniswahlrecht

Es wird grundsätzlich zwischen zwei Gruppen von Wahlrechtssystemen unterschieden:

a) Mehrheitswahlrecht

Beim Mehrheitswahlrecht wird zwischen relativem und absolutem Mehrheitswahlrecht differenziert. Der Unterschied besteht darin, dass bei einem *relativen Mehrheitswahlrecht* ein Kandidat in ein Parlament gewählt ist, der in einem Wahlgang die meisten Stimmen erhält (so z.B. in Großbritannien und den USA). Demgegenüber ist bei der *absoluten Mehrheitswahl* der gewählt, der mehr als 50 % der Stimmen in einem Wahlkreis erhält. Dabei bedarf es oft eines zweiten Wahlvorganges, wenn im ersten Wahlgang kein Kandidat die absolute Mehrheit erreicht.
Im zweiten Wahlgang kann entweder eine Stichwahl zwischen den beiden erfolgreichsten Kandidaten des ersten Wahlvorganges erfolgen (so in Frankreich), oder der zweite Wahlgang kann eine freie Kandidatenaufstellung und in diesem Fall die Entscheidung mit relativer Mehrheit vorsehen.
Eine Mehrheitswahl begünstigt ein Zweiparteiensystem und schafft eine verhältnismäßig stabile Regierung, da die kleineren Parteien kaum eine Chance haben, ihre Kandidaten in ein Parlament wählen zu lassen. Bei dem absoluten Mehrheitswahlsystem besteht theoretisch sogar die Möglichkeit, dass eine Partei in allen Wahlbezirken mit 51 % siegen könnte und ihr dann alle Mandate im Parlament zufallen könnten. Das Stimmengewicht der Wähler wäre ganz ungleich auf die Mandate aufgeteilt.

b) Verhältniswahlrecht

Beim Verhältniswahlrecht dominiert das Ziel, allen im Volk vorhandenen politischen Richtungen gemäß ihrem Stimmenanteil eine entsprechende Vertretung im Parlament zu ermöglichen. Während beim Mehrheitswahlrecht die zu wählenden Persönlichkeiten im Vordergrund stehen, kommen beim Verhältniswahlrecht Parteien, d. h. politische Richtungen und Weltanschauungen stärker zum Tragen. Die Vielfalt der Parteien kann zwar die Willensbildung in einem Gremium und damit auch eine Regierungsbildung erschweren.

Rupert Schick/Michael F. Feldkamp, Stichwort Wahlen, 3. Aufl., Bonn 1999, S. 10–11

M 10 Auswirkungen von Mehrheitswahl und Verhältniswahl

Vorzüge der Mehrheitswahl

1. Verhütung der Parteienzersplitterung:
Das System der relativen Mehrheit enthält eine versteckte „Sperrklausel“: D.h. Parteien, die die relative Mehrheit der Wählerstimmen nicht auf sich vereinigen können, scheiden automatisch aus. Minderheitenparteien haben daher nur in ihren Hochburgen die Chance, ein Mandat zu erlangen.

2. Stabile Regierungen:
Ein Mehrheitswahlsystem führt in der Regel zu Zweiparteiensystemen und somit zur Bildung stabiler Regierungen in Form parteilicher Mehrheitsregierungen.

3. Förderung politischer Mäßigung:
Da die Wähler der Mitte eine Wahl entscheiden, sind die konkurrierenden Parteien gezwungen, sich in ihrer Programmatik an der gemäßigten Wählerschaft der Mitte zu orientieren.

4. Förderung des Wechsels in der Regierungsausübung:
Bereits kleine Veränderungen in den Stärkeverhältnissen der Parteien nach Wählerstimmen können durch den Disproportionseffekt große Veränderungen an Mandaten auslösen.

5. Personenwahl:
Aufgrund der Einteilung des Wahlgebiets in Wahlkreise entsteht eine enge Verbindung zwischen Wähler und Kandidat. Der Wähler entscheidet bei seiner Stimmabgabe eher über Personen als über Parteien.

6. Direkte Wahl der Regierung:
Der Wähler entscheidet bei der Wahl unmittelbar über Regierung und Opposition, sodass nicht die Parteien in Koalitionsverhandlungen die Regierungsführung aushandeln.

7. Unabhängigkeit des Abgeordneten gegenüber seiner Partei:
Durch die unmittelbare Wahl im Wahlkreis wahrt der Abgeordnete eine unmittelbare Verbindung zum Wähler.

Vorzüge der Verhältniswahl

1. Gerechtigkeit:
Das Verhältniswahlsystem zeichnet sich durch große Gerechtigkeit aus, da a) jede Stimme den gleichen Erfolgswert aufweist, b) Minderheitengruppen entsprechend ihrer tatsächlichen Stärke repräsentiert werden und c) kein Wähler durch einen Abgeordneten repräsentiert wird, den er nicht gewählt hat.

2. Spiegelbild der Wählerschaft:
Bei reinem Verhältniswahlsystem entsteht ein getreues Abbild der in der Wählerschaft bestehenden politischen Präferenzen.

3. Keine „Wahlkreisgeometrie":
Durch die Verrechnung auf Wahlgebietsbasis besteht keine Möglichkeit der Manipulierung von Wahlergebnissen durch Wahlkreiseinteilung im Interesse bestimmter Gruppen.

4. Erforderliche Experten:
Die für jedes Parlament notwendigen Experten können über Landeslisten besser abgesichert werden.

5. Bessere Möglichkeiten für neue Parteien:
Die Verhältniswahl ermöglicht neuen Parteien eher den parlamentarischen Zugang und verhindert ein Kartell der bestehenden Parteien.

6. Verhinderung extremer politischer Umschwünge:
In der Verhältniswahl ist es außerordentlich selten, dass extreme Veränderungen im Parteiensystem sich sehr schnell niederschlagen.

Wichard Woyke, Stichwort: Wahlen. Wähler – Parteien – Wahlverfahren. 10. Auflage., Opladen 1998, S. 36 – 38

M 11

2 x Deutscher Bundestag

a) Ergebnis der Bundestagswahl 2002 nach dem geltenden Wahlrecht [1)]

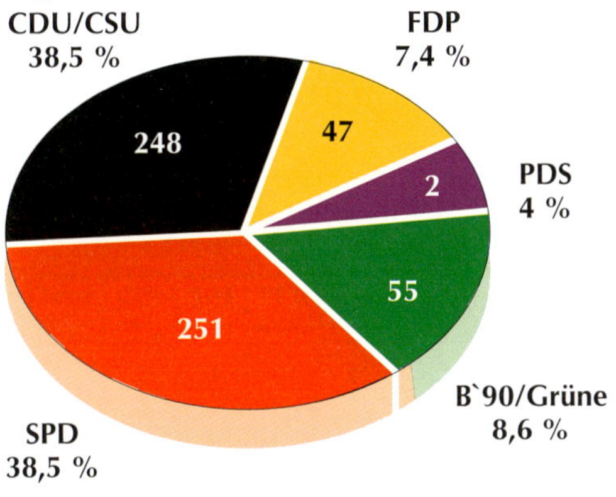

[1)] *personalisierte Verhältniswahl, Zweitstimmenanteile in % und Anzahl der Mandate (insg. 603) (vgl. M 12, M 13)*

b) Simulation: Ergebnis der Bundestagswahl 2002 nach dem relativen Mehrheitswahlrecht [1)]

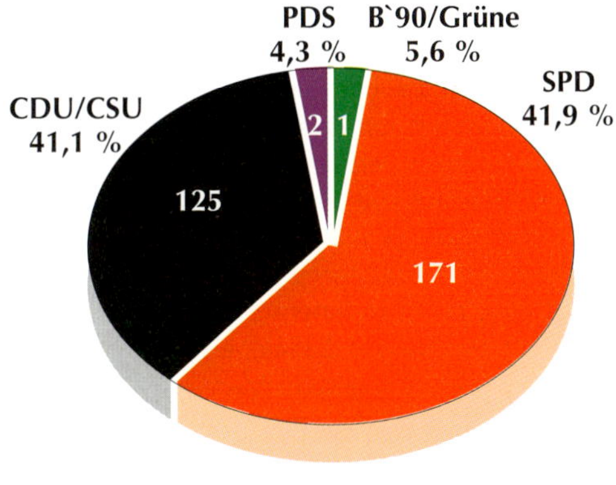

[1)] *Basis: erzielte Direktmandate nach Erststimmen-Wahlergebnis (absolut und in %); zu vergeben waren 299 Mandate.*

M 12 Das Verfahren der Sitzverteilung bei der Bundestagswahl (aufgezeigt am Beispiel der SPD bei der Bundestagswahl 2002)

1. Schritt: *Die Ermittlung der Zahl der Mandate jeder Partei*
Das Gesamtergebnis der Wahl wird ermittelt, indem die für die einzelnen Landeslisten der verschiedenen Parteien abgegebenen Zweitstimmen addiert werden. Die zu vergebenden Parlamentssitze werden nun nach dem Hare-Niemeyer-Verfahren (vgl. M 13) nur den Parteien zugeteilt, die
- mindestens 5 % der abgegebenen gültigen Zweitstimmen oder
- mindestens drei Direktmandate errungen haben (Sperrklausel).

2. Schritt: *Die Verteilung der von einer Partei gewonnenen Mandate auf die Bundesländer*
Die Mandate einer Partei werden – wieder nach dem Hare-Niemeyer-Verfahren – auf die Bundesländer verteilt, und zwar entsprechend dem in den Bundesländern erzielten Zweitstimmenergebnis.

3. Schritt: *Die Zuteilung der Mandate an die Kandidaten der Parteien*
Die einer Partei in einem Bundesland zustehenden Sitze werden zunächst an die Gewinner von Direktmandaten verteilt. Die dann noch nicht vergebenen Sitze entfallen auf die Kandidaten der Landesliste gemäß der Reihenfolge ihrer Platzierung.
Erhält eine Partei in einem Bundesland mehr Direktmandate, als ihrer Landesliste insgesamt Mandate zustehen, behält sie diese sogenannten „Überhangmandate". Kandidaten von der Landesliste kommen dann nicht mehr zum Zug.

	ges.	SPD	CDU	CSU	B'90 Grüne	FDP	PDS[1]	Sonst.
Anteil an gültigen Zweitstimmen in %	98,8%	38,5	29,5	9,0	8,6	7,4	4,0	2,8
Gültige Zweitstimmen in Mio. (gerundet)	48,00	18,49	14,17	4,32	4,11	3,54	1,92	1,46

	SPD	CDU	CSU	B'90 Grüne	FDP	PDS	Sonst.
Mandate (ohne Überhangmandate)	247	189	58	55	47	2	0

Baden-Württemberg	Bayern	Berlin	Brandenburg	Bremen	Hamburg	Hessen	Mecklenburg-Vorpommern	Niedersachsen	Nordrhein-Westfalen	Rheinland-Pfalz	Saarland	Sachsen	Sachsen-Anhalt	Schleswig-Holstein	Thüringen
27	26	9	10	2	[2] 6 +1	18	5	31	60	12	4	12	[2] 10 +2	10	[2] 9 +1

	SPD	CDU	CSU	B'90 Grüne	FDP	PDS	Sonst.
Mandate (mit Überhangmandaten)	251	190	58	55	47	2	0

[1] Die PDS hat 2002 zwei Sitze durch Direktmandate gewonnen, an der Sitzverteilung aber nicht teilgenommen.
[2] Bei der Bundestagswahl 2002 erhielt die SPD 4 Überhangmandate: 1 in Hamburg, 2 in Sachsen-Anhalt, 1 in Thüringen

Das Hare-Niemeyer-Verfahren

M 13

Für die Verteilung der Sitze auf die Parteien bei der Bundestagswahl 2002 ergibt sich folgende Berechnung:

Partei	SPD	CDU	CSU	B'90/ Grüne	FDP
Die Zahl der zu vergebenden Sitze wird multipliziert	596[1] x				
mit der Zahl der erhaltenen Zweitstimme je Partei und	18.488.668	14.167.561	4.315.080	4.110.355	3.538.815
dividiert durch die Gesamtstimmenzahl der an der Sitzverteilung teilnehmenden Parteien.	: 44.620.479				
Die Stellen vor dem Komma entsprechen der Zahl der erhaltenen Sitze.	246,95486	189,23745	57,636895	54,902387	47,268283
Die restlichen Sitze werden in der Reihenfolge der größten Zahlenbruchteile vergeben.	+1		+1	+1	
Sitze (ohne Überhangmandate)	247	189	58	55	47

Die kleineren Parteien schneiden bei dem Verfahren nach Hare/Niemeyer günstiger ab, zumal dann, wenn eine Reststimmenverwertung erfolgt. Bei einer solchen Reststimmenverwertung schlägt der Restquotient zu Buche, wenn er noch relativ hoch ist (über 0,50 %).

nach: Rupert Schick / Michael F. Feldkamp, Stichwort: Wahlen, hrsg. vom Deutschen Bundestag, 3. Aufl, Bonn 1999, S. 12–13

[1] Die zwei durch Direktmandate errungenen Sitze der PDS werden von der Gesamtzahl (598) abgezogen.

6.2.2 Das Bundestagswahlsystem in der Diskussion

M 14 Vor- und Nachteile der Fünf-Prozent-Klausel

Das Bundestagswahlgesetz sieht vor, dass Parteien, die weniger als fünf Prozent der Stimmen erreichen oder nicht mindestens drei Direktmandate gewinnen, keine parlamentarische Repräsentation erlangen. Die Stimmen, die eine solche Partei erhält, fallen unter den Tisch. Eine derartige Bestimmung ist nicht unangefochten.

Kritik an der Fünfprozentklausel

Manche Wissenschaftler und Politiker (verständlicherweise vor allem der kleineren Parteien) greifen die Fünfprozentklausel an, weil sie die Macht der bereits im Parlament vertretenen Parteien zementiere und für kleinere Parteien die Chance der Einflussnahme verringere. Es heißt, sie sichere ein Parteienkartell ab und erschwere das Entstehen neuer Parteien. Damit könne sich eine Parteienoligarchie herausbilden. Die „Fünfprozent-Guillotine", so nennen manche Gegner die Klausel, durchbreche das Prinzip der Chancengleichheit; sie schränke auf einem Umweg – lautet die Kritik – das allgemeine und gleiche Wahlrecht wieder ein.

Kritik an der Kritik

Es muss allerdings beachtet werden, dass die Fünfprozentklausel keineswegs automatisch und für immer das derzeitige Parteiensystem einfriert. Die Erfolge der NPD in den Jahren 1966 bis 1968 wie die der Republikaner 1989, besonders aber die der Grünen, die seit 1979 in die Länderparlamente und 1983 in den Deutschen Bundestag einzogen, belegen diese Aussage. Die Fünfprozentklausel verfestigt also nicht unbedingt das jeweilige Parteiensystem, zumal Parteien schon bei einem Stimmenanteil von 0,5 Prozent an der Wahlkampfkostenerstattung beteiligt werden. Wenn manche Gruppierungen und Parteien die Sperrklausel heftig kritisieren, so liegt dies auch an ihrem aussichtslosen Bemühen, einen gewissen Prozentsatz der Bevölkerung für sich zu gewinnen. Vielfach ignorieren Kritiker der Sperrklausel die Voraussetzungen für die Funktionsfähigkeit eines parlamentarischen Parteienstaates und einer Massendemokratie. Die Klausel bedeutet sicherlich eine gewisse Einschränkung des demokratischen Grundsatzes, dass jede Stimme den gleichen Wert haben soll, aber sie lässt sich mit der unverzichtbaren Forderung rechtfertigen, dass die parlamentarische Arbeit funktionsfähig erhalten werden muss. Bestünde nämlich überhaupt keine Sperrklausel, genügten schon 0,2 Prozent der Stimmen für ein Mandat. Der Sinn der Wahl liegt eben nicht ausschließlich darin, im Parlament ein Spiegelbild der Meinungen und Interessen der Bevölkerung hervorzubringen. Die Wahl soll vielmehr auch die Voraussetzungen dafür schaffen, dass ein Parlament eine einigermaßen handlungsfähige und verantwortungsbewusste Regierung hervorzubringen vermag.

Das Bundesverfassungsgericht hat in ständiger Rechtsprechung die Sperrklausel gebilligt, damit sich die Gefahren für die Regierungsbildung, die mit dem Aufkommen von Splitterparteien im Parlament fast unvermeidlich entstehen, auffangen lassen. Es betont, dass ganz besondere Gründe gegeben sein müssen, um eine Erhöhung des Quorums von fünf Prozent zu rechtfertigen. Der Einfluss des Wählers auf die Zusammensetzung des Parlaments soll soweit wie möglich erhalten bleiben. Die Fünfprozentklausel hat ihren Sinn erfüllt, zu einer gewissen Parteienkonzentration beigetragen und damit die Regierungsbildung erleichtert; sie bedeutet außerdem für eine neue, eine bestimmte Wählerschicht ansprechende Partei keine unüberwindliche Barriere.

Problematik der Fünfprozentklausel

Obwohl die grundsätzliche Legitimität der Klausel außer Frage steht, lassen sich einige Einwände vorbringen, die mit den bisher erörterten weitgehend nichts zu tun haben. Die Fünfprozentklausel entfaltet nämlich gewisse problematische Nebenwirkungen, die das Prinzip der Chancengleichheit berühren:

Wähler, die für eine Splitterpartei stimmen, verlieren jeglichen Einfluss auf die Zusammensetzung des Parlaments. Ihre Stimme kommt nicht zum Tragen. Dies erscheint nicht unproblematisch, da in einer Demokratie prinzipiell jeder Bürger die gleiche Chance besitzen muss, den politischen Willensbildungsprozess mitzugestalten. Und der Wahlakt ist in einer repräsentativen Parteiendemokratie die entscheidende (wenn auch nicht alleinige) Form politischer Beteiligung. Tatsächlich liegt die Sperrwirkung höher als fünf Prozent, denn manche Bürger wählen eine kleine Partei deshalb nicht, weil sie befürchten, ihre Stimme zu „verschenken". Dieses Handicap gilt vor allem für (kleinere) demokratische Parteien, deren Anhänger im Zweifelsfall für eine andere große Partei stimmen, während Wähler extremer Parteien in höherem Maße bereit sind, eine „verlorene" Stimme in Kauf zu nehmen. So wirkt die Sperrklausel allein durch ihr Vorhandensein als eine gewisse Abschreckung, die Stimme einer kleinen Partei zu geben.

Parteiendemokratie, Informationen zur politischen Bildung Nr. 207, 1990, S. 27–28

M 15

Überhangmandate – ein Verstoß gegen den Gleichheitsgrundsatz?

Überhangmandate im Deutschen Bundestag

Wahljahr	Überhangmandate	Überhangmandate pro Bundesland		Partei
1990	6	Sachsen-Anhalt	3	CDU
		Mecklenburg-Vorp.	2	CDU
		Thüringen	1	CDU
1994	16	Sachsen	3	CDU
		Thüringen	3	CDU
		Baden-Württemberg	2	CDU
		Mecklenburg-Vorp.	2	CDU
		Sachsen-Anhalt	2	CDU
		Brandenburg	3	SPD
		Bremen	1	SPD
1998	13	Sachsen-Anhalt	4	SPD
		Thüringen	3	SPD
		Bremen	3	SPD
		Mecklenburg-Vorp.	2	SPD
		Hamburg	1	SPD
2002	5	Sachsen-Anhalt	2	SPD
		Thüringen	1	SPD
		Hamburg	1	SPD
		Sachsen	1	CDU

Bundestagswahl 1994 – Stimmen je Mandat

	ohne Überhangmandate	mit Überhangmandaten
CDU	69.353	65.942
SPD	69.114	68.017
FDP	69.328	keine Veränderung
CSU	68.544	keine Veränderung
Bündnis 90/ Die Grünen	69.884	keine Veränderung
PDS	68.873	keine Veränderung

Karl-Rudolf Korte, Wahlen in der Bundesrepublik, 2. Aufl., Bonn 1999, S.58

M 16

Das Bundesverfassungsgericht: Rechtmäßigkeit von Überhangmandaten und Grundmandatklausel

Das Bundesverfassungsgericht (BVG) in Karlsruhe hat am Donnerstag zwei Elemente des deutschen Wahlrechts für verfassungskonform erklärt: die Überhangmandate und die Grundmandatsklausel.
Die Überhangmandate billigten die acht Verfassungsrichter nur mit dem knappen Ergebnis von 4:4 Stimmen. Die Mandate, die vor allem der CDU zugutekommen, halten vier Verfassungsrichter in ihrer bisherigen Form für verfassungswidrig, vier betrachten sie dagegen als verfassungsmäßig. Da der Antragsteller die Mehrheit braucht, scheiterte die Klage Niedersachsens.
Überhangmandate entstehen durch das System von Erst- und Zweitstimme. Mit der Erststimme wird ein Direkt-Kandidat gewählt, die Zweitstimme bestimmt über die Stärke der Partei im Parlament. Erzielt eine Partei durch viele Erststimmen mehr Direktmandate als ihr nach den Zweitstimmen Sitze zustehen, bekommt sie die „überschießenden" Mandate als Überhangmandate dazu. Damit wird aber das Prinzip ausgehöhlt, wonach die Parteien nach ihrem Zweitstimmenanteil im Parlament vertreten sind. 1994

konnte die CDU durch zwölf Überhangmandate ihre Regierungsmehrheit von zwei auf zehn Sitze ausbauen. Die SPD erlangte vier Überhangmandate.

Die vier das Urteil tragende Richter des Zweiten Senats, die alle der Union angehören oder ihr nahestehen, sagen, dass sich die Zahl der Überhangmandate „in Grenzen halten" müsse. Als Maximum sehen die Richter Überhangmandate in Höhe von fünf Prozent der Parlamentssitze an. Schließlich verweisen die vier Richter auf eine notwendige Reform der Wahlkreise, in denen die Zahl der Wahlberechtigten inzwischen stark abweicht. Es sei aber verfassungsrechtlich ausreichend, wenn diese Reform, wie vorgesehen, bis 2002 durchgeführt werde. Eine Verzerrung des Wahlergebnisses verneinen die Richter, da es sich bei den Überhangmandaten um zusätzliche Direktmandate handele, nicht um weitere Listenplätze.

Die vier anderen Verfassungsrichterinnen und Richter, die alle der SPD angehören oder von ihr vorgeschlagen wurden, beurteilen die Überhangmandate dagegen als zusätzliche Listenplätze. Eine Partei mit Überhangmandaten brauche weniger Zweitstimmen pro Mandat als eine Partei ohne Überhangmandate. Damit sei die Wahlrechtsgleichheit verletzt. Verfassungswidrig sei die geltende Regelung geworden, nachdem der Bonner Gesetzgeber trotz der Entwicklung von 1994 nicht tätig wurde, sondern im November 1996 die Überhangmandatsklausel bestätigte.

Die Entscheidung über die Grundmandatsklausel fiel einstimmig. Die Regelung, Parteien mit drei Direktmandaten auch bei Nichterreichen der Fünf-Prozent-Klausel ins Parlament einziehen zu lassen, steht nach dem BVG-Urteil im Ermessen des Gesetzgebers. Er könne in den drei Direktmandaten ein Indiz dafür sehen, dass die Partei besondere Anliegen aufgegriffen habe, die eine Repräsentanz im Parlament rechtfertigten. Aus diesem Grund dürfe er sie entsprechend ihrem Zweitstimmenanteil an der Sitzverteilung teilnehmen lassen.

Ursula Knapp, in: Frankfurter Rundschau, 11.4.1997

M 17 Haupt- und Neben- statt Erst- und Zweitstimme

Der Fünfprozentklausel und dem Zweistimmensystem wohnen ... Fallstricke inne. Sie ließen sich durch eine Reform vermeiden, die den ursprünglichen Intentionen der Erfinder – Sicherung der Regierungsfähigkeit des Parlaments einerseits, Verstärkungen der personellen Elemente andererseits – Rechnung trägt. Der Wähler erhielte eine Haupt- und eine Nebenstimme. Die Hauptstimme zählte sowohl für den Wahlkreisbewerber als auch für die Partei (wie das im Jahre 1949 der Fall war). Auf diese Weise käme, wenn auch in Grenzen, der personelle Effekt zur Geltung. Ist der Wähler, der eigentlich einer anderen Partei zuneigt, von der Persönlichkeit „seines" Kandidaten so angetan, würde er gegebenenfalls nicht nur den Kandidaten wählen, sondern automatisch auch dessen Partei. Gegenwärtig jedoch ist die Wahl für eine „Persönlichkeit" ohne effektive Auswirkung auf die Zusammensetzung des Parlaments.

Die Nebenstimme käme nur für den Fall zum Tragen, dass die Hauptstimme für eine Partei abgegeben worden wäre, die weniger als fünf Prozent der Stimmen erzielt hätte. Diese Partei zöge dann zwar nicht in den Bundestag ein, aber die Stimmen ihrer Wähler würden über die „Nebenstimme" insofern verwertet, als sie, für eine andere Partei als die mit der Hauptstimme gewählten abgegeben, dieser anderen Partei gutgeschrieben werden. Der Wähler könnte die Stimme für die Partei seiner Wahl abgeben, ohne jedes Risiko. Eine Verfälschung des Wählerwillens unterbliebe. Wegen der „Nebenstimme" fällt kein Votum des Wählers unter den Tisch. Die gegenwärtig nicht ganz unberechtigte Ausrede kleinerer Parteien, die psychologische Wirkung der Sperrklausel habe die Niederlage verschärft, ließe sich dann nicht mehr anführen. Der vielleicht ungewöhnlich anmutende Reformvorschlag – statt Erst- und Zweitstimme Haupt- und Nebenstimme – wäre eine Möglichkeit, das Wahlsystem klarer, unmissverständlicher und auch demokratischer zu gestalten. Jedenfalls ließen sich dadurch manche negativen Nebenwirkungen der beiden Bestimmungen vermeiden.

Eckhard Jesse, Fallstricke des Wahlsystems – Fünfprozentklausel und das Zweistimmensystem, in: Das Parlament Nr. 40, 7.10.1994, S. 18

Wahlrecht für 16-Jährige?

M 18

Warum sollen Minderjährige wählen können?
Demokratien leben von dem Prinzip *ein Mensch – eine Stimme*. Dieses Prinzip wird bei 18 Millionen Menschen in Deutschland nicht angewendet, weil sie als Minderjährige kein Stimmrecht haben. Ich finde dieses Verfahren, wer wählen darf und wer nicht, willkürlich. Die untere Altersgrenze ist nicht haltbar, nach oben gibt es ja auch keine Beschränkung. Wer das Wahlrecht von einer gewissen Reife abhängig machen wollte, müsste dann auch nachprüfen, ob eine 80-Jährige, die keine Zeitung mehr liest, die Anforderungen erfüllt.

Wie sollte das geeignete Alter denn bestimmt werden?
Grundsätzlich sollte jeder Mensch eine Stimme haben. Es ist eine Abwägungsfrage, in welcher Lebenssituation das Wahlrecht gegeben oder entzogen wird. Darüber müssen die Parlamente entscheiden. Wer nicht in der Lage ist, abzuschätzen, was er da tut, also nicht mündig ist, sollte nicht wählen dürfen.

Von dieser Regelung wäre so mancher Volljährige betroffen.
Das stimmt. Viele gehen zur Wahl, haben noch nicht mal die Zeitung der letzten drei Monate verfolgt, und urteilen nur nach einem persönlichen Interesse oder Vorurteil. Aber das lässt sich in einer Demokratie einfach nicht vermeiden. ...

Ab wann sollten Jugendliche wählen dürfen?
Wir haben an der Uni Bielefeld seit 1986 jährlich zweitausend repräsentativ ausgewählte zwölf- bis 27-Jährige befragt und festgestellt, dass das politische Interesse in diesem Alter bereits da ist. Es ist bei einem Drittel der 14-Jährigen vorhanden und wächst später weiter an. Meine Assistenten und ich haben den Teilnehmern dieselben Fragen gestellt, die Erwachsene von großen Meinungsforschungsinstituten vorgelegt bekommen, also nach dem Muster: „Wenn am nächsten Sonntag Wahl wäre ..." Dabei haben wir auch immer die Lebenssituation der Befragten und ihre Zukunftsperspektiven erforscht. Ein Wahlrecht für 14- oder 16-Jährige halte ich aufgrund meiner Untersuchungen für sinnvoll.

Karikatur: Beck

Welche Vorstellungen von Politik hat diese Altersgruppe?
Die Jugendlichen, die interessiert sind, haben ein fundiertes Interesse, weil sie in einer Mediengesellschaft leben, in der sie ständig politische Informationen abrufen können. Sie gehen mit den Inhalten sehr sensibel um und beschäftigen sich stark mit Themen wie Umwelt, Krieg, Armut oder Arbeitslosigkeit.

Das zeigt sich aber nur zu einem kleinen Teil in aktiver politischer Arbeit.
Bei den unter 18-Jährigen sind knapp drei Prozent in politischen Parteien organisiert, bei den Älteren etwa 3,5 Prozent. In Bürgerinitiativen arbeiten mehr Jugendliche mit als in politischen Parteien. Trotzdem sollte man die Zahl der jungen Mitglieder dort nicht außer Acht lassen, denn dieser Wert weicht nun wirklich nicht sehr von anderen Altersklassen ab.
Wahr ist jedoch, dass Erstwähler weniger zu den Urnen gehen als früher. Viele fühlen sich nicht ernst genommen, haben das Gefühl, ihre Stimme zähle nicht und ihre Beteiligung hinterlasse keine Spuren.

Kann denn ein Stimmrecht für Jüngere die Wahlbeteiligung steigern?
Nein. Es wird sich wie bei den Erwachsenen nur ein Teil ernsthaft mit der Wahl auseinandersetzen und hingehen. Der Rest gibt entweder uninformiert seine Stimme ab oder bleibt gleich zu Hause. Aber die interessierten Jüngeren haben ein Recht zu wählen. ...

Es gibt keine größere Gruppe unter Jugendlichen, die sich für ein gesenktes Wahlalter stark macht. Ist das Interesse nicht viel mehr auf Seiten von SPD und Grünen, die sich Stimmenzuwachs erhoffen, als bei den Betroffenen?
Diese Parteien handeln sicher nicht uneigennützig, wenn sie sich hier engagieren. Aber da die Zahl der jungen Leute immer weiter abnimmt und die Zahl der Alten, die oft konservativ wählen, steigt, können die linken Parteien nicht auf große Stimmengewinne hoffen.
Bei den Jugendlichen selbst haben wir festgestellt, dass ein großer Teil skeptisch zu diesem Thema steht. Nur knapp die Hälfte ist dafür, Tendenz jedoch steigend, weil für die meisten der Gedanke zu wählen noch fremd ist. Viele fordern von sich selbst, das Wahlrecht gut informiert und kompetent zu nützen. Jüngere legen dabei weit strengere Maßstäbe an sich selbst an als Erwachsene. Sie verstehen die Stimmabgabe nicht nur als Bürgerrecht, sondern auch als eine Art Reifeprüfung.

Lassen sich Jugendliche eher von Eltern oder eher von Freunden in ihrer Wahl beeinflussen?
Die Mehrzahl orientiert sich politisch ähnlich wie die Eltern. Ungefähr ein Drittel vertritt ganz andere Ansichten, die oft von Freunden und Massenmedien geprägt werden.

Was steht für Sie hinter dem ganzen Thema?
Der junge Mensch wird beim Wahlrecht einfach nicht ernst genommen. Einerseits gilt er als mündig, ist in vielen Bereichen Marktführer, wie die Werbung zeigt. Er kann sich in seiner Freizeit genauso verhalten wie ein Erwachsener, auch im Medienbereich oder bei Freundschaften ist das so. Andererseits hat er in der Politik paradoxerweise nichts zu sagen. Das ist eine Grundspannung, die wir in unseren Untersuchungen herausgearbeitet haben. Politische Schlagzeilen machen die Themen der Alten: Pflegeversicherung, Rente ...

Die Mehrheit setzt die Themen.
So ist es – und die Jugendlichen müssen zu dieser Mehrheit gehören. Sie dürfen nicht vom Wahlrecht ausgeschlossen werden. Nur so wäre das Prinzip, *ein Mensch – eine Stimme* so weit wie möglich verwirklicht. Junge Leute sind heute immer früher erwachsen, die Pubertät beginnt schon im Alter von elf oder zwölf Jahren. Wenn wir jetzt über ein Wahlrecht für 16-Jährige reden, so ist das gut. Ich könnte mir 14-jährige Wähler auch vorstellen, und eines Tages müssen wir über ein Stimmrecht für Zwölfjährige diskutieren.

Das Interview mit Klaus Hurrelmann führte Harriet Wolff, in: jetzt, Das Jugendmagazin der Süddeutschen Zeitung Nr. 11, 13.3.1995, S. 10

Aufgaben

Zu 6.2 Das Wahlsystem für die Wahlen zum Deutschen Bundestag

1. Das bundesrepublikanische Wahlsystem wird als „personalisiertes Verhältniswahlsystem" charakterisiert. Erklären Sie diesen Begriff! (M 7 – M 10)
2. Welche Überlegungen könnten einen Wähler dazu bringen, von seiner Möglichkeit des „Stimmensplittings" Gebrauch zu machen?
3. Die 5%-Klausel: ja – nein – oder eine Alternativlösung? Begründen Sie Ihre Position! (M 14)
4. Wie beurteilen Sie die in M 17 und M 18 gemachten Vorschläge einer Reform des Bundestagswahlrechts?
   Gehen Sie dabei von einer Beantwortung der folgenden Fragen aus:
   a) Welche Probleme werden angesprochen?
   b) Welche Lösungsvorschläge werden gemacht?

Zusammenfassen – Ordnen – Wiederholen

Volkssouveränität und Wahlen

Durch das Grundgesetz wird die Bundesrepublik als repräsentative Demokratie definiert, in der die Bürger nicht ständig selbst politische Entscheidungen treffen, sondern Abgeordnete wählen, die dies in ihrem Auftrag tun.
Im Gegensatz zu anderen Formen der Herrschaftsbestellung bietet die Wahl die Möglichkeit, das demokratische Prinzip der Volkssouveränität auf direkte, leicht zu handhabende Weise zu praktizieren.

Funktionen von Wahlen in demokratischen Staaten
M 4

Wahlen sind daher von entscheidender Bedeutung für die politische Entwicklung des Landes und erfüllen in der Bundesrepublik wie in anderen freiheitlichen Demokratien entscheidende Funktionen:
- *Legitimation* der Regierenden,
- *Kontrolle* der Regierenden durch den Wähler,
- *Repräsentation* des Wählerwillens,
- *Integration* der Wähler in das politische System,
- *Konkurrenz* personeller und programmatischer Alternativen.

Merkmale demokratischer Wahlen
M 3/M 5

Damit Wahlen als demokratisch bezeichnet werden können, müssen sie bestimmte Kriterien erfüllen. So müssen die Wähler beispielsweise eine echte Auswahl zwischen Programmen und Personen treffen können.
Grundlegende Normen für Wahlen stellen in der Bundesrepublik vor allem die *Wahlrechtsgrundsätze* des Art. 38 Abs. 1 GG dar. Durch sie wird festgelegt, dass bei Wahlen in Bund, Ländern und Gemeinden die Prinzipien von *allgemeiner, unmittelbarer, freier, gleicher* und *geheimer* Wahl einzuhalten sind.

Das Bundestagswahlsystem
M 8/M 9

Das Wahlsystem selbst ist – im Unterschied zur Weimarer Republik – nicht Bestandteil der Verfassung, sondern in einem einfachen (d.h. relativ leicht änderbaren) Bundesgesetz festgelegt, dem *Bundeswahlgesetz*.
Für die Wahl der 598 Abgeordneten des Deutschen Bundestages haben die Wähler zwei Stimmen: die Erststimme und die Zweitstimme.

Zweitstimme

Die Zweitstimme, die nach den Prinzipien der *Verhältniswahl* abgegeben wird, ist die wichtigere Stimme, denn durch sie wird die *Zahl der Mandate* bestimmt, die jeder Partei im Bundestag zustehen.

Erststimme

Mit der Erststimme entscheiden die Wähler – nach den Prinzipien der *relativen Mehrheitswahl* – über den Wahlkreisabgeordneten in ihrem jeweiligen Wahlkreis *(= Direktmandat)*. Sie haben damit Einfluss auf die *personelle Zusammensetzung* der Fraktion, der der Wahlkreisabgeordnete angehört.

Das Verfahren der Sitzverteilung
M 12/13

Hat eine Partei die *Sperrklausel* überwunden (fünf Prozent der Zweitstimmen oder drei Direktmandate), wird die Gesamtzahl der für sie abgegebenen Zweitstimmen – mithilfe des *Hare-Niemeyer-Verfahrens* – in Mandate umgerechnet. Anschließend werden die Mandate dieser Partei auf die einzelnen Bundesländer umgerechnet. Die der Partei in einem Bundesland zustehenden Mandate werden zunächst an die in diesem Land erfolgreichen Wahlkreiskandidaten der Partei, dann an Kandidaten von der Landesliste der Partei vergeben.
Sollte die Partei in einem Bundesland mehr Direktmandate errungen haben, als ihr nach dem Zweitstimmenergebnis zustehen, erhält sie sogenannte *„Überhangmandate"*.

Zur Charakterisierung des deutschen Bundestagswahlsystems wird häufig der Begriff *personalisierte Verhältniswahl* verwendet. Er verdeutlicht, dass das Wahlsystem im Kern auf dem Verhältniswahlrecht beruht. Durch die Erststimme erfolgt eine „Personalisierung", die die reine Verhältniswahl nicht kennt.
So kombiniert das Bundestagswahlrecht Elemente der Mehrheitswahl und der Verhältniswahl und sucht, die Vorteile der beiden Wahlsysteme zu nutzen.
Das Wahlsystem hat zweifellos das Parteiensystem, die Wahlkämpfe und die Arbeit des Parlaments nicht unerheblich beeinflusst.

vgl. Kap 5

Stimmensplitting

Politisch bedeutsam ist stets die Möglichkeit des Wählers gewesen, Erst- und Zweitstimme gezielt an verschiedene politische Kandidaten bzw. Parteien zu vergeben („Stimmensplitting"), um damit gegebenenfalls Koalitionen und ihre Zusammensetzung zu beeinflussen.

Sperrklausel

Inwieweit es die Fünfprozentklausel war, die *die Konzentration der Wählerstimmen* auf die herkömmlichen etablierten Parteien (CDU/CSU, SPD, FDP) förderte, ist umstritten. Die Fünfprozentklausel hat jedoch über viele Jahre hinweg dazu beigetragen, dass keine kleinen bzw. extremistischen Parteien in den Bundestag eingezogen sind.
Dass es dennoch neuen Parteien möglich ist, die Hürde zu überwinden, zeigen die Wahlerfolge der Grünen seit Anfang der 80er- bzw. der PDS seit Anfang der 90er-Jahre.

Wahlrechtsreformvorschläge
M 14 – M 18
M 10/M 11

Reformvorschläge für das Bundestagswahlsystem zielen auf
- eine Abschaffung oder Modifizierung der Sperrklausel,
- einen Ausgleich für Überhangmandate,
- eine Herabsetzung des Wahlalters.

Der gelegentlich geäußerte Vorschlag, zu einem Mehrheitswahlsystem überzugehen, hätte dagegen gravierende Auswirkungen auf die Sitzverteilung im Deutschen Bundestag und vermutlich auf das deutsche Parteiensystem insgesamt.
Vorschläge, das Wahlrecht zu ändern, sollten stets daraufhin untersucht werden, wem sie politisch nützen bzw. schaden könnten und warum sie gerade zum Zeitpunkt X veröffentlicht werden. Darüber hinaus müsste bedacht werden, welche Auswirkungen Veränderungsvorschläge unter folgenden Aspekten hätten:
- Gerechtigkeit des Wahlsystems,
- Funktionsfähigkeit von Parlament und Regierung,
- Offenheit des Wahlsystems für neue Strömungen in der Politik,
- Einfluss des Wählers auf die Regierungsbildung bzw. die Kandidatenauswahl.

Exkurs: Demoskopie und Wahlforschung

1. Probleme der Wahlforschung

Der Bürger als Zielscheibe von Meinungsforschern

M1

Karikatur Till Mette, CCC

Umfrageergebnisse vor der Bundestagswahl 2002

M2

	CDU/CSU	SPD	FDP	GRÜNE	PDS	Sonstige
FORSA (20.9.2002)	38,0	38,5–39,5	7,0–8,0	6,5–7,5	4,0–4,5	–
Infratest/dimap (13.9.2002)	36,0	38,5	8,5	8,0	4,7	4,3
EMNID (14.9.2002)	37,0	39,0	8,0	7,0	5,0	4,0
Allensbach (20.9.2002)	37,0	37,5	9,5	7,5	4,5	4,0
Forschungsgruppe Wahlen (13.9.2002)	37,0	40,0	7,5	7,0	4,5	4,0
Wahlergebnis (22.9.2002)	**38,5**	**38,5**	**7,4**	**8,6**	**4,0**	**3,0**

www.wahlrecht.de/umfragen (9.11.2001)

Umfragen

Im Vorfeld überregionaler Wahlen geben bei den Meinungsforschungsinstituten u. a. Parteien und Medien Umfragen in Auftrag, um aktuelle Stimmungsbilder von den Wahlabsichten zu erhalten. Umfrageergebnisse beruhen je nach Kostenrahmen auf 800 bis 2.000 repräsentativ ausgewählten Befragten. Deren Auswahl erfolgt nach der Zufalls- oder (seltener) nach der Quotenauswahl. Die Befragten werden entweder telefonisch, persönlich (»face to face«) oder schriftlich (durch Anschreiben) befragt. Die Ergebnisse unterliegen den statistischen Gesetzen der Wahrscheinlichkeitsrechnung. Die Fehlertoleranz beträgt je nach Umfang und Methode der Erhebung etwa zwischen zwei und drei Prozent.

Wahlen in Deutschland, Online-Publikation der Bundeszentrale für politische Bildung: www.bpb.de/wahlen/buch/index.html (9.11.2001)

M 3 Zur Problematik der Ermittlung korrekter Umfrageergebnisse

Die getürkten Zahlen

Kein Laie versteht, wie es möglich ist, 2000 Menschen nach ihrer Ansicht zu fragen und daraus die Ansichten eines 80-Millionen-Volks abzuleiten. Die Antwort lautet: Es ist nur bedingt möglich.

Hinter vorgehaltener Hand geben die Meinungsforscher zu, dass sie ihre Zahlen massiv manipulieren, d. h. den eigenen Erfahrungen und Erwartungen anpassen. Allensbach-Chefin Noelle-Neumann räumte ein, dass sie ihre Umfrageergebnisse um bis zu elf Prozent zurechtrückt. „Gewichtung" heißt diese Zahlenakrobatik. Jedes Institut hat sein eigenes, streng gehütetes Rezept, das auf Erfahrungswerten beruht. Schwarze Schafe gewichten nach Gespür und Tagesform.

Walter Dreher, Wer dreht an Volkes Meinung? In: Focus Nr. 2, 10.1.1994, S. 42 ff.

Leserbrief

Die Treffsicherheit unserer Prognosen ist nicht denkbar ohne die Gewichtungsverfahren, die als willkürliche und verdeckte Manipulationen dargestellt werden. In Wahrheit handelt es sich dabei um eines der spannendsten Kapitel der Meinungsforschung. Ende der 60er-Jahre entdeckten wir nämlich, dass ein Teil der Wähler bei der Rückerinnerungsfrage, welcher Partei sie bei der letzten Wahl die Stimme gegeben hatten, nicht korrekt antwortete. Die Ursache war das negative Meinungsklima, das Ende der 60er-Jahre für die CDU herrschte und einen Teil ihrer Anhänger davor zurückschrecken ließ, sich zu ihrer Partei zu bekennen.

Elisabeth Noelle-Neumann, in Focus Nr. 4, 24.1.1994, S. 173

M 4 Die Theorie der „Schweigespirale"

Menschen wollen sich nicht isolieren, beobachten pausenlos ihre Umwelt, können aufs Feinste registrieren, was zu-, was abnimmt. Wer sieht, dass seine Meinung zunimmt, ist gestärkt, redet öffentlich, lässt die Vorsicht fallen. Wer sieht, dass seine Meinung an Boden verliert, verfällt in Schweigen. Indem die einen laut reden, öffentlich zu sehen sind, wirken sie stärker, als sie wirklich sind, die anderen schwächer, als sie wirklich sind. Es ergibt sich eine optische oder akustische Täuschung für die wirklichen Mehrheits-, die wirklichen Stärkeverhältnisse, und so stecken die einen andere zum Reden an, die anderen zum Schweigen, bis schließlich die eine Auffassung ganz untergehen kann. Im Begriff Schweigespirale liegt die Bewegung, das Sich-Ausbreitende, gegen das man nicht ankommen kann.

Elisabeth Noelle-Neumann u. a. (Hrsg.), Publizistik, Massenkommunikation, Frankfurt a. M. 1994, S. 378 – 379

Wählerbeeinflussung durch Wahlprognosen?

M 5

„Wieviel wollen Sie denn anlegen? Ich quetsche Ihnen gerne noch ein paar Prozent heraus!" *Karikatur: Wolter, CCC*

Wahlprognosen helfen den Wählern, den Politikern und den Parteien, sich ein Bild über die Stimmenverteilung bei den bevorstehenden Wahlen zu machen. Können aber die Umfrageergebnisse das Wahlergebnis selbst beeinflussen? Wird die Entscheidung der Wähler durch Umfrageergebnisse im Fernsehen und in der Presse in die eine oder andere Richtung gelenkt? Bisher konnte ein solcher Einfluss nicht nachgewiesen werden. Dennoch fordern vor allem Politiker und Parteien immer wieder ein Verbot der Veröffentlichung von Umfragen vor Wahlen, um die Gefahr einer gezielten Manipulation des Wählerwillens auszuschließen. Ein solches Verbot ließe sich allerdings kaum mit der im Grundgesetz verankerten Presse- und Informationsfreiheit vereinbaren. Den besten Schutz gegen unseriöse Umfragen und den Versuch bewusster Täuschung bietet die Vielfalt von veröffentlichten Wahlprognosen. Durch den Vergleich der unterschiedlichen Wahlumfragen hat jeder die Möglichkeit, sich ein eigenes Bild über die Chancen der Parteien bei den bevorstehenden Wahlen zu machen. Ein Institut, das aus leicht durchschaubaren Gründen wiederholt Umfrageergebnisse veröffentlicht, die erheblich von den Prognosen anderer Institute abweichen, wird sehr schnell in Verruf geraten. Wahlumfragen haben zudem den entscheidenden Vorteil, dass ihre Ergebnisse überprüfbar sind: Der tatsächliche Wahlausgang ist das Kriterium, an dem sich jede Umfrage zu messen hat.

Alexander Gallus/Marion Lühe, Öffentliche Meinung und Demoskopie, Opladen 1998, S. 130 – 131

2. Prognose und Ermittlung der Wahlergebnisse am Wahltag

Bundestagswahl 2002: Prognose, Hochrechnungen und amtliches Endergebnis im Vergleich

M 6

		SPD	CDU/CSU	GRÜ	FDP	PDS	Sonstige
Prognose	18:00	38,0	38,0	9,0	7,5	4,0	3,5
1.HR	18:16	37,8	38,1	9,1	7,4	4,1	3,5
2.HR	18:34	37,6	38,5	9,1	7,4	3,9	3,5
3.HR	18:43	37,6	39,1	9,0	7,2	3,8	3,3
4.HR	19:01	38,1	38,9	8,8	7,4	3,8	3,0
5.HR	20:17	38,1	38,9	8,8	7,5	3,8	2,9
6.HR	21:00	38,1	38,9	8,8	7,5	3,8	2,9
7.HR	21:48	38,1	39,1	8,8	7,5	3,8	2,7
8.HR	23:59	38,4	38,6	8,5	7,4	4,0	3,1
Amtliches Endergebnis:		38,5	38,5	8,6	7,4	4,0	3,0

Dankenswerterweise für den Band zusammengestellt von der Forschungsgruppe Wahlen E. V. (ZDF-Wahlberichterstattung)

Prognosen

Die Wahlprognosen, die von den Meinungsforschungsinstituten mit der Schließung der Wahllokale Punkt 18 Uhr im Fernsehen verkündet werden, beruhen auf *exit polls,* auf Befragungen, die während des gesamten Wahltags direkt vor repräsentativ ausgesuchten Wahllokalen durchgeführt werden. Die das Wahllokal verlassenden Personen bzw. ein zufällig ausgewählter Teil davon werden beim Wahlprognoseverfahren gebeten, noch einmal ihre Stimme für die Urne des Meinungsforschungsinstituts abzugeben. Zudem werden sozialstatistische Merkmale wie Geschlecht, Alter, Beruf und Konfession erfasst. Bei diesem Verfahren wird eine wesentlich größere Anzahl von Personen befragt, was die Fehlertoleranz verkleinert.

Hochrechnungen

Die Hochrechnungen des Wahlabends beruhen im Gegensatz zu den Meinungsbildern der vorangegangenen Tage und auch der Prognose um 18 Uhr auf tatsächlichem Wählerverhalten. Hierbei werden die Ergebnisse repräsentativ ausgewählter Stimmbezirke (also einzelner Wahlurnen) hochgerechnet. Die Stimmbezirke sind so ausgewählt, dass sie in ihrer Gesamtheit das vorangehende Wahlergebnis exakt abbilden. Es bleiben also auch nach den ersten Hochrechnungen noch Unsicherheiten, die allerdings bei zunehmender Verbreiterung der Basis abnehmen.

Wahlen in Deutschland, Online-Publikation der Bundeszentrale für politische Bildung: www.bpb.de./wahlen/buch/index.html (9.11.2001)

M 7 Grenzen der Demoskopie

Dieter Roth erlebte am Sonntagabend den größten anzunehmenden Unfall während seines Berufslebens, einen echten Schlag ins Kontor. Seine Forschungsgruppe Wahlen sagte Punkt 18.00 Uhr einen Sieg der SPD im Saarland voraus. 46 Prozent würden die Sozialdemokraten bekommen, drei Prozentpunkte mehr als die CDU. „Drei Prozentpunkte sind was relativ Sicheres", sagte Matthias Jung von der Forschungsgruppe in die Kamera. „Wir gehen davon aus, dass es keinen Regierungswechsel im Saarland geben wird". Eine Stunde danach lachte CDU-Mann Peter Müller als Wahlsieger.
„Das war der GAU", sagt Jungs Kollege Dieter Roth am Tag danach. „Vor einer Woche bin ich gefragt worden, ob wir uns in den 25 Jahren unseres Bestehens mal einen richtigen Flop erlaubt haben. Da ist mir nichts eingefallen, jetzt könnte ich was erzählen." Auch die Zeitungen, die sich wie die Süddeutsche Zeitung auf die Prognose verlassen hatten, traf es hart. Die Leser eines Teils der ersten Ausgabe erfuhren am Montagmorgen, dass SPD-Ministerpräsident Reinhardt Klimmt weiter das Saarland regieren werde.
Der GAU vom Sonntag trifft die Wahlforscher umso härter, als sie sich in den Augen der Öffentlichkeit immer besser entwickelt haben – weg von den skeptisch beäugten Polit-Auguren hin zu einer Art Vorhersage-Computer mit minimaler Fehler-Quote. Was sie um 18.00 Uhr in der Prognose vorhersagten, trat kurz danach zuverlässig ein. Doch obwohl die Prognose weit verlässlicher ist als die Umfragen vor Wahlen, kann auch sie um plus/minus zwei Prozentpunkte rund um das wirkliche Ergebnis schwanken. Am Sonntag erlaubte sich die Realität, von der Prognose sogar um 2,5 Prozent abzuweichen: Die CDU an der Saar erhielt 45,5 statt 43 Prozent. ...
Nun suchen die Forscher fieberhaft nach dem Schwachpunkt in ihrer Zahlensammlung. Ein Seufzen können sie dabei nicht unterdrücken. „Wenn einem so was passiert, wo es politisch irrelevant ist, in Bayern etwa, wäre das schnell vergessen", sagt Roth. Da etwa hatte das Umfrageinstitut Forsa bei der Landtagswahl 1998 die CSU fälschlich um ganze sechs Prozentpunkte nach unten gerechnet. Doch weil sowieso kein Mensch mit dem Sieg der SPD gerechnet hatte, war dieser Fauxpas schnell vergessen.

Annette Ramelsberger, Rätselhaftes Saarland, in: Süddeutsche Zeitung Nr. 206, 7.9.1999, S. 1

7 Parlament, Regierung und Opposition

Der Plenarsaal des Deutschen Bundestages

Täglich liefern die Massenmedien eine Flut von Informationen über Politik. Wir sehen z. B. das Statement eines Fraktionsvorsitzenden zu einem politischen Vorhaben der Regierung oder lesen einen Bericht über die Kritik des Ministerpräsidenten eines Bundeslandes an einem Gesetzesvorhaben der Regierung. Es entsteht leicht der Eindruck, dass mehr oder minder mächtige Politiker miteinander oder gegeneinander bestimmen, was politisch umgesetzt wird.

Ist dieser Eindruck richtig? Können wir mit diesen Informationen die Chancen politischer Zielsetzungen auf Verwirklichung richtig einschätzen oder erkennen, ob ein bestimmtes politisches Handeln legitim und ausreichend kontrolliert ist?

Nur mithilfe fundierter Kenntnisse über Aufgaben, Kompetenzen und Zusammensetzung der Verfassungsorgane können wir politische Vorgänge zutreffend einordnen.

Den Beginn machen Materialien zum Bundestag, der nach allgemeinem Verständnis im parlamentarischen Regierungssystem im Zentrum des Institutionengefüges steht. Informiert wird über dessen Zusammensetzung, Organisation und Arbeitsweise sowie über die Stellung des Abgeordneten. (M 2 bis M 16)

Darstellung und Problematisierung der Parlamentsfunktionen im politischen Prozess (M 17 bis M 29) schließen die Behandlung des Bundestags ab. Dabei erscheint es dringend geboten, sich auch die Konsequenzen der fortschreitenden europäischen Integration für die Kompetenzen des nationalen Parlaments bewusst zu machen.

Arbeitsweise und innere Struktur der Bundesregierung werden in M 30 bis M 37 dargestellt, wobei der Schwerpunkt auf der herausgehobenen Stellung des Bundeskanzlers liegt.

Die Materialien M 38 bis M 41 beschäftigen sich mit der Stellung des Bundesrates. Vertritt er die Interessen der Länder – wie in der Verfassung vorgesehen – oder ist er zum Handlanger parteipolitischer Interessen mutiert?

In der politischen Auseinandersetzung stehen sich in der Regel nicht Parlament und Regierung gegenüber, sondern regierende Mehrheit und Opposition. Welche Rolle spielt die Opposition und wie sind ihre Möglichkeiten, die Politik der Mehrheit zu kontrollieren? (M 42 bis M 49)

Den Abschluss der Behandlung unserer Verfassungsorgane bildet ein Fallbeispiel zur Gesetzgebung, in dem deren Zusammenwirken im politischen Entscheidungsprozess sowie die Frage der jeweiligen Macht von regierender Mehrheit und Opposition deutlich wird. Ebenso lässt sich an diesem Beispiel der für viele Fälle charakteristische Kompromisscharakter von Gesetzen zeigen. (M 50, M 51)

METHODEN – ANREGUNGEN – TIPPS

Nutzung des Internets zur Beschaffung von Informationen über staatliche Institutionen sowie über politische Entscheidungsprozesse

Beispiele für Informationsbeschaffung:

1. Einholen tagesaktueller Informationen
Von der Homepage des Bundesrats ausgehend kann über Anklicken von „Aktuelles" und dann von „Stimmenverteilung" der aktuelle Stand der Mehrheitsverhältnisse im Bundesrat abgerufen werden.
Über ähnlich einfache Abfragen sind zum Beispiel Informationen zu den Bundestagsabgeordneten (persönliche Daten und Werdegänge, Höhe der Diäten), zur Tagesordnung von Plenarsitzungen von Bundesrat und Bundestag oder Pressemitteilungen von Ministerien zu aktuellen politischen Fragen zu erhalten.

2. Dokumentation eines Gesetzgebungsverfahrens:
Hier bietet die Homepage des Deutschen Bundestages *www.bundestag.de* den Zugriff auf das gemeinsame Informationssystem von Bundestag und Bundesrat: Anklicken von *Datenbanken -> DIP – Das Informationssystem für Parlamentarische Vorgänge.*
Als Ausgangspunkt für die Suche zu einem aktuellen Gesetzgebungsvorgang ist innerhalb des DIP *Gesetzgebungsstand (GESTA)* anzuklicken.
Daneben bietet die DIP-Übersicht weitere Ansätze für die Informationsbeschaffung (z. B. *Parlamentarische Vorgänge* = Informationen über parlamentarische Anfragen, Aktuelle Stunden u. Ä.).
Aus den Gesetzgebungsvorgängen der betreffenden Wahlperiode können mithilfe der Suchfelder *Sachgruppen, Schlagwörter* und *Urheber einer Gesetzesinitiative* Gesetzgebungsvorgänge zum gewünschten Sachgebiet gewonnen werden. Die Suche wird jeweils durch Vorschlagslisten für die Suchfelder erleichtert. So kann der aktuelle Stand der Gesetzgebung mit allen bisherigen Vorgängen erkundet werden, wobei auch bestimmte Dokumente wie Gesetzesinitiativen von Fraktionen oder Bundesrat, Ausschussberichte u. Ä. abgerufen werden können.
Ist das Gesetzgebungsverfahren noch nicht bis zum Bundestag oder Bundesrat gelangt, lassen sich Informationen über die Internet-Adresse des federführenden Bundesministeriums gewinnen.

Selbstverständlich lassen sich auch über die Internet-Adressen von Bundes- und Landesbehörden, wie Statistische Ämtern, Bundesanstalt für Arbeit, Bundeswehr, von Institutionen der Europäischen Union, von Parteien und Großorganisationen wie DGB und BDA sowie von Zeitungen und Zeitschriften Informationen zum großen Teil kostenlos beschaffen.

Durchführung einer Umfrage

Die Umfrage könnte nur den jeweiligen Kurs, besser jedoch den betreffenden Kollegiaten-Jahrgang erfassen. Der Fragebogen, der anonym zu beantworten ist, sollte sich an M 17 (Vorstellungen in der Bevölkerung über die Aufgaben des Bundestages) orientieren. Damit sind die Ergebnisse vergleichbar mit denen dieser Repräsentativbefragung aus dem Jahre 1995.
Die Auswertung und der Vergleich mit M 17 könnte Anstoß für die Beschäftigung mit den in Kapitel 7.2.4 dargestellten Funktionen des Bundestags sein.

Referatthemen

1. Stellen Sie Aufgaben und Stellung des Parlaments im Verfassungssystem eines anderen Landes oder in der Europäischen Union vor! Vergleichen Sie es mit dem Bundestag!
(Zum Beispiel Deutschland – Großbritannien, Deutschland – EU, Deutschland – Frankreich: Welche Unterschiede lassen sich feststellen? Welche Parlamentsfunktion dominiert (vgl. M 18 ff.)?)

2. Die Geschichte des Parlamentarismus in Deutschland
(Vorläufer des modernen Parlaments, Funktionswandel des Parlaments)

Internet-Adressen

www.bundestag.de
www.bundesregierung.de . . . . .Links auch zu allen Ministerien
www.bundesrat.de
www.bpb.de .Bundeszentrale für politische Bildung
www.das-parlament.de . . . . .Die Wochenzeitung „Das Parlament" mit der ständigen Beilage „Aus Politik und Zeitgeschichte" wird vom Dt. Bundestag herausgegeben
www.europa.eu.int . . . . .Zentraler Server für alle Organe der Europäischen Union

Zum Weiterlesen

Marion Gräfin Dönhoff u. a. (Hrsg.), ZEIT-Geschichte der Bonner Republik 1949 – 1999, Reinbeck 2000

Der vorliegende Band dokumentiert 50 Jahre Zeitgeschichte anhand von 50 Artikeln der Wochenzeitung „DIE ZEIT". Fünfzigmal wird das herausragende Ereignis des Jahres in themenzentrierten Beiträgen kommentiert. Zum Beispiel 1949 – Die erste Bundestagswahl; 1959 – Adenauer spielt mit dem Staat; 1972 – Der sozialliberale Machtwechsel; 1979 – Der Marsch nach Gorleben; 1989 – Wiedervereinigung an der Mauer; 1998 – Die rot-grüne Berliner Republik.

Roman Herzog, Strukturmängel der Verfassung? Stuttgart 2000

Der frühere Bundespräsident Roman Herzog hat als Staatsrechtler, als Mitglied von Landesregierungen, als Präsident des Bundesverfassungsgerichts und zuletzt als Staatsoberhaupt Erfahrungen gesammelt und Erkenntnisse gewonnen, die es ihm erlauben, unsere Verfassung aus den verschiedensten Perspektiven – immer unter dem Blickwinkel des politischen Systems in Deutschland – unter die Lupe zu nehmen. Wo er es für sinnvoll erachtet, verteidigt er das Grundgesetz, aber er scheut sich auch nicht davor, auf Probleme und Gefahren hinzuweisen und Änderungen vorzuschlagen.

7.1 Die Verfassungsorgane im Überblick

M 1 Verfassungsorgane der Bundesrepublik Deutschland

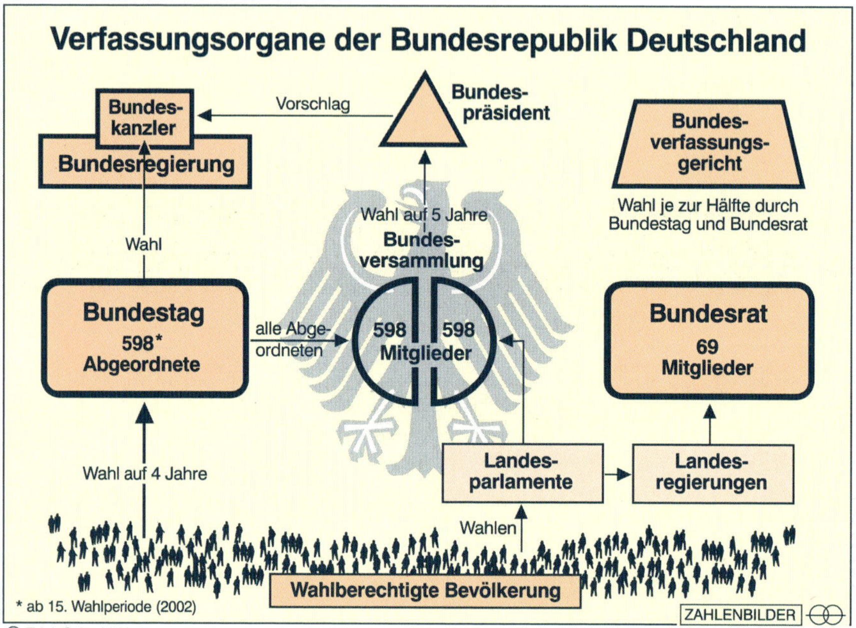

© Erich Schmidt Verlag 62 110

Nach dem Grundsatz der Gewaltenteilung werden die verschiedenen Funktionen der Staatsgewalt durch mehrere sich gegenseitig ergänzende und kontrollierende Verfassungsorgane ausgeübt. Oberstes gesetzgebendes Organ ist der Bundestag, dessen Abgeordnete alle vier Jahre in allgemeiner, freier, gleicher und geheimer Wahl unmittelbar vom Volk gewählt werden. Durch den Bundesrat, der das föderative Element im Staatsaufbau verkörpert, wirken die Länder an der Gesetzgebung des Bundes mit. Im Gesetzgebungsverfahren ist je nach dem Gegenstand des Gesetzes die Zustimmung des Bundesrats erforderlich oder doch sein Einspruch möglich.

Staatsoberhaupt der Bundesrepublik ist der Bundespräsident, der von der Bundesversammlung auf jeweils fünf Jahre gewählt wird. Die Bundesversammlung besteht aus sämtlichen Bundestagsabgeordneten und einer gleich großen Anzahl von Mitgliedern, die von den Parlamenten der Bundesländer entsandt werden. Auf Vorschlag des Bundespräsidenten wählt der Bundestag mit den Stimmen der Mehrheit seiner Mitglieder den Bundeskanzler. Die vom Bundeskanzler ausgewählten Mitglieder der Bundesregierung werden auf seinen Vorschlag vom Bundespräsidenten ernannt und entlassen. Innerhalb der Regierung bestimmt der Bundeskanzler die Richtlinien der Politik. Er kann nur durch ein sogenanntes konstruktives Misstrauensvotum abgewählt werden, dann nämlich, wenn der Bundestag mit der erforderlichen Mehrheit einen neuen Kanzler wählt.

Die Ausübung der Recht sprechenden Gewalt liegt beim Bundesverfassungsgericht, den Bundesgerichten und den Gerichten der Länder. Das Bundesverfassungsgericht als Hüter des Grundgesetzes besteht aus zwei Senaten mit je acht Richtern. Sie werden je zur Hälfte von einem Wahlausschuss des Bundestages und vom Bundesrat gewählt.

7.2 Der Bundestag – die gewählte Vertretung des Volkes

7.2.1 Die Zusammensetzung des Deutschen Bundestages

Der Bundestag im Spiegel der Statistik

M 2

Der Frauenanteil im Deutschen Bundestag

Wahlperiode (jeweils zu Beginn)	Abgeordnete insgesamt	weibliche Abgeordnete	
		Anzahl	%-Anteil
1. WP 1949–53	410	29	7,1
11. WP 1987–90	519	81	15,6
12. WP 1990–94	662	137	20,7
13. WP 1994–98	673	176	26,2
14. WP 1998–2002	669	207	30,9
15. WP 2002–	603	194	32,8

Berufsstruktur des 15. Deutschen Bundestages (in %)		Berufsstruktur der Bevölkerung im früheren Bundesgebiet zum Vergleich (2000, in %)	
Beamte	39,8	Beamte	6,8
Selbstständige, Freie Berufe	20,7	Selbstständige	10,4
		Mithelfende Familienangehörige	1,3
Angestellte im öffentlichen Dienst	6,8		
Angestellte in der Wirtschaft	8,2	Angestellte	48,5
Angestellte von Parteien und gesellschaftlichen Organisationen	20,7		
Sonstige Berufe (u.a. Hausfrauen, Handwerker, Dienstleistungsberufe)	3,9	Arbeiter	33,0

Quellen: Kürschners Volkshandbuch, Deutscher Bundestag; Statistisches Bundesamt, Datenreport 2002. Zahlen und Fakten über die Bundesrepublik Deutschland, Bonn 2002

M 3 Das Parlament als „Spiegelbild“ der Gesellschaft?

Dass die soziale Distanz zwischen Wählern und Gewählten möglichst klein sein sollte, ist ein alter und traditionsreicher normativer[1] Anspruch an politische Repräsentation. Mehr oder minder ausdrücklich geht dieses Konzept von der Vorstellung aus, dass das Parlament eine Art Mikrokosmos, also ein soziales Spiegelbild der Gesellschaft sein sollte. ... Nicht weniger traditionsreich ist die Gegenposition, wie sie von Edmund Burke[2] vertreten wurde. Danach sollte ein Abgeordneter nicht Vertreter spezieller Interessen, sondern „Anwalt“ der ganzen Nation sein. Diese Kontroverse um den Inhalt von „Repräsentation“ hat bis in die Gegenwart nichts von ihrer Brisanz verloren. Die moderne empirische Repräsentationsforschung kommt weithin zu dem Ergebnis, dass die in dem normativen Modell sozialer Repräsentation implizierte[3] Kausalbeziehung zwischen sozialen Merkmalen der Abgeordneten und ihrem politischen Verhalten nicht existiert und beurteilt ... den Ansatz proportionaler Repräsentation als einen naiven Irrglauben. Soziale Merkmale, insbesondere die Herkunft von Politikern, zeigen keine oder kaum Korrelate[4] zu politischen Einstellungen und politischem Verhalten; sie seien insofern auch kaum mit politischer Repräsentation in Zusammenhang zu bringen, der Mensch, auch der Abgeordnete, sei eben „nicht bloß Exponent seiner Sozialdaten“. In komplexer werdenden Gesellschaften mit zunehmender Differenzierung sind Politiker längst „Professionals“ mit eigenen Karrieremustern und Professionalisierungen geworden, mithin ein eigenes Segment der Sozialstrukturen moderner Gesellschaften ...

Hilke Rebenstorf/Bernhard Weßels, Wie wünschen sich die Wähler ihre Abgeordneten? In: Zeitschrift für Parlamentsfragen, Heft 3/89, S. 408 ff.

1) normativ: auf einer Wertentscheidung beruhend
2) Edmund Burke (1729 – 1797): englischer Politiker
3) impliziert: hier vorausgesetzt, angenommen
4) Korrelat: wechselseitige Beziehung

7.2.2 Der Bundestagsabgeordnete

M 4 Politik als Beruf?

Die Abgeordneten des Bundestages verfügen größtenteils über eine akademische Ausbildung und eine überdurchschnittliche berufliche Qualifikation, und zwar in einem politiknahen Beruf. Die von der Sozialstruktur der Bevölkerung erheblich abweichende Zusammensetzung des Bundestages ist Ausdruck einer Professionalisierung, die durch hohe Anforderungen der Parlamentstätigkeit und vor allem auch dadurch bedingt ist, dass der Erfolg versprechenden Kandidatur für den Bundestag zumeist eine (längere) Karriere in der Partei vorausgeht, die typischerweise in Vorstandspositionen auf Orts- und Kreisebene beginnt, „dann mehr oder weniger rasch, aber in jedem Falle immer kontinuierlich über weitere Parteiämter erfolgt“.

Ohne diese bekannte „Ochsentour“ über die Basisorganisationen schaffen nur wenige Prominente, führende Lobbyisten und Fachleute den Weg ins Parlament, auch sie meist erst nach Aktivitäten in Sonderorganisationen und Fachgremien der Partei. Die zunehmende Praxis der (faktisch über ein Rekrutierungsmonopol verfügenden) Parteien, sichere Plätze auf Landeslisten nur an Parteimitglieder zu vergeben, die auch eine Wahlkreiskandidatur übernehmen, hat diese Tendenz gefördert. Der Einfluss der Parteieinrichtungen wurde geschwächt, die Eliten der Basisorganisationen der Parteien wurden gestärkt. ... Das Problem der Vereinbarkeit von beruflicher und (partei-) politischer Tätigkeit stellt sich bei Übernahme von Parteipositionen und öffentlichen Funktionen oft schon auf kommunaler und regionaler Ebene nach relativ kurzer Zeit. Eine parteipolitische Karriere bis zur Übernahme eines Mandats durchzuhalten, ist bevorzugt jenen Akteuren möglich, die in ihrem Beruf politik- bzw. verbandsbezogen agieren, berufliche Kenntnisse, Ressourcen und Einrichtungen für ihre politische Arbeit nutzen können, zeitlich disponibel die Möglichkeit haben, die berufliche Tätigkeit der politischen unterzuordnen, ohne – im Falle des Scheiterns der Politikerkarriere – die berufliche Absicherung einzubüßen. Die Vorbereitung der politischen Karriere erfolgt oft schon (und offenbar in zunehmendem Maße) parallel zur Ausbildung und beruflichen Qualifikation, besonders über die Jugendorganisationen (Problem der Frühprofessionalisierung).

Wolfgang Ismayr, Der Deutsche Bundestag, Opladen 2000, S. 60 – 62

Die „Ochsentour" des Politikers

1. Stufe: aktiv in Schülergruppen und Parteijugend
2. Stufe: Student, politisch aktiv auf Orts- und Kreisebene sowie auf höherer Ebene in Arbeitsgemeinschaften, möglichst politiknahes bzw. -relevantes Studienfach und entsprechende Nebentätigkeit
3. Stufe: Politikexistenz (als Stadtrat, Parteigeschäftsführer oder Vorsitzender einer Parteigliederung), nebenbei Aufrechterhaltung der lokalen Basis
4. Stufe: Gesellenbrief als selbstständiger Politiker durch Übernahme eines Bundestagsmandates
5. Stufe: Ausübung des Mandats über möglichst vier Wahlperioden (ideales Einstiegsalter: 37 Jahre, ideales Pensionsalter: 53 Jahre)
6. Stufe: nachparlamentarische Karriere, vorzugsweise freiberuflich, im Verbandsbereich

aus: Ulrich von Alemann, Das Parteiensystem der Bundesrepublik Deutschland, Bonn 2000, S. 143

Womit verbringen Bundestagsabgeordnete ihre Arbeitszeit?

M 5

	Sitzungswoche/ Std./Woche)	sitzungsfreie Woche (Std./Woche)
Sitzungen (Bundestagsplenum, Bundestagsausschüsse, -arbeitskreise, Fraktionssitzungen, Parteigremien u. Ä.)	28,1	4,9
Informations- und Kontakttätigkeiten (Pressegespräche, Betreuung von Besuchergruppen, Telefonate, Parteiveranstaltungen, Referate und Diskussionen u. Ä.)	19,1	33,2
Administrative und Routinetätigkeiten (Bearbeitung der Post, Lesen, Besprechung mit persönlichen Mitarbeitern)	15,7	11,4
Innovative Tätigkeiten (Ausarbeiten von Reden und Artikeln, fachliche Vorbereitung, Teilnahme an Kongressen u. Ä.)	6,6	11,9
sonstige Tätigkeiten (Reisen, Beruf u. Ä.)	8,4	16,7
Gesamtarbeitszeit pro Woche	**77,9**	**78,1**

Die Zahlen wurden in einer Umfrage unter 167 (Sitzungswochen) bzw. 155 (sitzungsfreie Wochen) Bundestagsabgeordneten in den Jahren 1988 und 1989 ermittelt.

nach: Wolfgang Rudzio, Das politische System der Bundesrepublik Deutschland, Opladen 1996, S. 223

M 6 Was sind uns die Leistungen der Politiker wert?

Die Vergütung für Abgeordnete des Deutschen Bundestags (2003)

Monatliche Gesamtbezüge	10 512 €
davon:	
steuerpflichtige Diäten	7 009 €
steuerfreie Kostenpauschale	3 503 €

Übergangsgeld:
Der Zweck des Übergangsgeldes ist es, den Abgeordneten nach dem Ausscheiden aus dem Deutschen Bundestag eine Rückkehr in den angestammten Beruf oder die Aufnahme einer neuen Berufstätigkeit zu ermöglichen.
Für jedes Jahr der Parlamentszugehörigkeit wird ein Monat Übergangsgeld in Höhe der jeweils aktuellen Abgeordnetenentschädigung gezahlt, nach einer Wahlperiode also für vier Monate, insgesamt längstens für achtzehn Monate. Ab dem zweiten Monat nach dem Ausscheiden werden alle sonstigen Einkünfte – auch solche aus privaten Quellen – auf das Übergangsgeld angerechnet.

Zum Vergleich: Geschäftsführer deutscher Unternehmen

Eine Studie der Kienbaum-Vergütungsberatung kommt zu dem Ergebnis, dass Geschäftsführer im Jahr 2000 im Durchschnitt 207.000 € verdienen. Mit welchen Jahresbezügen ein Geschäftsführer im Einzelnen rechnen kann, hängt von einer Vielzahl von Faktoren ab, insbesondere aber von der Größe des Unternehmens. So verdienen beispielsweise Topmanager in Unternehmen mit 2.000 Beschäftigten im Schnitt etwa das Doppelte ihrer Kollegen in Unternehmen mit bis zu 50 Mitarbeitern.
Geschäftsführer in Unternehmen bis ca. 5,1 Mio. € Jahresumsatz haben im Jahr 2000 ein durchschnittliches Einkommen von 129.000 € erzielt.

Richter an obersten Bundesgerichten (1999)

Besoldungsstufe R 6: ca. 7 670 €/Monat

nach: Online-Veröffentlichung des Deutschen Bundestags (19. 6. 2002); www.crosswater-systems.com/ej6000_g.htm (19. 6. 2002)

M 7 Die Rechtsstellung des Abgeordneten

Die Rechtsstellung des Bundestagsabgeordneten ist durch folgende Merkmale gekennzeichnet:

- Unabhängigkeit des Abgeordneten von fremdem Willen: Art. 38 Abs. 1 GG bestimmt, dass die Abgeordneten Vertreter des ganzen Volkes, an Aufträge und Weisungen nicht gebunden und nur ihrem Gewissen unterworfen sind (freies Mandat).[1]
- Indemnität: Abgeordnete dürfen für ihre Äußerungen oder Abstimmungen im Parlament zu keinem Zeitpunkt zur Verantwortung gezogen werden.
- Immunität: Abgeordnete können für strafbare Handlungen nicht strafrechtlich verfolgt werden. Auf Antrag der Strafverfolgungsbehörden kann der Bundestag in einem konkreten Einzelfall die Immunität eines Abgeordneten aufheben.
- Zeugnisverweigerungsrecht: Abgeordnete können als Zeuge vor Gericht die Aussage über Tatsachen oder Personen verweigern, soweit solche Kenntnisse im Rahmen ihrer Abgeordnetentätigkeit entstanden sind.
- Anspruch auf eine angemessene Entschädigung: Diese Diäten sollen die finanzielle Unabhängigkeit der Abgeordneten gewährleisten.
- Freie Benutzung aller staatlichen Verkehrsmittel und Anspruch auf eine Amtsausstattung (z. B. eingerichtetes Büro, Benutzung von Dienstfahrzeugen).

Durch diese Rechte soll erreicht werden, dass Abgeordnete ihr Mandat unabhängig von äußeren Zwängen wahrnehmen können.

nach: Hans-Joachim Hitschold, Staatsbürgerkunde. Kurzlehrbuch zum Verfassungsrecht. Stuttgart 1992, S. 191 ff.

[1] Daraus leiten sich innerhalb des Parlaments folgende Rechte ab: Recht zum Zusammenschluss in einer Fraktion, Rederecht, Informationsrecht, Antrags- und Fragerecht.

Das freie Mandat im Parteienparlament

M 8

Das „freie Mandat“ nach Art. 38 I GG wird heute – bedingt durch den Wandel zum Parteienparlament – vor allem als Schutz des Abgeordneten gegenüber der Partei, weniger gegenüber dem Wähler und kaum noch gegenüber der Regierung betrachtet. Auf Partei- und Fraktionsebene hat es nicht nur Schutzcharakter, sondern soll die Meinungs- und Mehrheitsbildung durch die von Aufträgen und Bindungen der Gliederungen freien Abgeordneten, die nicht bei jeder geänderten Sachlage von neuen Beschlüssen der Basis abhängig sind, wie es z. B. das imperative Mandat fordert, ermöglichen. Da die Vorentscheidungen bereits (spätestens) in den Fraktionssitzungen fallen, ist es für die Mandatsträger wichtig, dort ihre Meinung vertreten zu können. Da weder Wähler noch Parteigliederungen sie zwingend binden können, steht es ihnen frei, sich sowohl in der Fraktion wie im Parlament entsprechend ihrer Überzeugung zu äußern und zu entscheiden. Benutzt ein Abgeordneter unter Berufung auf sein Gewissen Art. 38 GG häufiger als Notbremse, läuft er Gefahr, dadurch seine parlamentarische Fahrt zu beenden. Konkret heißt dies: Besteht er gegenüber Partei und Fraktion auf seiner Unabhängigkeit, droht ihm von dort die Gefahr, dass er bei der nächsten Wahl nicht wieder aufgestellt wird. Der Schutz ist ihm also nur insofern geboten, als ihm sein Mandat in einer laufenden Wahlperiode nicht genommen werden kann. So misst Leibholz Art. 38 I GG lediglich die Bedeutung zu, die äußersten Konsequenzen eines Parteienstaates zu verhindern. In „einer logisch zu Ende gedachten parteistaatlichen Demokratie ... erscheint der Abgeordnete als grundsätzlich fremdem Willen unterworfen. ... In ihr sind nicht die Abgeordneten, sondern die Parteien in ihren Entschließungen frei und an Aufträge nicht gebunden.“[1]

Jürgen Lückhoff, Das freie Mandat des Abgeordneten, in: Aus Politik und Zeitgeschichte, B 5/89, S. 21

1) Gerhard Leibholz, Die Repräsentation in der Demokratie, Berlin – New York 1973, S. 238

Koalitionsräson versus freies Mandat

M 9

Schröder verknüpft Kriegseinsatz mit Vertrauensfrage[1]

Am morgigen Freitag entscheidet der Bundestag über einen Antrag, der den Einsatz der Bundeswehr im Afghanistan-Krieg mit der Vertrauensfrage verbindet. Bundeskanzler Schröder hat sich für dieses in der Geschichte der Bundesrepublik einmalige Vorgehen entschieden, um kritische Stimmen gegen den bisher größten Militäreinsatz der Bundeswehr einzuschüchtern und zum Schweigen zubringen.

...die Verknüpfung der Abstimmung über den Bundeswehreinsatz mit der Vertrauensfrage (richtet sich) gegen Abgeordnete der SPD und der Grünen, die angekündigt haben, gegen den Einsatz zu stimmen. Sie werden vor ein Ultimatum gestellt: Wer gegen den Kriegseinsatz stimmt, muss gleichzeitig dem Kanzler das Misstrauen aussprechen, und stellt damit die Zukunft der rot-grünen Koalition infrage; wer für die Fortsetzung der Koalition eintritt und dem Kanzler das Vertrauen ausspricht, muss für den Kriegseinsatz stimmen. ...

Bundeskanzler Gerhard Schröder im Bundestag

Die SPD-Fraktion hat sofort vor Schröders Ultimatium kapituliert. Nachdem sich ursprünglich vier Abgeordnete gegen den Bundeswehreinsatz ausgesprochen hatten, will sie nun geschlossen für den Kanzler stimmen, den sie in der Fraktionssitzung mit stehenden Ovationen feierte. Bei den Grünen ist die Lage ungeklärt. Bisher wollten mindestens acht Abgeordnete gegen den Einsatz stimmen. Bleiben sie bei ihrer Haltung, hätte Schröder keine Mehrheit, da die rot-grüne Koalition bei mehr als sieben Nein-Stimmen die Abstimmung verliert. Es ist allerdings anzunehmen, dass einige abtrünnige Grüne unter dem massiven Druck, der jetzt eingesetzt hat, noch nachgeben werden.

Peter Schwarz, in: World Socialist WebSite: www.wsws.org/de/2001/nov2001/vert-n15.shtml (10.4.2002)

[1] Vertrauensfrage: s. M 46, S. 231

Entmündigung des Parlaments

Geschafft. Die Mehrheit für Gerhard Schröder im Bundestag war hauchdünn. Gerade mal zwei Stimmen mehr als die erforderlichen 334 bekam der Kanzler bei der Vertrauensfrage. Aber das Votum dokumentierte unbestreitbar: Der Bundeskanzler kann seinen Führungsanspruch gegenüber fast allen Abgeordneten der Koalition durchsetzen, gleich in welcher Fraktion. ...
Doch mit dieser gewonnen Abstimmungsschlacht hat Gerhard Schröder der deutschen Demokratie erheblichen Schaden zugefügt. Denn er legte genau den Mechanismus still, der das Wesen der parlamentarischen Demokratie ausmacht: die Vertretung der Interessen der Bevölkerung durch frei gewählte Abgeordnete. Im Grundgesetz ist eben keine Kanzler-Demokratie mit der Direktwahl des Regierungschefs vorgesehen, sondern die Mehrheitsfindung im Parlament.

Harald Schumann, in: Spiegel Online – 16. Nov. 2001: www.spiegel.de/de/politik/debatte/0,1518,167939,00.html (10.4.2002)

Leserbriefe an den Spiegel

Was Gerhard Schröder unmissverständlich eingeklagt hat, ist die Dominanz des Politischen, das ist die Wiederherstellung politischer Führungskraft vor individualistischer Parzellierung der Gesellschaft, vor moralisch verbrämter Entschlusslosigkeit, die das eigene Gewissen arrogant vor das Gemeinwohl stellt.

Walter Ruß-Rohlfs, Kassel

Das Parlament ist dabei nicht entmündigt, es hat vielmehr in seiner Mehrheit für die Fortführung der Koalition gestimmt. Hierbei ist es ein Bestandteil der Richtlinienkompetenz[1] des Kanzlers, eine Frage für so wichtig erklären zu können, dass der Fortbestand seiner Regierung davon abhängt. Dies ist vom Gesetz so vorgesehen und hat mit „Entmündigung" oder gar „Erpressung" nichts zu tun.

Matthias Künzer, Neu-Ulm

Die Grünen haben für das Linsengericht der Machtteilhabe ihre Seele verkauft.

Manfred Bühring, Flensburg

www.spiegel.de/service/0,1518,druck-167996,00.html (10.4.2002)

[1] Richtlinienkompetenz: s. M 31, S. 221–222

Aufgaben

Zu 7.2.2 Der Bundestag – die gewählte Vertretung des Volkes

1. Ermitteln Sie aus M 2, welche gesellschaftlichen Gruppen im Bundestag über- bzw. unterrepräsentiert sind. Nehmen Sie auf der Grundlage der Materialien M 3 und M 4a Stellung zu der These, der Bundestag solle als Repräsentativorgan die soziale Struktur der Bevölkerung widerspiegeln.
2. Erarbeiten Sie aus M 4 und M 5 Ursachen der zunehmenden Professionalisierung von Politik und diskutieren Sie Probleme, die mit dieser Entwicklung einhergehen können.
3. Überprüfen Sie die Aussagen in M 4 über typische Karrieren von Politikern anhand der Lebensläufe von Bundestagsabgeordneten *(www. bundestag.de)!*
4. Verfassen Sie kurze Artikel zu den Begriffen „freies Mandat" und „imperatives Mandat"! Hilfen bieten Ihnen M 8 und ein politisches Lexikon.
5. Klären und erörtern Sie die Aussage, Bundeskanzler Schröder habe mit seinem Vorgehen „der deutschen Demokratie erheblichen Schaden zugefügt"! (M 9)

7.2.3 Organisation und Arbeitsweise des Bundestages

Beispiele aus der Arbeit des Bundestages

M 10

Forschung an importierten humanen embryonalen Stammzellen

Aus der Kurzfassung des Zwischenberichtes der Enquete-Kommission des Deutschen Bundestages „Recht und Ethik der modernen Medizin" (12. November 2001)

Die vom Deutschen Bundestag am 24. März 2000 eingesetzte Enquete-Kommission „Recht und Ethik der modernen Medizin" ist der Auffassung, dass die Frage des Imports humaner embryonaler Stammzellen nicht isoliert vom Gesamtzusammenhang der Stammzellforschung betrachtet werden kann. Die Kommission legt deshalb bereits jetzt ihren Zwischenbericht zur Stammzellforschung vor, der einen umfassenden Überblick über den gegenwärtigen naturwissenschaftlich-medizinischen Sachstand der Stammzellforschung sowie die rechtlichen und ethischen Argumentationslinien bietet und Regelungsoptionen mit den entsprechenden Empfehlungen hierzu aufzeigt. Sie will damit ihren Betrag zu einer fundierten Debatte in der Öffentlichkeit und im Deutschen Bundestag leisten.

Öffentliche Anhörung durch den Auswärtigen Ausschuss

Der Auswärtige Ausschuss veranstaltet eine öffentliche Anhörung zum Thema „Nukleare Proliferation - Aktuelle Gefahren und Handlungsoptionen". Als Sachverständige dazu sind Experten aus Deutschland sowie aus Frankreich, Neuseeland, den USA, Russland und der Schweiz eingeladen.

2. Lesung eines Gesetzentwurfs:

In dieser zweiten Lesung wird ein Änderungsantrag von CDU/CSU zum Gesetzentwurf der Bundesregierung zur Änderung des Bundeserziehungsgeldgesetzes bei Ja-Stimmen der CDU/CSU-Fraktion mit den Stimmen aller übrigen Fraktionen abgelehnt. In der folgenden Schlussabstimmung wird der Gesetzentwurf mit den Stimmen der Regierungsfraktionen und bei Gegenstimmen der anderen Fraktionen angenommen.

Einsetzung eines Untersuchungsausschusses

Der Bundestag wolle beschließen: Es wird ein Untersuchungsausschuss gemäß Art. 44 des Grundgesetzes eingesetzt. Der Ausschuss soll klären, inwieweit Spenden, Provisionen, andere finanzielle Zuwendungen oder Vorteile direkt oder indirekt an

- Mitglieder und Amtsträger der ehemaligen CDU/CSU und FDP getragenen Bundesregierungen und deren nachgeordneten Behörden,
- die die damaligen Bundesregierungen tragenden Parteien und/oder Fraktionen und deren Funktionsträger oder deren Beauftragte oder
- sonstige Personen und Institutionen geflossen sind bzw. gewährt wurden, die dazu geeignet waren, politische Entscheidungsprozesse dieser Bundesregierungen und/oder deren nachgeordnete Behörden zu beeinflussen, bzw. die tatsächlich politische Entscheidungsprozesse beeinflusst haben.

Antwort der Bundesregierung auf eine Große Anfrage der CDU/CSU-Fraktion

Die Zahl der Straftaten deutscher Kinder hat zwischen 1993 und 1999 zum Teil drastisch zugenommen. Die Union hatte nach dem Erfolg von Verbrechensbekämpfung in Deutschland gefragt, da dies nach Ansicht vieler Bürger ein Maßstab für die Leistungsfähigkeit des demokratischen Staates sei.

Aktuelle Stunde

Auf Verlangen der SPD-Fraktion: Haltung der Bundesregierung zu aktuellen Steuervorschlägen; insbesondere unter den Gesichtspunkten sozialer Ausgewogenheit und Haushaltssolidarität.

Online-Veröffentlichungen des Deutschen Bundestages (www.bundestag.de), 7.10.1999, 29.9.2000 und 20.11.2001
Das Parlament, 14./21.7.2000, S. 9

M 11 Organisation der Parlamentsarbeit im Überblick

(Beispiel: 15. Deutscher Bundestag)

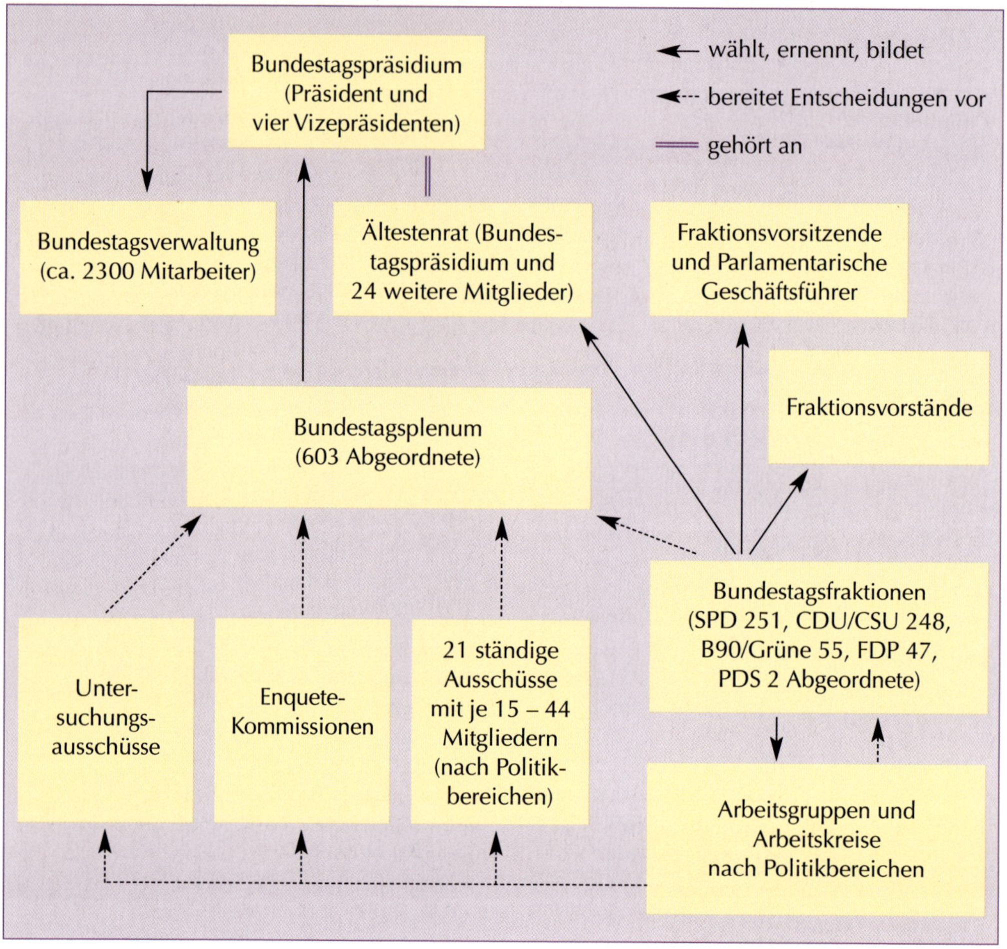

Anzahl der Sitzungen in der 13. Wahlperiode (1994–98)

Plenum	248 Sitzungen	Fraktionen	443 Sitzungen
Ältestenrat	84 Sitzungen	Fraktionsvorstände	334 Sitzungen
Ausschüsse	2104 Sitzungen	Untersuchungsausschüsse	195 Sitzungen
Enquete-Kommissionen	243 Sitzungen		

nach: Wolfgang Rudzio, Das politische System der Bundesrepublik Deutschland, Opladen 1996, S. 230; www.bundestag.de (Sitzungsstatistik 13. Wahlperiode)

Arbeit in Plenum und Ausschüssen – Auszüge aus der Geschäftsordnung

§ 19
Sitzungen

Die Sitzungen des Bundestages sind öffentlich. Die Öffentlichkeit kann nach Artikel 42 Abs. 1 des Grundgesetzes ausgeschlossen werden.

§ 28
Reihenfolge der Redner

(1) Der Präsident bestimmt die Reihenfolge der Redner. Dabei soll ihn die Sorge für sachgemäße Erledigung und zweckmäßige Gestaltung der Beratung, die Rücksicht auf die verschiedenen Parteirichtungen, auf Rede und Gegenrede und auf die Stärke der Fraktionen leiten; insbesondere soll nach der Rede eines Mitgliedes oder Beauftragten der Bundesregierung eine abweichende Meinung zu Wort kommen.

§ 45
Feststellung der Beschlussfähigkeit...

(1) Der Bundestag ist beschlussfähig, wenn mehr als die Hälfte seiner Mitglieder im Sitzungssaal anwesend ist.

§ 48
Abstimmungsregeln

(2) Soweit nicht das Grundgesetz, ein Bundesgesetz oder diese Geschäftsordnung andere Vorschriften enthalten, entscheidet die einfache Mehrheit. Stimmengleichheit verneint die Frage.

§ 54
Ständige Ausschüsse und Sonderausschüsse

(1) Zur Vorbereitung der Verhandlungen setzt der Bundestag ständige Ausschüsse ein. Für einzelne Angelegenheiten kann er Sonderausschüsse einsetzen.

§ 56
Enquete-Kommission

(1) Zur Vorbereitung von Entscheidungen über umfangreiche und bedeutsame Sachkomplexe kann der Bundestag eine Enquete-Kommission einsetzen. Auf Antrag eines Viertels seiner Mitglieder ist er dazu verpflichtet. Der Antrag muss den Auftrag der Kommission bezeichnen.

§ 62
Aufgaben der Ausschüsse

(1) Die Ausschüsse sind zu baldiger Erledigung der ihnen überwiesenen Aufgaben verpflichtet. Als vorbereitende Beschlussorgane des Bundestages haben sie die Pflicht, dem Bundestag bestimmte Beschlüsse zu empfehlen, die sich nur auf die ihnen überwiesenen Vorlagen oder mit diesen in unmittelbarem Sachzusammenhang stehenden Fragen beziehen dürfen. Sie können sich jedoch mit anderen Fragen aus ihrem Geschäftsbereich befassen.

§ 6
Ältestenrat

(2) Der Ältestenrat unterstützt den Präsidenten bei der Führung der Geschäfte. Er führt eine Verständigung zwischen den Fraktionen über die Besetzung der Stellen der Ausschussvorsitzenden und ihrer Stellvertreter sowie über den Arbeitsplan des Bundestages herbei. Bei der Wahrnehmung dieser Aufgaben ist der Ältestenrat kein Beschlussorgan.

§ 7
Aufgaben des Präsidenten

(1) Der Präsident vertritt den Bundestag und regelt seine Geschäfte. Er wahrt die Würde und die Rechte des Bundestages, fördert seine Arbeiten, leitet die Verhandlungen gerecht und unparteiisch und wahrt die Ordnung im Hause. Er hat beratende Stimme in allen Ausschüssen.

§ 12 Stellenanteil der Fraktionen

Die Zusammensetzung des Ältestenrates und der Ausschüsse sowie die Regelung des Vorsitzes in den Ausschüssen ist im Verhältnis der Stärke der einzelnen Fraktionen vorzunehmen. Derselbe Grundsatz wird bei Wahlen, die der Bundestag vorzunehmen hat, angewandt.

Geschäftsordnung des Deutschen Bundestages, Bonn 1998

M 13 Die Arbeit der Ausschüsse – Kernstück der Parlamentsarbeit

In der Regel kommen die Ausschüsse mittwochs morgens in den Sitzungswochen zusammen. Nicht ungewöhnlich sind jedoch auch kurzfristig einberufene Sondersitzungen, wenn eine dringende Angelegenheit ansteht. Auf den häufig langen Tagesordnungen stehen sowohl Anträge als auch die Gesetzesvorhaben, die die Bundesregierung, der Bundesrat oder eine der fünf Bundestagsfraktionen in den Bundestag eingebracht haben. Jedes Gesetzesvorhaben wird vom Plenum des Bundestages in die Ausschüsse zur Beratung verwiesen. Dort beschäftigen sich die Fachpolitiker mit den Details. Das kann manchmal binnen weniger Tage geschehen, bisweilen aber auch Monate oder sogar Jahre dauern. Ohne dass dafür ein Antrag oder Gesetzentwurf vorliegen muss, haben die Ausschüsse im Zuge der sogenannten Selbstbefassung die Möglichkeit, zum Beispiel Themen, mit denen sie sich beschäftigen wollen, selber zu bestimmen, oder Minister einzuladen, um diese zu befragen. ...

In ihren Sitzungen diskutieren die Abgeordneten, ob die geplanten Maßnahmen sinnvoll sind oder ob es Alternativen gibt. Die Abgeordneten haben vorher die Themen, die im Ausschuss beraten werden, in den Arbeitskreisen ihrer Fraktionen besprochen. Dadurch stellen sie sicher, dass ihre Fraktionen hinter den Vorschlägen stehen, die sie im Ausschuss machen. Zwischen der Regierung und den sie tragenden Koalitionsfraktionen ... besteht meistens Übereinstimmung. Aber häufig bringen auch Koalitionsabgeordnete Änderungswünsche ein und setzen sie durch. Die Vertreter der Oppositionsparteien bringen meist eigene Anträge ein. Sie können eigentlich nur darauf hoffen, die Mehrheit im Ausschuss oder die Bundesregierung von ihren Vorschlägen zu überzeugen. Auch dieses geschieht.

Häufig laden Ausschüsse Sachverständige zu öffentlichen Anhörungen ein. Dort tragen Experten oder Vertreter von Verbänden ihre Positionen zum jeweiligen Gesetzentwurf vor. Deren Stellungnahmen fließen in die Meinungsbildung der Abgeordneten ein. Das Recht, eine öffentliche Anhörung zu beantragen, ist ein Minderheitenrecht; es genügt dazu ein Viertel der Ausschussmitglieder.

Wenn ein Gesetzentwurf in den Ausschüssen fertig beraten und abgestimmt ist, geht er zurück an das Plenum des Bundestages. Dieser Entwurf ist durch die Arbeit der Ausschüsse mehrheitsfähig gemacht worden. Die abschließende Diskussion im Plenum vor allen Abgeordneten macht die Arbeit der Ausschüsse und ihr Ergebnis im „Forum der Nation", dem Plenum, öffentlich. Die Opposition hat hier die Chance, ihre Kritik öffentlich zu präzisieren und sich dadurch selbst dem Wähler als Alternative zu empfehlen.

Hinter verschlossenen Türen gehen die Abgeordneten, gleichgültig welcher Partei sie angehören, meist sachlicher und weniger streitlustig miteinander um, als wenn sie den Anblick einer Fernsehkamera gewärtigen. In der Regel herrscht nüchterne Arbeitsatmosphäre.

Deshalb stoßen Bemühungen, die Ausschüsse für die Öffentlichkeit zu öffnen, auf Zurückhaltung bei vielen Abgeordneten. Von dem Vorhaben erhoffen sich viele, dass die Medien stärker von der alltäglichen Arbeit des Bundestages berichten und nicht nur über die Diskussionen im Plenum. Doch die Ausschüsse sind noch zurückhaltend. Sie möchten nicht, dass die Arbeitsatmosphäre in den Ausschüssen leidet, sobald die Medien in den Sitzungen Einzug halten. Hierbei spielt auch eine Rolle, dass die Berichterstattung der Medien die Kompromissfindung in den Ausschüssen erschweren könnte.

Blickpunkt Bundestag 5/98, S. 71 – 72

Die ständigen Ausschüsse des 14. Bundestags

M 14

Die ständigen Ausschüsse des 15. Bundestags

Ausschussmitglieder ▼ — **bold** = Ausschussvorsitz

SPD	CDU/CSU	B'90/Grüne	FDP		Ausschuss	Ausschussmitglieder
7	6	1	1		Ausschuss für Wahlprüfung, Immunität und Geschäftsordnung	15
11	10	2	**2**		Petitionsausschuss	25
16	**15**	3	3		Auswärtiger Ausschuss	37
16	15	3	3	+1*	Innenausschuss	38
7	**6**	1	1		Sportausschuss	15
14	**13**	3	3		Rechtsausschuss	33
14	13	**3**	3		Finanzausschuss	33
19	**18**	4	3	+1*	Haushaltsausschuss	45
18	17	4	3		Ausschuss für Wirtschaft und Arbeit	42
13	12	3	2		Ausschuss für Verbraucherschutz, Ernährung und Landwirtschaft	30
13	12	3	2		Verteidigungsausschuss	30

Ausschussmitglieder	Ausschuss	SPD	CDU/CSU	B'90/Grüne	FDP
30	Ausschuss für Familie, Senioren, Frauen und Jugend	**13**	12	3	2
40	Ausschuss für Gesundheit und soziale Sicherung	**17**	16	4	3
40	Ausschuss für Verkehr, Bau- und Wohnungswesen	17	**16**	4	3
33	Ausschuss für Umwelt, Naturschutz und Reaktorsicherheit	**13**	13	4	3
17	Ausschuss für Menschenrechte und humanitäre Hilfe	7	7	**2**	1
33	Ausschuss für Bildung, Forschung und Technikfolgenabschätzung	14	13	3	**3**
23	Ausschuss für wirtschaftliche Zusammenarbeit und Entwicklung	10	**9**	2	2
15	Ausschuss für Tourismus	7	**6**	1	1
33	Ausschuss für Angelegenheiten der Europäischen Union	14	**13**	3	3
15	Ausschuss für Kultur und Medien	**7**	6	1	1

* Fraktionslose Abgeordnete (Pau, Lötzsch/PDS) als beratende Mitglieder

ZAHLENBILDER

64 113

Fraktionen – Faktoren der Machtausübung innerhalb des Parlaments

M 15

Fraktionen sind mit eigenen Rechten ausgestattete Teile des Bundestages. Ihre Eigenständigkeit berechtigt sie, Rechte des Bundestags und eigene Rechte, die das Grundgesetz einräumt, vor dem Bundesverfassungsgericht geltend zu machen. Neben diesem verfassungsrechtlichen Privileg sind Fraktionen gegenüber fraktionslosen Mitgliedern des Bundestags oder „Gruppen" einzelner Abgeordneter im Vorteil. Dies betrifft die Gesetzgebungsarbeit in den Ausschüssen ebenso wie Antragsrechte im Plenum[1], Redezeiten und die bessere Ausstattung mit öffentlichen Geldern und Mitarbeitern. ...

Die starke Stellung der Fraktionen ist immer wieder von fraktionslosen Abgeordneten angegriffen worden. Ihre Begründung lautete, die herausgehobene Bedeutung der Fraktionen sei nicht mit dem Artikel 38 des Grundgesetzes vereinbar, der die Gleichstellung und die Gleichbehandlung aller Abgeordneten beinhalte. ...

Das Bundesverfassungsgericht hat im Wesentlichen die starke Stellung der Fraktionen bestätigt, aber auch die individuellen Rechte fraktionsloser Abgeordneter gestärkt. Nach dem Urteil muss einem Abgeordneten die Mitarbeit in einem Ausschuss gestattet werden. Er hat dort aber nur eine beratende Funktion, zwar ein Rede- und Antragsrecht, darf aber nicht abstimmen.

Heinz-Joachim Melder, Die Fraktionen: Sie sind Faktoren der parlamentarischen Machtausübung. In: Das Parlament Nr. 3–4, 11./18.1.1991, S. 3

[1] Antragsrechte sind meist an die Mindestzahl von 5 % der Mitglieder des Bundestags (= Mindeststärke einer Fraktion) geknüpft.

M 16 Zur Willensbildung innerhalb der Fraktion – der „Fraktionszwang“

Was geschieht, wenn Parlamentarier in einer politischen Streitfrage gegen die von ihrer Fraktion vertretene Linie abstimmen wollen? In solchen Fällen entwickelt zumindest nach Meinung breiter Teile der Öffentlichkeit der sogenannte „Fraktionszwang“ seine Wirkung. Die wenigen verfügbaren quantitativen Daten für den Deutschen Bundestag bestätigen tatsächlich, dass seit 1949 alle untersuchten Fraktionen ein hohes Maß an innerfraktioneller Geschlossenheit im Abstimmungsverhalten zeigten. Doch wird dieses Verhalten tatsächlich nur durch die empfindlichen Sanktionen, die die Fraktionsführung dissentierenden[1] Abgeordneten androhen könnte, motiviert? ...

Die Fülle von Aufgaben, die der Deutsche Bundestag auf den unterschiedlichsten Politikfeldern zu bearbeiten hat, zwingt die Abgeordneten zu einer stark differenzierten parlamentarischen Arbeitsteilung. Aus dem Zwang heraus, sich auf die ihm anvertrauten Politikfelder zu spezialisieren, resultiert die Notwendigkeit für die Parlamentarier, sich ihrerseits auf die Arbeits- und Beratungsergebnisse der Fraktionskollegen zu verlassen und diese daher üblicherweise zu übernehmen. Im Gegenzug gewinnt der einzelne Parlamentarier in jenen Politikbereichen, für die er als Experte zuständig ist, großes Gewicht, da er für seine Fraktion spricht und so seine Gestaltungsmöglichkeiten vervielfachen kann. ...

Das abweichende Abstimmungsverhalten eines Parlamentariers wird von seiner Fraktion im Regelfall durchaus toleriert, sofern er nachvollziehbare Gründe für seine Einwände darlegen kann. Hat die Fraktion dagegen den Eindruck, dass sich ein Parlamentarier lediglich in der Rolle des „Fraktionsrebellen“ profilieren will, kann er allerdings kaum mit Verständnis rechnen, und seine fraktionsinternen Einflussmöglichkeiten verschlechtern sich. In einer Koalitionsfraktion hat ein Abgeordneter seine Bedenken zudem so rechtzeitig anzukündigen, dass der Regierungspartner rechtzeitig darauf hingewiesen werden kann, dass die parlamentarische Mehrheit in einer politischen Streitfrage gefährdet ist.

Eine erfolgreich arbeitende Fraktionsführung wird in solchen Fällen einerseits sehr sachorientiert argumentieren, andererseits den Abweichler aber auch daran erinnern, dass er seiner Fraktion Loyalität schulde. Sie wird es aber akzeptieren, wenn sich ein Parlamentarier schließlich nicht zu einem fraktionskonformen Abstimmungsverhalten entschließen kann. In jedem Fall wird sich die Fraktionsführung bemühen, auch zu einem dissentierenden Abgeordneten ein vertrauensvolles Verhältnis zu pflegen. Notfalls wird ein abweichendes Stimmverhalten deshalb in der Hoffnung, dadurch die Loyalität des Parlamentariers zu seiner Fraktion zu stärken, toleriert.

Uwe Kranenpohl, Zwang oder Loyalität? Willensbildung in kleinen Fraktionen, in: Gegenwartskunde 3/98, S. 311 – 312 und 320

[1] dissentierend = hier: von der Fraktionslinie abweichend

Aufgaben

Zu 7.2.3 Organisation und Arbeitsweise des Bundestages

1. Der Deutsche Bundestag wird als Rede- und Arbeitsparlament bezeichnet. Ordnen Sie in zwei Gruppen die in M 10 enthaltenen Informationen den beiden Grundtätigkeiten des Parlaments „Arbeit an Gesetzen“ und „öffentliche Diskussion“ zu!
2. Erörtern Sie Für und Wider einer Öffnung der Ausschussberatungen für die Berichterstattung durch Massenmedien (M 13)!
3. Erläutern Sie das prinzipielle Spannungsverhältnis zwischen freiem Mandat und Fraktionsdisziplin! Geben Sie Gründe für die in der parlamentarischen Praxis zu beobachtende Dominanz der Fraktionsdisziplin an! (M 7 – M 9, M 15, M 16)

7.2.4 Die Funktionen des Bundestages im parlamentarischen Regierungssystem

Vorstellungen über die Aufgaben des Bundestages

M 17

Aufgabe	gekannt	nach Meinung des Befragten besonders wichtig (% bzw Mittel)	Aufgabe	gekannt	nach Meinung des Befragten besonders wichtig (% bzw Mittel)
Gesetze beschließen	84	51	gegen den Willen der Bevölkerungsmehrheit entscheiden, falls die Abgeordneten das für die bessere Lösung halten	42	18
Kanzler wählen	74	39			
Gesetze ausarbeiten	72	42			
Regierung kontrollieren	66	65			
in Debatten Argumente und Standpunkte der Öffentlichkeit darstellen	63	36	sich bei Entscheidungen nach dem Willen der Bevölkerungsmehrheit richten	39	55
Wünsche und Ansichten der Bevölkerung in die Politik einbringen	60	63	für eine stabile Regierungsmehrheit sorgen	30	42

Erläuterung: Die Zahlen beruhen auf einer Umfrage, die vom Verfasser des Artikels, Werner J. Patzelt, gemeinsam mit dem Allensbacher Institut für Demoskopie im Mai und Juni 1995 in Ost- und Westdeutschland durchgeführt wurde. Dabei wurden ca. 1900 repräsentativ ausgewählte Personen ab 16 Jahren befragt.

nach: Werner J. Patzelt, Das Wissen der Deutschen über Parlament und Abgeordnete, in Gegenwartskunde 3/96, S. 314

Funktionen des Bundestags im Überblick

M 18

Folgende Parlamentsfunktionen lassen sich unterscheiden:[1]

1. *Kreations- und Rekrutierungsfunktion* (Bestellung und Abberufung der Regierung, Zuständigkeiten bei der Wahl anderer Verfassungsorgane, Auslese politischen Führungspersonals)
2. *Gesetzgebungsfunktion* (einschließlich Haushaltsbestimmung)
3. *Kontroll- und Initiativfunktion* (Kontrolle von Regierung und Verwaltung, Folgenabschätzung und Wirkungskontrolle, Konzeptplanung, Initiative/Innovation),
4. *Repräsentations- und Kommunikationsfunktion* (Artikulation öffentlicher Meinungen und Interessen der Bevölkerung, Publizität staatlich-politischer Informationen, Programme und Willensbildungsprozesse, Mitwirkung am öffentlichen Diskurs). ...

Nach der Verfassung liegt die politische Führung (Staatsleitung) bei Parlament und Regierung gemeinsam, primär allerdings beim Bundestag, der die Regierung ins Amt bringt und über die (Letzt)-Entscheidungskompetenz bei der Gesetzgebung und Haushaltsbestimmung verfügt. Über die ihm im Grundgesetz ausdrücklich zugewiesenen Einzelkompetenzen hinaus kommt ihm die „Gesamtaufgabe demokratischer Gesamtleitung, Willensbildung und Kontrolle" zu.

Wolfgang Ismayr, Der Deutsche Bundestag, 2. Aufl., Opladen 2001, S. 34–35

[1] Die Funktionen des Bundestags werden in der Fachliteratur auch mit anderen Begriffen belegt. So unterscheidet zum Beispiel Wolfgang Rudzio zwischen Artikulations-, Wahl-, Kontroll- und legislativer Funktion.

M 19 Zur Kreations- und Rekrutierungsfunktion: die Bestellung der Staatsorgane

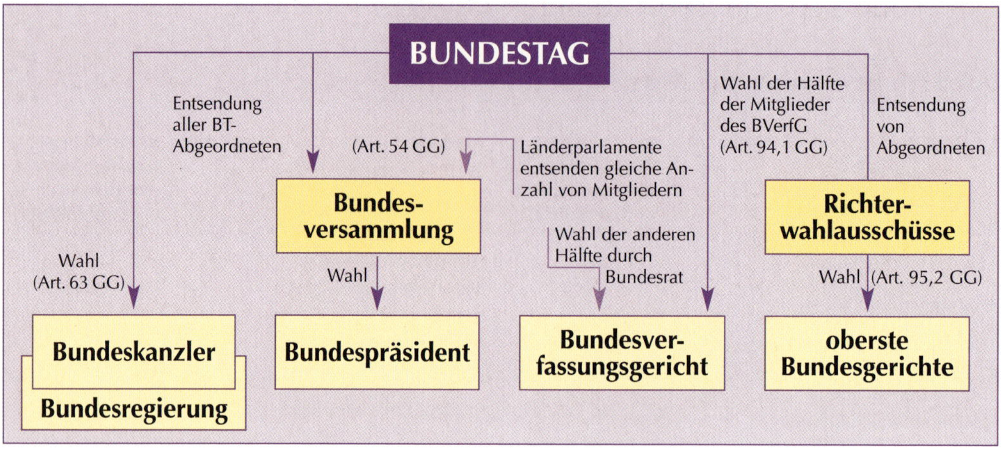

M 20 Die Kanzlerwahl 2002

Amtliches Protokoll der 2. Sitzung des Deutschen Bundestages am Dienstag, dem 22. Oktober 2002

Tagesordnungspunkt 1:
Wahl des Bundeskanzlers

Der Präsident verliest den Vorschlag des Bundespräsidenten gemäß Artikel 63 Abs. 1 des Grundgesetzes, den Abgeordneten Gerhard Schröder zum Bundeskanzler zu wählen.

Ergebnis der Wahl:
„Abgegebene Stimmen 599"
„Gültige Stimmen 599"
„Ja-Stimmen 305"
„Nein-Stimmen 292"
„Enthaltungen 2"

Damit ist der Abgeordnete Gerhard Schröder gemäß Artikel 63 Abs. 2 des Grundgesetzes zum Bundeskanzler der Bundesrepublik Deutschland gewählt.

Er nimmt die Wahl an.

Tagesordnungspunkt 2:
Eidesleistung des Bundeskanzlers

Der vom Bundespräsidenten ernannte Bundeskanzler, Gerhard Schröder, leistet gemäß Artikel 64 Abs. 2 des Grundgesetzes den in Artikel 56 des Grundgesetzes vorgesehenen Eid.

www.bundestag.de/plenargeschehen/a_prot/ap15002.html

Die Vereidigung von Bundeskanzler Gerhard Schröder

M 21

Zur Kontroll- und Initiativfunktion: Was bedeutet parlamentarische Kontrolle der Regierung?

Die parlamentarische Kontrolle erfolgt unter drei Gesichtspunkten:

- In erster Linie handelt es sich um politische Richtungskontrolle, bei der Mehrheit und Opposition prüfen, wie weit das Regierungshandeln den eigenen politischen Zielsetzungen entspricht.
- Weiter geht es um Effizienzkontrolle, d. h. um die Frage, ob die Regierung zieladäquate und wirksame Mittel ökonomisch einsetzt.
- Schließlich wird auch Rechtskontrolle ausgeübt, also geprüft, ob sich das Regierungshandeln im Rahmen der vorgegebenen Rechtsnormen bewegt.

Im Kontext des parlamentarischen Regierungssystems ist es dabei selbstverständlich, dass Regierungsmehrheit und Opposition diese Kontrollaufgaben in unterschiedlicher Weise wahrnehmen und Kontrollinstrumente überdurchschnittlich vonseiten der parlamentarischen Opposition eingesetzt werden.

Wolfgang Rudzio, Das politische System der Bundesrepublik Deutschland, Opladen 1996, S. 239

M 22

Kontrollinstrumente des Deutschen Bundestages

1. Der Bundestag kann sich mit Mehrheit gegen den Bundeskanzler, einzelne Bundesminister oder gegen die ganze Regierung wenden:
   - konstruktives Misstrauensvotum (Art. 67 GG)
   - Verweigerung des Vertrauens bei Vertrauensfrage (Art. 68 GG)
   - Missbilligung gegenüber der ganzen Regierung oder gegenüber einzelnen Ministern, Forderung nach Entlassung einzelner Minister
2. Haushalts- und Finanzkontrolle nach Art. 110 GG (Bundeshaushalt als Gesetz zu beschließen) und Art. 114 GG (Rechenschaftspflicht des Bundesfinanzministers über Einnahmen, Ausgaben, Vermögen und Schulden im abgelaufenen Jahr)
3. Informations- und Interpellationsrechte des Bundestags bzw. seiner Abgeordneten gegenüber der Bundesregierung:
   - Recht zur Zitierung von Regierungsmitgliedern bei Beratungen des Parlaments
   - Große Anfragen: zu größeren Themenkomplexen muss die Regierung schriftlich Stellung nehmen
   - Kleine Anfragen: schriftliche Beantwortung durch Bundesregierung
   - Fragestunden und schriftliche Einzelfragen: pro Sitzungswoche 2 Fragestunden zu 90 Minuten
   - Aktuelle Stunde: Fragen und Stellungnahmen einzelner Abgeordneter zu aktuellen Themen
   - Kabinettsberichterstattung und Befragung der Bundesregierung: wöchentliche Befragung im Anschluss an Kabinettssitzungen
   - Regierungserklärungen und Debatten darüber
4. Einsetzung von Untersuchungsausschüssen: Untersuchung von Vorgängen, die in die Verantwortung von Bundesregierung und Bundestag fallen
5. Mitwirkung bei der Gesetzgebung: vor allem Diskussion und Überarbeitung von Regierungsentwürfen in den zuständigen Ausschüssen und Abstimmung im Plenum
6. Enquete-Kommissionen: Hierdurch kann der Bundestag die Initiative ergreifen, um neue Problemfelder zu analysieren und so die Grundlage für deren eventuelle politische Beeinflussung zu schaffen
7. Wehrbeauftragter (Art. 45b GG): zur parlamentarischen Kontrolle der Bundeswehr
8. Präsidentenanklage (Art. 61 GG)

Die Kontrollinstrumente des Deutschen Bundestages werden wirksam gestützt durch die Garantien des freien Mandats (Art. 38, 46 GG).

nach: Irene Gerlach, Bundesrepublik Deutschland, Entwicklung, Strukturen und Akteure eines politischen Systems, Opladen 1999, S. 177–180

M 23 Der Einsatz der Kontrollinstrumente

Kontrollinstrumente	1.WP 49–53	5.WP 65–69	12.WP 90–94	13.WP 94–98	13. Wahlperiode: Einsatz durch Oppositionsfraktionen SPD	B90/Grüne	PDS	Regierungsfraktionen CDU/CSU	FDP	alle Fraktionen [1) 2)]
Große Anfrage	160	45	98	156	80	47	13	15[3)]		1
Kleine Anfrage	355	488	1346	2071	168	926	783	13[3)] 5	1	4
Fragen in der Fragestunde	392	10733	20880	ca. 18000						
Antrag auf aktuelle Stunde	–	17	103	103						
Befragung der Bundesregierung	–	–	44	41						
Untersuchungsausschüsse	–	2	3	3						

nach: Wolfgang Rudzio, Das politische System der Bundesrepublik Deutschland, Opladen 1996; Rupert Schick/Wolfgang Zeh, So arbeitet der Deutsche Bundestag, Darmstadt 1998; Blickpunkt Bundestag 4/98, S. 21

1) Ohne PDS; die PDS hatte im 13. Bundestag keine Fraktionsstärke und besaß deshalb nur den Status einer „Gruppe".
2) Weitere Anfragen kaum von einzelnen Abgeordneten
3) Von beiden Fraktionen eingebrachte Anfragen

M 24 Interne Kontrolle durch Regierungsfraktionen

Das Bundesverfassungsgericht (BVerfGE 10, 17–20) sieht in der Regierung mehr als nur einen Mehrheitsausschuss des Parlaments. Sie steht als Spitze der Exekutive dem Gesamtparlament – Parlamentsmehrheit und Opposition – gegenüber. Bei der Kontrolle der Regierungstätigkeit wird deshalb das Parlament auch als Ganzes in Anspruch genommen, nicht nur die Opposition. ...

Damit gerät die Rolle der Regierungsfraktionen einerseits als parlamentarische Basis der Regierung und andererseits als Teil des Kontrollorgans Parlament in den Blick. Die ... Kontrolle findet insgesamt stärker fraktionsintern als parlamentsöffentlich statt. Den fraktionsinternen Aussprachen kommt dabei das politische Schwergewicht zu. Hier haben die Regierungsmitglieder die Möglichkeit, vor ihrer eigenen Fraktion, aber auch vor der des Koalitionspartners, ihren politischen Kurs abzustecken und zu verdeutlichen, Kurskorrekturen anzubringen und entsprechende Empfehlungen entgegenzunehmen sowie sich insgesamt des politischen und parlamentarischen Rückhalts für die zurückliegende und künftige Politik zu versichern. Hierdurch erfolgt zum einen die Projektion der Regierungspolitik auf die politischen Vorstellungen von Parteibasis und Wählerschaft mit den sich für beide Seiten gegebenenfalls daraus ergebenden Konsequenzen hinsichtlich einer Übereinstimmung oder Abweichung. Zum anderen wird hier der Bestand der Koalitionspolitik aufgenommen und die Stabilität des Regierungsbündnisses für die Zukunft getestet. Für den Bundeskanzler ist der Rückhalt in den Fraktionen unverzichtbare Grundlage seiner Amtsführung.

Eckart Busch, Parlamentarische Kontrolle – Ausgestaltung und Wirkung, in: Wegweiser Parlament, Heidelberg 1990, S. 405 – 406

Enquete-Kommissionen – Konzepte für eine zukunftsweisende Politik

M 25

Mitte März nimmt die neue Enquete-Kommission „Globalisierung der Weltwirtschaft – Herausforderung und Antworten" ihre Arbeit auf. Sie kümmert sich um eine völlig „neue" Fragestellung. Noch vor zehn Jahren war das Wort „Globalisierung" kaum bekannt. Und heute verknüpft sich damit schon eines der wichtigsten Themen von Gegenwart und Zukunft. Kommissions-Vorsitzender Ernst Ulrich von Weizsäcker sieht die Globalisierung „an den Grundfesten der Demokratie rütteln". Tief greifende Wirtschaftsentscheidungen würden außerhalb der betroffenen Nationalstaaten von global operierenden Unternehmen gefällt, die sich weder für die Meinung der Gewerkschaft noch der Bevölkerungsmehrheit interessieren. Gleichzeitig verweist der SPD-Politiker ... aber auch auf die friedensstabilisierenden Auswirkungen der Globalisierung: „Wenn über Renditen gesprochen wird, wird nicht mehr über Kriege geredet."

Weizsäcker sagt voraus, dass das Gremium „alles andere als eine weinerliche Anti-Globalisierungs-Kommission" sein werde. Zwei Fragestellungen stünden im Mittelpunkt. Einerseits sei zu klären, wie sich Deutschland einrichten müsse, um in dem unausweichlichen Globalisierungs-Prozess nicht aus dem Rennen zu fliegen. Andererseits gehe es um Strategien für die deutsche Politik, damit Globalisierung auf Deutschland, Europa und insbesondere auch die Entwicklungsstaaten positive und nicht negative Auswirkungen habe.

So arbeitet eine Enquete-Kommission

Gregor Mayntz, „Globalisierung rüttelt an den Grundfesten", in: blickpunkt bundestag 1/2000, S. 16

M 26 Zu Gesetzgebung und Budgetrecht: der Umfang der Gesetzgebungstätigkeit

	8. Wahlperiode 1976–80		11. Wahlperiode 1987–90		14. Wahlperiode 1998–2002	
	N	%	N	%	N	%
Eingebrachte Gesetzentwürfe	**485**	100	**595**	100	**1013**	100
davon durch: Bundesregierung	322	67	321	54	450	44
Bundestag	111	23	227	38	328	32
Bundesrat	52	11	47	8	224	22
Ausschussempfehlung (BT/Vermittlungsausschuss)	–		–		11	
vom Dt. Bundestag verabschiedete Gesetze	**354**	100	**369**	100	**559**	100
davon eingebracht durch:						
Bundesregierung	288	81	267	72	394	70
Bundestag	39	11	68	18	108	19
davon durch: Vereinigung von Regierungs-Oppositionsfraktionen					15	
Bundesrat	15	4	15	4	22	4
Vereinigung von Initiativen (Breg/BT, Breg/BR, BT/BR)	12	3	9	3	27	5
BT-Ausschussempfehlung	–		–		8	

nach: Heinrich Oberreuter, Stichwort Bundestag, in: Handbuch des politischen Systems der Bundesrepublik Deutschland, hrsg. von Uwe Andersen und Richard Woyke, Opladen 1993, S. 81, Wolfgang Rudzio, Das politische System der Bundesrepublik Deutschland, Opladen 1996, S. 254 und Gesetzgebungsstatistik des Deutschen Bundestags für die 14. Wahlperiode

M 27 Die Verabschiedung des Haushalts

nach: Das Parlament, 15./22.6.2001, S. 1 und 7.12.2001, S. 13

Die Aufstellungsphase des Haushaltsplans wird durch das jährliche Rundschreiben des Bundesfinanzministers eingeleitet, mit dem er von den obersten Bundesbehörden die Voranschläge anfordert. Sie bilden die Grundlage für den Haushaltsplanentwurf und die damit verbundenen Abstimmungen durch den Bundesfinanzminister. Der Entwurf des Haushaltsplans wird zusammen mit dem Entwurf des Haushaltsgesetzes von der Bundesregierung beraten und beschlossen. Die Bundesregierung leitet den Entwurf des Haushaltsgesetzes und des Haushaltsplans gleichzeitig dem Bundesrat zur Stellungnahme und dem Bundestag zur Beratung zu. Die Beratung im Bundestag umfasst insgesamt drei Lesungen.

Nach der ersten Lesung lässt der Bundestag die Einzelheiten der Gesetzesvorlage durch seinen Haushaltsausschuss prüfen. Nach der Beschlussfassung des Bundestages erhält der Bundesrat im zweiten Durchgang Gelegenheit, den Vermittlungsausschuss anzurufen oder Einspruch einzulegen: Seine Zustimmung zu dem Gesetzentwurf ist nicht erforderlich.

Nach dem Abschluss des Verfahrens wird das Haushaltsgesetz mit dem Gesamtplan vom Bundesfinanzminister und vom Bundeskanzler gegengezeichnet, vom Bundespräsidenten unterzeichnet und im Bundesgesetzblatt verkündet.

Blickpunkt Bundestag 3/1998, S. 29

Zur Rolle der nationalen Parlamente im vereinten Europa

M 28

Die Bundesrepublik und Belgien waren im vergangenen Jahr die Musterknaben der Europäischen Union. Der Bericht der EU-Kommission über die Anwendung des Gemeinschaftsrechts in den Mitgliedsländern ... lobt beide Staaten ausdrücklich. Die Brüsseler Behörde hat untersucht, ob sich die nationalen Regierungen auch an das halten, was sie im Ministerrat selbst beschlossen haben.[1] ... Richtlinien sind das am häufigsten verwendete und darum wichtigste Gesetzgebungsmittel der EU. ... Über 1400 Richtlinien gelten in jedem EU-Staat. Im Durchschnitt haben die Länder im vergangenen Jahr 95,7 Prozent davon in nationales Recht umgesetzt gegenüber 94 Prozent im Vorjahr. ... Um diese Verbesserung bei der Umsetzung von EU-Recht zu erreichen, musste die Kommission als Hüterin der Verträge allerdings härter durchgreifen. Die Zahl der vor dem Europäischen Gerichtshof erhobenen Klagen gegen Mitgliedstaaten blieb zwar mit 125 Fällen gleich, doch öfter als je zuvor verfasste die Kommission „mit Gründen versehene Stellungnahmen" über säumige Staaten, in denen sie darlegt, warum ein Land nach ihrer Auffassung gegen geltendes EU-Recht verstößt: 675 solcher Stellungnahmen waren es 1998, mehr als doppelt so viele wie im Vorjahr. Bei der Bundesregierung gingen 56 davon ein. Die Klagen vor dem Gerichtshof sind in der Regel Feststellungsverfahren, das heißt, der Gerichtshof attestiert zwar die Nichteinhaltung von EU-Recht durch einen Mitgliedstaat, verhängt aber zunächst noch keine Strafen. In einer solchen Klage wird etwa Italien vorgeworfen, eine Richtlinie über den Erziehungsurlaub für Eltern zu missachten. Erst wenn der verurteilte Staat eine Richtlinie nicht innerhalb der gesetzlichen Frist umsetzt, kann der Gerichtshof im zweiten Verfahren ein Bußgeld verhängen. In fünf Fällen hat sich die Kommission im vergangenen Jahr (1998) zu einer solchen zweiten Klage entschlossen, und zwar zweimal gegen Frankreich sowie je einmal gegen Italien, Luxemburg und Griechenland. In der Vergangenheit wurden die meisten derartigen Verfahren eingestellt, weil die Staaten unter Androhung von Strafzahlungen sehr schnell das EU-Recht umsetzen. So ging es in den drei Klagen, die die Kommission 1997 gegen Deutschland erhoben hatte, um Zwangsgelder von 265 000 Euro am Tag.

Süddeutsche Zeitung, 23.7.1999, S. 5

[1] Die EU-Richtlinien werden auf dem in den Europäischen Verträgen festgelegten Weg beschlossen. Die Europäische Kommission arbeitet die Richtlinien aus und schlägt sie dem Rat der EU (Ministerrat) zur Beschlussfassung vor. Hier beschließen also Mitglieder der nationalen Regierungen die „Gesetze" der Europäischen Union. Das Europäische Parlament, das aus direkt gewählten Repräsentanten aus den Mitgliedsländern besteht, hat zwar vor allem durch den Amsterdamer Vertrag von 1997 erweiterte Mitwirkungsrechte an der EU-Gesetzgebung erhalten, hatte aber bei vielen der vor 1997 entstandenen Richtlinien relativ wenig Einfluss auf den Inhalt.

Zur Repräsentations- und Kommunikationsfunktion: Vorschlag zur „Revitalisierung" des Parlaments

M 29

Der renovierte Reichstag ist der beliebteste deutsche Parlamentssitz aller Zeiten. Täglich pilgern die Besucherscharen dorthin, an Wochenenden reicht die Warteschlange oft einige hundert Meter weit. Keine Frage: Die Deutschen mögen ihr Parlamentsgebäude. ...

Doch lässt die ästhetische Attraktivität der Parlamentsarchitektur auch auf die inhaltliche Popularität des deutschen Parlamentarismus schließen? Entspricht das immense öffentliche Interesse an der Reichstagskuppel dem Interesse an den Debatten, die darunter stattfinden? Leider nicht. Die Bürger richten ihre Aufmerksamkeit mehr auf die schöne Hülle des deutschen Parlaments als auf die Arbeit, die darin stattfindet. ...

Um sein öffentliches Bild als Arena der großen Fragen zu stärken, muss der Bundestag dynamischer und unvorhersehbarer werden. ... Das Parlament muss in der modernen Mediendemokratie ankommen. Die hitzigsten und aktuellsten politischen Diskussionen finden zurzeit aber in Talkshows statt: als Auftakt der Parlamentswoche bei Sabine Christiansen und Erich Böhme, am

Talk-Runde mit Maybritt Illner in der ZDF-Sendung „Berlin Mitte"

Abend nach großen Parlamentsentscheidungen, die meist am Donnerstag fallen, bei Maybrit Illner. ...

Das Parlament muss deshalb wieder mehr Arena sein und einen stärkeren Gegenpol zum Fernsehen bilden. Dazu muss es aber die Technik der Zuspitzung wirksamer einsetzen. So sind am Donnerstag, in der parlamentarischen Kernzeit, die wichtigsten Debatten zu bündeln. Dieser Beschluss ist gegen die Einsprüche der Geschäftsführer durchzusetzen. Der Donnerstag muss als „Tag des Parlaments" Themen verdichten, sodass alle Abgeordneten im Plenum sein wollen und die Presse sich auf Debatten von Bedeutung und Qualität konzentrieren kann.

Antje Vollmer, Befreit das deutsche Parlament, in: Die Zeit Nr. 12, 14.3.2002, S. 8

Aufgaben

Zu 7.2.4 Die Funktionen des Bundestages im parlamentarischen Regierungssystem

1. Finden Sie in der aktuellen Berichterstattung Beispiele zu den vier Funktionen des Bundestages! (M 18)
2. Gestalten Sie dazu eine Wandzeitung! Nehmen Sie zu der These Stellung, die Kontrolle der Regierung sei praktisch vom Gesamtparlament auf die Opposition übergegangen. (M 21–M 24)
3. Erläutern Sie die Bedeutung der Repräsentations- und Kommunikationsfunktion für das demokratisch verfasste Gemeinwesen und zeigen Sie Gefährdungen dieser Parlamentsfunktion (M 18, M 28, M 29). Beziehen Sie in Ihre Überlegungen auch Ergebnisse aus Kapitel 3 „Medien" (vor allem M 10 – M 12) ein.
4. Erläutern Sie – ausgehend von M 25 – die Bedeutung von Enquete-Kommissionen und überlegen Sie sich Grenzen ihres Einflusses auf die politischen Entscheidungen.
5. Im Zusammenhang mit der Entwicklung der europäischen Integration wird ein Machtverlust der nationalen Parlamente zugunsten der Regierungen beklagt. Nehmen Sie zu dieser Behauptung anhand von M 28 Stellung.

7.3 Die Bundesregierung: Aufgaben und Arbeitsweise

Aufbau der Bundesregierung und Prinzipien ihrer Organisation

M 30

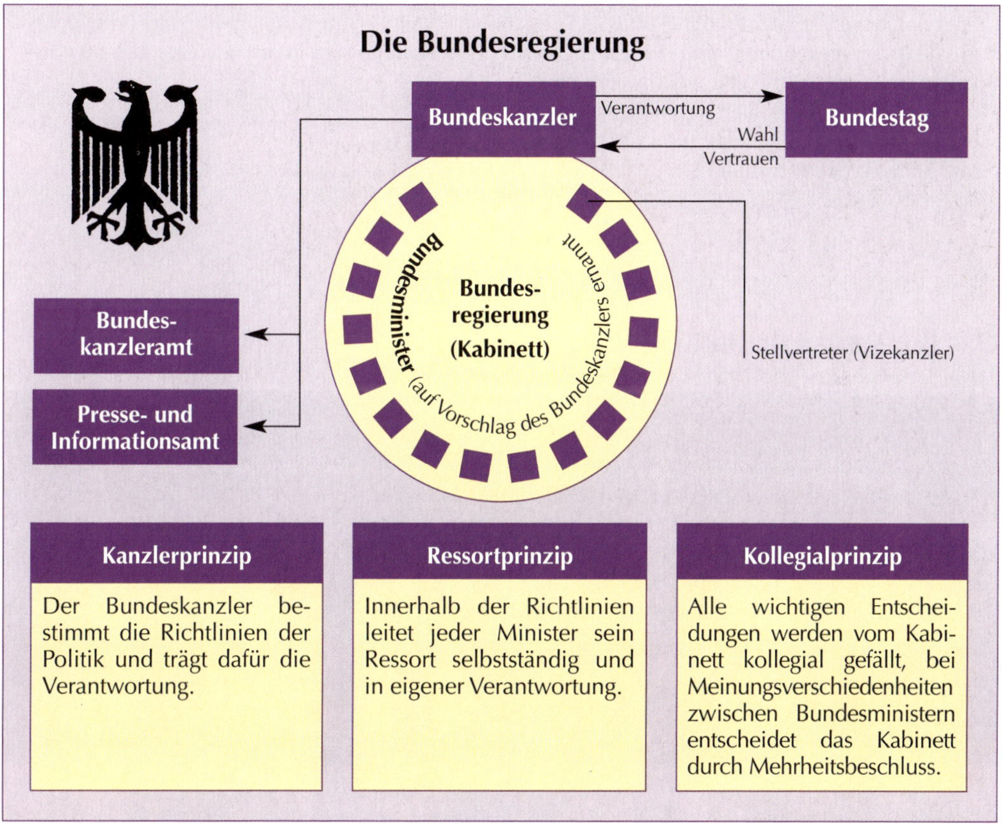

Kanzlerprinzip

Der Bundeskanzler bestimmt die Richtlinien der Politik und trägt dafür die Verantwortung.

Ressortprinzip

Innerhalb der Richtlinien leitet jeder Minister sein Ressort selbstständig und in eigener Verantwortung.

Kollegialprinzip

Alle wichtigen Entscheidungen werden vom Kabinett kollegial gefällt, bei Meinungsverschiedenheiten zwischen Bundesministern entscheidet das Kabinett durch Mehrheitsbeschluss.

Horst Pötzsch, Die deutsche Demokratie, Bonn 1995, S. 82

Die verfassungsrechtliche Rolle des Bundeskanzlers

M 31

Absolut zentral in der Regierung ist die Stellung des Bundeskanzlers und diese Zentralität verleiht dem Amt eine ungeheure Machtfülle. Diese wird allerdings eingeschränkt durch dessen Abhängigkeit vom Bundestag, der ihn wählt, dem er verantwortlich ist und der ihn schließlich auch über den Weg des Konstruktiven Misstrauensvotums[1] abwählen kann.

Ist er auf Vorschlag des Bundespräsidenten bzw. der -präsidentin gewählt, so schlägt er die Namen der Minister und Ministerinnen vor, die seinem Kabinett angehören sollen. Dem Bundespräsidenten wiederum obliegt dann die Ernennung. Eine genauso zentrale Stellung hat der Kanzler bezüglich der Entlassung der Minister und Ministerinnen inne, er schlägt vor und der Bundespräsident entlässt (Art. 64 GG). Und schließlich endet die Amtszeit der Kabinettsmitglieder auch mit derjenigen des Kanzlers (Art. 69 Abs. III)). ...

Art. 65 GG weist dem Amt des Bundeskanzlers keinesfalls nur die Stellung eines primus inter pares zu, sondern echte Führungsfunktionen:

- Der Kanzler schlägt die Minister und Ministerinnen zur Ernennung und Entlassung vor,
- er bestimmt „die Richtlinien der Politik und trägt dafür die Verantwortung" (Art. 65 I S. 1),
- er allein ist gegenüber dem Parlament mit voller Sanktionsmöglichkeit verantwortlich
- und schließlich hat er die Organisationsgewalt der Regierung, d. h., er bestimmt über Anzahl und Struktur der Ministerien.

„Die verfassungsrechtliche Basis für die Machtstellung des Bundeskanzlers liegt eindeutig in seiner *Richtlinienkompetenz*. Sie ist das Instrument zur ‚Disziplinierung' seines Kabinetts (Sontheimer)". Durch eine ihm geeignet erscheinende „Personalpolitik" in seinem Kabinett kann er sich nicht nur eine arbeitsfähige Regierung zusammenstellen, sondern durch die Um- oder Neuorganisation kann er auch auf bestimmte Problemlagen oder Stimmungen in der Bevölkerung eingehen.

Irene Gerlach, Bundesrepublik Deutschland. Entwicklungen, Strukturen und Akteure eines politischen Systems. Opladen 1999, S. 202–203

[1] Konstruktives Misstrauensvotum: s. M 46, S. 231

M 32 Das Bundeskanzleramt in Berlin

Dem Bundeskanzler steht zur Erfüllung seiner Aufgaben das Bundeskanzleramt zur Verfügung. Es hat wie die Ministerien den Rang einer obersten Bundesbehörde. Als Koordinierungsstelle für die gesamte Regierungspolitik besitzt es eine herausragende politische Bedeutung.

Schema des Entscheidungsprozesses in der Bundesregierung

M 33

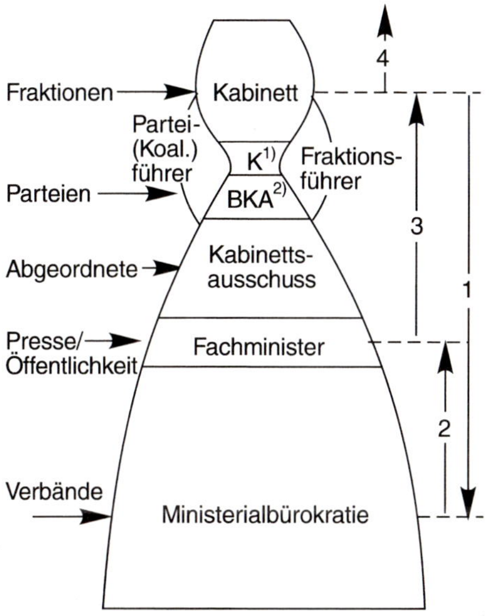

1) Kabinettsbeschluss
– politische Entscheidung über Zielhorizont und Grundsätze der Regelung

2) Referentenentwurf
– sachbezogene Regelungsmöglichkeiten im Rahmen der Weisung nach Abstimmung mit anderen Ministerien und Anhören von Sachverständigen und Interessenvertretern

3) Kabinettsvorlage
– zwischen Fachminister und Kanzler abgestimmter Regelungsvorschlag

4) Gesetzesentwurf der Regierung
– vom Kabinett verabschiedeter Gesetzesentwurf, der im Bundestag eingebracht wird

[1] K = Bundeskanzler [2] BKA = Bundeskanzleramt

nach: Bernhard Sutor, Politik, Paderborn 1979, S. 207

Der Kanzler im politischen Alltag

M 34

Als allerorten die Schattenkabinette mit den vielen Männerköpfen zurechtgeschnitten wurden, da murrten die Frauen schon. Aber leise. Jetzt, nach dem großen Sieg, wollen die Damen nicht mehr schweigen. Die Frauen fordern ihren Anteil am Erfolg. Die erste Lanze brachen die Grünen. Vier Ministerposten, zwei für Frauen, mahnten die Politikerinnen der kleineren Koalitionsfraktion an. Die Frauen in der größeren Regierungsriege wollen da nicht hintanstehen: Sie fordern 40 Prozent aller Power-Posten, von der Parlamentspräsidentin bis zur Parlamentarischen Staatssekretärin. Schließlich war es die Mehrheit der Wählerinnen, die der neuen Koalition zur Macht verhalf.

Christiane Schlötzer-Scotland, Subtiles Spiel mit der Frauenquote, in: Süddeutsche Zeitung, 7.10.1998, S. 2

BONN, 22. Dezember. Der Streit zwischen Bundeskanzler Schröder und Bundesumweltminister Trittin (Bündnis 90/Die Grünen) über die Atompolitik verschärft sich. Nachdem Trittin überraschend und ohne Rücksprache mit dem Kanzleramt die Reaktorsicherheitskommission (RSK) und die Strahlenschutzkommission(SSK) aufgelöst hat, warnte Schröder seinen Umweltminister am Dienstag in Bonn vor Alleingängen. Hier stünden die Konsensgespräche der Bundesregierung mit der Stromwirtschaft und auch die rot-grüne Koalition auf dem Spiel, sagte Schröder. In einer kurzfristig anberaumten Pressekonferenz am Abend wurde Schröder noch deutlicher: „Die Machtverhältnisse sind geklärt", sagte der Kanzler. Niemand im Kabinett stelle die Richtlinienkompetenz des Bundeskanzlers infrage. Trittin beharrte dagegen auf seiner Position. Für die Auflösung der Kommissionen bedürfe es keiner Absprache, sagte er. Es gehe darum, dass die in der Fachwelt vertretenen unterschiedlichen Auffassungen in den Kommissionen künftig ausgewogener repräsentiert würden.

Frankfurter Allgemeine Zeitung, 23.12.1998, S. 1

M 35 Verfassungspolitische Grenzen der Macht des Bundeskanzlers

Bei der Regierungsbildung unterliegen aber auch die weitgehenden Rechte des Bundeskanzlers faktischen Einschränkungen. Dies bezieht sich nicht nur auf den Zwang, auf die Wünsche des Koalitionspartners bei der Besetzung von Ministerien einzugehen, sondern auch darauf, dass sich im Hinblick auf die gewünschte Wiederwahl möglichst alle Interessengruppen im Volk in der Zusammensetzung der Regierung einer repräsentativen Demokratie wiederfinden. Entsprechend hat sich die Rücksichtnahme auf eine Reihe von „Proporzüberlegungen" bei der Zusammensetzung der Kabinette eingebürgert. So sind neben den parteipolitischen Interessen der Koalitionspartner z. B. unterschiedliche konfessionelle Interessen durch eine entsprechende Personalauswahl zu berücksichtigen, genauso wie die der ostdeutschen und der westdeutschen Bevölkerung und sonstiger regionaler Gruppen, die von wichtigen Interessenverbänden (z. B. bei der Besetzung des Landwirtschafts-, Wirtschafts- oder Sozialministeriums) oder auch die der Geschlechter. Dies erklärt, dass es im Zuge der Kabinettsbildung vorkommen kann, dass für ein bestimmtes Ressort nur eine Kandidatin aus Ostdeutschland mit katholischer Konfession infrage kommt, die günstigerweise auch noch Mitglied der CDA (Christlich-Demokratische Arbeitnehmerschaft) ist. Der suchende Blick landet dann notgedrungen zuweilen auf Neulingen.

Die trotz dieser Einschränkungen immer noch bestehende Machtfülle des Kanzleramts in der Demokratie der Bundesrepublik hat zu deren Etikettierung als Kanzlerdemokratie geführt.

Viel stärker, als es in den ersten Jahrzehnten der Existenz der Bundesrepublik Deutschland der Fall war, wird aber das Kanzlerprinzip heute von den Handlungsprinzipien des Parteienstaates überdeckt, was wiederum zu einer faktischen Schwächung des Prinzips beiträgt. Schwer wiegt dabei die Tatsache, dass Entscheidungen von Koalitions- und nicht nur von Kanzlerrunden vorgeprägt werden, denn die Koalitionsrunde als empirisch identifizierbarer Kern der politischen Entscheidungsfindung ist weder dafür legitimiert noch kontrollierbar.

Irene Gerlach, Bundesrepublik Deutschland, Entwicklungen, Strukturen und Akteure eines politischen Systems, Opladen 1999, S. 204–205

M 36 Die Regierungsstile der Kanzler – von Adenauer bis Kohl ...

Die bisherigen Kanzler haben das Amt unterschiedlich ausgeübt: Neben Adenauer und Schmidt, welche mit dem administrativen Apparat (insbesondere dem Kanzleramt) systematisch arbeiteten, standen Brandt und Kohl mit ihrem eher persönlich-informellen Arbeitsstil. Während

Adenauer, Kohl und Brandt starke Vorsitzende der führenden Regierungspartei waren, fehlte es Schmidt und Erhard an derartigem Rückhalt. Waren Kanzler wie Adenauer ab 1961, Erhard, Schmidt, Kiesinger und weithin Kohl in Koalitionsrunden eingebunden, so verfügten der frühe Adenauer, Brandt und zeitweilig Kohl über mehr individuellen Handlungsspielraum; relevant scheint hier, ob ein kleinerer Koalitionspartner über andere Koalitionsoptionen verfügt (wie die FDP von den sechziger bis zu den achtziger Jahren) oder nicht (wie die „bürgerlichen" Parteien der frühen Bundesrepublik oder die Grünen). Ein starker Kanzler wie Helmut Kohl in seinen besten Zeiten, der die eigene Partei kontrollierte und bei seinen Koalitionspartnern Mitspieler fand, vermochte – im Rahmen von unterschiedlichen, unübersichtlichen „Personalnetzwerken" – vielfach Entscheidungen in seinem Sinne zu steuern. Im Allgemeinen aber, so die Sicht befragter ehemaliger Bundesminister aus verschiedenen Regierungen, wirken Kanzler nicht einseitig bestimmend – lediglich in der Außenpolitik wird ihnen eine dominierende Stellung zugesprochen.

Wolfgang Rudzio, Das politische System der Bundesrepublik Deutschland, Opladen 1996, S. 289

... und Schröder

M 37

Schröder hat im Jahr zwei seiner Kanzlerschaft ein Regierungssystem verfeinert, das sich gerne abseits des traditionellen Dualismus von Parlament und Exekutive bewegt. Weil seine Regierung erfolgreich ist, verfestigt sich das System.

In diesem System spielen der Bundestag und seine Abgeordneten eine bescheidene Nebenrolle.

Die Folge: Die eigentlich heterogene Schar der Abgeordneten verkommt zu einer gleichförmigen Stimmmasse. Eigenwillige Charaktere, wortgewaltige Redner, förderungswürdige Talente sind nur wenige zu erkennen.

Ähnlich den vom amerikanischen Präsidenten eingesetzten Sonderberatern arbeiten Schröder gezielt installierte Beratergremien zu. Mit ihrer Hilfe will er das Parlament nicht unbedingt umgehen. Gleichwohl aber schwächen eine Süssmuth-Kommission zur Einwanderung, eine Weizsäcker-Kommission zur Bundeswehrreform und natürlich das alles dominierende Bündnis für Arbeit[1] die Ausschüsse und Gremien des Bundestags. Dessen Fachleute werden lediglich auserwählt, wenn sie in der Gunst stehen. Außerparlamentarische Konsensrunden wie beim Atomausstieg entziehen sich gar der Kontrolle des Gesetzgebers und tragen ein antidemokratisches Kainsmal.

So gibt das Parlament ungewollt Hilfestellung auf dem Weg zur präsidentialen Kanzlerschaft (und die Medien sekundieren fleißig). Die Meinungsforschung bestätigt den Trend und findet heraus, dass die Elite im Land allemal Geschlossenheit und starke Führung bevorzugt. Unversehens wird das Bundestagsgebäude in Berlin zu einem Symbol der real existierenden Widersprüche: Alle drängen sich in der Kuppel und beklatschen den schönen Schein. Unten im Plenum und in den Fluren aber herrscht Langeweile und nicht selten gähnende Leere.

Stefan Kornelius, Das gezähmte Parlament, in: Süddeutsche Zeitung Nr. 172, 28.7.2000, S. 4

[1] Bündnis für Arbeit: s. Kap. 4, S. 120 f.

Aufgaben

Zu 7.3 Die Bundesregierung: Aufgaben und Arbeitsweise

1. Die Bundesrepublik Deutschland wird häufig als „Kanzlerdemokratie" bezeichnet. Nehmen Sie auf der Grundlage der Materialien M 30 bis M 37 zur Berechtigung dieses Begriffs Stellung!
2. Zeigen Sie anhand von M 33, wie bei der Entstehung eines Regierungsentwurfs zu einem Gesetz die drei Organisationsprinzipien für die Arbeit der Bundesregierung (M 30) zum Tragen kommen!
3. Stellen Sie positive Wirkungen und Probleme der Verlagerung von politischen Entscheidungen aus den verfassungsmäßigen Institutionen zu informellen Entscheidungszentren dar! (M 35–M 37)

7.4 Der Bundesrat – Mitwirkung der Länder an der Bundespolitik

M 38 Die Zusammensetzung des Bundesrats

Die Länder haben ein abgestuftes Stimmengewicht. Es orientiert sich an der Einwohnerzahl (Artikel 51 Abs. 2 Grundgesetz).
Jedes Land hat mindestens drei Stimmen, Länder mit mehr als zwei Millionen Einwohnern haben vier, Länder mit mehr als sechs Millionen Einwohnern fünf, Länder mit mehr als sieben Millionen Einwohnern sechs Stimmen.

69 Stimmen = Gesamtstimmen
35 Stimmen = Mehrheit
46 Stimmen = Zweidrittelmehrheit

Jedes Land kann seine Stimmen nur einheitlich abgeben. Im Plenum des Bundesrates stimmt jeweils nur ein Mitglied, der/die sogenannte Stimmführer/Stimmführerin, für jedes Land. Er/sie gibt alle Stimmen seines Landes ab.
Ein „neutrales Verhalten" durch Stimmenenthaltung ist im Bundesrat nicht möglich. Beschlüsse können im Bundesrat nur mit absoluter Mehrheit, bei Verfassungsänderungen sogar nur mit Zweidrittelmehrheit der Gesamtstimmenzahl gefasst werden. Stimmenenthaltung wirkt sich deshalb wie ein Nein aus.
Die Abstimmungen im Bundesrat sind nicht geheim, sie erfolgen in der Regel durch Handheben. Im Allgemeinen stellt der Bundesratspräsident nur die Mehrheit/Minderheit fest, ohne dass die Stimmenzahl im Einzelnen festgehalten wird. Bei Verfassungsänderungen und anderen besonders wichtigen Entscheidungen erfolgt die Abstimmung „durch Aufruf der Länder".

Die Stimmenverteilung im Bundesrat

Land	Einwohner in Mio.[1]	Stimmen im Bundesrat
Baden-Württemberg	10,56	6
Bayern	12,28	6
Berlin	3,38	4
Brandenburg	2,60	4
Bremen	0,66	3
Hamburg	1,71	3
Hessen	6,07	5
Mecklenburg-Vorpommern	1,77	3
Niedersachsen	7,94	6
Nordrhein-Westfalen	18,02	6
Rheinland-Pfalz	4,04	4
Saarland	1,07	3
Sachsen	4,41	4
Sachsen-Anhalt	2,60	4
Schleswig-Holstein	2,79	4
Thüringen	2,42	4

[1] Quelle: Statistisches Bundesamt, Stand: 30.6.2001

www.bundesrat.de/aktuell/Stimmen.html
www.bundesrat.de/Wissen/Abstimmung.html (23.1.2000)

M 39 Die Aufgaben des Bundesrats

Aufgaben des Bundesrats sind vor allem
- Einbringen von eigenen Gesetzentwürfen in den Gesetzgebungsprozess,
- Stellungnahme zu Gesetzentwürfen der Regierung,
- Anrufung des Vermittlungsausschusses (16 Vertreter Bundestag, 16 Vertreter Bundesrat), wenn zwischen Beschlüssen des Bundestages und des Bundesrates keine Übereinkunft möglich ist.
- Zustimmung bzw. definitive Ablehnung
  - bei verfassungsändernden Gesetzen,
  - bei Gesetzen, die Länderinteressen berühren (zustimmungspflichtige Gesetze),
- eventuell Einspruch gegen nicht zustimmungsbedürftige Gesetze. Der Einspruch kann aber anschließend vom Bundestag überstimmt werden.
- Wahl der Hälfte der Richter des Bundesverfassungsgerichtes,
- Mitwirkung beim Erlass von Rechtsverordnungen des Bundes,

- Mitwirkung an der Europapolitik des Bundes (Entwicklung und Ausgestaltung der Europäischen Union). Wenn im Bereich der EU Zuständigkeiten der Länder betroffen sind, muss die Bundesregierung bei ihren Positionen auf europäischer Ebene die Auffassungen der Länder „maßgeblich" berücksichtigen.

Die Bundesregierung muss den Bundesrat „über die Führung der Geschäfte auf dem Laufenden ... halten" (Art. 53 GG), damit er seine Aufgaben erfüllen kann.

Fritz Blumöhr/Otto Freundl/Peter März, Die politische Ordnung in Deutschland, München 1999, S. 62

Der Einfluss des Bundesrats auf die Gesetzgebung

M 40

Mitwirkung bei der Gesetzgebung (3. Wahlperiode 1994–98)	
Im Bundesrat behandelte Gesetzesbeschlüsse	565
davon	
Gesetze, bei denen der Vermittlungsausschuss angerufen wurde [1]	83
Gesetze, bei denen der Bundesrat die Zustimmung versagte	20
Gesetze, bei denen der Bundesrat Einspruch einlegte	15
davon Gesetze, bei denen der Einspruch vom Bundestag zurückgewiesen wurde	14

www.bundesrat.de

[1] Ist der Bundesrat mit einer vom Bundestag verabschiedeten Gesetzesfassung nicht einverstanden, so kann er innerhalb von drei Wochen mit der Mehrheit seiner Stimmen den Vermittlungsausschuss anrufen.

Der Bundesrat als Instrument der Opposition?

M 41

Die Abstimmung über das Zuwanderungsgesetz der rot-grünen Regierungskoalition im Bundesrat war verfassungsrechtlich bedenklich und führte zu einem politischen Eklat, da das Land Brandenburg, das für die Zustimmung den Ausschlag gab, seine Stimmen nicht einheitlich – wie von der Verfassung verlangt – abgab. Entgegen bisherigen Gepflogenheiten wertete der amtierende Bundesratspräsident die Stimmen dennoch als Zustimmung und ließ das Gesetz passieren.

Die SPD/CDU-Regierung Brandenburgs vertrat in der Frage des Zuwanderungsgesetzes unterschiedliche Standpunkte: Die SPD unterstützte das Gesetz, die CDU lehnte es ab. Diese Situation und die Frage der Gültigkeit des Abstimmungsergebnisses veranlasste den niedersächsischen Ministerpräsidenten Gabriel zu dem Vorschlag, das Einstimmigkeitsprinzip im Bundesrat aufzugeben. Kritiker dieses Vorschlags bemängelten, dass anstelle von Länderbelangen damit weiterhin parteipolitische Interessen den Ausschlag gäben.

SZ: Herr Gabriel, müssen Sie Ihren Vorschlag revidieren?

Gabriel: Nein, im Gegenteil, die Debatte um diese entsetzliche Bundesratssitzung zeigt doch, dass die Länderkammer zu einer parteipolitischen Blockadekammer zu verkommen droht. Das haben die Väter und Mütter des Grundgesetzes gewiss nicht gewollt. Und deshalb plädiere ich für mehr Ehrlichkeit.

SZ: Wie meinen Sie das?

Gabriel: Es ist doch absurdes Theater, wenn im Bundesrat Ministerpräsidenten und Minister aus den Ländern flammende Reden halten, aber wenn es zum Schwur kommt, sich der Stimme enthalten, weil ihre Koalitionsvereinbarungen zu Hause es so vorsehen. Im Ergebnis nimmt eine Reihe von Ländern aus parteitaktischen Gründen ihre Pflicht im Bundesrat nicht mehr wahr. Sie nehmen an wichtigen politischen Entscheidungen für Deutschland schlicht nicht teil. Schlimmer noch: Sie blockieren sie sogar. Denn eine Enthaltung wirkt doch wie eine Nein-Stimme, weil man für eine positive Entscheidung die Mehrheit aller im Bundesrat vertretenen Stimmen und nicht nur die der abgegebenen Stimmen haben muss. Alle, die wollen, dass im Bundesrat wieder Entscheidungen getroffen werden, müssen an diesem Verfahren etwas ändern.

SZ: Sie sprachen von einer Reihe von Möglichkeiten.

Gabriel: Es gibt drei Möglichkeiten: Erstens die Änderung des Grundgesetzes, dass Länder gespalten abstimmen können. Zweitens: Man müsste wegkommen von der Wirkung einer Enthaltung als Nein-Stimme, indem man im Bundesrat die Mehrheit der abgegebenen Stimmen zählt. Auch dafür müsste die Verfassung geändert werden. Die dritte Möglichkeit ist, die jetzt strittige Frage eindeutiger zu klären, ob im Zweifel der Ministerpräsident eines Landes alleine für sein Land spricht. Da würde ich abwarten, was der Bundespräsident oder das Bundesverfassungsgericht, wenn es zu einer Klage kommt, zum aktuellen Streitfall sagen. Alle drei Vorschläge muss man diskutieren. Das Ziel muss sein, die parteipolitischen Konflikte, die zur Blockade des Bundesrates führen, dort zu lassen, wo sie hingehören: in den Länderkoalitionen. Sollen sich die Parteistrategen zu Hause streiten und nicht in der Länderkammer.

SZ: Auch Ihr Kollege, Nordrhein-Westfalens Ministerpräsident Wolfgang Clement, findet zumindest Ihren ersten Vorschlag falsch. Er fordert vielmehr die Rückverlagerung von Gesetzgebungskompetenzen in die Länder.

Gabriel: Da sind wir alle einig. Aber beim Streit um das Zuwanderungsgesetz hätte das nichts gebracht, denn solch große Themen bleiben doch in der gemeinsamen Verantwortung von Bundestag und Bundesrat. Und um genau diese großen Themen geht es doch. Es wird nicht bei kleinen Gesetzen blockiert im Bundesrat, sondern bei den großen Themen: bei der Steuerreform, dem Zuwanderungsgesetz, der Reform der sozialen Sicherungssysteme. Wenn wir die in Zukunft nicht mehr in dieser infantilen Weise im Bundesrat behandeln wollen, dann muss im Bundesrat selbst etwas stattfinden und nicht nur bei den Länderkompetenzen.

Das Interview führte Reymer Klüver, in Süddeutsche Zeitung Nr. 79, 5.4.2002, S. 7

Aufgaben

Zu 7.4 Der Bundesrat – Mitwirkung der Länder an der Bundespolitik

1. Erarbeiten Sie aus dem Grundgesetz die zentrale Funktion des Bundesrats im Staatsaufbau der Bundesrepublik Deutschland!
2. Ermitteln Sie die aktuelle parteipolitische Zusammensetzung des Bundesrats aus dessen Online-Veröffentlichungen (www.bundesrat.de→ aktuell)!
3. Diskutieren Sie Für und Wider der in Artikel 51 GG festgelegten Abstufung der Stimmenzahlen der Bundesländer!
4. Prüfen Sie anhand des Grundgesetzes und der Materialien M 38 bis M 41, inwieweit die jeweilige Bundesratsmehrheit die Gesetzgebung auf Bundesebene beeinflussen kann! Gehen Sie dabei auch auf die Bedeutung des Vermittlungsausschusses (Art. 77 GG) ein!
5. Diskutieren Sie die Vorschläge des niedersächsischen Ministerpräsidenten Gabriel zu einer Veränderung des Abstimmungsmodus im Bundesrat! (M 41)

7.5 Regierende Mehrheit und Opposition

7.5.1 Das parlamentarische Regierungssystem

Verfassungsrechtliche und verfassungspolitische Merkmale

M 42

Zur Abgrenzung des parlamentarischen von anderen Regierungssystemen, die ebenfalls eine Volksvertretung, d. h. ein Parlament im weitesten Sinne des Wortes, kennen, können folgende institutionelle und politische Merkmale gelten:

1) Die Regierung (Chef und Minister) wird in der Regel aus dem Parlament rekrutiert; es besteht keine Inkompatibilität[1] zwischen Exekutive und Legislative.
2) Die Regierung ist dem Parlament verantwortlich und muss zurücktreten, wenn das Parlament ihr das Vertrauen entzieht.
3) Das Parlament kontrolliert die Regierung durch Interpellationen[2], Ausschüsse und andere Informationsinstrumente.
4) Parlamentarische Mehrheit und Regierung arbeiten eng zusammen, die institutionelle Gewaltenteilung wird zugunsten einer funktionalen zwischen Regierung und Opposition, die ihrerseits eine legitime Funktion erfüllt, abgelöst.
5) Das Staatsoberhaupt, in Ausnahmefällen sogar vom Parlament gewählt (z. B. Bundesrepublik Deutschland), hat höchstens ein Nominationsrecht[3] des Regierungschefs, das nicht gegen die Parlamentsmehrheit ausgeübt werden darf.
6) Das Parlament kann in der Regel durch das Staatsoberhaupt auf Verlangen des Regierungschefs aufgelöst werden (Ausnahmen: Bundesrepublik, Israel, Norwegen).
7) Der Regierungschef (Kanzler, Premierminister) hat meist eine hervorgehobene Stellung bei Auswahl des Kabinetts und politischen Entscheidungen (Richtlinienkompetenz).
8) Legitimät von Opposition, kritischer Öffentlichkeit und turnusmäßigem Regierungswechsel werden allgemein anerkannt.
9) Legitimität organisierter politischer Willensbildung und in Fraktionen organisierter Parlamentsarbeit durch politische Parteien hat sich allgemein durchgesetzt.

Ulrich von Alemann, in: Dieter Nohlen (Hrsg.), Wörterbuch Staat und Politik, München 1991, S. 439–440

[1] Inkompatibilität: Unvereinbarkeit zweier Ämter
[2] Interpellation: in der Geschäftsordnung des Bundestags geregelte Anfrage
[3] Nominationsrecht: Recht, einen Kandidaten zur Wahl vorzuschlagen

Gewaltenverschränkung im parlamentarischen System Deutschlands

M 43

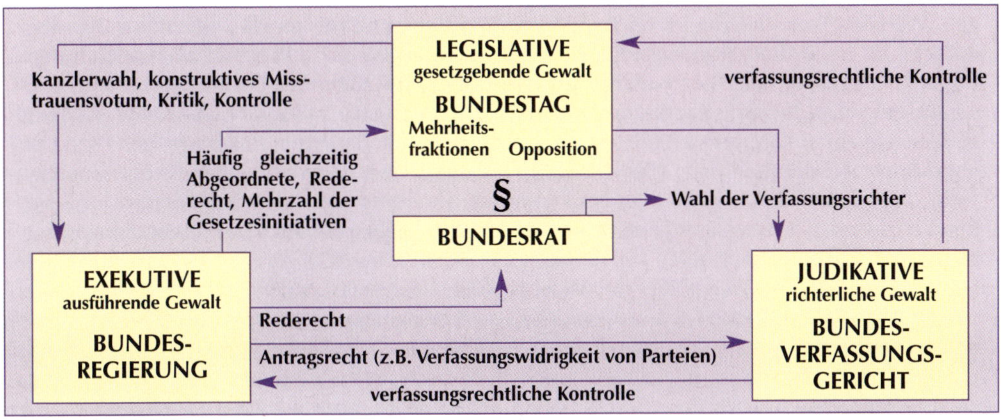

M 44 Dualismus von regierender Mehrheit und Opposition

Das parlamentarische Regierungssystem tastet zwar rein formal die Eigenständigkeit des Parlamentes nicht an. Aber die dem Gewaltenteilungsdenken zugrunde liegende Vorstellung, dass ein eigenständiges Parlament als Ganzes einer von ihm unabhängigen Regierung gegenüberstünde, gerät zur Fiktion. Die politische Grenzlinie verläuft in erster Linie nicht mehr zwischen dem Parlament auf der einen und der Regierung auf der anderen Seite, die entscheidende Trennungslinie liegt in einem parlamentarischen System zwischen der Regierungs- beziehungsweise Parlamentsmehrheit und der Regierung auf der einen sowie der Opposition auf der anderen Seite. Die Regierungsmehrheit, die heute einen Regierungschef wählt, kann morgen nicht so tun, als ob sie mit dessen Person und Regierung nichts verbinde. Durch eine Verweigerung der Zusammenarbeit mit dem von ihr gestellten Regierungschef würde sie sich selbst einen Fehler bescheinigen – nämlich denjenigen, den falschen Kanzler gewählt zu haben. Die Brücke, über die Parlamentsmehrheit und Regierung im heutigen parlamentarischen Regierungssystem verbunden sind, bilden die Parteien. Jedoch muss dies nicht unbedingt bedeuten, dass Regierung und Parlamentsmehrheit eine absolute Einheit darstellen. Die unterschiedliche Intensität der Beziehungen zwischen diesen beiden Organen hängt in erster Linie ab von der Anzahl der Parteien, die zur Bildung einer Regierung notwendig sind.

Emil Hübner, Parlamentarisches Regierungssystem und Gewaltenteilung, in: Parlamentarische Demokratie 1, Informationen zur politischen Bildung Nr. 227, 2/1990, S. 26 – 27

M 45 Die Regierungsmehrheit zerbricht: das Ende der sozial-liberalen Koalition 1982

Die sozial-liberale Koalition zerbrochen

Schmidt für Neuwahlen im November

Kohl und Genscher lehnen Forderungen des Bundeskanzlers ab und wollen mit konstruktivem Misstrauensvotum die Regierung übernehmen / FDP-Minister zurückgetreten

dr. Bonn. 17. September – Die sozial-liberale Ära ist am Freitag, nach fast 13 Jahren, mit dem Rücktritt der vier FDP-Minister und der Ankündigung des Bundeskanzlers, er strebe Neuwahlen noch im November an, zu Ende gegangen. Während Helmut Schmidt im Bundestag erklärte, er wolle die Vertrauensfrage stellen, um dann, wenn ihm das Vertrauen entzogen werde, zu einer Auflösung des Bundestags und zu Neuwahlen zu kommen, kündigte Oppositionsführer Helmut Kohl an, die CDU/CSU wolle über ein konstruktives Misstrauensvotum den Kanzler ablösen und selbst eine Regierung bilden, um danach Neuwahlen anzustreben. Das Angebot Schmidts, in der nächsten Woche sollten sich alle Partei- und Fraktionsvorsitzenden zusammensetzen, um den Ausweg aus der Krise zu beraten, wurde von Kohl zurückgewiesen. Der SPD-Vorsitzende Willy Brandt unterstützte den Vorschlag Schmidts und meinte, Kohl wolle mit dem konstruktiven Misstrauensvotum den „bequemeren Weg" gehen. Der Oppositionsführer meinte, die Verfassung sehe ausdrücklich einen Wechsel auch „durch den Willen der Mehrheit der Abgeordneten" vor. Die Union glaubt, dadurch in einen Vorteil bei Wahlen zu kommen, dass sie den Kanzler stellt, während die führenden Sozialdemokraten ihrerseits mit einem Kanzlerbonus in die Wahlen gehen wollen. Die Entscheidung hängt damit von der FDP ab, die zusammen mit der CDU/CSU einen neuen Kanzler wählen muss. ... Vor dem Bundestag folgte FDP-Chef Genscher der Linie Kohls.

Süddeutsche Zeitung, 18.9.1982, S. 1

Vertrauensfrage und konstruktives Misstrauensvotum

M 46

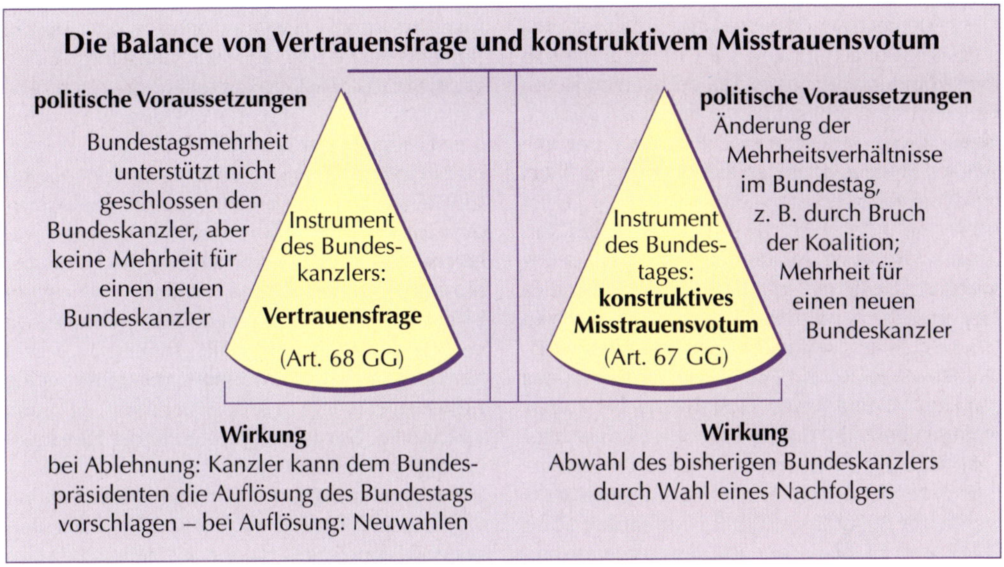

7.5.2 Die Rolle der Opposition

Debatte um die „Ökosteuer“ – Regierungsmehrheit und Opposition

M 47

Laut und erbittert gestritten wurde am 19. Januar im Deutschen Bundestag über die zum Jahresanfang in Kraft getretene vierstufige ökologische Steuerreform, die Benzin und Strom verteuert, und deshalb von der parlamentarischen Opposition aus CDU/CSU, FDP und PDS unisono als unsozial, verfassungswidrig und zukunftsfeindlich gebranntmarkt wurde, während die Vertreter der Koalition aus SPD und Grünen hervorhoben, mit dieser Reform werde der Faktor Arbeit durch die Senkung der Rentenbeiträge entlastet und umweltgerechtes Verhalten belohnt.

Die Debatte wurde ausgelöst durch eine von der CDU/CSU beantragte Aktuelle Stunde, die der Abgeordnete Heinz Seiffert mit dem Bemerken einleitete, der „Ökosteuerirrweg“ der „ausschließlich ideologisch veranlassten Benzin- und Strompreiserhöhung“ verletze „allgemeine Verfassungsprinzipien“. Die Verteuerung treffe besonders „alte Menschen, sozial Schwache und Familien mit Kindern“. Die Einnahmen aus der Steuer dienten nicht zu „einer wirklich spürbaren Senkung der Rentenversicherung, sondern zum Stopfen von Haushaltslöchern“.

Der Parlamentarische Staatssekretär beim Bundesminister der Finanzen, Karl Diller, und der Fraktionsvorsitzende der Grünen, Rezzo Schlauch, widersprachen heftig. Diller meinte, Seiffert versuche, einen „Popanz“ aufzubauen, tatsächlich dienten die Einnahmen nicht zum Stopfen von Etatlöchern, sondern kämen „ausschließlich der Rentenversicherung zugute“. Mit der Senkung der Beiträge zur Rentenversicherung werde „der Faktor Arbeit entlastet“; die Chancen einer Verfassungsbeschwerde schätzte der Staatssekretär als „ganz gering“ ein. Rezzo Schlauch zitierte den CDU/CSU-Fraktionsvorsitzenden Schäuble, der früher sich dafür eingesetzt habe, „im Mix der Produktionsfaktoren menschliche Arbeit billiger zu machen und im Gegenzug den Verbrauch von Rohstoffen und Energie zu verteuern“. Schäuble sei damit ebenfalls für eine Energiesteuer eingetreten. Heute aber bediene sich die Opposition nur noch der „billigen Stimmungsmache“.

Für die Freien Demokraten ist nach den Worten von Hermann Otto Solms der Begriff Ökosteuer eine Diffamierung der Ökologie, richtiger hätte man es „Rentensteuer“ nennen müssen. Der Liberale nannte mehrere Punkte, weswegen die Ökosteuer rechts- und verfassungswidrig sei: Ausnahmeregelungen für gewisse Unternehmen, die Zweckbindung der Steuer, die europarechtlichen Bedenken und schließlich die unsoziale Komponente, weil Hausfrauen, Rentner, Beamte, Schüler, Studenten, Sozialhilfeempfänger und Arbeitslose keine Entlastung erhielten.

Auch die PDS griff die Koalition scharf an. Christa Ostrowski sprach von der „zutiefst unsozialen Ökosteuer“, die den Gleichheitsgrundsatz verletze und bei der es nicht um die Umwelt gehe, „sondern um Geldeinnahmen“. Die Steuer sei letzten Endes „ein Flickwerk, das unsozial ist und keine ökologische Lenkungswirkung hat“. In die gleiche Kerbe hieb der CDU/CSU-Haushaltssprecher Dietrich Austermann, der auch Zahlen nannte. Im Jahre 2003 werde der Staat zusätzlich 35 Milliarden Mark (17,9 Mrd €) kassieren, um den Rentenbeitrag um einen Prozentpunkt zu senken: „Mir kann doch keiner erzählen, dass das den Bürgern zurückgegeben wird.“ Ludwig Eich von der SPD und Reinhard Loske von den Bündnisgrünen hoben hervor, das Konzept der Ökosteuer entspreche dem Verfassungsauftrag und stehe im Einklang mit den „allermeisten europäischen Staaten“; Loske rechnete vor, am Ende der Reform der Lohn- und Einkommensteuer habe eine Familie mit zwei Kindern monatlich 170 Mark (87 €) mehr in der Haushaltskasse. Die Einnahmen aus der Ökosteuer gingen 1:1 in die Rentenversicherung. Monika Ganseforth (SPD) ergänzte: „Wir wollen erreichen, dass sich ökologisches Verhalten rechnet ... Das geht nur über eine Erhöhung der Energiepreise“.

Hans Michelbach, Peter Paziorek (beide CDU/CSU) und auch der saarländische Ministerpräsident Peter Müller sprachen dagegen von einem „abstrusen Sammelsurium aus Ideologie, Illusion, Dirigismus und Willkür“, von einer Schädigung der Idee des Umweltschutzes, ja von einem Abkassiermodell“. Müller: „Wer viel (Energie) in Anspruch nimmt, der muss wenig zahlen; wer wenig in Anspruch nimmt, der muss viel zahlen. Das ist die Perversion der Idee einer ökologischen Steuerreform“.

Die SPD-Abgeordneten Christoph Matschie und Ulrike Mehl hielten dagegen, Umweltsteuern seien in den letzten Jahren in zahlreichen europäischen Ländern eingeführt worden; im Übrigen werde diese Debatte als Versuch eines „leicht zu durchschauenden Wahlkampfmanövers“ geführt. Denn schließlich habe die alte Bundesregierung von 1989 bis 1994 die Mineralölsteuer um 50 Pfennig (26 Cent) erhöht.

O. Ulrich Weidner, Beim Sprit-Preis scheiden sich die Geister, in: Das Parlament Nr. 5, 28.1.2000, S. 2

M 48 Die Opposition im parlamentarischen System der Bundesrepublik Deutschland

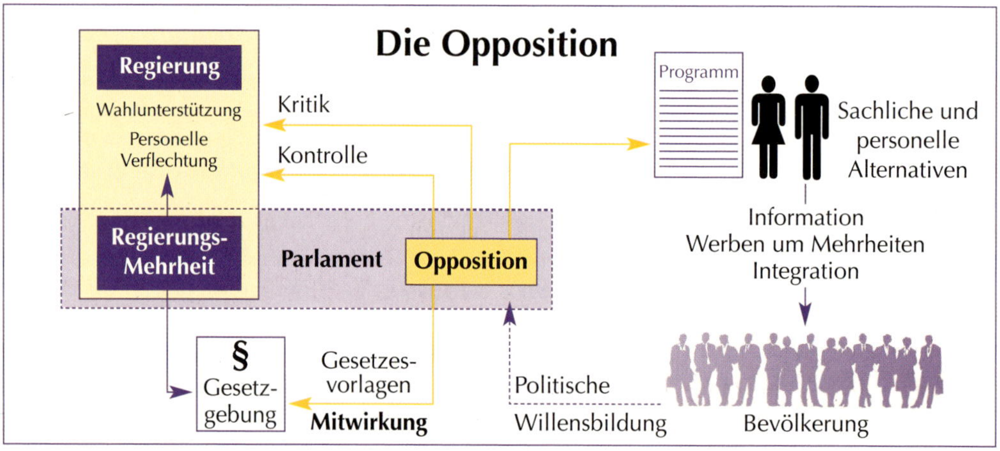

Zur Praxis der Oppositionspolitik

M 49

Interview mit Angela Merkel, Vorsitzende der CDU:

SZ: Besonders heftig attackiert die Opposition die Rentenpläne. ... Warum beschuldigen Sie die Koalition der „Rentenlüge", obwohl die nur das tut, was auch eine unionsgeführte Regierung hätte tun müssen?

Merkel: Die Union hat, um die Renten auf Dauer sicher zu machen, einen „demografischen Faktor" eingeführt, der die höhere Lebenserwartung berücksichtigt. Die SPD hat dies im Wahlkampf als unsozial angeprangert und nach der Wahl sofort außer Kraft gesetzt. Jetzt will sie die Anpassung der Renten an die Nettolöhne aufheben und eine Rente nach Kassenlage einführen. Wenn das keine Rentenlüge ist, was dann?

SZ: Die Unionsparteien wollen die Bevölkerung gegen die Rentenpläne der Koalition mobilisieren. Mancher Ihrer Parteifreunde will sogar wieder Unterschriften sammeln lassen. Übt die Union künftig nur noch außerparlamentarisch ihre Oppositionsrolle aus?

Merkel: Nein. Wir werden nicht blind Opposition machen. Natürlich werden wir in den nächsten Wochen an Ständen und auf Foren über die Rentenpläne aufklären. Vorstellbar ist auch, dass wir eine „Garantiekarte" verteilen, auf der wir die zehn Wahlkampfversprechen von Bundeskanzler Schröder kritisch überprüfen.

SZ: Das sieht sehr nach Fundamentalopposition aus?

Merkel: Eine Blockadepolitik, wie sie Lafontaine betrieben hat, wird es mit uns nicht geben.[1] Vernünftige Reformen werden wir unterstützen. Wir sind zu offenen Gesprächen bereit...

SZ: Das heißt, die CDU ist bereit, im Bundesrat konstruktiv an Gesetzen mitzuwirken?

Merkel: Bei zustimmungspflichtigen Gesetzen werden wir uns der Mitarbeit nicht verweigern.

SZ: Wo sehen Sie Möglichkeiten zur Zusammenarbeit?

Merkel: Bei der Unternehmensteuerreform, aber auch bei den notwendigen Änderungen zu den 630-Mark-Jobs und zur Scheinselbstständigkeit sind wir bereit, im Bundesrat mitzuarbeiten.

SZ: Und bei der Gesundheitsreform?

Merkel: Da gilt das Gleiche wie bei der Rentenreform. Die Koalition hat hier unser Konzept unnötigerweise außer Kraft gesetzt. Ohne grundlegende Veränderungen wird es mit uns in diesem Punkt keine Einigung geben.

SZ: Wann legt die CDU Alternativen vor?

Merkel: Es gibt ja bereits eine Reihe von Konzepten. Wir hatten ja schon eine Renten- und eine Gesundheitsreform beschlossen, die jedoch von der Bundesregierung rückgängig gemacht wurden, obwohl sie im Grundsatz richtig waren. Nichtdestoweniger sehen wir die Notwendigkeit, unsere Überlegungen weiterzuentwickeln. Und das tun wir gegenwärtig in vier Kommissionen. Diese befassen sich mit der Modernisierung des Staates, der Bildungspolitik, dem Sozialstaat und der Familienpolitik.

Süddeutsche Zeitung, 25.6.1999, S. 2

[1] Oskar Lafontaine: 1995–1999 Bundesvorsitzender der SPD. 1997 blockierte die SPD trotz weitgehender inhaltlicher Übereinstimmung aus wahltaktischen Gründen im Bundesrat die Steuerreform der christlich-liberalen Regierungskoalition. Zum Bundesrat als „Instrument der Opposition" siehe auch M 41, S. 227–228.

Aufgaben

Zu 7.5 Regierende Mehrheit und Opposition

1. Inwieweit entspricht die Bundesrepublik Deutschland dem in M 42 beschriebenen parlamentarischen Regierungssystem?
2. Erläutern Sie anhand von M 42 bis M 44, inwieweit die Behauptung zutrifft, an die Stelle der Gewaltenteilung sei in der Bundesrepublik Deutschland ein System der Gewaltenverschränkung getreten, das ebenfalls unkontrollierte Machtausübung verhindert!
3. Stellen Sie Möglichkeiten der Opposition zusammen, ihre politischen Vorstellungen im staatlichen Entscheidungsprozess zur Geltung zu bringen (M 41, M 47, M 48).
4. Erarbeiten Sie aus Material 49 mögliche Oppositionsstrategien und überlegen Sie deren Gefahren und Vorzüge für die Oppositionsparteien!

7.6 Das Zusammenwirken der staatlichen Institutionen in der Gesetzgebung – ein Fallbeispiel

M 50 Das Gesetzgebungsverfahren im Überblick

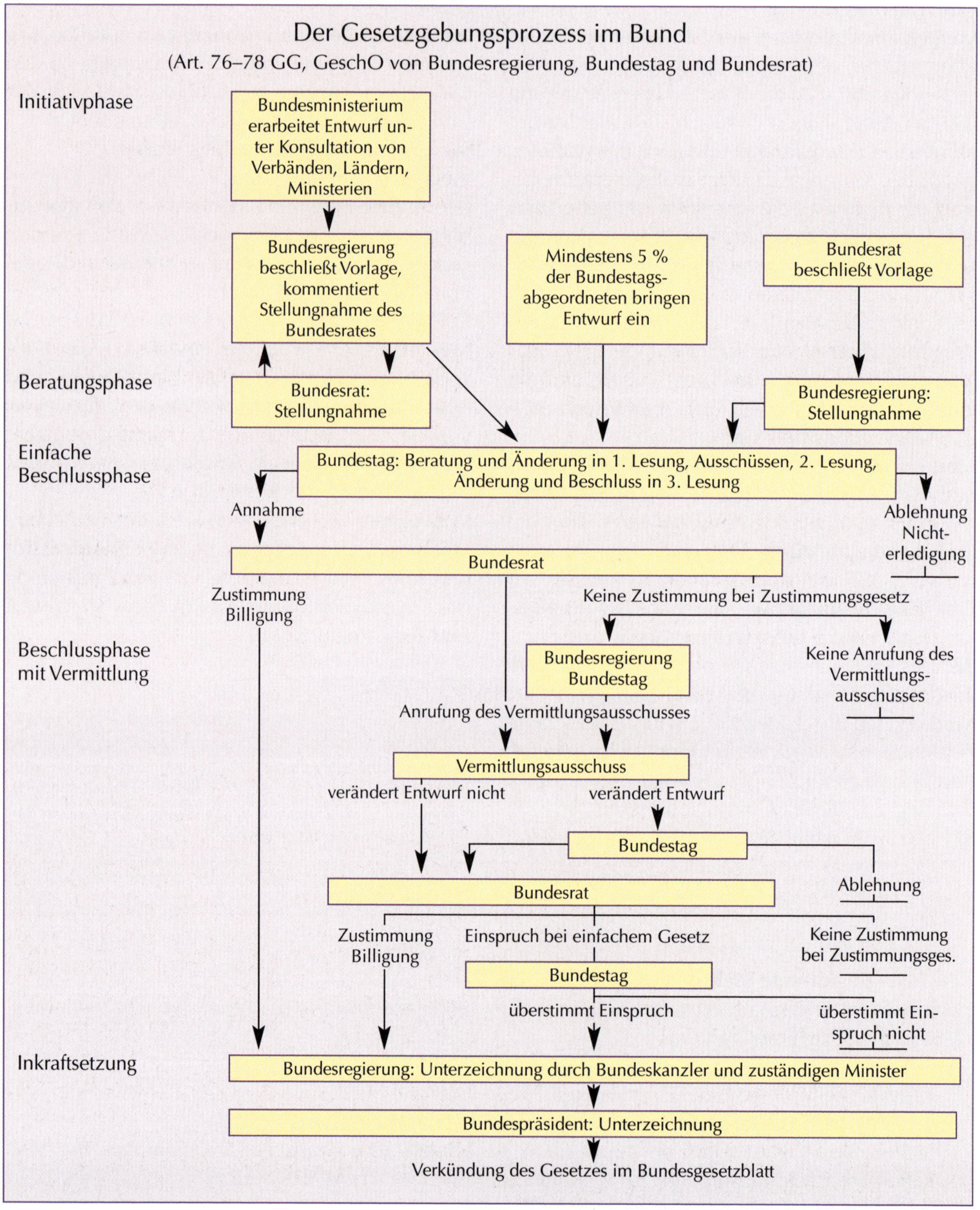

Wolfgang Rudzio, Das politische System der Bundesrepublik Deutschland, Opladen 1996, S. 248

Der Gesetzgebungsprozess am Beispiel der Reform des Staatsbürgerschaftsrechts

M 51

Ausgangslage

- Bisher galt ausschließlich das Abstammungsprinzip (ius sanguinis): Ein Kind wird grundsätzlich Deutscher, wenn zumindest ein Elternteil die deutsche Staatsangehörigkeit besitzt.
- Nach dem Ausländergesetz hatten Ausländer nach 15 Jahren Aufenthalt einen Anspruch auf Einbürgerung, mussten aber in der Regel dabei ihre alte Staatsangehörigkeit aufgeben.

(nach Pressemitteilungen des Bundesministeriums des Innern zur Verabschiedung des Reformgesetzes durch den Bundesrat)

Aus der Koalitionsvereinbarung zwischen SPD und Bündnis 90/Die Grünen vom Oktober 1998

Wir erkennen an, dass ein unumkehrbarer Zuwanderungsprozess in der Vergangenheit stattgefunden hat, und setzen auf die Integration der auf Dauer bei uns lebenden Zuwanderer, die sich zu unseren Verfassungswerten bekennen. Im Zentrum unserer Integrationspolitik wird die Schaffung eines modernen Staatsangehörigkeitsrechts stehen. Dabei sind zwei Erleichterungen umzusetzen:

- Kinder ausländischer Eltern erhalten mit Geburt in Deutschland die deutsche Staatsangehörigkeit, wenn ein Elternteil bereits hier geboren wurde oder als Minderjähriger bis zum 14. Lebensjahr nach Deutschland eingereist ist und über eine Aufenthaltserlaubnis verfügt.
- Unter den Voraussetzungen von Unterhaltsfähigkeit und Straflosigkeit erhalten einen Einbürgerungsanspruch
  - Ausländer mit achtjährigem rechtmäßigem Inlandsaufenthalt;
  - minderjährige Ausländer, von denen wenigstens ein Elternteil zumindest über eine unbefristete Aufenthaltserlaubnis verfügt und die seit fünf Jahren mit diesem Elternteil in familiärer Gemeinschaft in Deutschland leben;
  - ausländische Ehegatten Deutscher nach dreijährigem rechtmäßigem Inlandsaufenthalt, wenn die eheliche Lebensgemeinschaft seit mindestens zwei Jahren besteht.

In beiden Fällen ist der Erwerb der deutschen Staatsangehörigkeit nicht von der Aufgabe der bisherigen Staatsangehörigkeit abhängig ...

Süddeutsche Zeitung Nr. 238, 16.10.1998, S. 14

Stellungnahmen von Interessengruppen zur geplanten Reform

Yasar Bilgin
Vorsitzender des Rats Türkischer Staatsbürger in Deutschland (RTS)

Die Vereinbarungen zum Staatsangehörigkeitsrecht sind ein positives Signal. Die Anerkennung, dass Deutschland ein Einwanderungsland ist, wird das Zusammenleben von Deutschen und Ausländern erleichtern. ... Wir sind bereit, unseren Beitrag für ein harmonisches Miteinander zu leisten.

Hakki Keskin
Vorsitzender der Türkischen Gemeinde in Deutschland

Das war ein langer Marsch. Wir können uns nun in diesem Land als angehörig fühlen.

Birgit Sitorius
Verband binationaler Familien und Partnerschaften

Die Beschlüsse sind ein Schritt in die richtige Richtung – aber er könnte größer sein. Dass die Einbürgerung der Ausländer nicht mehr verbunden sein muss mit der Aufgabe der alten Staatsbürgerschaft, ist ein riesiger Fortschritt. Die Voraussetzungen für den Erwerb der Staatsbürgerschaft sind für ausländische Kinder aber zu hoch gehängt. Der dauerhafte Aufenthalt eines Elternteiles in Deutschland sollte genügen, damit die Kinder bei der Geburt einen deutschen Pass bekommen.

Süddeutsche Zeitung, 16.10.1998, S. 14

Ankündigung eines Regierungsentwurfs – Positionen von CDU/CSU und FDP

...Bundesinnenminister Otto Schily (SPD)... kündigte für die kommende Woche die Vorlage eines Gesetzentwurfes an, der die in der Koalitionsvereinbarung festgelegten Kernpunkte für eine Reform aufgreife. Der Bundesinnenminister zeigte sich optimistisch, dass das Vorhaben bis zur Sommerpause umgesetzt werden kann. ...

Die FDP hat unterdessen der SPD Gespräche über eine Modernisierung des Staatsangehörigkeitsrechts angeboten. Generalsekretär Guido Westerwelle rief zu einem „überparteilichen Bündnis in der Ausländerpolitik" auf. Er bekräftigte den Vorschlag der Liberalen, in Deutschland geborenen Ausländerkindern bis zum Erreichen der Volljährigkeit zwei Pässe zu geben.

Auch in der CDU mehren sich die Stimmen, die eine sachlichere Haltung in der Ausländerpolitik anmahnen. Mehrere Bundestagsabgeordnete knüpften Bedingungen an ihre Unterschrift unter die geplante Aktion gegen die Einführung der doppelten Staatsbürgerschaft. ... Der Vorsitzende der Unionsfraktion, Wolfgang Schäuble, verteidigte das Vorgehen von CDU und CSU. Man werde alles tun, um den Unfug dieses Vorhabens zu verhindern.

Süddeutsche Zeitung, 7.1.1999, S. 1

Die Mehrheitsverhältnisse nach der Landtagswahl in Hessen zwingen die regierende Mehrheit zur Suche nach einem Kompromiss

Bundeskanzler Gerhard Schröder sucht einen im Bundesrat mehrheitsfähigen Kompromiss bei der Reform des Staatsbürgerschaftsrechts. In einem Interview mit der „Süddeutschen Zeitung" schlug Schröder vor, an der doppelten Staatsbürgerschaft festzuhalten, „aber mit deutlichen Einschränkungen". Sie soll für Kinder und Erwachsene nicht mehr generell, sondern nur noch zeitlich befristet in Kauf genommen werden.

Der neue Vorschlag des Bundeskanzlers zur Staatsbürgerschafts-Reform ähnelt dem Optionsmodell, wie es die FDP in ihrem Gesetzentwurf für Kinder vorgeschlagen hat... In Deutschland geborene Kinder ausländischer Eltern sollen sich in einem noch zu bestimmenden Alter für eine bestimmte Staatsbürgerschaft entscheiden müssen. ...

Der Bundeskanzler machte seinen Vorschlag vor dem Hintergrund der neuen Stimmverteilung im Bundesrat. Die rot und grün regierten Länder haben dort nach den Wahlen in Hessen ihre absolute Mehrheit verloren. „Das zwingt uns zum Handeln", sagte Schröder. Die Bundesregierung ist bei der Reform des Staatsbürgerschaftsrechts darauf angewiesen, die Stimmen mindestens eines weiteren Bundeslandes zu gewinnen. „Nach Lage der Dinge", so der Bundeskanzler, „wird man mit allen Ländern, vor allem mit dem Land Rheinland-Pfalz reden müssen, wo eine sozial-liberale Koalition regiert, die einen Gesetzentwurf zu diesem Thema in den Bundesrat eingebracht hat, der sachlich hilfreich ist."

Der Kanzler hat Bundesinnenminister Otto Schily gebeten, den von ihm vorgelegten Gesetzentwurf im Punkt Doppelstaatsbürgerschaft noch einmal zu überarbeiten und dann in den Gesetzgebungsgang einzubringen.

Süddeutsche Zeitung, 10.2.1999, S. 1

Der Weg der Gesetzgebung in den staatlichen Institutionen

19.3.1999:

Der Gesetzentwurf der Bundesregierung wird zur Stellungnahme an den Bundesrat übersandt und dort an die zuständigen Ausschüsse überwiesen. Weitere Gesetzentwürfe, der Entwurf der CDU/CSU-Fraktion und der der Fraktionen von SPD, Die Grünen/B 90 und FDP kommen zur ersten Beratung im Bundestagsplenum und werden nach Aussprache an die zuständigen Ausschüsse überwiesen.

26.3.1999:

Ein Gesetzentwurf zur Neuregelung der Staatsangehörigkeit wird im Bundesrat von Bayern eingebracht und an die zuständigen Ausschüsse überwiesen.

22.4.1999:

Der Gesetzentwurf der Bundesregierung wird im Bundestag eingebracht, aber wird dort nicht weiterverfolgt, da der von den Fraktionen von SPD, Die Grünen/B90 und FDP vorgelegte Entwurf identisch mit ihm ist.

30.4.1999:
Der Bundesrat nimmt zum Regierungsentwurf in Form von Vorschlägen zu Verfahrensfragen Stellung. Die Einbringung des von Bayern vorgelegten Gesetzentwurfs wird abgelehnt.

6.5.1999:
Änderungsanträge der PDS-Fraktion zum Entwurf der Fraktionen von SPD, Die Grünen/B90 und FDP werden im Bundestag eingebracht. (u.a. Verkürzung der Einbürgerungsfrist auf 5 Jahre, erleichterte Einbürgerung von Ehegatten von Deutschen, Verzicht auf Bekenntnis zum Grundgesetz und auf Nachweis ausreichender Deutschkenntnisse)

7.5.1999:
2. und 3. Beratung der Entwürfe von CDU/CSU und von SPD, Die Grünen/B90 und FDP: Der Gesetzentwurf der CDU/CSU-Fraktion sowie die Änderungsanträge der PDS-Fraktion werden abgelehnt, der Gesetzentwurf der Fraktionen von SPD, Die Grünen/B 90 und FDP wird angenommen.

21.5.1999:
Der Bundesrat stimmt dem vom Bundestag verabschiedeten Gesetz zu.

15.7.1999:
Das Gesetz wird durch den Bundespräsidenten unterzeichnet und im Bundesgesetzblatt verkündet.

zusammengestellt nach Dokumenten des Bundesministeriums des Inneren, des Bundestages und des Bundesrates

Grundzüge der Entwürfe von regierender Mehrheit (sowie FDP) und CDU/CSU

Gesetzentwurf der Regierungsfraktion von SPD und Bündnis 90/Die Grünen sowie der FDP-Fraktion (Drucksache 14/533)	Gesetzentwurf der CDU/CSU-Fraktion (Drucksache 14/535)
• Ziel: erleichterte Integration	• Ziel: erleichterte Integration
• In Deutschland geborene Kinder erhalten die deutsche Staatsbürgerschaft zusätzlich zur Staatsbürgerschaft ihrer Eltern,	• In Deutschland geborene Kinder ausländischer Eltern erhalten eine Einbürgerungszusicherung. Bei Verzicht auf die ausländische Staatsbürgerschaft zwischen dem 19. und dem 21. Lebensjahr können sie die deutsche Staatsbürgerschaft erhalten,
• wenn sich ein Elternteil länger als 8 Jahre in Deutschland aufhält und zum Zeitpunkt der Geburt des Kindes über eine Aufenthaltsgenehmigung oder seit drei Jahren über eine unbefristete Aufenthaltserlaubnis verfügt.	• wenn beide Eltern des Kindes vor Beginn des achten Lebensjahres ihren gewöhnlichen Daueraufenthalt im Bundesgebiet genommen haben und bei Geburt des Kindes über eine Aufenthaltsberechtigung oder über eine unbefristete Aufenthaltserlaubnis verfügen und in den vergangenen 10 Jahren rechtmäßig ihren gewöhnlichen Aufenthaltsort in Deutschland gehabt haben.
• Die betroffenen Jugendlichen sollen sich zwischen dem 18. und 23 Lebensjahr für die deutsche oder die Staatsbürgerschaft ihrer Eltern entscheiden.	
• Senkung der Mindestaufenthaltsdauer für einen Einbürgerungsanspruch für alle in Deutschland lebenden Ausländer auf 8 Jahre.	• Senkung der Mindestaufenthaltsdauer für einen Einbürgerungsanspruch für alle in Deutschland lebenden Ausländer auf 10 Jahre.
• Voraussetzung für die Einbürgerung: Bekenntnis zum Grundgesetz, ausreichende Sprachkenntnisse, Straflosigkeit, Unterhaltsfähigkeit (es sei denn der Bezug von Sozial- oder Arbeitslosenhilfe ist nicht persönlich zu vertreten), Aufgabe der bisherigen Staatsbürgerschaft (erweiterte Ausnahmeregelungen)	• Voraussetzung für die Einbürgerung: Bekenntnis zum Grundgesetz, ausreichende Sprachkenntnisse, Straflosigkeit, kein Bezug von Arbeitslosen- oder Sozialhilfe, Aufgabe der bisherigen Staatsbürgerschaft (Ausnahmeregelungen)

Redebeiträge aus der Bundestagsdebatte vom 19.3.1999

Kerstin Müller (Bündnis 90/Die Grünen):

7 Millionen sogenannte Ausländer leben in Deutschland, fast zwei Drittel schon seit über 10 Jahren, mehr als 30 Prozent bereits seit über 20 Jahren. Hunderttausend Kinder ausländischer Eltern werden jährlich hier geboren. Aber nach dem alten Ausländergesetz sind sie Fremde im eigenen Land. Wir beenden nach nunmehr 86 Jahren endlich diese Ausgrenzung. ...

Meine Damen und Herren von der CDU/CSU, das sind Menschen, die dieses Land mit aufgebaut, die unschätzbar viel zum wirtschaftlichen Erfolg Deutschlands beigetragen, die Freunde gefunden haben, die sich ehrenamtlich engagieren und die unsere Gesellschaft nachdrücklich geprägt und auch bereichert haben.

Diesen Menschen geben wir nun endlich die gleichen Bürgerrechte, zum Beispiel das Recht, bei der Ausgestaltung des Zusammenlebens mitzuwirken, das Recht, bei der Verabschiedung von Gesetzen mitzubestimmen, und das Recht zu wählen. ... Künftig ist automatisch Deutscher, wer hier geboren wird. ...

Wir haben Kompromisse gemacht, die für uns und viele Menschen in unserem Land nicht einfach sind. Wir haben – auch das will ich nicht verhehlen – nach wie vor große Bedenken gegen das Optionsmodell. Warum sollen sich Jugendliche mit Erreichen der Volljährigkeit plötzlich für eine Staatsbürgerschaft entscheiden? Warum stellt man ihre Zugehörigkeit zu unserer Gesellschaft, wenn sie 18 werden, auf einmal infrage? ... Bedauerlich ist auch, dass die generelle Hinnahme der doppelten Staatsangehörigkeit jetzt nicht durchsetzbar war. Nicht weil sie unser eigentliches Ziel war, ... nein, die doppelte Staatsbürgerschaft ist und war immer nur als Instrument gedacht, um die schnelle und unbürokratische Einbürgerung zu erreichen.

Dr. Jürgen Rüttgers (CDU/CSU):

Ich persönlich glaube, dass dieses Gesetz verfassungsrechtlich mehr als bedenklich ist. Der Sache nach handelt es sich um eine befristete Staatsangehörigkeit, die vom Grundgesetz nicht vorgesehen ist. Aber unabhängig von dieser Frage ist dieses Gesetz auch integrationspolitisch unausgegoren. ... Integration durch einen Pass – das ist der ideologische Glaube an die Macht bürokratischer Entscheidungen. Zur wahren Integration gehört aber, wie jeder weiß, viel mehr. ...

Bisher hat niemand plausibel erklären können, worin eigentlich der integrationspolitische Zugewinn des Doppelpasses für Jugendliche liegen soll. ... Nehmen Sie den ... Fall des 22-jährigen Ausländers, der als Doppelstaatler zum Bundestag wählen darf, mit 24 Jahren aber nicht mehr an der Landtagswahl teilnehmen darf, weil er zwischenzeitlich seine deutsche Staatsangehörigkeit verloren hat, und zwar nur deshalb, weil er seine elterliche Staatsangehörigkeit nicht ausdrücklich aufgeben will. Oder nehmen Sie den ... Fall des 19-jährigen Doppelstaatlers, der Wehrdienst leistet, dann aber plötzlich wieder zum Ausländer in Deutschland wird, obwohl sich an seinen persönlichen Lebensumständen überhaupt nichts geändert hat. ...

Wir halten am Grundsatz der Vermeidung von Mehrstaatlichkeit fest. ... Wer Deutscher werden will, muss also seine alte Staatsangehörigkeit aufgeben.

Natürlich muss es auch weiter Ausnahmen davon geben. Manche Staaten lassen das Ausscheiden aus ihrer Staatsangehörigkeit überhaupt nicht zu, ... oder machen es von unzumutbaren Bedingungen abhängig. Deshalb enthält unser Entwurf Ausnahmen, die es auch jetzt schon gibt.

Das Parlament Nr. 13, 26.3.1999, S. 11–14

Aufgaben

Zu 7.6 Das Zusammenspiel der staatlichen Institution in der Gesetzgebung – ein Fallbeispiel

1. Ordnen Sie die im M 51 dargestellten Stationen der Entstehung des neuen Staatsangehörigkeitsgesetzes dem Schema des Gesetzgebungsverfahrens (M 50) zu!
2. Überprüfen Sie, inwieweit die beteiligten politischen Gruppierungen ihre Vorstellungen zum Staatsangehörigkeitsrecht verwirklichen konnten! Zeigen Sie dabei auch, weshalb die Koalition auf die Vorstellung der Opposition eingehen musste!

Zusammenfassen – Ordnen – Wiederholen

Bundesorgane im Überblick *(M 1)*

Die Übersicht über die Bundesorgane lässt den Grundsatz der Verteilung der Staatsgewalt auf mehrere Institutionen sowie die Möglichkeit der Mitwirkung der Bundesländer an Entscheidungen auf Bundesebene erkennen.

Die Bedeutung des Parlaments für den freiheitlichen Staat

Der Deutsche Bundestag, das einzige durch Wahl *direkt* vom Volk *legitimierte* Bundesorgan, steht, zumindest dem Anspruch nach, im Zentrum der *parlamentarischen Demokratie* in Deutschland. Im Parlament repräsentieren gewählte Vertreter die bedeutsamen politischen Strömungen in der Bevölkerung.
Ob das Parlament *Spiegelbild der Gesellschaft* sein soll, d. h. die großen Gruppen in der Bevölkerung annähernd ihrer Stärke entsprechend vertreten sein sollten, ist umstritten. Es wird heute als problematisch angesehen, wenn manche Gruppen, wie die im öffentlichen Dienst Beschäftigten, stark überrepräsentiert, andere hingegen, wie Frauen oder Arbeiter, stark unterrepräsentiert sind.

Die Stellung des Abgeordneten *(M 7, M 8)*

Die verfassungsrechtliche Stellung des Abgeordneten ist durch das *freie Mandat* gekennzeichnet. Darüber hinaus wird die Unabhängigkeit der Abgeordneten durch *Immunität und Indemnität* rechtlich gesichert.
Während die zeitliche Belastung der Abgeordneten eine berufliche Tätigkeit im Normalfall ausschließt und damit unausweichlich zu einer *Professionalisierung* des Politikers führt, wird das heute übliche Überwiegen der Nur-Politiker mit ihren Parteikarrieren vielfach als Fehlentwicklung eingeschätzt.

Organisation des Bundestags

Um seine vielfältigen Aufgaben erfüllen zu können, benötigt der Bundestag eine differenzierte Organisation, die in der Geschäftsordnung geregelt ist. Während die öffentliche Diskussion politischer Fragen und die Abstimmung über Gesetze im *Plenum* stattfinden, ist die eigentliche Gesetzgebungsarbeit auf eine Vielzahl von *Ausschüssen* verteilt, in denen Abgeordnete, die für die jeweiligen Politikbereiche spezialisiert sind, sitzen. Wichtige Entscheidungen werden von *Arbeitsgruppen der Fraktionen* vorbereitet.

Zur Bedeutung der Fraktionen *(M 15, M 16)*

Die Fraktionen sind durch die Geschäftsordnung mit weitgehenden Rechten ausgestattet und steuern die Tätigkeit der Abgeordneten (z.B. die Entsendung in Ausschüsse und die Aufstellung als Redner bei Debatten). Sie erwarten auch, dass die Abgeordneten der in vorbereitenden Fraktionssitzungen festgelegten Linie folgen (*Fraktionsdisziplin*). Damit ergibt sich in der parlamentarischen Praxis ein Widerspruch zum Grundsatz des freien Mandats. Zur Rechtfertigung der Fraktionsdisziplin werden vor allem folgende Argumente angeführt.

- Es werden nicht einzelne Persönlichkeiten in das Parlament gewählt, sondern Kandidaten von Parteien. Der Wähler orientiert sich vor allem an seiner Vorstellung von den Zielen der Parteien und erwartet entsprechendes Verhalten der Abgeordneten.
- Wichtige Entscheidungen werden in Fraktionssitzungen vorbereitet, in denen alle Abgeordneten ihre Argumente vortragen können und gleiches Stimmrecht haben. Ergibt sich eine mehrheitliche Haltung der Fraktion, so ist dem Abgeordneten zuzumuten, sich der Fraktionslinie anzuschließen.
- Um die politische Linie der Partei im Parlament wirksam zu vertreten und in der Öffentlichkeit glaubhaft zu machen, bedarf es der Geschlossenheit der Fraktion.

- Angesichts der Fülle von unterschiedlichen Politikfeldern, die jede Fraktion zu bearbeiten hat – von Fragen der Agrarpolitik bis hin zu Problemen der Alterssicherung, von der Reform der Bundeswehr bis hin zur Energiepolitik – hat sich eine weitgehende Arbeitsteilung zwischen den Fraktionsmitgliedern entwickelt mit der Folge, dass sich bei Beratungen und Abstimmungen die meisten Abgeordneten auf die jeweiligen Experten in der Fraktion verlassen und deren Vorstellungen übernehmen.

Parlamentsfunktionen
M 18

Die vielfältigen Aufgaben des Bundestags werden meist in vier Grundfunktionen gegliedert, die in der wissenschaftlichen Literatur mit unterschiedlichen Begriffen belegt werden:

- *Besetzung anderer Staatsorgane:*
  M 19 Herausragende politische Bedeutung hat die Wahl des Bundeskanzlers in der Folge einer Bundestagswahl, womit die formale Grundlage der Regierungsbildung geschaffen wird. Daneben wirkt der Bundestag auch an der Besetzung anderer Bundesorgane, wie der obersten Bundesgerichte oder der Wahl des Bundespräsidenten, mit.
- *M 21, M 22, M 24* *Kontrolle der Exekutive und Initiativfunktion:*
  Die parlamentarische Kontrolle des Regierungs- und Verwaltungshandelns stellt ein Kernstück des Systems von *checks and balances* dar, der Verteilung der Staatsgewalt auf mehrere sich kontrollierende und sich in ihren Kompetenzen begrenzende Institutionen und damit der Kontrolle und Beschränkung von Staatsgewalt insgesamt. Die Bedingungen der Parteiendemokratie führen allerdings zu einer unterschiedlichen Nutzung der Kontrollmöglichkeiten durch die Parlamentsfraktionen. Während die Mehrheitsfraktionen die von ihnen getragene Regierung im Normalfall eher im Vorfeld politischer Entscheidungen intern kritisieren oder zu korrigieren versuchen, wird die öffentliche Kritik und Kontrolle vor allem durch die Oppositionsfraktionen wahrgenommen.
  In jeder Legislaturperiode wurden zudem *Enquete-Kommissionen* eingesetzt, in denen von Abgeordneten und Wissenschaftlern neue gesellschaftliche, technologische, ökologische oder wirtschaftliche Entwicklungen und Problemfelder analysiert und so die Grundlagen für eventuell nötige politische Reaktionen geschaffen werden sollen. Der Bundestag ergreift damit die Initiative zur Entwicklung neuer politischer Handlungsfelder oder Maßnahmen.
- *Repräsentations- und Kommunikationsfunktion:*
  Der Bundestag soll Forum der öffentlichen Diskussion sein, wobei alle wesentlichen Auffassungen in der Gesellschaft zu bedeutsamen politischen Fragen zu Wort kommen sollen (Repräsentationsfunktion). Zugleich wird ein permanenter Kommunikationsprozess über politische Zielsetzungen und einzuschlagende Wege zwischen den staatlichen Institutionen und der Gesellschaft, hier vermittelt durch Parteien, Interessenverbände und Massenmedien, aufrechterhalten. Der Bundestag ist der Ort, an dem Politik bezüglich ihrer Ziele, Lösungsalternativen und Kontroversen dem Bürger transparent werden kann und wo Meinungen aus der Gesellschaft am ehesten Eingang in staatliche Entscheidungen finden können (Kommunikationsfunktion).
- *M 27, M 50* *Gesetzgebung und Budgetrecht:*
  Eine klassische Aufgabe der Parlamente ist die Verabschiedung von Gesetzen und die Beschlussfassung über den alljährlich aufzustellenden Haushaltsplan (Etat), in dem die erwarteten Einnahmen und die geplanten Ausgaben des Staates, vornehmlich der verschiedenen Ministerien, festgelegt sind. Das Gesetzgebungsverfahren wird anhand eines Fallbeispiels in Kapitel 7.6 dargestellt.

Umsetzung von EU-Richtlinien in nationales Recht
M 28

Von der Öffentlichkeit kaum wahrgenommen hat sich in der Folge der fortschreitenden europäischen Integration ein Wandel in der Rolle des Bundestages vollzogen: An die Stelle des souveränen *Gesetzgebers* tritt in vielen Bereichen der *Vollzieher* europäischer Rechtsetzung. Das wichtigste Instrument der Rechtsetzung durch die Europäische Union ist die „Richtlinie". Mithilfe von Richtlinien werden mehr oder weniger detaillierte Regelungen zu allen in die Gemeinschaftspolitik einbezogenen Politikbereichen getroffen. Bis 2001 gab es etwa 1400 EU-Richtlinien, die der Bundestag zu deutschem Recht werden ließ, ohne auf den Inhalt nennenswerten Einfluss nehmen zu können. Staaten, die mit der Umsetzung von EU-Richtlinien in Verzug sind, kann die Europäische Kommission durch Klagen vor dem Europäischen Gerichtshof und Androhung von Bußgeldern zur nationalen Anwendung von Gemeinschaftsrecht zwingen.

Funktionen und Organisation der Bundesregierung

Die Bundesregierung ist die eigentliche Lenkerin der Politik. Sie fasst politische Zielvorstellungen in Gesetzesform und bringt diese in den Bundestag ein, führt die Verwaltungsbehörden auf Bundesebene und kann außenpolitische Verhandlungen führen und völkerrechtliche Verträge schließen.
Die Arbeit der Bundesregierung ist durch die drei Organisationsprinzipien *Kanzlerprinzip, Ressortprinzip und Kabinettsprinzip* verfassungsrechtlich geregelt.

Bedingungen der Macht des Bundeskanzlers
M 31, M 35

Das Grundgesetz stattet den Bundeskanzler mit bedeutenden Rechten im Umgang mit den anderen Kabinettsmitgliedern aus, die ihn zur mächtigsten Institution im Staate machen. Das Kabinettsbildungsrecht (Art. 64 GG) gibt ihm das Recht, die personelle Zusammensetzung der Regierung nach seinen Vorstellungen zu gestalten; die Richtlinienkompetenz (Art. 65 GG) erlaubt ihm, Ressortministern Ziele und Grundlinien für den jeweiligen Politikbereich vorzugeben.
Die Durchsetzbarkeit dieser Kompetenzen, d. h. also die tatsächliche Macht des Bundeskanzlers, hängt allerdings von politischen und persönlichen Faktoren ab: Rückhalt in der eigenen Partei, Vertrauen der Bevölkerung, Stärke und Geschlossenheit der Koalitionspartner, Führungsfähigkeit sowie Loyalität und Kompetenz seiner engen Mitarbeiter.

Regieren in pluralistischen Ordnungen
M 36, M 37

Regierungen müssen versuchen, für angestrebte politische Entscheidungen die nötigen Mehrheiten in Bundestag und eventuell Bundesrat und eine möglichst weitreichende Akzeptanz in der Gesellschaft zu sichern. So ist es üblich geworden, wichtige Entscheidungen in *informellen Koalitionsrunden* vorzubereiten, um die nötige Geschlossenheit der Koalitionsfraktionen im Bundestag zu erreichen. Wichtige Interessenverbände werden heute auch in sogenannten *Konsensrunden* oder am „runden Tisch" in den Entscheidungsprozess eingebunden.

Der Bundesrat
M 38, M 39, M 41

Durch den Bundesrat erhalten die Bundesländer Einfluss auf politische Entscheidungen auf Bundesebene. Die können regionale Interessen ebenso wie Verwaltungserfahrung in die Gesetzgebung einbringen. Die Möglichkeit, Zustimmungsgesetze scheitern zu lassen, verschafft dem Bundesrat ein starkes politisches Gewicht und führt immer wieder in die Versuchung, parteipolitischen Zielen den Vorrang vor Landesinteressen zu geben, gerade bei unterschiedlichen Mehrheiten in Bundesrat und Bundestag.
Das Verhältnis der Institutionen in einem demokratischen Staat kann sehr un-

Das parlamentarische Regierungssystem
M 42

terschiedlich geregelt sein. Eine staatliche Ordnung, in der das Parlament im Zentrum der Institutionen steht und die Regierung dem Parlament gegenüber politisch verantwortlich ist – wie z. B. in Deutschland der Bundestag –, wird als parlamentarisches Regierungssystem bezeichnet.

Dualismus von regierender Mehrheit und Opposition
M 44, M 46, M 48

In der Praxis unserer Parteiendemokratie führen die Merkmale des parlamentarischen Regierungssystems zu einem Dualismus von Regierungsfraktion/en und Regierung auf der einen Seite und der Opposition auf der anderen Seite, der das gesamte politische Handeln bestimmt. Damit verbunden ist eine Abkehr von der strengen Gewaltenteilung. An deren Stelle tritt ein System von Verschränkungen, Kompetenzaufteilungen und gegenseitiger Kontrolle und Machtbegrenzung, das als System von *checks and balances* bezeichnet wird.
Für den selten eintretenden Fall mangelnder Unterstützung der Regierung durch die Parlamentsmehrheit, wodurch die Handlungsfähigkeit der Regierung gefährdet wäre, bietet das Grundgesetz als Ausweg die Stellung der *Vertrauensfrage* durch den Bundeskanzler und das *konstruktive Misstrauensvotum* des Bundestags an.

Die Opposition als Kritiker und Kontrolleur

Für die demokratische Kultur von außerordentlicher Bedeutung ist die Wirksamkeit der parlamentarischen Opposition. Sie hängt davon ab, ob es gelingt, Kritik und Gegenpositionen zu Regierungsentscheidungen in der Öffentlichkeit überzeugend darzustellen und als wählbare Alternative zur regierenden Mehrheit zu erscheinen.

Das Gesetzgebungsverfahren
M 50, M 51

Wenn man sich mit konkreten Gesetzesprojekten beschäftigt, wird deutlich, dass das Gesetzgebungsverfahren zwar kompliziert und relativ langwierig ist, aber andererseits den staatlichen und gesellschaftlichen Institutionen und Gruppen viele Möglichkeiten bietet, auf den Inhalt der Gesetze Einfluss zu nehmen. So können beispielsweise Partikularinteressen über Verbände, Gemeinwohlvorstellungen über Parteien und Abgeordnete oder fachliche Kompetenz der Verwaltungen über den Bundesrat bzw. die Bundesministerien in die Gesetzgebung einfließen. Außerdem schafft dieses Verfahren Ansatzpunkte oder auch Zwänge für die Suche nach Kompromissen.
Das Recht zur Gesetzesinitiative liegt bei Bundestag, Bundesrat und Bundesregierung (Art. 76 GG). In der Praxis werden aber mehr als die Hälfte aller Gesetzentwürfe von der Bundesregierung eingebracht; dieser Anteil steigt noch deutlich, wenn man nur die verabschiedeten Gesetze, also die erfolgreichen Gesetzesinitiativen betrachtet. Die meisten Gesetzentwürfe werden also von dem zuständigen Ministerium ausgearbeitet und zusammen mit der Stellungnahme des Bundesrats als Regierungsentwurf im Bundestag eingebracht. Obwohl demzufolge in den weitaus meisten Fällen die inhaltliche Gestaltung von Gesetzen in der Kompetenz der Regierung liegt, obliegt dem Bundestag nicht nur die formale Verabschiedung; in den Ausschussberatungen werden häufig auch inhaltliche Veränderungen vorgenommen, sodass auch unter den heutigen Bedingungen dem Parlament die Funktion der Gesetzgebung im Zusammenwirken mit Bundesregierung und Bundesrat zugeschrieben werden kann.
Der Bundesrat kann nicht nur durch Anrufung des Vermittlungsausschusses das Zustandekommen von Gesetzen verzögern, sondern zustimmungspflichtige Gesetze, bei denen Länderinteressen berührt sind, durch seinen Einspruch scheitern lassen.

8 Entwicklungen und Probleme unserer politischen Ordnung

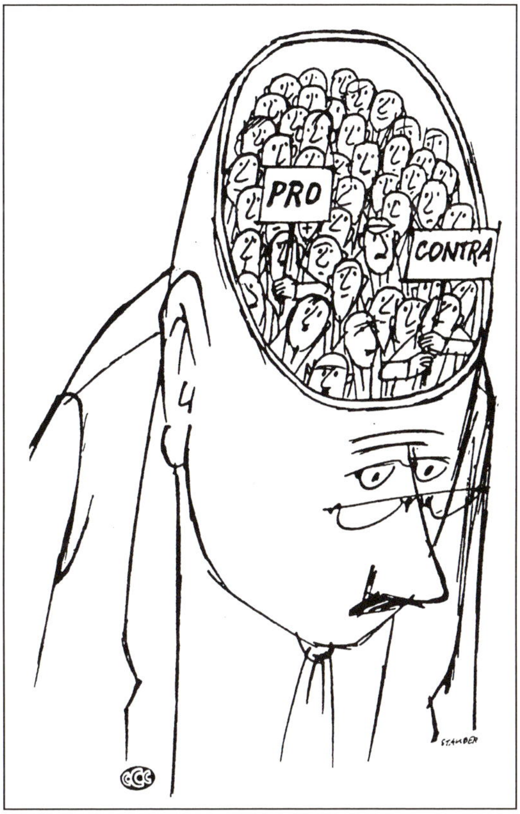

Karikatur: Stauber, CCC

Obgleich die parlamentarischen Demokratien des „Westens“ im Systemwettbewerb mit den totalitären oder autoritären Staaten des marxistisch-leninistischen Lagers Ende der 80-er Jahre des 20. Jahrhunderts den Sieg davontrugen, stehen auch sie vor vielen neuen Herausforderungen.

Europäische Integration, Globalisierung und zunehmende politische Apathie der Bürger sind dafür nur einige Beispiele.

Es kann hier nicht um eine vollständige, systematische Abhandlung aller denkbaren Probleme gehen, sondern nur darum, Ansatzpunkte zu schaffen für eine Diskussion über Möglichkeiten und Notwendigkeit der Weiterentwicklung unserer demokratischen Ordnung.

Den Anfang machen Umfrageergebnisse, die zeigen, inwieweit unsere politische Ordnung in der Bevölkerung verankert ist, und in einer Zusammenfassung werden noch einmal die wesentlichen Entwicklungstrends, die die Bundesrepublik prägen, in Erinnerung gerufen. (M 1 und M 2)

Im Folgenden werden einige aktuelle Probleme des Parlamentarismus aufgezeigt, vor allem die Gefahr eines zunehmenden Machtverlustes des Parlaments durch mehrere unterschiedliche Entwicklungen. Außerdem wird die Frage angerissen, ob auch die zunehmende Globalisierung notwendigerweise ein Demokratiedefizit nach sich ziehen muss. (M 3 bis M 7)

Überlegungen zur demokratischen Erneuerung bilden den Abschluss des Kapitels. Aber man muss auch zur Kenntnis nehmen, dass sich hier neue Fragen stellen, „auf die es wahrscheinlich auch Antworten gibt“ (Ralf Dahrendorf, M 4, S. 247). Nur befinden wir uns noch auf der Suche. (M 8 bis M 10)

8.1 Meinungen und Fakten

M 1 Einstellungen in der Bevölkerung zur demokratischen Ordnung in Deutschland

Zufriedenheit mit der Demokratie

Was würden Sie allgemein zur Demokratie in Deutschland sagen? Sind Sie damit eher zufrieden oder eher unzufrieden?	Gesamt	West	Ost
eher zufrieden	68	73	48
eher unzufrieden	28	23	48
weiß nicht	4	4	4

Zufriedenheit mit der Demokratie im Zeitverlauf

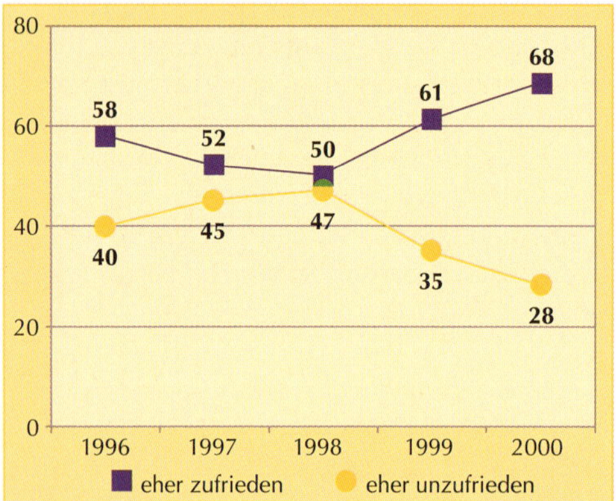

Politische Eigeninitiative

„Wenn man politisch etwas erreichen will, muss man die Dinge selbst in die Hand nehmen." Sagen Sie mir bitte, ob Sie dieser Aussage ...	Gesamt	West	Ost
voll und ganz zustimmen,	49	47	55
eher zustimmen,	31	32	26
eher nicht zustimmen oder	13	14	11
überhaupt nicht zustimmen.	4	4	4
weiß nicht	3	3	4

Übernahme eines politischen Amtes

Wären Sie bereit, ein politisches Amt, z. B. in Ihrer Gemeinde oder Stadt, zu übernehmen, wären Sie dazu nicht bereit, oder haben Sie bereits ein politisches Amt?	Gesamt	West	Ost
würde ich übernehmen	29	28	31
würde ich nicht übernehmen	68	68	66
habe bereits ein solches Amt	3	3	3
weiß nicht	1	1	1

Alle Angaben in %.

Die Daten basieren auf der repräsentativen Meinungsumfrage „Deutschland im Wandel", die im Auftrag des Bundesverbandes deutscher Banken (BdB) durchgeführt wurde. Die Datenerhebung erfolgte durch das Mannheimer Institut für praxisorientierte Sozialforschung, ipos, in der Zeit vom 6. bis zum 24. November 2000. Befragt wurden insgesamt 1 502 wahlberechtigte Bürgerinnen und Bürger. Zu Vergleichszwecken wurde auch auf Ergebnisse anderer Meinungsumfragen zurückgegriffen.

Wilhelm Bürklin/Christian Jung, Deutschland im Wandel. Ergebnisse einer repräsentativen Meinungsumfrage. In: Karl-Rudolf Korte/Werner Weidenfeld (Hrsg.), Deutschland-Trend-Buch, Opladen 2001, S. 675, 703–705

M 2 Überblick über die Entwicklungstrends

Deutschland bewegt sich. Wohin? Welche Entwicklungstrends sind erkennbar? Dieser Frage sind 24 ausgewiesene Autoren intensiv nachgegangen. Die Ergebnisse ihrer Bestandsaufnahmen und die daraus abgeleiteten Zukunftsoptionen sind im Deutschland-TrendBuch[1] soeben erschienen. Hier einige wichtige Trends:

1. Sicherheitsbedürfnis wächst

Sicherheit, das ist nicht erst nach dem 11. September[2] deutlich geworden, hat für die Deutschen oberste Priorität. Damit ist nicht nur die aktuell diskutierte äußere und innere Sicherheit gemeint, sondern auch die Sicherheit als Arbeitnehmer und Konsument. Sehnsucht nach Sicherheit bleibt ein Kennzeichen der politischen Kultur der Deutschen.

2. Misstrauen greift um sich
Über die Hälfte aller Deutschen empfindet kein Vertrauen zu ihren Mitmenschen. Politiker werden sogar noch argwöhnischer beobachtet: Nur rund 30 Prozent aller Befragten sprechen den Politikern ausdrücklich das Vertrauen aus. Eine Misstrauensgesellschaft entsteht. Damit bröckelt der Kitt, der die Gesellschaft kollektiv bindet.

3. Parteien verlieren Bodenhaftung
Das Misstrauen betrifft vor allem die Parteien: Massiver Mitgliederschwund, Ansehensverlust und zahlreiche Skandale in den letzten Jahren führen zu einer schleichenden Legitimationskrise. Die Volksparteiendemokratie zerfällt und damit auch der Kompass, um Politik zu bewerten: An die Stelle der Parteien und Programme treten Personen und Pragmatismus. Beliebigkeit macht die Deutschen zu „Schnäppchenjägern", die rational und individuell nach erlebnisorientierter Selbstverwirklichung suchen.

4. Bedarf an Entscheidern wächst
Angesicht der Aufweichung von Orientierungsmilieus, die Sicherheit und Vertrauen vermitteln könnten, wächst der Bedarf an Entscheidern, welche die Technik der Darstellungspolitik beherrschen. Regieren wird zukünftig mehr zum Moderieren in der Publikumsgesellschaft, anstelle von hierarchischer Steuerung.

5. Medien regieren die Öffentlichkeit
Politikwahrnehmung und Politikvermittlung befinden sich fest in Hand der allgegenwärtigen Medien. Politische Inhalte müssen medienwirksam portioniert und präsentiert werden. Die Massenmedien legen der Politik ihre Regeln auf: Zeitbudgetierung, Quotenkonkurrenz und Fokussierung auf Schlüsselthemen sind die Vorgaben, denen die Politik nachkommt. In der Bundesrepublik lässt sich ein deutlicher Trend in Richtung auf die Konstellation der US-amerikanischen Mediendemokratie beobachten.

6. Krise der Repräsentation
Die traditionellen gesellschaftlichen Milieus sind nicht zerfallen. Aber die jeweiligen Einstellungsgruppen finden in den politischen Repräsentanten kein auf sie zugeschnittenes Sprachrohr mehr. Die unterschiedlichen politischen Lager versuchen, Anhänger aus der gesamten Breite der Bevölkerungsschichten an sich zu binden. Damit bieten die Parteien in ihrer Konturlosigkeit keine Orientierung und beziehen unklare und austauschbare Positionen. Die jeweiligen Einstellungsgruppen haben keine wirklichen öffentlichen Repräsentanten mehr.

7. Bürger wollen aktiv werden
Der Wunsch der Deutschen nach politischer Beteiligung ist hoch, auch wenn sie keine Parteikarrieren anstreben. Die Deutschen wollen direkt, projektbezogen und zeitlich begrenzt politisch aktiv werden, statt in politischen Positionen zu Amt und Würden zu gelangen. Dieser Trend lässt sich als Gegenbewegung zur Politikverdrossenheit und zum Ansehensschwund der Parteien identifizieren. Dieser Tendenz tragen die Parteien mit neuen Versuchen der direkten Beteiligung Rechnung: Internetpräsenz und Reformvorschläge, die auf Partizipation setzen, gehen in diese Richtung.

8. Internet eröffnet politische Spielräume
Das Internet kann für die basisorientierte Entwicklung der Demokratie eine wichtige Rolle spielen. Die neuen Konzepte des „e-government" und der „e-policy" verdeutlichen, dass die Kommunikation zwischen Bürger und Politik eine ganz neue Qualität bekommen hat. Einerseits scheinen die Möglichkeiten der zweiseitigen Kommunikation eine realistische Perspektive für die Verwirklichung einer „aktiven Volkssouveränität" zu öffnen, andererseits steht jedoch die Ausgrenzung eines nicht unerheblichen Teils der Bevölkerung zu befürchten, der nicht an das Internet angeschlossen ist.

CAP Centrum für angewandte Politikforschung (www.bankenverband.de/index.asp?channel=131010&art=236)

[1] Deutschland-TrendBuch, hrsg. v. Karl-Rudolf Korte u. Werner Weidenfeld, Opladen 2001

[2] 11. September 2001: Anschlag auf das World Trade Center in New York

8.2 (Struktur-) Probleme des Parlamentarismus

M 3 Demokratie ist eine schwierige Staatsform

Dieses demokratische Bewusstsein[1)] ist labiler, es ist viel stärker geprägt von der Sehnsucht nach Sicherheit, aber eben deren Kehrseite auch: Der Verführbarkeit zu falscher Sicherheit. Es ist auch geprägt von einer hoch verständlichen Ungeduld. In solcher Situation ist es umso dringlicher, Demokratie zu erklären, sie verständlich zu machen, sie attraktiv zu machen, für sie zu werben, ihre Schwierigkeiten begreifbar zu machen. Denn die demokratischen Verfahren sind mühevoll, sie sind es nicht in erster Linie wegen der Unfähigkeit oder Entscheidungsscheu von Parteien und Politikern. Die gibt es auch. Da will ich keine allgemeine Entschuldigung aussprechen. Die Mühseligkeit der demokratischen Verfahren ergibt sich aus der Gewaltenteilung, aus dem Föderalismus, aus dem Mehrheitsprinzip, das zugleich dem Minderheitenschutz verpflichtet ist. Sie ergibt sich aus der Gleichheit vor dem Gesetz und den Regeln des Rechtsstaates, die nicht zuletzt deshalb so kompliziert sind, weil sie der Gleichheit vor dem Gesetz ebenso gerecht werden wollen wie der Spezifität jedes Einzelfalls.

Diese demokratischen Verfahren sind heute einer wachsenden Ungeduld ausgesetzt. Ein Klima des Reformstaus, das sich über ein Jahrzehnt aufgebaut hat, mag dafür mit verantwortlich sein. Die Ungeduld gegenüber der Dauer, der Langsamkeit politischer Willensbildung wird von sehr Verschiedenen artikuliert: Sowohl von jungen Menschen als auch von Managern in der Wirtschaft. Sie wird von den Medien gespeist und erst recht von den neuen Medien, die per se schneller sind. Sie kommt aus der Börse. Sie wird gespeist von der Sorge um einen gefährlichen Verkehrsknotenpunkt oder um die Erhaltung natürlicher Lebensgrundlagen. Von überall ertönt der Ruf, die Politik sei zu langsam und außerdem unzureichend.

Gefährlich ist nicht die Kritik, eine bestimmte politische Entscheidung sei unzureichend. Von solcher Kritik lebt die Demokratie und mit ihrer Hilfe optimiert und modernisiert sie sich selbst und die Gesellschaft. Gefährlich ist der Vorwurf der Langsamkeit, weil er zu Ende gedacht, die demokratischen Verfahrensweisen, die Demokratie selbst infrage stellt. Ich bezweifle nicht, dass Parlamente ebenso wie Gerichte gelegentlich der Beschleunigung bedürfen. Etwa im Wege vernünftiger politischer Prioritätensetzung oder im Wege einer Strukturen entrümpelnden Justizreform, die in Angriff genommen ist. Wenn Beschleunigung jedoch zu Lasten der Transparenz geht, schwindet die Legitimation. ...

Der Vorwurf der Langsamkeit greift dann an die Wurzeln der Demokratie, wenn die Notwendigkeit des Streitens und des schließlichen Aushandelns von Entscheidungen für den Zusammenhalt der Gesellschaft, für ein hohes Maß an Berücksichtigung unterschiedlicher Interessen und Lebensweisen, nicht mehr vermittelbar ist. Demokratie ist kein Selbstzweck. Sie ist gemessen am Zweck der Menschenrechte lediglich die bisher beste Staatsform. Wer den Wert von Freiheit, Toleranz, Gerechtigkeit und Solidarität nicht zu schätzen weiß, der weiß auch nicht den Wert der Langsamkeit von Demokratie zu schätzen und der überlässt die Straßen den Rechtsextremisten, die immer schneller sind, und alle Gestaltungsentscheidung dem freien Spiel der Markkräfte.

Wolfgang Thierse (Bundestagspräsident), Rede vor dem 8. Bundeskongress für politische Bildung am 18.3.2000 in Potsdam, in: Das Parlament Nr. 14–15, 31.3./7.4.2000, S. 17–18

1) Wolfgang Thierse analysiert in seiner Rede vorher die Schwierigkeit der Bevölkerung in den neuen Bundesländern, sich mit der Demokratie der Bundesrepublik Deutschland zu identifizieren.

Funktionsverlust der nationalen Parlamente

M 4

Die drei großen Aufgaben von Parlamenten sind überall unter Druck geraten, und wir erleben die Wiederkehr der autoritären Mischung von unkontrollierten Entscheidungen und einem desinteressierten Publikum. Die drei Aufgaben sind: Gesetzgebung durch parlamentarische Debatte, Regierung unter parlamentarischer Kontrolle, Parlamente als Bindeglied zwischen Mächtigen und Bürgern. Was ist geschehen?

Gesetzgebung durch parlamentarische Debatte ist – war? – eine der großen Errungenschaften zivilisierten Zusammenlebens. Sie ist nicht zu verwechseln mit der Diskursethik, schon gar nicht mit der Dauerdiskussion à la 1968. Entscheidend ist, dass die Bürger Repräsentanten wählen, die ein Mandat zur stellvertretenden Diskussion haben. Sie sind nicht Delegierte mit einer inhaltlichen Bindung, sondern prinzipiell durch ihre Wahl auf Zeit zur Debatte und Entscheidung Befugte. Auf Zeit heißt auf begrenzte Zeit, aber auch: für diese ganze Zeit. Mehrheiten sind auch dann noch Mehrheiten, wenn die Stimmung sich ändert, etwa mitten in einer Wahlperiode. ...

Debatte und Abstimmung im Parlament sind Kern des Entscheidungsprozesses.

Das indes ist heute reine Theorie. Vieles ist geschehen, um Parlamenten ihre Rechte zu beschneiden. Der Fraktionszwang mag dazu gehören, wird jedoch überschätzt. Die Veränderung der Qualität von Entscheidungen ist schon wichtiger. Oft reicht der gesunde Menschenverstand nicht mehr zur wirksamen Debatte; Experten sind gefragt. Das können parlamentarische Experten sein wie die Sozialpolitiker oder die Bildungspolitiker, denen dann das Feld überlassen bleibt. Häufiger indes sind die Experten Beamte. In allen kontinentalen Ländern sind Exekutive und Legislative durch beamtete Experten verquickt und entparlamentarisiert.

Experten entziehen gewählten Repräsentanten die Entscheidung. Kurzatmigkeit, die andere durchgängige Tendenz, verringert die Relevanz von Debatten. Die fast tägliche Kontrolle der Gewählten durch Umfragen und Medien verlockt sie, den entscheidenden Wert der gründlichen Debatte zugunsten der momentanen Popularität zu opfern. ...

Säkulare Entwicklungen kommen hinzu; sie betreffen auch die zweite Aufgabe der parlamentarischen Kontrolle von Regierungen. Hier ist vor allem die Auswanderung von Entscheidungen aus dem politischen Raum der parlamentarischen Demokratie wichtig. Dieser Raum ist klassisch der Nationalstaat, im günstigen Fall der heterogene Nationalstaat. Die Behauptung mag gewagt sein, aber auch bei näherer Betrachtung drängt der Schluss sich auf, dass die parlamentarische Demokratie für den Nationalstaat, und nur für ihn, gemacht ist.

Auf lokaler Ebene liegen andere Formen, auch solche der Allparteienkoalition, nahe. ... Und jenseits der Grenzen der Nationalstaaten fehlt parlamentarischen Einrichtungen schlicht der Demos, der sie trägt. Es gibt kein europäisches Parlament, das den Namen verdient.

Zugleich sind nationale Regierungen immer häufiger in der Lage, sich hinter von ihren Parlamenten nicht kontrollierbaren entfernten Instanzen verstecken zu können oder zu müssen. Die europäischen Institutionen, die Zentralbank, der Agrarrat, der Gerichtshof, sind noch einigermaßen greifbar – aber wen kann man zur Verantwortung ziehen für die Entscheidungen des Nato-Rates über Krieg und Frieden oder für die der Weltbank und des Währungsfonds über Transfers nach Russland, geschweige denn für private Entscheidungen, Finanztransaktionen etwa, mit erheblichen öffentlichen Auswirkungen.

Für den, der die liberale Ordnung liebt, ist der Gedanke abwegig, solche Entscheidungen zurückzuzerren in die Räume, für die wir Institutionen haben. Der Nationalstaat bleibt wichtig, aber seine Parlamente können die Kontrolle globaler Prozesse nicht leisten. Hier stellen sich neue Fragen, auf die es wahrscheinlich auch Antworten gibt. In der Europäischen Union etwa ist der Rechnungshof wichtiger als das Parlament. Aber das ist es eben: nicht mehr Parlamente. Wer Kants Traum von der allgemeinen Geschichte in weltbürgerlicher Absicht träumt, muss Abschied nehmen von der parlamentarischen Demokratie.

Ralf Dahrendorf, Traurige Parlamente, in: Frankfurter Allgemeine Zeitung Nr. 208, 8.9.1999, S. 49

M 5 Es besteht Aushöhlungsgefahr

SZ: *Hat das Grundgesetz Zukunft?*

Grimm: Es hat jedenfalls eine glänzende Vergangenheit. Keine deutsche Verfassung hat länger gegolten, keine hat das politische und gesellschaftliche Leben intensiver geprägt, und keine hat solche Wertschätzung genossen wie das Grundgesetz. Das lässt auch für die Zukunft hoffen. Man muss aber darauf achten, dass es seine Leistungskraft unter den heutigen Bedingungen weiter bewahrt.

SZ: *Wo ist das Grundgesetz nicht mehr leistungsstark genug?*

Grimm: Zum Beispiel dort, wo der Staat politische Entscheidungen nicht mehr im Kabinett und im Parlament trifft, sondern mit privaten Akteuren aushandelt. Seit einiger Zeit dringt der sogenannte „paktierende Staat" vor. Das Paktieren entwickelt sich zu einer neuen Handlungsform, die in der Verfassung nicht vorgesehen ist, aber Rückwirkungen auf sie hat: Zum einen gibt es Entscheidungsträger, die nicht in den demokratischen Legitimations- und Verantwortungszusammenhang einbezogen sind. Zum anderen werden die verfassungsrechtlich vorgesehenen Organe und Verfahren entwertet.

SZ: *Nennen Sie ein Beispiel.*

Grimm: Die Energiekonsens-Gespräche sind das jüngste Beispiel. Nachdem die Regierung sich klar darüber geworden war, welche Energie- und Atompolitik sie im Gemeinwohlinteresse für erforderlich hielt, ging sie nicht zur Durchsetzung über, sondern trat in Verhandlungen mit den Kraftwerksbetreibern ein. Diese bestimmen dann mit, was der Staat tut.

SZ: *Das ist doch nichts Neues. Schon vor 25 Jahren gab es die sogenannte Konzertierte Aktion, als das abgestimmte Verhalten von Staat und Tarifpartnern.*

Grimm: Die Konzertierte Aktion war zwischen der Heranziehung von Interessen bei der staatlichen Willensbildung und ihrer Einbeziehung in die staatliche Willensbildung. Dass der Staat sich über die Vorstellungen der Betroffenen oder die Konsequenzen von Gesetzentwürfen informieren lässt und versucht, staatliches und privates Vorgehen miteinander abzustimmen, ist verfassungsrechtlich unproblematisch. Aber wenn der Inhalt der Gesetze zwischen dem Staat und den privilegierten privaten Akteuren vereinbart wird oder gar ein Verzicht auf gesetzliche Regelungen ausgehandelt wird, sind zentrale Verfassungsprinzipien wie Rechtsstaat und Demokratie in Gefahr, ausgehöhlt zu werden. Deswegen müsste die Verfassung auf den paktierenden Staat eingestellt werden.

SZ: *Nun kann ja sein, dass dieses Verhandeln zwischen Privaten, moderiert von der Regierung, lediglich eine Art Vorlauf für den Gesetzgebungsprozess ist. Der Bundestag kann dann in einen weiteren großen Diskussions- und Verhandlungsprozess eintreten.*

Grimm: Wenn das Verhandlungsergebnis durch ein Gesetz verbindlich gemacht werden muss, hat der Bundestag rechtlich eine Chance. Er kann nein sagen oder Änderungen vornehmen. Faktisch befindet er sich dagegen in einer ähnlichen Situation wie bei der Ratifikation völkerrechtlicher Verträge: Der Versuch, auch nur ein Detail zu ändern, bringt das ganze Werk zum Einsturz.

SZ: *Das bedeutet: Entmachtung des Parlaments.*

Grimm: Ja, aber es geht dabei nicht eigentlich um das Parlament, sondern um die Vorteile, die der Parlamentarismus vermittelt. Verhandelt wird geheim, das Parlament debattiert öffentlich. Zu den Verhandlungen werden nur die Vertreter machtvoller Interessen eingeladen, im Parlament sind auch die weniger starken Gegeninteressen vertreten. Der parlamentarische Beschluss kann einer verfassungsrechtlichen Kontrolle unterzogen werden, die informelle Absprache dagegen nicht.

SZ: *Wir reden jetzt über die Entthronung des Parlaments. Andererseits wird aber doch ständig darüber geklagt, dass es zu viele Gesetze produziert. Ist das nicht ein Widerspruch?*

Grimm: Das wäre es nur, wenn man von der Zahl der Gesetze auf die Macht des Parlaments schließen könnte. Nun entstehen die Gesetze aber überwiegend in der Ministerialbürokratie, und ihr Regelungsgehalt ist trotz großen Wortreichtums oft gering. Immer häufiger muss sich der Gesetzgeber damit begnügen, der Verwaltung Ziele vorzugeben und Gesichtspunkte zu nennen, die sie bei der Zielverfolgung berücksichtigen soll. Die eigentliche Entscheidung wird ihr überlassen. Die Verwaltung ist in weiten Bereichen längst keine „vollziehende Gewalt" mehr, wie das Grundgesetz sagt, sondern gestaltet eigenständig.

SZ: *Der Gesetzgeber verliert also an Einfluss. Wo geht dieser Einfluss hin – nur zur Exekutive?*

Grimm: Innerhalb des Staates fließt er an die Exekutive, außerhalb an diejenigen privaten Akteure, die so machtvoll sind, dass die Exekutive sich auf Verhandlungen mit ihnen einlassen muss.

Es besteht Aushöhlungsgefahr, Interview von Helmut Kerscher und Heribert Prantl mit Dieter Grimm, Richter am Bundesverfassungsgericht, in: Süddeutsche Zeitung Nr. 125, 4.6.1999, S. 10

8.3 Demokratie in Zeiten der Globalisierung

Globalisierung und Demokratisierung Hand in Hand

M 6

Durch die Globalisierung haben sich nicht nur die Rahmenbedingungen für unternehmerische, sondern auch für politische Entscheidungen grundlegend geändert. Viele sehen heute unter den Bedingungen grenzenloser Märkte ein neues Spannungsverhältnis zwischen Marktwirtschaft und demokratischen Prinzipien heranwachsen. Die Wirtschaft nehme sich jetzt Handlungsspielräume zurück, die ihr von der Politik in den letzten 100 Jahren mühsam abgerungen worden seien.

Droht also die absolute Dominanz des Ökonomischen, das sich demokratischer Kontrolle entzieht? Die Antwort hängt stark davon ab, welches Verständnis von Demokratie man zugrunde legt.

- Wenn unter Demokratie vor allem die Durchsetzung bestimmter Gerechtigkeitsvorstellungen und damit verbunden die Umverteilung von Einkommen und Vermögen verstanden wird, sind die Sorgen durchaus begründet.
- Zu einem ganz anderen Ergebnis hingegen kommt man, wenn unter Demokratie vor allem die Kontrolle staatlicher Macht verstanden wird. Geht es darum, staatliche Willkür und Verschwendung, Ineffizienz und Intransparenz zu minimieren, dann gehen Globalisierung und Demokratisierung Hand in Hand. Globale Finanzmärkte belohnen gute Geld-, Wirtschafts- und Finanzpolitik mit Kapitalzuflüssen, niedrigen Zinsen und Direktinvestitionen. Schlechte hingegen bestrafen sie mit Investitionszurückhaltung, Kapitalabfluss und hohen Zinsen. Diese Voraussetzungen für eine prosperierende Wirtschaft werden in demokratisch regierten Staaten viel eher erfüllt als in autoritär geführten oder Diktaturen. Anschauungsmaterial hierzu bietet die Asienkrise genügend.

Die Finanzmärkte sind für sich genommen weder demokratisch noch undemokratisch, sie sind vielmehr renditeorientiert. Sie bevorzugen aber Regeln und Verhaltensstandards der Politik, die im Rahmen demokratischer Staaten viel besser gedeihen als in autokratischen Regimen. Und weil nichts anziehender ist als der wirtschaftliche Erfolg, wird dieser die Anziehungskraft der Demokratie erhöhen.

Michael Sturm, in: Rheinischer Merkur Nr. 29 v. 16.7.1999, S. 19

Der Einfluss der Globalisierung auf den Primat der Politik

M 7

Der Primat der Politik: Demokratie setzt voraus, dass das politische System nicht gleichrangig neben anderen gesellschaftlichen Systemen, sondern „über" diesen steht und allgemeine Regeln zur gesellschaftlichen Koordination und zum Ausgleich widerstreitender Interessen durchsetzen kann. Dies ist nur möglich, wenn die Politik im Auftrag des Volkssouveräns über ein staatliches Gewaltmonopol verfügt.

Tatsächlich besitzen Politik und Staat diese Kompetenz nur sehr unvollständig. Die Teilsysteme der Gesellschaft – insbesondere Ökonomie und

Medien, Wissenschaft und Technik – beeinflussen nicht nur die Politik, sondern drücken dieser mehr und mehr ihre spezifischen Logik und Dynamik auf. Dies gilt insbesondere für das Verhältnis von Politik und Ökonomie. Angesicht einer global vernetzten Ökonomie, in der multinationale Unternehmen an transnational verbundenen Standorten flexibel produzieren und sich Kapital frei über staatliche Grenzen bewegt, Unternehmen und Kapital sich also von ihrer nationalen Bindung lösen, gehorcht die Politik mehr und mehr den von der Ökonomie diktierten Regeln. Sie besitzt keinen Primat zur Regelung des gesellschaftlichen Gesamtsystems und zur Durchsetzung des gemeinen Wohls.
Ähnlich verhält es sich in der Beziehung zwischen Politik und Massenmedien. Da die Beziehung zwischen Politik und Bürgern in der Regel nur noch über Massenmedien vermittelt sind, gewinnen diese eine autonome Definitionsmacht gesellschaftlicher und politischer Verhältnisse, von der die Politik abhängig wird. Dies prägt Wahlen und Parteiprogramme, Gesetze und Regierungshandeln. Die Abhängigkeit der Politik von den Massenmedien wird durch die Globalisierung verstärkt. Die Authentizität von Informationen und die Quellen massenmedial vermittelter Meinungen sind bei transnationalen Medienkonzernen nicht mehr zu verorten und zu überprüfen.
Auch Wissenschaft und Technik lösen sich mehr und mehr aus gesellschaftlicher Rückkopplung. Auch ihre Rationalität wird vorrangig von institutionellen Eigeninteressen und zunehmend von kommerziellen Bedingungen und Zielen geprägt. Ihre Spezialisierung und globale Vernetzung lassen eine Abschätzung der Folgen technischer Innovationen und der hinter ihnen stehenden Interessen kaum mehr zu.
Wo die Autonomie der Politik immer stärker eingeschränkt wird, verliert auch die Demokratie an Handlungsraum.

Ingomar Hauchler, Globalisierung und die Zukunft der Demokratie, in: Ingomar Hauchler u.a. (Hrsg.), Globale Trends 2000. Fakten, Analysen, Prognosen. Frankfurt a.M. 1999, S. 29–30

8.4 Wege zur demokratischen Erneuerung

M 8 Notwendige Korrekturen unserer politischen Kultur?

Auch die Demokratie muss, wenn ihr Wert vermittelt werden soll, spürbar sein, ja wieder stärker spürbar werden. Ich kann mir durchaus mehr direkten Einfluss der Bürger vorstellen, etwa das Kumulieren und Panaschieren der Wählerstimmen auch bei Bundes- und Landtagswahlen, die Ausweitung der Direktwahl von Bürgermeistern, die Verstärkung von Bürgerbegehren und Bürgerentscheiden, zumindest auf kommunaler Ebene. Gerade auf der Ebene der Nachbarschaften ist der Bürger ja in besonderem Maße zur Übernahme von Verantwortung bereit. Dort können sogar „Frühwarnsysteme" für gesellschaftliche Entwicklungen entstehen, die ein nur auf die Stimmen von Verbänden hörender Staat leicht übersieht. Der Staat muss sich dem Bürger als „Beteiligungsstaat" präsentieren. Dann hat er es auch nicht mehr nötig, sich durch die – am Ende doch nicht haltbaren – Versprechen eines perfekten „Versorgungsstaates" Zustimmung zu erkaufen.
Politik, so hat Max Weber gesagt, ist das Bohren dicker Bretter. Gewiss stehen dem oft die Gesetze der Mediengesellschaft entgegen, in der Schnelligkeit die oberste Tugend und alles, was sich nicht in zwei Minuten abhandeln lässt, „unverkäuflich" ist. Wir sollten unsere Mitbürger da aber nicht unterschätzen. Als jemand, der keinen Wahlkampf zu führen hat und nicht der vermeintlichen öffentlichen Meinung hinterherlaufen muss, habe ich mehrfach versucht, Themen in die öffentliche Debatte zu bringen, die erst auf lange Sicht bedeutsam sind: die Reform unseres Bildungssystems, die Erneuerung der demokratischen Institutionen, den Dialog zwischen den Kulturen der Welt. Die Bürger haben

sehr wohl verstanden, dass auch die Beschäftigung mit solchen Themen notwendig ist, die nicht mit zwei fernsehgerechten Sätzen zu vermitteln sind. Ich bin überzeugt: Wer Führung zeigt, wird auch vom Bürger unterstützt werden. Denn der Bürger weiß dann, in welche größeren Zusammenhänge die einzelne Maßnahme – und auch der Streit über sie – einzuordnen ist. Das gibt ihm Sicherheit, und daraus wieder entsteht Vertrauen.

Wir Politiker müssen die Menschen auf die globale soziale Marktwirtschaft vorbereiten. Nicht, indem wir ihnen mit Horrormärchen Angst machen, wie zum Beispiel damit, dass ein deutscher Industriearbeiter künftig zu den Löhnen der Dritten Welt arbeiten muss. Wohl aber, indem wir ihnen in aller Offenheit sagen: Wir müssen wieder besser sein als die anderen, wenn wir unseren Wohlstand und vor allem unser soziales Netz halbwegs behalten wollen. Dafür werden wir mehr Veränderungsbereitschaft brauchen, als ich gegenwärtig sehe. Und Veränderung heißt für mich nicht Aufbruch ins Nirgendwo oder planloser Aktionismus. Im Gegenteil: In Zeiten des Wandels ist es oft besser und wirksamer, sich zurückzubesinnen auf die wahren Grundlagen unserer Ordnung.

Roman Herzog, Die Demokratie muss wieder stärker spürbar werden, Auszüge aus einer Rede des damaligen Bundespräsidenten (bis 1999) zum 50-jährigen Bestehen des Grundgesetzes, in: Süddeutsche Zeitung Nr. 117, 25.5.1999, S. 9

Bürgergesellschaft – ein Weg aus dem Unbehagen an der Parteiendemokratie?

M 9

Wenn man bedenkt, dass weniger als vier Prozent unserer Wahlbevölkerung Mitglieder von politischen Parteien und von diesen bestenfalls ein Viertel innerparteilich aktiv sind, dann sind das schon beunruhigend wenig Bürger. Und was ist das für eine repräsentative Demokratie, die nur von einer hauchdünnen Parteienoligarchie bestimmt wird?

Etwa sechsmal so viele Bürger engagieren sich außerhalb der Parteien. Das wären dann immerhin über zwanzig Prozent aller Bürger. Dennoch, die Diskrepanz zwischen aktiven und – aus welchen Gründen auch immer – passiven Bürgern ist eklatant und für die Legitimation eines von Bürgern getragenen demokratischen Gemeinwesens keinesfalls befriedigend.

Wie aber ließe sich das politische Fundament des Gemeinwesens festigen?

Es gibt vielfältige Ansätze, der Verdrossenheits- und Zuschauerdemokratie, der oligarchischen Nur-Parteien-Demokratie entgegenzuwirken. Drei seien hier genannt. Erstens: Die Bürgergesellschaft. Obzwar ihr Wirken im etablierten Staats- und Parteiengefüge nicht immer geliebt, gelegentlich gefürchtet, nur selten dankbar anerkannt wird, ist sie sichtlich im Kommen und trägt in vielen Bereichen bereits zur Vitalisierung unserer Demokratie bei. Bürger gründen Initiativen mit sozialen, ökologischen, kommunalen, kulturellen Zielen, ohne darum gebeten zu werden – „Nichtregierungsorganisationen" im eigenen Land, jenseits von Parteien, Verbänden und Gewerkschaften.

Freilich hat diese sich ausbreitende und vernetzende Bürgergesellschaft im Gefüge unserer Verfassungswirklichkeit neben den Parteien und Institutionen noch keinen definierten Standort gefunden. Doch mit ihr kann unsere Verfassung als Alltagsdemokratie wieder lebendig werden – lebendiger als mit noch so gut gemeinter Staatsbürgerkunde oder mit Festtagsverkündigungen von oben.

Diese demokratische Bürgergesellschaft birgt ein enormes Reformpotential. Ehrenamtliches Bürgerengagement ist nämlich durch und durch konstruktiv. Es verharrt, auf welchem Felde, in welcher Lücke oder Nische auch immer es stattfindet, nicht im Protest; es ist eine Quelle sachkundiger Innovationen, das Talente für Organisation, Konzeption und Aktion weckt. Es vermag an sozialen Brennpunkten erste und neuartige Hilfe zu leisten, lässt Solidarität in neuen Formen für alle Beteiligten erfahrbar werden. Die wichtigste Wirkung ist aber diese: Gemeinsames Engagement schafft Zusammenhalt, und Zusammenhalt begründet demokratische Identität. ...

Zweitens: Es wächst die Einsicht, dass Bürgerengagement der finanziellen Unterstützung – des seed-moneys, wie es die Amerikaner nennen – durch gemeinnützige Stiftungen und Stifter bedarf. Die einen stiften freie Zeit, also soziales Kapital, die anderen wiederum stiften Geld; gemeinnützige Stiftungen sind es, die – eine geeignete Steuergesetzgebung vorausgesetzt – auf neue Herausforderungen flexibel, undogmatisch und unbürokratisch reagieren und vom Staat vernachlässigte oder gar nicht erst geleistete Aufgaben zumindest anfinanzieren können. Sie sind es, die weitere wohlhabende Mitbürger zum Stiften anstiften und ihnen die Genugtuung verschaffen können, Nützliches zu bewirken.

Drittens: Es entsteht so etwas wie eine gemeinsame politische Tendenz des bürgergesellschaftlichen Engagements, auch wenn sie noch nicht klar und deutlich zutage tritt. Sicher ist jedenfalls, dass die meisten Gruppen ihre sozialen oder politischen Projekte heute keinesfalls mehr nur als Reparaturwerkstätten für staatliche Versäumnisse verstehen, sondern als Antriebskräfte für und Teilhaber von demokratischer Erneuerung.

Unter ihnen fordert eine wachsende Zahl mehr partizipatorische Rechte wie die Stärkung des Petitionsrechtes, Volksinitiativen, Volksbegehren und Volksentscheide. Andere plädieren für die Einrichtung von institutionalisierten runden Tischen mit Verwaltungen, Parlamentariern und gewählten Abgesandten aus Bürgerinitiativen und Organisationen.

Gemeinsam ist allen die Überzeugung, dass die Überwindung des Formtiefs nicht nur unserer, sondern fast aller westlichen Demokratien, keineswegs von politischen Parteien, Parlamenten, Regierungen und Verwaltungen allein geleistet werden kann. Nein, nicht nur die Institutionen sind gefordert, sondern vor allem Bürgerinnen und Bürger, die mit Rat und Tat für unsere demokratische Ordnung – nun eben: bürgen wollen.

Hildegard Hamm-Brücher, Lasst die Bürgergesellschaft wachsen, in: Die Zeit, 24.9.1998, S. 71

M 10 Anforderungen an eine zukunftsorientierte Politik

Das Dilemma: Konzeptionelle, längerfristige und zukunftsorientierte Politik wird umso dringlicher in einer Zeit, in der gesellschaftliche, ökologische und politische Wirkungs- und Problemzusammenhänge immer vielfältiger, weitreichender und komplexer werden. Mit Hinweisen auf den Primat der Politik und die besondere Gestaltungsaufgabe des Parlaments ist es freilich nicht getan. Darüber hinaus ist zu fragen, wie solidarisches, verantwortliches politisches Handeln gegenüber der Mitwelt, Umwelt und Nachwelt ermutigt und strukturell begünstigt werden kann.

Politisches Denken und Handeln, das den Herausforderungen der Gegenwart bei Beachtung der Lebensinteressen nachkommender Generationen gerecht werden will, muss in einem gegenwärtige und regionale Begrenztheiten übersteigenden Sinne „gemeinwohlorientiert" sein. Dies erfordert moralische Selbstbindung wie die Bereitschaft und Fähigkeit zum Diskurs – nicht nur bei Eliten und Experten, sondern eines beachtlichen Teils der Bürgerschaft. Verantwortungsethik bedeutet unter diesen Voraussetzungen, „sich für eine Selbsterhaltung jenseits egoistischer und individualistischer Selbstbehauptung zu engagieren". Wo partikulares Nutzenkalkül nicht nur die Interaktionen der Wirtschaft und staatsbezogen agierender Verbände bestimmt, sondern wo auch Parteienwettbewerb und politische Aushandlungsprozesse überwiegend strategisch-taktisch orientiert sind, ist ein am „Prinzip Verantwortung" (H. Jonas) orientiertes Handeln kaum zu erwarten. Auch eine Politik des Ausgleichs von Partikularinteressen reicht nicht (mehr) aus. „Längerfristige Perspektiven als die der jetzt lebenden Generation stellen eine neue Herausforderung an die Demokratie dar. Sie ruft nach weiter gehender Verantwortung, über den Interessenausgleich hier und heute hinaus". Ein auf ökonomische Rationalitätskriterien oder Machtsicherung reduziertes Politikverständnis erfasst die Realität nur unzulänglich und taugt erst recht nicht als Maßstab.

Wolfgang Ismayr, Der Deutsche Bundestag, 2. Aufl., Opladen 2001, S. 27

Register

Seitenverweise auf grundlegende Texte wurden fett gesetzt.

Literaturhinweise

Andersen, Uwe/Woyke, Wichard (Hrsg.), Handwörterbuch des politischen Systems der Bundesrepublik Deutschland, 4. Aufl., Bonn 2000 (Bundeszentrale für politische Bildung)

Fritzler, Marc/Unser, Günther, Die Europäische Union, 2. Aufl., Bonn 2001 ((Bundeszentrale für politische Bildung)

Gallus, Alexander/Lühe, Marion, Öffentliche Meinung und Demoskopie, Opladen 1998

Gerlach, Irene, Bundesrepublik Deutschland, Entwicklung, Strukturen und Akteure eines politischen Systems, Opladen 1999

Hesselberger, Dieter, Das Grundgesetz, Kommentar für die politische Bildung, 11. Aufl., Bonn 1999 (Bundeszentrale für politische Bildung)

Hitschold, Hans-Joachim, Staatskunde. Grundlagen für die politische Bildung. 11. Aufl., Stuttgart u.a. 2000

Informationen zur politischen Bildung (Bundeszentrale für politische Bildung, Bonn)

Nr. 200 Der Rechtsstaat, 1998
Nr. 207 Parteiendemokratie, 1996
Nr. 210 Menschenrechte, 2000
Nr. 227/228 Parlamentarische Demokratie I/II, 1993/1995
Nr. 239 Grundrechte 1998
Nr. 253 Interessenverbände 1996
Nr. 260 Massenmedien 1998

Jesse, Eckard/Kailitz, Steffen (Hrsg.), Prägekräfte des 20. Jahrhunderts. Demokratie, Extremismus, Totalitarismus. München 1997 (Bayerische Landeszentrale für politische Bildungsarbeit)

Korte, Karl-Rudolf, Wahlen in der Bundesrepublik Deutschland, 3. Auflage, Bonn 2000 (Bundeszentrale für politische Bildung)

Meyn, Hermann, Massenmedien in Deutschland, Konstanz 1999

Pötzsch, Horst, Die deutsche Demokratie, 2. Aufl., Bonn 2001 (Bundeszentrale für politische Bildung)

Rudzio, Wolfgang, Das politische System der Bundesrepublik Deutschland, 5. Aufl., Opladen 2000

Schmidt, Manfred G., Demokratietheorien, 3. Aufl., Opladen 2000

Schülerduden Politik und Gesellschaft, 4. Aufl. Mannheim u.a. 2001

Sontheimer, Kurt/Bleek, Wilhelm, Grundzüge des politischen Systems der Bundesrepublik Deutschland, Bonn 2000 (Bundeszentrale für politische Bildung)

von Alemann, Ulrich, Das Parteiensystem der Bundesrepublik Deutschland, Bonn 2000 (Bundeszentrale für politische Bildung)

Woyke, Wichard, Stichwort: Wahlen. Wähler – Parteien – Wahlverfahren. 10. Aufl., Opladen 1998

Bildnachweis

Einbandfotos: Meldepress, Berlin – Deutsche Presse-Agentur, Frankfurt
S. 7 Janusz Kapusta
S. 15 Bildagentur Mauritius, Mittenwald, Deutsche Presse-Agentur, Frankfurt, Agentur Superbild, Unterhaching, Ullstein Bild, Berlin (3)
S. 19 Amnesty International, Bonn, Deutsche Presse-Agentur, Frankfurt, Ullstein Bild, Berlin (2)
S. 21 CCC – Gerhard Mester, München
S. 29 Deutsche Presse-Agentur, Frankfurt
S. 30 Behörde für Bau und Verkehr, Hamburg
S. 31 Ullstein Bild, Berlin, Deutsch-Deutsches Museum, Mödlareuth
S. 33 Archiv für Kunst und Geschichte, Berlin
S. 34 Keystone Pressedienst, Hamburg, Verwertungsgesellschaft Bild-Kunst, Bonn
S. 38 Politik und Unterricht Nr. 1/1989, S. 20
S. 39 Deutsche Presse-Agentur, Frankfurt, Keystone Pressedienst, Hamburg, Associated Press, Frankfurt
S. 45 Archiv für Kunst und Geschichte, Berlin, Deutsche Presse-Agentur, Franfurt
S. 47 CCC – Luis Murschetz, München
S. 50 CCC – Klaus Pielert, München
S. 51 Archiv Bilderberg, Hamburg, Ullstein Bild, Berlin
S. 53 CCC – Jupp Wolter, München
S. 55 CCC – Walter Hanel, München
S. 59 CCC – Walter Hanel, München
S. 60 Deutsche Presse-Agentur, Frankfurt
S: 62 Ullstein Bild, Berlin
S. 66 Amelie Glienke-Holtfreter, Berlin (2)
S. 69 Erich Schmidt Verlag, Berlin
S. 70 Keystone Pressedienst, Hamburg; Ullstein Bild, Berlin (3); Deutsche Presse-Agentur, Frankfurt; Interfoto, München; Archiv für Kunst und Geschichte, Berlin; Presse- und Informationsamt der Bundesregierung, Bonn
S. 72 CCC – Walter Hanel, München
S. 73 CCC – Bernd Bruns, München
S. 74 Erich Schmidt Verlag, Berlin
S. 76 Keystone Pressedienst, Hamburg
S. 77 DIZ München, Süddeutscher Verlag, Bilderdienst / imo
S. 81 Manfred von Papen, München
S. 85 CCC – Horst Haitzinger, München
S. 88 Die Zeit, Hamburg
S. 90 Deutsche Presse-Agentur, Frankfurt
S. 91 Ullstein Bild, Berlin
S. 95 Deutsche Presse-Agentur, Frankfurt
S. 98 DIZ München GmbH, Content Syndication, München
S. 101 Ullstein Bild, Berlin
S. 102 DIZ München GmbH, Content Syndication, München
S. 107 CCC – Mohr, München
S. 110 Bildagentur Mauritius, Mittenwald
S. 111 Börsenverein des Deutschen Buchhandels e.V., Frankfurt
S. 120 Der Spiegel, Hamburg
S. 123 Deutsche Presse-Agentur, Frankfurt; Bildagentur Mauritius, Mittenwald (2)
S. 128 Deutsche Presse-Agentur, Frankfurt
S. 133 CCC – Gerhard Mester, München
S. 137 CCC – Felix Mussil, München
S. 145 Globus Infografik, Hamburg
S. 146 Interfoto, München
S. 147 taz, die Tageszeitung
S. 149 Christlich-Demokratische Union, Berlin; SPD-Bundesgeschäftsstelle, Berlin; FDP-Bundesgeschäfts-stelle, Berlin; Bündnis 90 / Die Grünen, Berlin; PDS-Bundesgeschäftsstelle, Berlin; CSU, München
S: 152 CCC – Felix Mussil, München
S. 157 Deutsche Presse-Agentur, Frankfurt
S. 161 CCC – Fritz Behrend, München
S. 163 Erich Schmidt Verlag, Berlin
S. 171 CCC – Gerhard Mester, München
S. 173 Bündnis 90 / Die Grünen, Berlin; Konrad-Adenauer-Stiftung, Sankt Augustin
S. 176 Bedürftig/Schmid/Wiebus/Rieger: POLITIK GANZ EASY, 1991, 2002 by Ravensburger Buchverlag Otto Maier GmbH, Ravensburg – Illustrationen: Birgit Rieger
S. 189 BECK, Berlin
S. 193 CCC – Til Mette, München
S. 195 CCC – Jupp Wolter, München
S. 197 Deutsche Presse-Agentur, Frankfurt
S. 200 Erich Schmidt Verlag, Berlin
S. 205 Ullstein Bild, Berlin
S. 210 Ullstein Bild, Berlin
S. 211 Erich Schmidt Verlag, Berlin
S, 214 Ullstein Bild, Berlin
S. 220 Deutsche Presse-Agentur, Frankfurt
S. 222 Presse- und Informationsamt der Bundesregierung, Bundesbildstelle, Berlin
S. 243 CCC – Jules Stauber, München

Trotz entsprechender Bemühungen ist es nicht in allen Fällen gelungen, den Rechteinhaber ausfindig zu machen. Gegen Nachweis der Rechte zahlt der Verlag für die Abdruckerlaubnis die gesetzlich geschuldete Vergütung.